「刷够好题」阶段——觉晓必刷题系列

法考必刷题

——商法核心真题+模拟

商法

解析

2024版

觉晓法考组 编著

中国政法大学出版社

2024·北京

图书在版编目（CIP）数据

法考必刷题. 商法核心真题+模拟/觉晓法考组编著. —北京：中国政法大学出版社，2024.4
ISBN 978-7-5764-1157-7

Ⅰ.①法…　Ⅱ.①觉…　Ⅲ.①商法—中国—资格考试—习题集　Ⅳ.①D920.4

中国国家版本馆 CIP 数据核字(2023)第 214326 号

出 版 者　中国政法大学出版社
地　　址　北京市海淀区西土城路 25 号
邮寄地址　北京 100088 信箱 8034 分箱　邮编 100088
网　　址　http://www.cuplpress.com (网络实名：中国政法大学出版社)
电　　话　010-58908285(总编室) 58908433（编辑部）58908334(邮购部)
承　　印　重庆天旭印务有限责任公司
开　　本　787mm×1092mm　1/16
印　　张　17.5
字　　数　445 千字
版　　次　2024 年 4 月第 1 版
印　　次　2024 年 4 月第 1 次印刷
定　　价　62.00 元（全两册）

KEEP AWAKE

CSER 高效学习模型

觉晓坚持每年组建"名师 + 高分学霸"教学团队，按照 Comprehend（讲考点→理解）→ System（搭体系→不散）→ Exercise（刷够题→会用）→ Review（多轮背→记住）学习模型设计教学产品，让你不断提高学习效果。

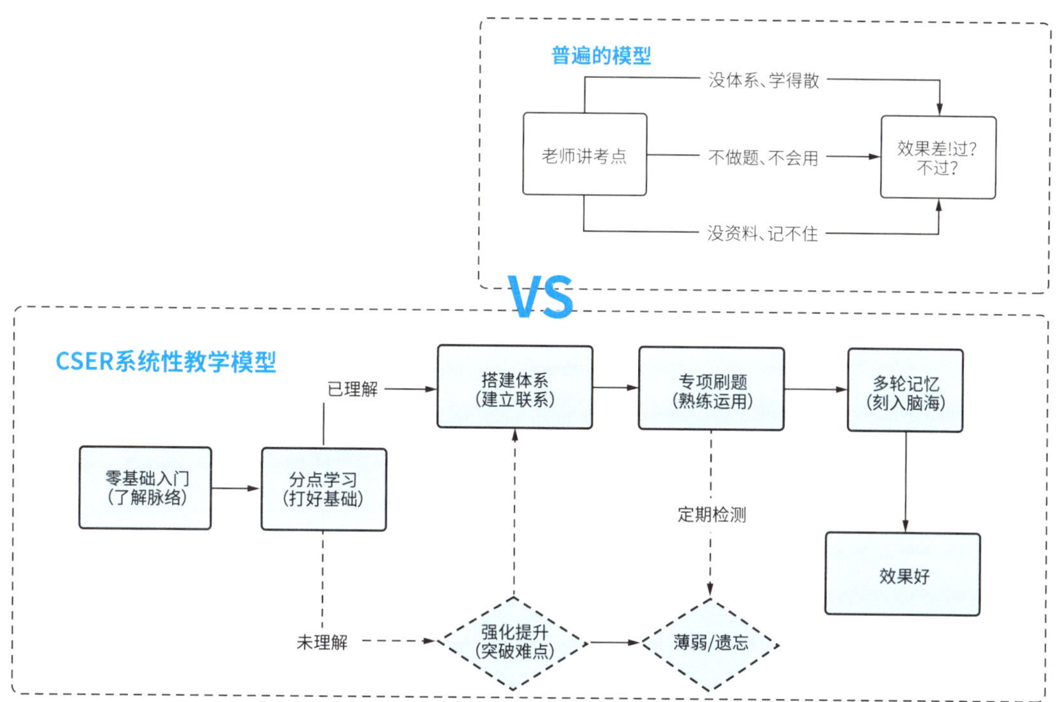

前面理解阶段跟名师，但后面记忆应试阶段，"高分学霸"更擅长，这样搭配既能保证理解，又能应试；时间少的在职考生可以直接跟"学霸"学习高效应试。

同时，知识要成体系性，后期才能记住，否则学完就忘！因此，觉晓有推理背诵图（推背图）、诉讼流程图等产品，辅助你建立知识框架体系，后期可以高效复习！

KEEP AWAKE

坚持数据化学习

觉晓已经实现听课、刷题、模考、记忆全程线上化学习。在学习期间，觉晓会进行数据记录，自2018年APP上线，觉晓已经积累了上百万条数据，并有十多万过线考生的精准学习数据。

觉晓有来自百度、腾讯、京东等大厂的AI算法团队，建模分析过线考生与没过线考生的数据差异，建立**"过考模型"**，其应用层包括：

1. **精准的数据指标**，让你知道过线**每日**需要消耗的"热量、卡路里"，有标准，过线才稳！

2. **按照数据优化教学产品**，一些对过线影响不大的科目就减少知识点，重要的就加强；**课时控制，留够做题时间**，因为中后期做题比听课更重要！

3. **精准预测分数**，实时检测你的数据，对比往年相似考生数据模型，让你知道，你这样学下去，最后会考多少分！

4. **AI智能推送**，根据**过线数据模型**推送二轮课程和题目，精准且有效地查漏补缺，让你的时间花得更有价值！

注：觉晓每年都会分析当年考生数据，出具一份完整的通过率数据分析报告，包括"客观题版""主客一体版""主观题二战版"，可以在微信订阅号"sikao411"，或通过"蒋四金法考""觉晓法考"微博获取。

KEEP AWAKE

目录
Contents

公司法

第一章　公司法概述……001
第二章　公司的设立……007
第三章　公司的股东……019
第四章　公司的董事、监事、高管……025
第五章　公司的财务、会计制度……028
第六章　公司的变更、合并与分立……035
第七章　有限责任公司……039
第八章　股份有限公司……058
第九章　公司的解散与清算……066

合伙企业法

第一章　普通合伙企业……076
第二章　有限合伙企业……090
第三章　合伙企业的解散与清算……097

外商投资与个人投资……099

企业破产法

第一章　破产法概述……105
第二章　债务人财产……112
第三章　债权申报……118
第四章　破产程序……121

票据法

第一章　票据法概述……127
第二章　票据权利……129
第三章　票据抗辩与补救……131
第四章　票据的类型……134

证券法……141

保险法

第一章　保险合同总论……152
第二章　人身保险合同……161
第三章　财产保险合同……167

信托法……175

公司法

第一章 公司法概述

参考答案

[1] CD	[2] AD	[3] A	[4] D	[5] D
[6] D	[7] CD	[8] AB	[9] ABD	[10] ABC
[11] AD	[12] ACD	[13] BD	[14] A	[15] BC
[16] AB	[17] BD	[18] D		

一、历年真题及仿真题*

（一）公司独立人格与股东有限责任

【多选】

1 2202122

参考答案：C,D

解析：ABCD项：《公司法》第3条第1款规定："公司是企业法人，有独立的法人财产，享有法人财产权。公司以其全部财产对公司的债务承担责任。"本题中，丙公司有独立的法人财产，也即其财产独立于股东甲的财产。针对甲的债务，若允许丙公司直接代为清偿，清偿以后甲无需向丙公司偿还，将严重损害丙公司独立的法人财产权，故不得由丙公司直接代甲清偿。但是，若丙公司仅是向甲提供借款，提供借款以后，再由甲向丙公司清偿，实则并不会损害丙公司独立的法人财产权，故借款是可以的。至于是否有息，由股东与公司之间自由约定，公司法并未作出限制。因此，AB项错误，CD项正确。

综上所述，本题答案为CD项。

【不定项】

2 2002079

参考答案：A,D

解析：《公司法》第32条第1款规定："公司登记事项包括：（一）名称；（二）住所；（三）注册资本；（四）经营范围；（五）法定代表人的姓名；（六）有限责任公司股东、股份有限公司发起人的姓名或者名称。"《公司法》明确了公司登记的事项为上述六项，删除了公司章程应该登记的规定，因为章程只约束公司内部股东，不具有外部性，即原阳公司章程未经登记仍有效。因此，A项正确。

BD项：《公司法》第3条第1款规定："公司是企业法人，有独立的法人财产，享有法人财产权。公司以其全部财产对公司的债务承担责任。"第15条第1款规定："公司向其他企业投资或者为他人提供担保，按照公司章程的规定，由董事会或者股东会决议；公司章程对投资或者担保的总额及单项投资或者担保的数额有限额规定的，不得超过规定的限额。"本题中，公司具有独立法人地位，所以公司的行为应体现公司的意志并以公司的名义来进行，且公司对外提供担保须按照公司章程规定经股东会代表2/3以上表决权的股东同意作出决议，因此区某虽然是原阳公司的董事长和法定代表人，但也无权"自行决定"以原阳公司的名义为德祥公司提供担保。因此，B项错误，D项正确。

C项：《担保制度解释》第7条第1款规定："公司的法定代表人违反公司法关于公司对外担保决议程序的规定，超越权限代表公司与相对人订立担保合同，人民法院应当依照民法典第六十一条和第五百零四条等规定处理：（一）相对人善意的，担保合同对公司发生效力；相对人请求公司承担担保责任的，人民法院应予支持……"本题中，如果天香公司能证明自己善意的，此担保合同有效。C项一刀切地认定区某越权代表原阳公司签署的担保合同无效。因此，C项错误。

综上所述，本题答案为AD项。

（二）法人人格否认制度

【单选】

3 1603027

参考答案：A

解析：ABCD项：《公司法》第23条第1款规定："公司股东滥用公司法人独立地位和股东有限责

* 注：下列题号对应觉晓APP的题号规则。本书中以18~23开头的题号均为2018年~2023年的仿真题。

任，逃避债务，严重损害公司债权人利益的，应当对公司债务承担连带责任。”本题中，甲公司滥用自己在零盛公司的股东地位，将零盛公司的资产全部用于甲公司的一个大型投资项目，甲公司与零盛公司的财产混同，严重损害了公司债权人丙公司的利益，应当对公司债务承担连带责任。债权人丙公司可以直接请求该股东甲公司对零盛公司的债务承担连带清偿责任，而其他股东仍然以其出资为限对公司债务承担有限责任。因此，A项正确，BCD项错误。

综上所述，本题答案为A项。

【单选】

4 2002056

参考答案：D

解析：ABCD项：《九民纪要》第13条规定：“人民法院在审理公司人格否认纠纷案件时，应当根据不同情形确定当事人的诉讼地位：（1）债权人对债务人公司享有的债权已经由生效裁判确认，其另行提起公司人格否认诉讼，请求股东对公司债务承担连带责任的，列股东为被告，公司为第三人；（2）债权人对债务人公司享有的债权提起诉讼的同时，一并提起公司人格否认诉讼，请求股东对公司债务承担连带责任的，列公司和股东为共同被告；（3）债权人对债务人公司享有的债权尚未经生效裁判确认，直接提起公司人格否认诉讼，请求公司股东对公司债务承担连带责任的，人民法院应当向债权人释明，告知其追加公司为共同被告。债权人拒绝追加的，人民法院应当裁定驳回起诉。”本题中，债权人乙公司对债务人甲公司享有的债权尚未经生效裁判确认就直接起诉了股东张某，法院应当向债权人乙公司释明必须追加甲公司为共同被告，而不得依职权追加。因此，ABC项错误，D项正确。

综上所述，本题答案为D项。

（三）公司的分类

【单选】

5 1703025

参考答案：D

解析：A项：《公司法》第13条第2款规定：“公司可以设立分公司。分公司不具有法人资格，其民事责任由公司承担。”本题中，分公司作为总公司的分支机构，本身就是总公司的一部分，对外以总公司名义签订合同时不需要再另行授权。因此，A项正确，不当选。

B项：《民事执行中变更、追加当事人规定》第15条第2款规定：“作为被执行人的法人，直接管理的责任财产不能清偿生效法律文书确定债务的，人民法院可以直接执行该法人分支机构的财产。”本题中，若植根公司作为被执行人，其直接管理的财产不能清偿债务时，则可以主张执行植根公司的各个分公司的财产。因此，B项正确，不当选。

CD项：《民事执行中变更、追加当事人规定》第15条第1款规定：“作为被执行人的法人分支机构，不能清偿生效法律文书确定的债务，申请执行人申请变更、追加该法人为被执行人的，人民法院应予支持。法人直接管理的责任财产仍不能清偿债务的，人民法院可以直接执行该法人其他分支机构的财产。”本题中，当植根公司的某一分公司直接管理的财产不能清偿债务时，其债权人可以请求法院裁定植根公司为被执行人并主张强制执行植根公司的财产；若植根公司直接管理的财产不能清偿债务时，则可以主张执行植根公司的其他分公司的财产。因此，C项正确，不当选；D项错误，当选。

综上所述，本题为选非题，答案为D项。

6 1403025

参考答案：D

解析：A项：《公司法》第38条规定：“公司设立分公司，应当向公司登记机关申请登记，领取营业执照。”本题中，无论是在北京市内还是北京市以外，设立分公司都必须登记并领取营业执照。因此，A项错误。

BD项：《公司法》第13条规定：“公司可以设立子公司。子公司具有法人资格，依法独立承担民事责任。公司可以设立分公司。分公司不具有法人资格，其民事责任由公司承担。”本题中，无论是在北京市内还是北京市外，分公司均不能独立承

担民事责任，子公司都能独立承担民事责任。因此，B 项错误，D 项正确。
C 项：法律对分公司负责人的任职资格并无要求，可不由总公司股东担任。因此，C 项错误。
综上所述，本题答案为 D 项。

【不定项】

7 1003096

参考答案：C,D
解析：ABCD 项：《公司法》第 13 条第 1 款规定："公司可以设立子公司，子公司具有法人资格，依法独立承担民事责任。"由此可知，子公司是独立的法律主体，子公司的财产所有权属于子公司所有，当子公司财产不足清偿债务时，甲公司只承担有限责任，不需对子公司的债务承担补充清偿责任；此外，子公司具有独立法人资格，进行诉讼活动时以自己的名义进行。因此，AB 项错误，CD 项正确。
综上所述，本题答案为 CD 项。

（四）公司的投资与担保

【多选】

8 2202064

参考答案：A,B
解析：A 项：《公司法》第 15 条第 2 款规定："公司为公司股东或者实际控制人提供担保的，应当经股东会决议。"本题中，公司章程不得规定对内担保由董事会表决通过，否则会导致章程违法而无效。因此，A 项错误，当选。
B 项：《担保制度解释》第 8 条规定："有下列情形之一，公司以其未依照公司法关于公司对外担保的规定作出决议为由主张不承担担保责任的，人民法院不予支持：……（二）公司为其全资子公司开展经营活动提供担保……"本题中，A 公司为其全资子公司担保无须任何决议。因此，B 项错误，当选。
CD 项：《公司法》第 15 条第 2、3 款规定："公司为公司股东或者实际控制人提供担保的，应当经股东会决议。前款规定的股东或者受前款规定的实际控制人支配的股东，不得参加前款规定事项的表决。该项表决由出席会议的其他股东所持表决权的过半数通过。"本题中，A 公司章程的内容因违反公司法的规定而无效，对内担保仍需经股东会决议。现在，乙虽然不是让 A 公司为自己提供担保，而是为自己所控制的个人独资企业提供担保。但根据《公司法》第 15 条的立法目的，应理解为关联担保，否则就无法避免大股东或者实际控制人通过公司担保损害中小股东权益。因此，为乙的个人独资企业担保进行决议时，仍然需要按照第 15 条的规定，经过股东会决议，且关联股东乙需要回避。因此，CD 项正确，不当选。
综上所述，本题为选非题，答案为 AB 项。

9 2102019

参考答案：A,B,D
解析：A 项：《担保制度解释》第 7 条第 1 款规定："公司的法定代表人违反公司法关于公司对外担保决议程序的规定，超越权限代表公司与相对人订立担保合同，人民法院应当依照民法典第六十一条和第五百零四条等规定处理：（一）相对人善意的，担保合同对公司发生效力；相对人请求公司承担担保责任的，人民法院应予支持。（二）相对人非善意的，担保合同对公司不发生效力；相对人请求公司承担赔偿责任的，参照适用本解释第十七条的有关规定。"本题中，虽然岳某越权担保，但担保合同的效力取决于债权人本身究竟是善意还是恶意，善意则担保有效，恶意则担保无效，A 项说法过于绝对。因此，A 项错误，当选。
BC 项：《公司法》第 15 条第 2 款规定："公司为公司股东或者实际控制人提供担保的，应当经股东会决议。"《九民纪要》第 18 条规定："……为公司股东或者实际控制人提供关联担保，《公司法》第 16 条明确规定必须由股东会决议，未经股东会决议，构成越权代表。在此情况下，债权人主张担保合同有效，应当提供证据证明其在订立合同时对股东会决议进行了审查，决议的表决程序符合《公司法》第 16 条的规定，即在排除被担保股东表决权的情况下，该项表决由出席会议的其他股东所持表决权的过半数通过，签字人员也符合公司章程的规定……"本题中，若大地公司系 A 公司股东，则必须经股东会决议，不能是董事会

决议。因此，B 项错误，当选，C 项正确，不当选。（原《公司法》第 16 条已修改为新《公司法》第 15 条）

D 项：该选项未提及究竟是关联担保还是非关联担保，但无论是哪一种担保类型，均可由股东会决议。《九民纪要》第 18 条规定："……债权人对公司机关决议内容的审查一般限于形式审查，只要求尽到必要的注意义务即可，标准不宜太过严苛。公司以机关决议系法定代表人伪造或者变造、决议程序违法、签章（名）不实、担保金额超过法定限额等事由抗辩债权人非善意的，人民法院一般不予支持。但是，公司有证据证明债权人明知决议系伪造或者变造的除外。"本题中，银行仅需对股东会决议进行形式审查，签名是否真实不会影响其善意的认定，担保有效。因此，D 项错误，当选。

综上所述，本题为选非题，答案为 ABD 项。

【不定项】

10 2202121

参考答案：A,B,C

解析：AD 项：《公司法》第 15 条第 1、2 款规定："公司向其他企业投资或者为他人提供担保，按照公司章程的规定，由董事会或者股东会决议；公司章程对投资或者担保的总额及单项投资或者担保的数额有限额规定的，不得超过规定的限额。公司为公司股东或者实际控制人提供担保的，应当经股东会决议。"据此，仅在公司为他人提供担保时，须经董事会或者股东会决议，而为自身债务提供担保时，公司法未作明确规定。本题中，甲公司是为自身债务提供担保，即使未召开董事会或者股东会，也不会影响担保效力；丁公司是为甲公司债务提供担保，须经董事会或者股东会决议，否则担保无效。因此，A 项正确，D 项错误。

BC 项：《担保制度解释》第 8 条第 1 款规定："有下列情形之一，公司以其未依照公司法关于公司对外担保的规定作出决议为由主张不承担担保责任的，人民法院不予支持：（一）金融机构开立保函或者担保公司提供担保；（二）公司为其全资子公司开展经营活动提供担保；（三）担保合同系由单独或者共同持有公司三分之二以上对担保事项有表决权的股东签字同意。"本题中，乙担保机构作为担保公司为甲公司提供担保，无须任何决议；丙公司为其全资子公司甲公司提供担保，无须任何决议。因此，BC 项正确。

综上所述，本题答案为 ABC 项。

（五）综合知识点

【多选】

11 2102025

参考答案：A,D

解析：AB 项：《公司法》第 13 条第 2 款规定："公司可以设立分公司。分公司不具有法人资格，其民事责任由公司承担。"本题中，不论乙公司对设备买卖合同是否知情，对于 A 分公司的债务，总公司甲公司均需承担连带清偿责任。因此，A 项正确，B 项错误。

CD 项：《担保制度解释》第 11 条第 1 款规定："公司的分支机构未经公司股东（大）会或者董事会决议以自己的名义对外提供担保，相对人请求公司或者其分支机构承担担保责任的，人民法院不予支持，但是相对人不知道且不应当知道分支机构对外提供担保未经公司决议程序的除外。"本题中，丙公司对于 A 分公司提供担保未经甲公司内部决议的情况是知情的，因而无权请求甲公司承担担保责任。因此，C 项错误，D 项正确。（新《公司法》已将股东大会修改为股东会）

综上所述，本题答案为 AD 项。

12 2102092

参考答案：A,C,D

解析：AB 项：《担保制度解释》第 11 条第 1 款规定："公司的分支机构未经公司股东（大）会或者董事会决议以自己的名义对外提供担保，相对人请求公司或者其分支机构承担担保责任的，人民法院不予支持，但是相对人不知道且不应当知道分支机构对外提供担保未经公司决议程序的除外。"本题中，大江分公司自行以自己的名义签订担保协议系越权担保，相对人大金公司未审查决议文件，属于非善意相对人，故该担保无效，大金公司不可要求江河公司承担担保责任。因此，A

项正确，B 项错误。（新《公司法》已将股东大会修改为股东会）

C 项：大河分公司对外签署的“买卖协议”系分公司以自己名义对外签订的协议，并无合同无效的情形，因此协议有效。且产生的民事责任应由江河公司承担。因此，C 项正确。

D 项：《公司法》第 13 条第 2 款规定：“公司可以设立分公司。分公司不具有法人资格，其民事责任由公司承担。”本题中，分公司对外负债，可以先由分公司财产清偿，不能清偿的再由总公司清偿。因此，D 项正确。

综上所述，本题答案为 ACD 项。

13 1902139

参考答案：B,D

解析：AC 项：《担保制度解释》第 11 条第 1 款规定：“公司的分支机构未经公司股东（大）会或者董事会决议以自己的名义对外提供担保，相对人请求公司或者其分支机构承担担保责任的，人民法院不予支持，但是相对人不知道且不应当知道分支机构对外提供担保未经公司决议程序的除外。”本题中，相对人乙于保证合同订立时为恶意，该担保合同对分公司和集团公司都不发生效力。因此，AC 项错误。（新《公司法》已将股东大会修改为股东会）

B 项：《担保制度解释》第 11 条第 4 款规定：“公司的分支机构对外提供担保，相对人非善意，请求公司承担赔偿责任的，参照本解释第十七条的有关规定处理。”第 17 条第 1 款规定：“主合同有效而第三人提供的担保合同无效，人民法院应当区分不同情形确定担保人的赔偿责任：（一）债权人与担保人均有过错的，担保人承担的赔偿责任不应超过债务人不能清偿部分的二分之一；（二）担保人有过错而债权人无过错的，担保人对债务人不能清偿的部分承担赔偿责任；（三）债权人有过错而担保人无过错的，担保人不承担赔偿责任。”本题中，分公司与乙均有过错，分公司应当对乙承担“缔约过失损害赔偿责任”，范围为不超过甲不能清偿部分的二分之一。因此，B 项正确。

D 项：《公司法》第 13 条第 2 款规定：“公司可以设立分公司。分公司不具有法人资格，其民事责任由公司承担。”本题中，因分公司不具有法人资格，其民事责任由集团公司承担。因此，D 项正确。

综上所述，本题答案为 BD 项。

二、模拟训练

14 62106019

参考答案：A

解析：AB 项：《公司法》第 21 条规定：“公司股东应当遵守法律、行政法规和公司章程，依法行使股东权利，不得滥用股东权利损害公司或者其他股东的利益。公司股东滥用股东权利给公司或者其他股东造成损失的，应当承担赔偿责任。”第 23 条第 1 款规定：“公司股东滥用公司法人独立地位和股东有限责任，逃避债务，严重损害公司债权人利益的，应当对公司债务承担连带责任。”本题中，张三属于滥用股东权利和公司独立地位，损害公司利益，损害债权人利益的“坏股东”，根据“法人人格否认”制度，张三应当对公司承担赔偿责任，对债权人承担连带责任，但股东李四、王五并未参与其中，故李四、王五只对公司承担以认缴出资为限的有限责任，对公司的债权人不承担连带责任。因此，A 项错误，当选；B 项正确，不当选。

C 项：《民法典》第 154 条规定：“行为人与相对人恶意串通，损害他人合法权益的民事法律行为无效。”第 157 条规定：“民事法律行为无效、被撤销或者确定不发生效力后……有过错的一方应当赔偿对方由此所受到的损失……”本题中，张三从白云公司获得“一笔不小的报酬”，说明对于张三滥用权利的情形，白云公司是知情的，属于恶意相对方，该合同因恶意串通而无效，白云公司作为过错方应当承担相应的责任，受害方蓝天公司有权要求其承担相应责任。因此，C 项正确，不当选。

D 项：“法人人格否认”制度遵循“个案适用”的规则，并非一概否认公司的独立人格和股东的有限责任，即使对于“坏股东”也应客观评价，“坏股东”就其损害行为承担责任后，即修正了“法人人格否认”的状态。在无关的法律关系里，股东依旧享有有限责任的保护。本题中，张三对蓝天公司2年前的债务与其滥用股东权利和公司独立地位的行为无关，故无须适用“法人人格否认”制度，承担连带责任。因此，D项正确，不当选。

综上所述，本题为选非题，答案为A项。

15 62206088

参考答案：B,C

解析：A项：《民法典》第143条规定：“具备下列条件的民事法律行为有效：（一）行为人具有相应的民事行为能力；（二）意思表示真实；（三）不违反法律、行政法规的强制性规定，不违背公序良俗。”本题中，公司的经营范围经登记生效，超越经营范围的行为仍然有效。且该买卖合同不存在法律规定的无效事由，该买卖合同有效。因此，A项错误。

B项：公司的权利能力自营业执照签发之日起取得。本题中，渝庆公司于2020年5月1日签发营业执照，那么同时也取得权利能力。因此，B项正确。

C项：公司的行为能力外部实现方式由法定代表人或其授权代表实施。本题中，甲为渝庆公司的法定代表人，那么对外行为应由甲代为实施。因此，C项正确。

D项：《公司法》第37条规定：“公司因解散、被宣告破产或者其他法定事由需要终止的，应当依法向公司登记机关申请注销登记，由公司登记机关公告公司终止。”第239条规定：“公司清算结束后，清算组应当制作清算报告，报股东会或者人民法院确认，并报送公司登记机关，申请注销公司登记。”公司的权利能力与行为能力同时产生、同时消灭，于注销登记之日起丧失，并非被吊销之日。本题中，2022年1月6日，渝庆公司被吊销营业执照，经过清算后，才注销登记。因此，D项错误。

综上所述，本题答案为BC项。

16 62106105

参考答案：AB

解析：A项：《公司法》第30条第1款规定：“申请设立公司，应当提交设立登记申请书、公司章程等文件，提交的相关材料应当真实、合法和有效。”本题规定为公司初始章程。本题中，新茂公司初始章程不能约束外部人员，故缺乏公示必要性，即公司无需就章程进行工商登记，该章程无需登记也生效，但不能对抗善意第三人。因此，A项正确。

B项：《担保制度解释》第12条规定：“法定代表人依照民法典第五百五十二条的规定以公司名义加入债务的，人民法院在认定该行为的效力时，可以参照本解释关于公司为他人提供担保的有关规则处理。”第7条规定：“公司的法定代表人违反公司法关于公司对外担保决议程序的规定，超越权限代表公司与相对人订立担保合同，人民法院应当依照民法典第六十一条和第五百零四条等规定处理：……（二）相对人非善意的，担保合同对公司不发生效力；相对人请求公司承担赔偿责任的，参照适用本解释第十七条的有关规定……第一款所称善意，是指相对人在订立担保合同时不知道且不应当知道法定代表人超越权限。相对人有证据证明已对公司决议进行了合理审查，人民法院应当认定其构成善意，但是公司有证据证明相对人知道或者应当知道决议系伪造、变造的除外。”本题中，乐某系新茂公司法定代表人，以公司名义加入债务，应当参照公司对外担保的规则进行认定。乐某未经公司决议，擅自以公司名义加入债务，而银行未见相关决议文件，属于非善意的相对人，故此时不发生债务加入的效力。因此，B项正确。

C项：《担保制度解释》第8条规定：“下列情形之一，公司以其未依照公司法关于公司对外担保的规定作出决议为由主张不承担担保责任的，人民法院不予支持：……（二）公司为其全资子公司开展经营活动提供担保……”本题中，若虹泓公司系新茂公司全资子公司，则新茂公司不得以未按照规定作出决议为由拒绝承担担保责任。因此，C项错误。

D项：《担保制度解释》第11条第1款规定：“公司的分支机构未经公司股东（大）会或者董事会决议以自己的名义对外提供担保，相对人请求公司或者其分支机构承担担保责任的，人民法院不予支持，但是相对人不知道且不应当知道分支机构对外提供担保未经公司决议程序的除外。”本题中，分支机构新茂二处越权担保，原则上公司不担责，但是相对人善意的除外，故新茂公司及分支机构是否担责，需要根据相对人是否善意确定，D 项表述过于绝对。因此，D 项错误。（新《公司法》已将股东大会修改为股东会）

综上所述，本题答案为 AB 项。

17 62406006

参考答案：B,D

解析：A 项：《公司法》第 70 条第 3 款规定："董事辞任的，应当以书面形式通知公司，公司收到通知之日辞任生效，但存在前款规定情形的，董事应当继续履行职务。"本题中，应当是公司收到通知之日，而非花花通知公司之日，花花的辞任生效。因此，A 项错误。

B 项：《公司法》第 10 条第 2 款规定："担任法定代表人的董事或者经理辞任的，视为同时辞去法定代表人。"因此，B 项正确。

C 项：《公司法》第 68 条第 2 款规定："董事会设董事长一人，可以设副董事长。董事长、副董事长的产生办法由公司章程规定。"本题中，有限公司董事长的产生办法由章程规定。因此，C 项错误。

D 项：《公司法》第 10 条第 1 款规定："公司的法定代表人按照公司章程的规定，由代表公司执行公司事务的董事或者经理担任。"本题中，鲁一思能否担任公司的法定代表人要根据公司章程的规定来判断。公司章程中规定法定代表人由公司董事长担任，而此时鲁一思仅为董事，故不能成为新的法定代表人。因此，D 项正确。

综上所述，本题答案为 BD 项。

18 62406007

参考答案：D

解析：ABCD 项：《公司法》第 23 条第 1、2 款规定："公司股东滥用公司法人独立地位和股东有限责任，逃避债务，严重损害公司债权人利益的，应当对公司债务承担连带责任。股东利用其控制的两个以上公司实施前款规定行为的，各公司应当对任一公司的债务承担连带责任。"本题中，花花无滥权行为，无连带责任。鲁一思同时为非诚公司、特城公司的控股股东，在其个人操控下，三家公司账目混乱，就非诚公司，鲁一思与亿诚公司、特城公司承担连带责任。因此，ABC 项错误，D 项正确。

综上所述，本题答案为 D 项。

第二章 公司的设立

参考答案

[1] A	[2] A	[3] BCD	[4] AC	[5] D
[6] A	[7] C	[8] A	[9] C	[10] A
[11] CD	[12] BCD	[13] AC	[14] AB	[15] ABC
[16] BCD	[17] ABD	[18] ABD	[19] D	[20] ABC
[21] D	[22] BCD	[23] D	[24] D	[25] CD
[26] AC	[27] ABD	[28] B	[29] B	[30] ACD
[31] D	[32] A	[33] BC		

一、历年真题及仿真题

（一）公司设立概述

【单选】

1 1503025

参考答案：A

解析：A 项：《公司法》第 45 条规定："设立有限责任公司，应当由股东共同制定公司章程。"本题中，制定公司章程是设立公司的必备条件。虽然公司设立协议与公司章程在内容上可能会有相同之处，但公司章程是要报送公司登记机关登记的法律文件，二者在形式、制定方式等方面均存在实质性区别，故设立公司的书面协议不可代替公司章程。因此，A 项错误，当选。

B 项：《公司法》第 47 条第 2 款规定："法律、行政法规以及国务院决定对有限责任公司注册资本实缴、注册资本最低限额、股东出资期限另有规定的，从其规定。"本题中，公司的注册资本不再有最低限额的要求，故该公司的注册资本可以约定为 50 元人民币。因此，B 项正确，不当选。

C 项：私营企业可以使用投资人姓名作字号。故公司可以用张某姓名作为公司名称。因此，C 项正确，不当选。

D 项：《公司法》第 8 条规定："公司以其主要办事机构所在地为住所。"本题中，若公司的主要办事机构所在地在潘某的住所，则可约定以潘某住所作为公司住所。目前我国对企业的住所选址没有特别的禁止性规定。因此，D 项正确，不当选。

综上所述，本题为选非题，答案为 A 项。

（二）发起人

【单选】

2 1603025

参考答案：A

解析：ABCD 项：《公司法》第 44 条第 2 款规定："公司未成立的，其法律后果由公司设立时的股东承受；设立时的股东为二人以上的，享有连带债权，承担连带债务。"本题中，设立人为李某和王某，物流公司设立失败，对于李某以自己的名义为设立公司签订的合同，两人承担连带责任，因此通大公司可以向王某提出付款请求，也可以向李某提出付款请求，也可以同时向两人主张付款请求。设立人对外承担连带责任，即使内部约定了比例，对外也不适用，内部约定不能对抗债权人。因此，A 项正确，BCD 项错误。

综上所述，本题答案为 A 项。

【多选】

3 1703053

参考答案：B,C,D

解析：ABC 项：《公司法》第 44 条第 2 款规定："公司未成立的，其法律后果由公司设立时的股东承受；设立时的股东为二人以上的，享有连带债权，承担连带债务。"本题中，黄逢、黄现和金耘三人以设立中法人（黄金黄研究会）名义与某科技园签订了为期 3 年的商铺租赁协议。对于该租赁债权，如该社会团体法人未成立的，由 3 个设立人即黄逢、黄现和金耘承担连带责任。因此，A 项错误，BC 项正确。

D 项：《公司法》第 44 条第 3 款规定："设立时的股东为设立公司以自己的名义从事民事活动产生的民事责任，第三人有权选择请求公司或者公司设立时的股东承担。"本题中，设立人金耘为设立黄金黄研究会以个人名义向某印刷厂租赁了一台高级印刷机，对于该租赁债权，社会团体法人成立后，印刷厂可以在黄金黄研究会和金耘之间择一作为责任承担主体。因此，D 项正确。

综上所述，本题为 BCD 项。

4 1103068

参考答案：A,C

解析：ABCD 项：《公司法》第 44 条第 2、3 款规定："公司未成立的，其法律后果由公司设立时的股东承受；设立时的股东为二人以上的，享有连带债权，承担连带债务。设立时的股东为设立公司以自己的名义从事民事活动产生的民事责任，第三人有权选择请求公司或者公司设立时的股东承担。"本题中，丙为了设立法人而以自己的名义与他人订立合同，根据上述规定可知，商贸公司成立后，第三人有权选择请求商贸公司或者设立人丙承担责任；商贸公司未成立的，由设立人承担连带责任。因此，AC 项正确，BD 项错误。

综上所述，本题答案为 AC 项。

（三）股东出资

【单选】

5 1902017

参考答案：D

解析：ABCD 项：《公司法》第 47 条规定："有限责任公司的注册资本为在公司登记机关登记的全体股东认缴的出资额。全体股东认缴的出资额由股东按照公司章程的规定自公司成立之日起五年内缴足。法律、行政法规以及国务院决定对有限责任公司注册资本实缴、注册资本最低限额、股东出资期限另有规定的，从其规定。"第 49 条第 1 款规定："股东应当按期足额缴纳公司章程中规定的各自所认缴的出资额。"本题中，丙和格罗姆公司签署的入股协议为甲和乙附加了提前履行出资的义务，根据合同相对性原则，未经甲、乙同意该负担的义务对甲和乙不能生效。但是，甲作为格罗姆公司的控股股东和法定代表人，如果对提前履行出资义务的事宜不同意，他不会违心地代表公司签署此协议，所以甲代表格罗姆公司签署此协议应认定甲对此义务的设定是知情且同意的，甲应按此约定于2019年完成出资。格罗姆公司和丙的增资入股协议中对乙施加的义务，未经乙同意则对乙不生效。格罗姆公司未经法定程序修改公司章程，没有改变股东依据原章程履行出资的义务，但由于新《公司法》规定有限责任公司的认缴出资额需于成立之日起5年内缴足，在新《公司法》施行前成立的公司出资期限应逐步调整至规定的期限以内，并且2024年2月6日，市场监管总局组织起草了《国务院关于实施〈中华人民共和国公司法〉注册资本登记管理制度的规定（征求意见稿）》，明确对《公司法》施行前设立的存量公司设置三年过渡期，过渡期自2024年7月1日起至2027年6月30日止。有限责任公司可以在过渡期内将出资期限调至五年以内，2032年6月30日前完成出资即符合要求。综上，格罗姆公司股东乙于2039年前缴足出资也不符合要求。因此，ABC项错误，D项正确。

综上所述，本题答案为D项。

6 1902016

参考答案：A

解析：ABCD项：本题中，张某向林某转款的意思表示基于公司项目需要而提前履行出资义务，且公司出具了股款收据，该笔款项后续用于公司的项目运营，并非林某私用，所以应认定该400万为张某与公司之间的资金往来，而非张某与林某个人之间的关系。至于此400万的属性，如果公司没有进行增资的法定程序，可以分解为40万和360万两部分，其中40万为张某向公司履行的实缴出资，张某完全履行了出资义务，另外360万算作张某对公司的借款，而无论出资还是借款，此400万货币均应认定为公司的资产。因此，BD项错误。既然并非林某和张某个人间的借款，所以林某无需承担返还责任。因此，C项错误。而且，2年后，出资期限已经届至，林某仍未实际出资，故其未实际履行对公司的出资义务。因此，A项正确。

综上所述，本题答案为A项。

7 1703027

参考答案：C

解析：A项：《公司法解释（三）》第11条第1、2款规定："出资人以其他公司股权出资，符合下列条件的，人民法院应当认定出资人已履行出资义务：（一）出资的股权由出资人合法持有并依法可以转让；（二）出资的股权无权利瑕疵或者权利负担；（三）出资人已履行关于股权转让的法定手续；（四）出资的股权已依法进行了价值评估。股权出资不符合前款第（一）、（二）、（三）项的规定，公司、其他股东或者公司债权人请求认定出资人未履行出资义务的，人民法院应当责令该出资人在指定的合理期间内采取补正措施，以符合上述条件；逾期未补正的，人民法院应当认定其未依法全面履行出资义务。"本题中，文某与唐某设立乙公司是在2015年12月，而文某完全履行对甲公司的出资义务的时间是在2017年5月。文某在转让股权时认缴出资期限尚未到期，其股权出资并未存在权利瑕疵。因此，A项错误。

B项：《公司法解释（三）》第15条规定："出资人以符合法定条件的非货币财产出资后，因市场变化或者其他客观因素导致出资财产贬值，公司、其他股东或者公司债权人请求该出资人承担补足出资责任的，人民法院不予支持。但是，当事人另有约定的除外。"本题中，因市场变化造成的股权贬值，文某无需补足差额。因此，B项错误。

CD项：《公司法》第49条第1款、第3款规定："股东应当按期足额缴纳公司章程中规定的各自认缴的出资额……股东未按期足额缴纳出资的，除应当向公司足额缴纳外，还应当对给公司造成的损失承担赔偿责任。"本题中，如至2017年5月文某不缴纳其对甲公司的剩余出资，则甲公司有权要求其履行，而乙公司无权要求文某缴纳其对甲公司的剩余出资。因此，C项正确，D项错误。

综上所述，本题答案为C项。

8 1403029

参考答案：A

解析：ABCD项：《公司法解释（三）》第12条规

定："公司成立后，公司、股东或者公司债权人以相关股东的行为符合下列情形之一且损害公司权益为由，请求认定该股东抽逃出资的，人民法院应予支持：（一）制作虚假财务会计报表虚增利润进行分配；（二）通过虚构债权债务关系将其出资转出；（三）利用关联交易将出资转出；（四）其他未经法定程序将出资抽回的行为。"本题中，BCD 选项分别对应（二）（三）（一）三种情况。因 2013 年《公司法》修订取消了向工商登记部门报送验资报告及其他证明文件的环节，也就不存在将出资款项转入公司账户后又转出去的行为，所以 A 项中甲的行为不属于抽逃出资。因此，A 项错误，当选；BCD 项正确，不当选。

综上所述，本题为选非题，答案为 A 项。

9 1003026

参考答案：C

解析：A 项：《公司法》第 49 条第 2 款规定："股东以货币出资的，应当将货币出资足额存入有限责任公司在银行开设的账户；以非货币财产出资的，应当依法办理其财产权的转移手续。"本题中，甲应以面包车的所有权出资，即应当办理所有权转移手续，而非仅交公司管理和使用。因此，A 项错误。

B 项：有限公司股东的货币出资数额可由股东（或者章程）约定，现行《公司法》未设定最低限额。因此，B 项错误。

C 项：现行《公司法》就专利出资的数额未作限制。因此，C 项正确。

D 项：《公司法》第 47 条规定："有限责任公司的注册资本为在公司登记机关登记的全体股东认缴的出资额。全体股东认缴的出资额由股东按照公司章程的规定自公司成立之日起五年内缴足。法律、行政法规以及国务院决定对有限责任公司注册资本实缴、注册资本最低限额、股东出资期限另有规定的，从其规定。"现行《公司法》未规定首次出资比例以及法定最低注册资本。因此，D 项错误。

综上所述，本题答案为 C 项。

10 1003025

参考答案：A

解析：ABCD 项：《公司法》第 49 条规定："股东应当按期足额缴纳公司章程中规定的各自所认缴的出资额。股东以货币出资的，应当将货币出资足额存入有限责任公司在银行开设的账户；以非货币财产出资的，应当依法办理其财产权的转移手续。股东未按期足额缴纳出资的，除应当向公司足额缴纳外，还应当对给公司造成的损失承担赔偿责任。"第 25 条规定："公司股东会、董事会的决议内容违反法律、行政法规的无效。"本题中，甲应向公司足额缴纳出资，若给公司造成损失的还应承担赔偿责任，股东会不得免除股东的出资义务，故该决议应为无效决议。因此，A 项正确，BCD 项错误。

综上所述，本题答案为 A 项。

【多选】

11 2102096

参考答案：C,D

解析：A 项：《公司法解释（三）》第 7 条第 1 款规定："出资人以不享有处分权的财产出资，当事人之间对于出资行为效力产生争议的，人民法院可以参照民法典第三百一十一条的规定予以认定。"本题中，乙以不具有处分权的房屋出资，系无权处分。因乙本人在公司担任总经理，高管的意志可推定为公司的意志，遂推定公司对于其无权处分是知情的，因此不能认定公司是善意的，故公司不能依善意取得制度而取得该房屋。但是，丁并未在公司任职，不能代表公司，但 A 项所述"因为丁知道"和乙的出资是否成立无关。因此，A 项错误。

B 项：《公司法解释（三）》第 15 条规定："出资人以符合法定条件的非货币财产出资后，因市场变化或者其他客观因素导致出资财产贬值，公司、其他股东或者公司债权人请求该出资人承担补足出资责任的，人民法院不予支持。但是，当事人另有约定的除外。"本题中，若出资后因市场原因或非因股东原因导致价值下降的，股东不承担责任。因此，B 项错误。

CD 项：《公司法》第 48 条第 1 款规定："股东可以用货币出资，也可以用实物、知识产权、土地使用权、股权、债权等可以用货币估价并可以依法转让的非货币财产作价出资；但是，法律、行政法规规定不得作为出资的财产除外。”本题中，债权和土地使用权可依法进行价值评估，并可以转让，故债权、土地使用权出资形式合法。因此，CD 项正确。

综上所述，本题答案为 CD 项。

12 2002048

参考答案：B,C,D

解析：A 项：《公司法》第 48 条第 1 款规定：“股东可以用货币出资，也可以用实物、知识产权、土地使用权、股权、债权等可以用货币估价并可以依法转让的非货币财产作价出资；但是，法律、行政法规规定不得作为出资的财产除外。”根据法律规定，公司股东不能以房屋使用权出资，故甲以厂房使用权出资的行为无效。因此，A 项正确，不当选。

B 项：《公司法》第 48 条第 1 款规定：“股东可以用货币出资，也可以用实物、知识产权、土地使用权、股权、债权等可以用货币估价并可以依法转让的非货币财产作价出资；但是，法律、行政法规规定不得作为出资的财产除外。”本题中，股东以债权出资，满足可以估价和可以依法转让两个条件，故出资行为有效。因此，B 项错误，当选。

C 项：《公司法解释（三）》第 7 条第 1 款规定：“出资人以不享有处分权的财产出资，当事人之间对于出资行为效力产生争议的，人民法院可以参照民法典第三百一十一条的规定予以认定。”《民法典》第 311 条第 1 款规定：“无处分权人将不动产或者动产转让给受让人的，所有权人有权追回；除法律另有规定外，符合下列情形的，受让人取得该不动产或者动产的所有权：（一）受让人受让该不动产或者动产时是善意；（二）以合理的价格转让；（三）转让的不动产或者动产依照法律规定应当登记的已经登记，不需要登记的已经交付给受让人。”本题中，丙伪造遗嘱处分本该由姐姐继承的房屋，属于无权处分。甲、乙、丙、丁四个发起人只有丙一人知情，故蓝天公司对丙的无权处分不知情，是善意受让人，所以丙的姐姐无权要求公司返还房屋。因此，C 项错误，当选。

D 项：《公司法解释（三）》第 15 条规定：“出资人以符合法定条件的非货币财产出资后，因市场变化或者其他客观因素导致出资财产贬值，公司、其他股东或者公司债权人请求该出资人承担补足出资责任的，人民法院不予支持。但是，当事人另有约定的除外。”本题中，是否足额出资需要根据出资时进行作价的金额与章程所载明的金额是否存在显著差异来判断，出资后因客观因素导致出资财产贬值，属于正常的商业风险，不影响足额出资的认定。因此，D 项错误，当选。

综上所述，本题为选非题，答案为 BCD 项。

13 2002067

参考答案：A,C

解析：AB 项：《公司法解释（三）》第 7 条第 1 款规定：“出资人以不享有处分权的财产出资，当事人之间对于出资行为效力产生争议的，人民法院可以参照民法典第三百一十一条的规定予以认定。”本题中，乙伪造遗嘱，不是房屋的所有权人，乙将该房屋无权处分给公司，因乙是公司的创办人，所以该公司应视为知情，公司无法善意取得该房屋。该房屋应归丙所有，该公司应该将房屋返还给丙。因此，A 项正确，B 项错误。

CD 项：《公司法解释（三）》第 10 条第 1 款规定：“出资人以房屋、土地使用权或者需要办理权属登记的知识产权等财产出资，已经交付公司使用但未办理权属变更手续，公司、其他股东或者公司债权人主张认定出资人未履行出资义务的，人民法院应当责令当事人在指定的合理期间内办理权属变更手续；在前述期间内办理了权属变更手续的，人民法院应当认定其已经履行了出资义务；出资人主张自其实际交付财产给公司使用时享有相应股东权利的，人民法院应予支持。”本题中，如果该房屋原归乙所有，乙用此房屋出资设立公司，依法应完成交付并登记。乙于 2021 年 2 月 1 日交付，但直至 2021 年 4 月 1 日才办理完毕登记手续，但因为自交付起，公司已经实际享有该房屋的经济权益，所以乙有权主张自交付起享有相应的股东权利。因此，C 项正确，D 项错误。

综上所述，本题答案为 AC 项。

14 2002129

参考答案：A,B

解析：ABC 项：《公司法》第 49 条规定："股东应当按期足额缴纳公司章程中规定的各自所认缴的出资额。股东以货币出资的，应当将货币出资足额存入有限责任公司在银行开设的账户；以非货币财产出资的，应当依法办理其财产权的转移手续。股东未按期足额缴纳出资的，除应当向公司足额缴纳外，还应当对给公司造成的损失承担赔偿责任。"本题中，常记公司足额缴纳了出资，张溪亭和王日暮未履行完毕出资义务，应继续履行出资义务，若对公司造成损失则需承担赔偿责任，但无需向已按期足额缴纳出资的股东承担违约责任。因此，AB 项正确，C 项错误。

D 项：《公司法》第 50 条规定："有限责任公司设立时，股东未按照公司章程规定实际缴纳出资，或者实际出资的非货币财产的实际价额显著低于所认缴的出资额的，设立时的其他股东与该股东在出资不足的范围内承担连带责任。"《公司法解释（三）》第 13 条第 3 款规定："股东在公司设立时未履行或未全面履行出资义务，依照本条第一款或者第二款提起诉讼的原告，请求公司的发起人与被告股东承担连带责任的，人民法院应予支持；公司的发起人承担责任后，可以向被告股东追偿。"本题中，常记公司作为发起人之一，应当与未完全履行出资责任的张溪亭和王日暮在出资不足的范围内承担连带责任。因此，D 项错误。

综上所述，本题答案为 AB 项。

15 1703070

参考答案：A,B,C

解析：ABC 项：《公司法》第 53 条规定："公司成立后，股东不得抽逃出资。违反前款规定的，股东应当返还抽逃的出资；给公司造成损失的，负有责任的董事、监事、高级管理人员应当与该股东承担连带赔偿责任。"《公司法解释（三）》第 12 条规定："公司成立后，公司、股东或者公司债权人以相关股东的行为符合下列情形之一且损害公司权益为由，请求认定该股东抽逃出资的，人民法院应予支持：（一）制作虚假财务会计报表虚增利润进行分配；（二）通过虚构债权债务关系将其出资转出；（三）利用关联交易将出资转出；（四）其他未经法定程序将出资抽回的行为。"第 14 条第 1 款规定："股东抽逃出资，公司或者其他股东请求其向公司返还出资本息、协助抽逃出资的其他股东、董事、高级管理人员或者实际控制人对此承担连带责任的，人民法院应予支持。"《民法典》第 1168 条规定："二人以上共同实施侵权行为，造成他人损害的，应当承担连带责任。"本题中，夏某行为符合未经法定程序即抽回资金的情形，应认定为抽逃出资。马某是银行职员，不属于协助抽逃出资的其他股东、董事、高级管理人员或者实际控制人，而是公司外的协助者，此时公司和其他股东可以要求夏某补足，协助者马某对此承担连带责任。因此，ABC 项正确。

D 项：《公司法解释（三）》第 14 条第 2 款规定："公司债权人请求抽逃出资的股东在抽逃出资本息范围内对公司债务不能清偿的部分承担补充赔偿责任、协助抽逃出资的其他股东、董事、高级管理人员或者实际控制人对此承担连带责任的，人民法院应予支持；抽逃出资的股东已经承担上述责任，其他债权人提出相同请求的，人民法院不予支持。"本题中，榴风公司的债权人在自己的债权不能得到公司清偿的情况下，才可以要求抽逃出资股东承担责任，而不是"得知此事后"；同时股东对债权人的责任是直接向债权人补充赔偿责任（在抽逃范围内），而不是补足出资责任，换句话说，直接赔偿给债权人，不是补足出资到公司。因此，D 项错误。

综上所述，本题答案为 ABC 项。

16 1103069

参考答案：B,C,D

解析：A 项：《公司法》第 48 条规定："股东可以用货币出资，也可以用实物、知识产权、土地使用权、股权、债权等可以用货币估价并可以依法转让的非货币财产作价出资；但是，法律、行政法规规定不得作为出资的财产除外。对作为出资的非货币财产应当评估作价，核实财产，不得高估或者低估作价。法律、行政法规对评估作价有规定的，从其规定。"本题中，非货币财产股权可以作为出资，即便公司章程对此并未规定，该出资仍是有效的。因此，A 项正确，不当选。

BCD 项：《公司法解释（三）》第 11 条第 1 款规

定："出资人以其他公司股权出资，符合下列条件的，人民法院应当认定出资人已履行出资义务：（一）出资的股权由出资人合法持有并依法可以转让；（二）出资的股权无权利瑕疵或者权利负担；（三）出资人已履行关于股权转让的法定手续；（四）出资的股权已依法进行了价值评估。"本题中，B项中甲的出资义务尚未履行完毕，存在出资瑕疵；C项的股权质押意味着存在权利负担；D项的股权由于已经被其他股东行使优先购买权，因而属于权利瑕疵。故BCD三项均不符合法条规定的"出资的股权无权利瑕疵或者权利负担"。因此，BCD项错误，当选。

综上所述，本题为选非题，答案为BCD项。

17 1103070

参考答案：A,B,D

解析：ABCD项：《公司法解释（三）》第12条规定："公司成立后，公司、股东或者公司债权人以相关股东的行为符合下列情形之一且损害公司权益为由，请求认定该股东抽逃出资的，人民法院应予支持：（一）制作虚假财务会计报表虚增利润进行分配；（二）通过虚构债权债务关系将其出资转出；（三）利用关联交易将出资转出；（四）其他未经法定程序将出资抽回的行为。"本题中，A项情形符合（二），B项情形符合（三），D项情形符合（一），由此可知，ABD项可认定为抽逃出资。王五的行为属于盗窃，而非抽逃出资。因此，ABD项正确，C项错误。

综上所述，本题答案为ABD项。

18 1003072

参考答案：A,B,D

解析：ABCD项：《公司法》第50条规定："有限责任公司设立时，股东未按照公司章程规定实际缴纳出资，或者实际出资的非货币财产的实际价额显著低于所认缴的出资额的，设立时的其他股东与该股东在出资不足的范围内承担连带责任。"可见，非货币财产出资不实的责任为：出资不实股东应当补足差额，公司设立时的其他股东对其承担连带责任。本题中，丙以非货币财产出资，且出资不实，对此，应当由丙补足其出资不实的差额，公司设立时的其他股东甲、乙对其承担连带责任；股东丁不是发起人，因此不承担连带责任。因此，A项错误，当选；C项正确，不当选。此外，根据《公司法》第50条的规定可知，非货币财产出资不实的责任只有补足责任和连带责任，并不存在违约责任。因此，BD项错误，当选。

综上所述，本题为选非题，答案为ABD项。

【不定项】

19 2002078

参考答案：D

解析：AB项：《公司法》第48条第1款规定："股东可以用货币出资，也可以用实物、知识产权、土地使用权、股权、债权等可以用货币估价并可以依法转让的非货币财产作价出资；但是，法律、行政法规规定不得作为出资的财产除外。"本题中，甲应该用房屋所有权出资，用房屋使用权出资不符合法律规定。因此，A项错误。乙和荣汇公司的关系是"以债权换股权"，债权可以估值定价且可以依法流通转让，属于股东可用于出资的合法的非货币资产。乙将此债权合法估值并转移给荣汇公司后，乙即合法履行了出资义务。因此，B项错误。

C项：《公司法解释（三）》第7条第1款规定："出资人以不享有处分权的财产出资，当事人之间对于出资行为效力产生争议的，人民法院可以参照民法典第三百一十一条的规定予以认定。"本题中，丙伪造遗嘱不能取得房屋所有权，丙用此房屋出资属于无权处分，应适用善意取得制度。但丙的出资情况，荣汇公司的总经理乙知情，且丙本人担任公司监事，荣汇公司应视为知情，所以荣汇公司不能善意取得该房屋。因此，C项错误。

D项：《公司法解释（三）》第7条第2款规定："以贪污、受贿、侵占、挪用等违法犯罪所得的货币出资后取得股权的，对违法犯罪行为予以追究、处罚时，应当采取拍卖或者变卖的方式处置其股权。"本题中，货币作为一般等价物，股东用货币出资，只需将足额的货币按时存入公司在银行的账户，以贪污、受贿、侵占、挪用等违法犯罪所得的货币出资，出资合法。股东因此取得股权的，对其违法犯罪行为予以追究、处罚时，应当采取拍卖或者变卖的方式处置其股权。因此，D项正确。

综上所述，本题答案为D项。

20 1603093

参考答案：A,B,C

解析：AB项：《公司法》第53条规定："公司成立后，股东不得抽逃出资。违反前款规定的，股东应当返还抽逃的出资；给公司造成损失的，负有责任的董事、监事、高级管理人员应当与该股东承担连带赔偿责任。"《公司法解释（三）》第14条规定："股东抽逃出资，公司或者其他股东请求其向公司返还出资本息、协助抽逃出资的其他股东、董事、高级管理人员或者实际控制人对此承担连带责任的，人民法院应予支持。公司债权人请求抽逃出资的股东在抽逃出资本息范围内对公司债务不能清偿的部分承担补充赔偿责任、协助抽逃出资的其他股东、董事、高级管理人员或者实际控制人对此承担连带责任的，人民法院应予支持；抽逃出资的股东已经承担上述责任，其他债权人提出相同请求的，人民法院不予支持。"本题中，源圣公司董事长陈某协助霓美公司抽逃出资，要在抽逃出资本息范围内对公司债务不能清偿的部分承担连带责任，即承担连带返还1亿元的出资义务。抽逃出资的股东霓美公司要向公司返还出资本息，给公司造成损失的，股东需承担赔偿责任，故承担1亿元的利息损失的决议是正确的。因此，A项正确，B项正确。

C项：《公司法解释（三）》第16条规定："股东未履行或者未全面履行出资义务或者抽逃出资，公司根据公司章程或者股东会决议对其利润分配请求权、新股优先认购权、剩余财产分配请求权等股东权利作出相应的合理限制，该股东请求认定该限制无效的，人民法院不予支持。"本题中，霓美公司抽逃出资，股东会决议可以限制其利润分配请求权。因此，C项正确。

D项：《公司法解释（三）》第17条第1款规定："有限责任公司的股东未履行出资义务或者抽逃全部出资，经公司催告缴纳或者返还，其在合理期间内仍未缴纳或者返还出资，公司以股东会决议解除该股东的股东资格，该股东请求确认该解除行为无效的，人民法院不予支持。"本题中，霓美公司抽逃全部出资，先要经过催告，催告后仍不返还出资的，股东会才可以决议解除霓美公司的股东资格。因此，D项错误。

综上所述，本题答案为ABC项。

21 1303089

参考答案：D

解析：ABCD项：《公司法解释（三）》第13条第2款规定："公司债权人请求未履行或者未全面履行出资义务的股东在未出资本息范围内对公司债务不能清偿的部分承担补充赔偿责任的，人民法院应予支持；未履行或者未全面履行出资义务的股东已经承担上述责任，其他债权人提出相同请求的，人民法院不予支持。"本题中，乙公司对丙公司出资违约，应对丙公司对丁公司的债务在未出资本息范围内承担补充责任。因此，D项正确，ABC项错误。

综上所述，本题答案为D项。

22 1203092

参考答案：B,C,D

解析：AC项：《公司法解释（三）》第12条规定："公司成立后，公司、股东或者公司债权人以相关股东的行为符合下列情形之一且损害公司权益为由，请求认定该股东抽逃出资的，人民法院应予支持：（一）制作虚假财务会计报表虚增利润进行分配；（二）通过虚构债权债务关系将其出资转出；（三）利用关联交易将出资转出；（四）其他未经法定程序将出资抽回的行为。"本题中，需要注意高才和艾瑟的行为包含二层判断，一是在公司设立时约定的垫付出资，二是公司成立后以购买食材方式将10万元转出。第一部分的垫付出资是合法的，法律允许垫付出资，这里类似于借款来出资。第二部分通过买卖合同转出10万元，这里才是抽逃出资的行为，该抽逃的行为是无效的。A项中，垫付出资是允许的，不属于抽逃出资范围。C项中，高才通过该食材买卖合同而转移10万元的行为，属于"通过虚构债权债务关系将其出资转出"，构成抽逃出资。因此，A项错误，C项正确。

B项：《民法典》第154条规定："行为人与相对人恶意串通，损害他人合法权益的民事法律行为无效。”本题中，高才与艾瑟的约定，实质上是恶意串通损害公司利益的行为，故应认定该食材买卖合同无效。因此，B 项正确。

D 项:《公司法解释（三）》第 14 条第 2 款规定:“公司债权人请求抽逃出资的股东在抽逃出资本息范围内对公司债务不能清偿的部分承担补充赔偿责任，协助抽逃出资的其他股东、董事、高级管理人员或者实际控制人对此承担连带责任的，人民法院应予支持；抽逃出资的股东已经承担上述责任，其他债权人提出相同请求的，人民法院不予支持。”本题中，股东高才通过虚构债权债务关系将其出资中的 10 万元转出，故公司债权人可请求高才在抽逃出资本息范围内，即在 10 万元的本息范围内对公司的债务不能清偿的部分承担补充赔偿责任。因此，D 项正确。

综上所述，本题答案为 BCD 项。

23 1103088

参考答案：D

解析：ABCD 项:《民法典》第 403 条规定:“以动产抵押的，抵押权自抵押合同生效时设立；未经登记，不得对抗善意第三人。”《公司法》第 49 条第 1、2 款规定:“股东应当按期足额缴纳公司章程中规定的各自所认缴的出资额。股东以货币出资的，应当将货币出资足额存入有限责任公司在银行开设的账户；以非货币财产出资的，应当依法办理其财产权的转移手续。”本题中，乙公司的抵押权未经登记，不能对抗第三人，故刘某将车作为出资并办理完出资手续后，丁公司即取得车辆所有权。因此，D 项正确，ABC 项错误。

综上所述，本题答案为 D 项。

（四）公司章程

【单选】

24 1902018

参考答案：D

解析：AC 项：股东协议与公司章程是彼此独立的两份契约，其性质、适用范围、效力等有所区别，并非包含或相同的法律关系。因此，AC 项错误。

B 项:《公司法》第 45 条规定:“ 设立有限责任公司，应当由股东共同制定公司章程。”第 46 条第 2 款规定:“股东应当在公司章程上签名或者盖章。”本题中，发起设立公司，公司章程需经全体股东协商一致才能生效，不能部分决议。因此，B 项错误。

D 项:《公司法》第 5 条规定:“设立公司应当依法制定公司章程。公司章程对公司、股东、董事、监事、高级管理人员具有约束力。”本题中，章程仅在公司内部生效，无对抗外部第三人的效力。因此，D 项正确。

综上所述，本题答案为 D 项。

【多选】

25 1303070

参考答案：C,D

解析：A 项：货币适用占有即所有规则。本题中，40 万元最终由刘黎占有，应属刘黎所有，而非平昌公司。因此，A 项错误。

B 项:《公司法》第 178 条规定:“有下列情形之一的，不得担任公司的董事、监事、高级管理人员：（一）无民事行为能力或者限制民事行为能力；（二）因贪污、贿赂、侵占财产、挪用财产或者破坏社会主义市场经济秩序，被判处刑罚，执行期满未逾五年，或者因犯罪被剥夺政治权利，执行期满未逾五年，被宣告缓刑的，自缓刑考验期满之日起未逾二年；（三）担任破产清算的公司、企业的董事或者厂长、经理，对该公司、企业的破产负有个人责任的，自该公司、企业破产清算完结之日起未逾三年；（四）担任因违法被吊销营业执照、责令关闭的公司、企业的法定代表人，并负有个人责任的，自该公司、企业被吊销营业执照、责令关闭之日起未逾三年；（五）个人所负数额较大的债务到期未清偿被人民法院列为失信被执行人。违反前款规定选举、委派董事、监事或者聘任高级管理人员的，该选举、委派或者聘任无效。董事、监事、高级管理人员在任职期间出现本条第一款所列情形的，公司应当解除其职务。”本题中，李方的行为并不满足上述五种情形，故李方并不当然丧失董事长资格。因此，B 项错误。

C 项:《公司法》第 11 条第 2 款规定:“公司章程或者股东会对法定代表人职权的限制，不得对抗善意相对人。”《民法典》第 61 条规定：“依照法律或者法人章程的规定，代表法人从事民事活动的负责人，为法人的法定代表人。法定代表人以法人名义从事的民事活动，其法律后果由法人承受。法人章程或者法人权力机构对法定代表人代表权的限制，不得对抗善意相对人。”本题中，姜呈为善意时，李方的行为构成表见代表，故姜呈履行行为有效。因此，C 项正确。

D 项：《公司法》第 181 条规定：“董事、监事、高级管理人员不得有下列行为：……（二）将公司资金以其个人名义或者以其他个人名义开立账户存储……”第 186 条规定：“董事、监事、高级管理人员违反本法第一百八十一条至第一百八十四条规定所得的收入应当归公司所有。”本题中，李方通过将 40 万元存入个人账户所获得的利息，属于违反第 181 条规定所得的收入，应归平昌公司所有，故平昌公司可要求董事李方返还该利息。因此，D 项正确。

综上所述，本题答案为 CD 项。

（五）综合知识点

【多选】

26 2202131

参考答案：A,C

解析：A 项：《公司法》第 12 条第 2 款规定：“有限责任公司变更为股份有限公司的，或者股份有限公司变更为有限责任公司的，公司变更前的债权、债务由变更后的公司承继。”本题中，股份有限公司应承继变更前的债务。因此，A 项正确。

B 项：《公司法》第 108 条规定：“有限责任公司变更为股份有限公司时，折合的实收股本总额不得高于公司净资产额……”本题中，实收股本总额不得高于净资产额，而不是“低于”。因此，B 项错误。

C 项：《公司法解释（三）》第 13 条第 2 款规定：“公司债权人请求未履行或者未全面履行出资义务的股东在未出资本息范围内对公司债务不能清偿的部分承担补充赔偿责任的，人民法院应予支持……”本题中，针对股份公司不能清偿的债务部分，股东戊需在其未出资的 20 万元范围内承担补充责任。因此，C 项正确。

D 项：《公司法解释（三）》第 16 条规定：“股东未履行或者未全面履行出资义务或者抽逃出资，公司根据公司章程或者股东会决议对其利润分配请求权、新股优先认购权、剩余财产分配请求权等股东权利作出相应的合理限制，该股东请求认定该限制无效的，人民法院不予支持。”本题中，戊尚有 20 万元出资未缴纳，公司可以决议合理限制其分红权，但不能直接取消其分红资格。因此，D 项错误。

综上所述，本题答案为 AC 项。

27 1403068

参考答案：A,B,D

解析：A 项：《公司法》第 47 条第 1 款规定：“有限责任公司的注册资本为在公司登记机关登记的全体股东认缴的出资额……”由此可见，新修订的《公司法》对于有限责任公司没有最低注册资本的要求。因此，A 项正确。

BD 项：《公司法》第 46 条第 1 款规定：“有限责任公司章程应当载明下列事项：……（三）公司注册资本……（五）股东的出资额、出资方式和出资日期……（八）股东会会议认为需要规定的其他事项。”由此可见，公司章程可以规定股东出资必须经验资机构验资的要求，同时应当载明注册资本。因此，BD 项正确。

C 项：《公司法》第 33 条第 2 款规定：“公司营业执照应当载明公司的名称、住所、注册资本、经营范围、法定代表人姓名等事项。”由此可见，公司营业执照应当载明注册资本。因此，C 项错误。

综上所述，本题答案为 ABD 项。

二、模拟训练

28 62206090

参考答案：B

解析：AD 项：《公司法》第 92 条规定：“设立股份有限公司，应当有一人以上二百人以下为发起人，其中应当有半数以上的发起人在中华人民共和国境内有住所。”本题中，某科技股份有限公司的发起人需满足数量为 1-200 人且半数以上在中国境内有住所的要求。此外需要注意，在中国境内有住所和国籍为中国不是一个概念，应加以区分。

因此，AD 项错误。

B 项：《公司法解释（三）》第 4 条第 1 款规定："公司因故未成立，债权人请求全体或者部分发起人对设立公司行为所产生的费用和债务承担连带清偿责任的，人民法院应予支持。"本题中，欧阳签订合同所产生的债务属于在设立公司过程中产生的必要费用，之后公司未能成立，发起人之间应对此承担连带责任，所以债权人张某可以向任一或者全部发起人主张债权。因此，B 项正确。

C 项：《公司法解释（三）》第 4 条第 2 款规定："部分发起人依照前款规定承担责任后，请求其他发起人分担的，人民法院应当判令其他发起人按照约定的责任承担比例分担责任；没有约定责任承担比例的，按照约定的出资比例分担责任；没有约定出资比例的，按照均等份额分担责任。"本题中，由于公司最终未能成立，若欧阳先行支付了电脑价款，需依照"约定的责任承担比例——出资比例——均等份额"的顺序确定各发起人分担的责任份额，并非直接向上官主张平均承担。因此，C 项错误。

综上所述，本题答案为 B 项。

29 62106027

参考答案：B

解析：AB 项：《公司法》第 46 条第 1 款第 5、6 项规定："有限责任公司章程应当载明下列事项：……（五）股东的出资额、出资方式和出资日期；（六）公司的机构及其产生办法、职权、议事规则……"本题中，花某与刘某拟设立的有限公司的章程必须记载股东出资方式、公司机构及其产生办法等。因此，A 项错误，B 项正确。

C 项：《公司法》第 30 条第 1 款规定："申请设立公司，应当提交设立登记申请书、公司章程等文件，提交的相关材料应当真实、合法和有效。"本题中，申请设立公司，仅需提交公司章程，工商登记并非章程的生效要件。因此，C 项错误。

D 项：《公司法》第 5 条规定："设立公司应当依法制定公司章程。公司章程对公司、股东、董事、监事、高级管理人员具有约束力。"本题中，公司章程的效力不及于公司债权人。因此，D 项错误。

综上所述，本题答案为 B 项。

30 62206093

参考答案：A,C,D

解析：A 项：《公司法》第 48 条第 2 款规定："对作为出资的非货币财产应当评估作价，核实财产，不得高估或者低估作价。法律、行政法规对评估作价有规定的，从其规定。"本题中，维华公司出资的厂房为非货币财产，只需要经评估作价，以确定股东在公司中的股权占比即可，无需验资。因此，A 项错误，当选。

BC 项：《公司法解释（三）》第 10 条第 1 款规定："出资人以房屋、土地使用权或者需要办理权属登记的知识产权等财产出资，已经交付公司使用但未办理权属变更手续，公司、其他股东或者公司债权人主张认定出资人未履行出资义务的，人民法院应当责令当事人在指定的合理期间内办理权属变更手续；在前述期间内办理了权属变更手续的，人民法院应当认定其已经履行了出资义务；出资人主张自其实际交付财产给公司使用时享有相应股东权利的，人民法院应予支持。"本题中，维华公司虽然未及时办理产权变更登记，但是 2021 年 10 月新厂已正式投入运营使用，说明维华公司已完成厂房的交付，其后在合理期限内完成了权属变更手续，应认定其履行了出资义务成为公司股东，并于实际交付财产给公司使用时实际享有相应股东权利，而非办理权属变更手续时实际享有相应股东权利。因此，B 项正确，不当选；C 项错误，当选。

D 项：《公司法解释（三）》第 7 条第 2 款规定："以贪污、受贿、侵占、挪用等违法犯罪所得的货币出资后取得股权的，对违法犯罪行为予以追究、处罚时，应当采取拍卖或者变卖的方式处置其股权。"本题中，赵某投资的 300 万元为贪污所得，但赵某已经实际缴纳，300 万元已成为公司的独立资产，根据资本维持原则，不能直接取回，否则会影响公司作为独立法人的正常运营。根据法律规定，需要以拍卖或者变卖的方式处置其股权。因此，D 项错误，当选。

综上所述，本题为选非题，答案为 ACD 项。

31 62206096

参考答案：D

解析：AB 项：《公司法》第 48 条规定："股东可以用货币出资，也可以用实物、知识产权、土地使用权、股权、债权等可以用货币估价并可以依法转让的非货币财产作价出资；但是，法律、行政法规规定不得作为出资的财产除外。对作为出资的非货币财产应当评估作价，核实财产，不得高估或者低估作价。法律、行政法规对评估作价有规定的，从其规定。"本题中，李某在演艺圈的人脉资源并不属于可以用货币估价并可以依法转让的非货币财产，因而无法作价出资；而李某的债权属于可以用货币估价并可以依法转让的非货币财产，因而可以其债权作价出资。因此，AB 项错误。

C 项：《公司法解释（三）》第 24 条第 1 款规定："有限责任公司的实际出资人与名义出资人订立合同，约定由实际出资人出资并享有投资权益，以名义出资人为名义股东，实际出资人与名义股东对该合同效力发生争议的，如无法律规定的无效情形，人民法院应当认定该合同有效。"本题中，实际出资人王某与名义股东陈某之间的合同若无其他无效事由，应当认定为有效。因此，C 项错误。

D 项：《公司法解释（三）》第 26 条第 2 款规定："名义股东根据前款规定承担赔偿责任后，向实际出资人追偿的，人民法院应予支持。"本题中，实际出资人王某出资不实，名义股东陈某对公司债务不能清偿的部分承担补充责任后，可向实际出资人王某追偿。因此，D 项正确。

综上所述，本题答案为 D 项。

32 62406008

参考答案：A

解析：ABC 项：《公司法》第 52 条第 1 款规定："股东未按照公司章程规定的出资日期缴纳出资，公司依照前条第一款规定发出书面催缴书催缴出资的，可以载明缴纳出资的宽限期；宽限期自公司发出催缴书之日起，不得少于六十日。宽限期届满，股东仍未履行出资义务的，公司经董事会决议可以向该股东发出失权通知，通知应当以书面形式发出。自通知发出之日起，该股东丧失其未缴纳出资的股权。"根据法条规定，催缴通知中可以载明缴纳出资的宽限期，也可以不载明；若未载明，公司可以要求股东立即出资。因此，A 项正确。失权通知应当由公司董事会决议，因此，B 项错误。丧失股东资格的时间为自通知发出之日起，而非接到通知之日起；丧失的是未缴纳出资的股权，而非丧失股东资格。因此，C 项错误。

D 项：《公司法》第 51 条规定："有限责任公司成立后，董事会应当对股东的出资情况进行核查，发现股东未按期足额缴纳公司章程规定的出资的，应当由公司向该股东发出书面催缴书，催缴出资。未及时履行前款规定的义务，给公司造成损失的，负有责任的董事应当承担赔偿责任。"本题中，并未提及董事长李二怠于履行催缴义务，对公司损失负有个人责任，因此其不负赔偿责任。因此，D 项错误。

综上所述，本题答案为 A 项。

33 62406009

参考答案：B,C

解析：AC 项：《公司法》第 54 条规定："公司不能清偿到期债务的，公司或者已到期债权的债权人有权要求已认缴出资但未届出资期限的股东提前缴纳出资。"本题中，在公司对外有多起案件终本执行，无能力清偿到期债务，已具备破产原因，属于不能清偿到期债务，债权人张三有权要求股东裴钱提前缴纳出资，而非直接向其进行清偿。因此，A 项错误，C 项正确。

B 项：《公司法》第 4 条第 1 款规定："有限责任公司的股东以其认缴的出资额为限对公司承担责任；股份有限公司的股东以其认购的股份为限对公司承担责任。"在一般情况下，股东认缴出资的期限未届期前，公司或债权人并不能要求股东提前履行出资义务，债权债务不涉及股东责任，公司是清偿债务第一顺位。但在公司资产不足以清偿债务或没有清偿能力时，公司作为被执行人，人民法院穷尽执行措施无财产可供执行，已具备破产情形，但没有申请破产时，为保护债权人利益，未出资股东则负有责任。公司债权人可以请求未履行或者未全面履行出资义务的股东在未出资本息范围内对公司债务不能清偿的部分承担补充赔偿责任。因此，B 项正确。

D 项：《公司法》规定了股东向公司承担赔偿责任的情形，例如第 21 条第 2 款规定："公司股东滥用股东权利给公司或者其他股东造成损失的，应当承担赔偿责任。"第 49 条第 3 款规定："股东未按期足额缴纳出资的，除应当向公司足额缴纳外，还应当对给公司造成的损失承担赔偿责任。"本题中，股东裴钱并不存在侵犯公司利益的行为，且出资期限尚未届至，故不承担赔偿责任。因此，D 项错误。

综上所述，本题答案为 BC 项。

第三章 公司的股东

参考答案

[1] D	[2] A	[3] B	[4] C	[5] AC
[6] A	[7] A	[8] BC	[9] BD	[10] ABC
[11] AB	[12] BCD	[13] BD	[14] ABC	[15] ABCD
[16] B				

一、历年真题及仿真题

(一) 股东资格

【单选】

1 2002124

参考答案：D

解析：AB 项：《公司法》第 55 条规定："有限责任公司成立后，应当向股东签发出资证明书，记载下列事项：(一) 公司名称；(二) 公司成立日期；(三) 公司注册资本；(四) 股东的姓名或者名称、认缴和实缴的出资额、出资方式和出资日期；(五) 出资证明书的编号和核发日期。出资证明书由法定代表人签名，并由公司盖章。"因此，AB 项正确。

CD 项：《公司法》第 56 条规定："有限责任公司应当置备股东名册，记载下列事项：(一) 股东的姓名或者名称及住所；(二) 股东认缴和实缴的出资额、出资方式和出资日期；(三) 出资证明书编号；(四) 取得和丧失股东资格的日期。记载于股东名册的股东，可以依股东名册主张行使股东权利。"因此，C 项正确，D 项错误。

综上所述，本题为选非题，答案为 D 项。

2 1902019

参考答案：A

解析：ACD 项：《公司法》第 56 条第 2 款规定："记载于股东名册的股东，可以依股东名册主张行使股东权利。"股东名册是证明股东资格存在的直接证据，但并非唯一的证据，股东资格的取得应综合考虑股东与公司建立法律关系的意思表示、出资行为、权利享有、义务承担等多种因素而确定。股东名册、公司章程的记载属于证明股东资格的因素之一，但并非绝对或唯一因素，即使没有股东名册或公司章程的记载，通过其他因素综合判定，股东也可取得股东资格。因此，A 项正确，CD 项错误。

B 项：工商登记具有公示公信效力，但被登记的股东如果存在类似非法或错误登记的情形时，未必能具有股东资格，B 项说法太过于绝对。因此，B 项错误。

综上所述，本题答案为 A 项。

3 1403027

参考答案：B

解析：AC 项：《公司法》第 55 条规定："有限责任公司成立后，应当向股东签发出资证明书，记载下列事项：……(四) 股东的姓名或者名称、认缴和实缴的出资额、出资方式和出资日期……"由此可见，签发出资证明书的时间应当为有限责任公司成立后，而非股东认缴出资后。出资证明书仅需载明出资股东的姓名和出资额，无需载明其他股东的姓名和出资额。因此，AC 项错误。

B 项：《公司法》第 56 条第 2 款规定："记载于股东名册的股东，可以依股东名册主张行使股东权利。"由此可见，股东资格的法定证明文件是公司的股东名册，向公司出资后持有的出资证明书只是一种获得股东资格方式的证明，其遗失并不会对股东资格产生影响。因此，B 项正确。

D 项：有价证券是指标有票面金额，用于证明持有人或该证券指定的特定主体对特定财产拥有所有权或债券的凭证，可以在证券市场中流通。公司向股东签发证明其出资及对公司享有股权的出资证明书，是证明投资人已经依法履行缴付出资义务的法律文件，不能在证券市场上流通转让，出资证明书不是有价证券。因此，D 项错误。

综上所述，本题答案为 B 项。

4 1203026

参考答案：C

解析：AC 项：《公司法》第 56 条第 2 款规定："记载于股东名册的股东，可以依股东名册主张行使股东权利。"第 34 条第 2 款规定："公司登记事项未经登记或者未经变更登记，不得对抗善意相对人。"《民法典》第 65 条规定："法人的实际情况与登记情况不一致的，不得对抗善意相对人。"本题中，记载在股东名册的丙能够取得股东资格，未登记不得对抗善意第三人。因此，A 项错误，C 项正确。

BD 项：《公司法》第 210 条第 4 款规定："公司弥补亏损和提取公积金后所余税后利润，有限责任公司按照股东实缴的出资比例分配利润，全体股东约定不按照出资比例分配利润的除外；股份有限公司按照股东所持有的股份比例分配利润，公司章程另有规定的除外。"本题中，丙能够取得股东资格，则能够按照实缴的出资比例或者按照约定的方式参加公司分红。因此，BD 项错误。

综上所述，本题答案为 C 项。

【多选】

5 1403069

参考答案：A,C

解析：ABCD 项：《公司法》第 56 条规定："有限责任公司应当置备股东名册，记载下列事项：（一）股东的姓名或者名称及住所；（二）股东认缴和实缴的出资额、出资方式和出资日期；（三）出资证明书编号；（四）取得和丧失股东资格的日期。记载于股东名册的股东，可以依股东名册主张行使股东权利。"第 32 条第 1 款规定："公司登记事项包括：（一）名称；（二）住所；（三）注册资本；（四）经营范围；（五）法定代表人的姓名；（六）有限责任公司股东、股份有限公司发起人的姓名或者名称。"第 34 条第 2 款规定："公司登记事项未经登记或者未经变更登记，不得对抗善意相对人。"由此可见，有限责任公司应当将股东姓名或名称向公司登记机关登记，但无需提交股东名册。登记仅具有对抗效力，对外以公司登记为准（根据外观主义，涉及外部第三人的利益应以公司登记为准）；而公司内部股东事项应当以股东名册为准（不涉及第三人，内部以股东名册为准）。因此，AC 项正确，BD 项错误。

综上所述，本题答案为 AC 项。

（二）实际出资人与名义股东、冒名股东

【单选】

6 2202062

参考答案：A

解析：A 项：《公司法》第 56 条第 2 款规定："记载于股东名册的股东，可以依股东名册主张行使股东权利。"本案中，杨某被记载于觉大公司的股东名册，其就是公司股东，在享有股东权利的同时亦需承担股东义务，华某可以请求杨某履行出资义务。因此，A 项正确。

BC 项：《公司法解释（三）》第 25 条第 1 款规定："名义股东将登记于其名下的股权转让、质押或者以其他方式处分，实际出资人以其对于股权享有实际权利为由，请求认定处分股权行为无效的，人民法院可以参照民法典第三百一十一条的规定处理。"本案中，杨某作为公司名义股东，转让其名下的股权为有权处分，但方某对杨某的代持股事宜知情，非善意第三人，不能参照善意取得制度取得股权，故杨某将股权转让给方某的行为无效。因此，BC 项错误。

D 项：《公司法解释（三）》第 24 条第 3 款规定："实际出资人未经公司其他股东半数以上同意，请求公司变更股东、签发出资证明书、记载于股东名册、记载于公司章程并办理公司登记机关登记的，人民法院不予支持。"本案中，实际出资人陈某在显名化之前并非公司股东，华某不可以请求陈某履行出资义务。因此，D 项错误。

综上所述，本题答案为 A 项。

7 1103026

参考答案：A

解析：本题注意区分名义股东和冒用他人名义出资。名义股东与实际出资人之间是存在代持股协议的，也就是双方都知情；而冒用他人名义出资，被冒用人是不知情的。本题属于冒用他人名义出资，而不是名义股东。

ABCD项：《公司法解释（三）》第28条规定："冒用他人名义出资并将该他人作为股东在公司登记机关登记的，冒名登记行为人应当承担相应责任；公司、其他股东或者公司债权人以未履行出资义务为由，请求被冒名登记为股东的承担补足出资责任或者对公司债务不能清偿部分的赔偿责任的，人民法院不予支持。"由此可知，冒名股东中谁冒充，谁负责；被冒充，无责任。本题中，公司的股东应是王大伟，王大伟应该对公司债务承担相应责任。因此，A项正确，BCD项错误。

综上所述，本题答案为A项。

【多选】

8 2102003

参考答案：B,C

解析：AB项：《公司法解释（三）》第28条规定："冒用他人名义出资并将该他人作为股东在公司登记机关登记的，冒名登记行为人应当承担相应责任……"本题中，冒名者张某拾得被冒名者段某的身份证，并用其身份证在公司登记机关登记，属于冒用他人身份证注册为公司股东的行为，应由冒名者张某承担相应的责任。因此，A项错误，B项正确。

C项：冒名者张某在被冒名者段某不知情的情况下将其注册为A公司的股东，本身就属于侵犯被冒名者法定权利的行为，被冒名者段某向A公司申请注销其股东身份的行为是维护自己合法权利的表现。因此，C项正确。

D项：被冒名者段某被登记为A公司的股东并非其本意，因而其不真正具有股东身份，不能享受股东权利，故被冒名者段某无法参与公司事务的决策。因此，D项错误。

综上所述，本题答案为BC项。

9 2102093

参考答案：B,D

解析：AB项：《公司法解释（三）》第28条规定："冒用他人名义出资并将该他人作为股东在公司登记机关登记的，冒名登记行为人应当承相相应责任，公司，其他股东或者公司债权人以未履行出资义务为由，请求被冒名登记为股东的承担补足出资责任或者对公司债务不能清偿部分的赔偿责任的，人民法院不予支持。"由此可知，被冒名登记为股东的主体并非公司股东，其无须承担股东的瑕疵出资的责任，这一责任应当由冒名登记行为人承担。因此，A项错误，B项正确。

C项：被冒名登记为股东的主体并非公司股东，自然无权行使股东权。因此，C项错误，

D项：既然被冒名登记的主体并非公司股东，将其登记为股东属于公司登记错误，自然有权请求公司登记机关撤销登记。因此，D项正确。

综上所述，本题答案为BD项。

10 1703069

参考答案：A,B,C

解析：ABC项：《公司法解释（三）》第28条规定："冒用他人名义出资并将该他人作为股东在公司登记机关登记的，冒名登记行为人应当承担相应责任；公司、其他股东或者公司债权人以未履行出资义务为由，请求被冒名登记为股东的承担补足出资责任或者对公司债务不能清偿部分的赔偿责任的，人民法院不予支持。"由此可知，冒用他人名义出资并将该他人作为股东在公司登记机关登记的，冒名登记行为人应当承担相应责任，被冒名的人不是股东，不承担责任；公司、其他股东或者公司债权人不能以未履行出资义务为由，请求被冒名登记为股东的承担补足出资责任或者对公司债务不能清偿部分的赔偿责任。本题中，姚顺作为被冒名者，不是公司股东，既不享有股东权利，也不承担股东责任。因此，ABC项错误，当选。

D项：冒名股东与名义股东的主要区别在于其冒名登记的行为未经被冒名人同意，而名义股东则对登记行为是知情的。本题中，胡铭作为冒名者，是贝达公司的股东，应当对冒名行为承担责任，

当姚顺名下股权的出资尚未缴纳时，张莉、王威只能要求胡铭履行出资义务。因此，D项正确，不当选。

综上所述，本题为选非题，答案为ABC项。

【不定项】

11 1203093

参考答案：A,B

解析：A项：《公司法解释（三）》第24条第1款规定："有限责任公司的实际出资人与名义出资人订立合同，约定由实际出资人出资并享有投资权益，以名义出资人为名义股东，实际出资人与名义股东对该合同效力发生争议的，如无法律规定的无效情形，人民法院应当认定该合同有效。"本题中，李一、李三商定，由李三出面与高、曾设立公司，但出资与相应的投资权益均归李一，因此双方之间存在股权代持协议，李一是实际出资人，李三是名义股东，该约定并没有法律规定的无效情形，故该约定有效。因此，A项正确。

BD项：《公司法解释（三）》第24条第2款和第3款规定："前款规定的实际出资人与名义股东因投资权益的归属发生争议，实际出资人以其实际履行了出资义务为由向名义股东主张权利的，人民法院应予支持。名义股东以公司股东名册记载、公司登记机关登记为由否认实际出资人权利的，人民法院不予支持。实际出资人未经公司其他股东半数以上同意，请求公司变更股东、签发出资证明书、记载于股东名册、记载于公司章程并办理公司登记机关登记的，人民法院不予支持。"本题中，虽然名义股东李三不是实际出资人，但是记载在公司股东名册中的股东是李三，而不是实际出资人李一，因此对于公司来说，名义股东李三具有股东资格，实际出资人李一不具有股东资格，李一无权直接以自己履行了实际出资义务要求公司变更自己为公司股东，只能经公司其他股东半数以上同意，方能要求变更自己为公司股东。因此，B项正确，D项错误。

C项：实际出资人只能依据与名义股东之间的约定享有相应的合同权利，实际出资人在未经法定程序"浮出水面"前，其不具有股东资格，不享有股权，离婚时其配偶当然不能要求分割股权。因此，C项错误。

综上所述，本题答案为AB项。

12 1203094

参考答案：B,C,D

解析：ABC项：《公司法解释（三）》第25条第1款规定："名义股东将登记于其名下的股权转让、质押或者以其他方式处分，实际出资人以其对于股权享有实际权利为由，请求认定处分股权行为无效的，人民法院可以参照民法典第三百一十一条的规定处理。"《民法典》第311条规定："无处分权人将不动产或者动产转让给受让人的，所有权人有权追回；除法律另有规定外，符合下列情形的，受让人取得该不动产或者动产的所有权：（一）受让人受让该不动产或者动产时是善意；（二）以合理的价格转让；（三）转让的不动产或者动产依照法律规定应当登记的已经登记，不需要登记的已经交付给受让人。受让人依据前款规定取得不动产或者动产的所有权的，原所有权人有权向无处分权人请求损害赔偿。当事人善意取得其他物权的，参照适用前两款规定。"本题中，李三为公司登记文件中记载的股东，是名义股东，其转让股权为有权处分，参照善意取得制度，王二可以取得股权。因此，A项错误，BC项正确。

D项：《公司法解释（三）》第25条第2款规定："名义股东处分股权造成实际出资人损失，实际出资人请求名义股东承担赔偿责任的，人民法院应予支持。"本题中，名义股东李三未经实际股东李一许可而对外转让股权，实际股东李一因此遭受的损失，由名义股东李三赔偿。因此，D项正确。

综上所述，本题答案为BCD项。

（三）综合知识点

【多选】

13 2202057

参考答案：B,D

解析：AB项：《公司法》第53条第1款规定："公司成立后，股东不得抽逃出资。"如果公司为股东之间的股权转让提供担保，就会出现受让股权的股东不能支付股权转让款时，由公司先向转让股权的股东支付转让款，从而形成股东以股权转让的方式变相抽回出资的情形，导致公司利益及公司其他债权人的利益受损，有违《公司法》关于不得抽逃出资的规定。本题中，按照增资协议的约定，由翔天公司为蒋某收购股份提供担保，则意味着在蒋某不能支付转让款的情况下，翔天公司应向明月基金进行支付，从而导致明月基金以股权转让方式从公司抽回出资，故该约定涉嫌抽逃出资，有违资本维持原则，无效。因此，A 项错误，B 项正确。

C 项:《公司法》第 227 条第 2 款规定:“股份有限公司为增加注册资本发行新股时，股东不享有优先认购权，公司章程另有规定或者股东会决议决定股东享有优先认购权的除外。”本题中，翔天公司为股份公司，股份公司的股东没有新股优先认购权。因此，C 项错误。

D 项:《公司法》第 15 条第 2 款、第 3 款规定:“公司为公司股东或者实际控制人提供担保的，应当经股东会决议。前款规定的股东或者受前款规定的实际控制人支配的股东，不得参加前款规定事项的表决。该项表决由出席会议的其他股东所持表决权的过半数通过。”本题中，蒋某是翔天公司的法定代表人、大股东，为其提供担保，需经公司股东会决议，且被担保人蒋某需要回避。因此，D 项正确。

综上所述，本题答案为 BD 项。

二、模拟训练

14 62106089

参考答案: A,B,C

解析: A 项:《公司法解释（三）》第 25 条第 1 款规定:“名义股东将登记于其名下的股权转让、质押或者以其他方式处分，实际出资人以其对于股权享有实际权利为由，请求认定处分股权行为无效的，人民法院可以参照民法典第三百一十一条的规定处理。”《民法典》第 311 条规定，相对人善意、支付合理对价且完成了交付手续，即可取得相应的物权。本案中，周琦是名义股东，其将股权质押给孙海的行为系有权处分，但仍参照适用善意取得制度，孙海为善意第三人，经有效登记后，取得质权。因此，A 项正确。

B 项:《公司法解释（三）》第 26 条第 1 款规定:“公司债权人以登记于公司登记机关的股东未履行出资义务为由，请求其对公司债务不能清偿的部分在未出资本息范围内承担补充赔偿责任，股东以其仅为名义股东而非实际出资人为由进行抗辩的，人民法院不予支持。”本案中，涉及公司的外部关系时，应遵循“外观主义原则”，名义股东周琦须承担对外责任。因此，B 项正确。

C 项:《公司法解释（三）》第 24 条第 3 款规定:“实际出资人未经公司其他股东半数以上同意，请求公司变更股东、签发出资证明书、记载于股东名册、记载于公司章程并办理公司登记机关登记的，人民法院不予支持。”《九民纪要》第 28 条规定:“实际出资人能够提供证据证明有限责任公司过半数的其他股东知道其实际出资的事实，且对其实际行使股东权利未曾提出异议的，对实际出资人提出的登记为公司股东的请求，人民法院依法予以支持。公司以实际出资人的请求不符合公司法司法解释（三）第二十四条的规定为由抗辩的，人民法院不予支持。”本题中，实际股东钱多多“浮出水面”要征得其他股东半数以上同意或有证据证明过半数的其他股东知情且无异议。因此，C 项正确。

D 项:《九民纪要》第 6 条规定:“在注册资本认缴制下，股东依法享有期限利益。债权人以公司不能清偿到期债务为由，请求未届出资期限的股东在未出资范围内对公司不能清偿的债务承担补充赔偿责任的，人民法院不予支持。但是，下列情形除外:（1）公司作为被执行人的案件，人民法院穷尽执行措施无财产可供执行，已具备破产原因，但不申请破产的;（2）在公司债务产生后，公司股东（大）会决议或以其他方式延长股东出资期限的。”本题中，并不存在上诉例外情形，股东的出资利益应当受到保护。因此，D 项错误。（新《公司法》已将股东大会修改为股东会）

综上所述，本题答案为 ABC 项。

15 62006063

参考答案: A,B,C,D

解析: A 项:《公司法》第 189 条第 2 款规定:“监事会或者董事会收到前款规定的股东书面请求后拒绝提起诉讼，或者自收到请求之日起三十日内未提起诉讼，或者情况紧急、不立即提起诉讼将会使公司利益受到难以弥补的损害的，前款规定的股东有权为公司利益以自己的名义直接向人民法院提起诉讼。”《公司法解释（四）》第 24 条第 1 款规定：“符合公司法第一百五十一条第一款规定条件的股东，依据公司法第一百五十一条第二款、第三款规定，直接对董事、监事、高级管理人员或者他人提起诉讼的，应当列公司为第三人参加诉讼。”本题中，王飞的书面请求被拒绝后，可以提起诉讼，作为董事的蔡可信为被告，公司为第三人。因此，A 项正确。（原《公司法》第 151 条已修改为新《公司法》第 189 条）

B 项：《九民纪要》第 27 条规定：“公司是股东代表诉讼的最终受益人，为避免因原告股东与被告通过调解损害公司利益，人民法院应当审查调解协议是否为公司的意思。只有在调解协议经公司股东（大）会、董事会决议通过后，人民法院才能出具调解书予以确认。至于具体决议机关，取决于公司章程的规定。公司章程没有规定的，人民法院应当认定公司股东（大）会为决议机关。”本题中，若王飞和蔡可信达成调解协议，法院应当审查该调解协议是否为公司的意思。在公司章程未作明确规定的情况下，调解协议需经股东会决议通过，之后再由法院予以确认。因此，B 项正确。（新《公司法》已将股东大会修改为股东会）

C 项：《九民纪要》第 26 条规定：“股东依据《公司法》第 151 条第 3 款的规定提起股东代表诉讼后，被告以原告股东恶意起诉侵犯其合法权益为由提起反诉的，人民法院应予受理。被告以公司在案涉纠纷中应当承担侵权或者违约等责任为由对公司提出的反诉，因不符合反诉的要件，人民法院应当裁定不予受理；已经受理的，裁定驳回起诉。”本题中，蔡可信以公司违约提起反诉的，法院应当裁定不予受理。因此，C 项正确。（原《公司法》第 151 条已修改为新《公司法》第 189 条）

D 项：《公司法解释（五）》第 1 条第 1 款规定：“关联交易损害公司利益，原告公司依据民法典第八十四条、公司法第二十一条规定请求控股股东、实际控制人、董事、监事、高级管理人员赔偿所造成的损失，被告仅以该交易已经履行了信息披露、经股东会或者股东大会同意等法律、行政法规或者公司章程规定的程序为由抗辩的，人民法院不予支持。”本题中，蔡可信的抗辩理由不成立。因此，D 项正确。（新《公司法》已将股东大会修改为股东会，原《公司法》第 21 条已修改为新《公司法》第 22 条）

综上所述，本题答案为 ABCD 项。

16 62206011

参考答案：B

解析：ABC 项：《公司法》第 227 条第 1 款规定：“有限责任公司增加注册资本时，股东在同等条件下有权优先按照实缴的出资比例认缴出资。但是，全体股东约定不按照出资比例优先认缴出资的除外。”本题中，股东甲、乙、丙没有约定公司新增资本时，不按照出资比例优先认缴出资。故应按照实缴的出资比例 1∶2∶3 认缴新增资本。因此，B 项正确，AC 项错误。

D 项：《公司法》第 227 条第 2 款规定：“股份有限公司为增加注册资本发行新股时，股东不享有优先认购权，公司章程另有规定或者股东会决议决定股东享有优先认购权的除外。”新股优先认购权，是公司法基于保护有限责任公司人合性的经营特征，对有限责任公司增资扩股行为发生时所做的强制性规范，目的在于保护有限责任公司基于人合基础搭建起来的经营运行稳定性，该规定仅适用于有限责任公司。本题中，中茶公司是股份有限公司时，公司股东甲不享有新股优先认购权。因此，D 项错误。

综上所述，本题答案为 B 项。

第四章 公司的董事、监事、高管

参考答案

[1]B　[2]AD　[3]ABCD　[4]AD　[5]BC
[6]ABC　[7]ABC

一、历年真题及仿真题

（一）股东代表诉讼

【单选】

1 1203027

参考答案：B

解析：ABC 项：《公司法》第 189 条规定："董事、高级管理人员有前条规定的情形的，有限责任公司的股东、股份有限公司连续一百八十日以上单独或者合计持有公司百分之一以上股份的股东，可以书面请求监事会向人民法院提起诉讼；监事有前条规定的情形的，前述股东可以书面请求董事会向人民法院提起诉讼。监事会或者董事会收到前款规定的股东书面请求后拒绝提起诉讼，或者自收到请求之日起三十日内未提起诉讼，或者情况紧急、不立即提起诉讼将会使公司利益受到难以弥补的损害的，前款规定的股东有权为公司利益以自己的名义直接向人民法院提起诉讼。他人侵犯公司合法权益，给公司造成损失的，本条第一款规定的股东可以依照前两款的规定向人民法院提起诉讼。公司全资子公司的董事、监事、高级管理人员有前条规定情形，或者他人侵犯公司全资子公司合法权益造成损失的，有限责任公司的股东、股份有限公司连续一百八十日以上单独或者合计持有公司百分之一以上股份的股东，可以依照前三款规定书面请求全资子公司的监事会、董事会向人民法院提起诉讼或者以自己的名义直接向人民法院提起诉讼。"本题中，郑贺作为公司的经理，为高级管理人员，违法损害公司利益时，小股东付冰应先书面请求监事会主张权利。因此，AC 项错误，B 项正确。D 项：有限责任公司中任何股东都可以提起股东代表诉讼，无持股比例和持股时间的要求。股份有限公司才必须满足连续 180 日以上单独或合计持有公司 1% 以上股份的股东。因此，D 项错误。综上所述，本题答案为 B 项。

【多选】

1902049

参考答案：A,D

解析：ABCD 项：《公司法》第 189 条规定："董事、高级管理人员有前条规定的情形的，有限责任公司的股东、股份有限公司连续一百八十日以上单独或者合计持有公司百分之一以上股份的股东，可以书面请求监事会向人民法院提起诉讼；监事有前条规定的情形的，前述股东可以书面请求董事会向人民法院提起诉讼。监事会或者董事会收到前款规定的股东书面请求后拒绝提起诉讼，或者自收到请求之日起三十日内未提起诉讼，或者情况紧急、不立即提起诉讼将会使公司利益受到难以弥补的损害的，前款规定的股东有权为公司利益以自己的名义直接向人民法院提起诉讼。他人侵犯公司合法权益，给公司造成损失的，本条第一款规定的股东可以依照前两款的规定向人民法院提起诉讼。公司全资子公司的董事、监事、高级管理人员有前条规定情形，或者他人侵犯公司全资子公司合法权益造成损失的，有限责任公司的股东、股份有限公司连续一百八十日以上单独或者合计持有公司百分之一以上股份的股东，可以依照前三款规定书面请求全资子公司的监事会、董事会向人民法院提起诉讼或者以自己的名义直接向人民法院提起诉讼。"《公司法解释（四）》第 24 条规定："符合公司法第一百五十一条第一款规定条件的股东，依据公司法第一百五十一条第二款、第三款规定，直接对董事、监事、高级管理人员或者他人提起诉讼的，应当列公司为第三人参加诉讼。一审法庭辩论终结前，符合公司法第一百五十一条第一款规定条件的其他股东，以相同的诉讼请求申请参加诉讼的，应当列为共同原告。"本题中，董事长郭某通过关联交易损害公司利益，小股东张某需先向监事会提出诉讼请求。当监事会置之不理时，有权以自己的名义提起股东代表诉讼。在此诉讼中，原告为股东，被告为侵权人郭某，公司是第三人，有相同请求的其他股东列为共同原告。因此，AD项正确，BC项错误。（原《公司法》第151条已修改为新《公司法》第189条）

综上所述，本题答案为AD项。

【不定项】

3 2202061

参考答案：A,B,C,D

解析：ACD项：《公司法》第189条第1、2款规定："董事、高级管理人员有前条规定的情形的，有限责任公司的股东、股份有限公司连续一百八十日以上单独或者合计持有公司百分之一以上股份的股东，可以书面请求监事会向人民法院提起诉讼；监事有前条规定的情形的，前述股东可以书面请求董事会向人民法院提起诉讼。监事会或者董事会收到前款规定的股东书面请求后拒绝提起诉讼，或者自收到请求之日起三十日内未提起诉讼，或者情况紧急、不立即提起诉讼将会使公司利益受到难以弥补的损害的，前款规定的股东有权为公司利益以自己的名义直接向人民法院提起诉讼。"本案中，董事长甲损害公司合法权益，股东乙需书面请求监事会而非董事会对甲提起诉讼。因此，D项错误，当选。在监事会怠于履职或紧急情况下，连续持股180天以上且持股达1%的股东乙有权以自己的名义而非公司名义提起股东代表诉讼。因此，A项错误，当选。起诉时，丙已经不再是公司股东，即使情况紧急也无权提起股东代表诉讼。因此，C项错误，当选。

B项：《公司法解释（四）》第24条规定："符合公司法第一百五十一条第一款规定条件的股东，依据公司法第一百五十一条第二款、第三款规定，直接对董事、监事、高级管理人员或者他人提起诉讼的，应当列公司为第三人参加诉讼。"第25条规定："股东依据公司法第一百五十一条第二款、第三款规定直接提起诉讼的案件，胜诉利益归属于公司。股东请求被告直接向其承担民事责任的，人民法院不予支持。"本案中，乙提起股东代表诉讼，应把公司列为第三人，而非共同原告。因此，B项错误，当选。（原《公司法》第151条已修改为新《公司法》第189条）

综上所述，本题为选非题，答案为ABCD项。

4 1603094

参考答案：A,D

解析：AB项：《公司法》第188条规定："董事、监事、高级管理人员执行公司职务时违反法律、行政法规或者公司章程的规定，给公司造成损失的，应当承担赔偿责任。"第189条第1款和第2款规定："董事、高级管理人员有前条规定的情形的，有限责任公司的股东、股份有限公司连续一百八十日以上单独或者合计持有公司百分之一以上股份的股东，可以书面请求监事会向人民法院提起诉讼；监事有前条规定的情形的，前述股东可以书面请求董事会向人民法院提起诉讼。监事会或者董事会收到前款规定的股东书面请求后拒绝提起诉讼，或者自收到请求之日起三十日内未提起诉讼，或者情况紧急、不立即提起诉讼将会使公司利益受到难以弥补的损害的，前款规定的股东有权为公司利益以自己的名义直接向人民法院提起诉讼。"本题中，股东认为董事的失职造成源圣公司的500万元损失，多次书面请求监事会无果，而甲、乙、丙三人分别持股25%、8%、7%，都满足提起股东代表诉讼的条件。因此，A项正确，B项错误。

CD项：《公司法解释（四）》第25条规定："股东依据公司法第一百五十一条第二款、第三款规定直接提起诉讼的案件，胜诉利益归属于公司。股东请求被告直接向其承担民事责任的，人民法院不予支持。"本题中，股东代表诉讼是股东行使代位权维护公司利益的手段，是为了公司的利益，其诉讼结果应当归公司，而不是由股东个人承担。因此，C项错误，D项正确。（原《公司法》第151条已修改为新《公司法》第189条）

综上所述，本题答案为AD项。

二、模拟训练

5 62206103

参考答案：B,C

解析：AB项：《公司法》第265条第1项规定："高级管理人员，是指公司的经理、副经理、财务负责人，上市公司董事会秘书和公司章程规定的其他人员。”第 178 条第 1 款第 2 项规定：“有下列情形之一的，不得担任公司的董事、监事、高级管理人员：……（二）因贪污、贿赂、侵占财产、挪用财产或者破坏社会主义市场经济秩序，被判处刑罚，或者因犯罪被剥夺政治权利，执行期满未逾五年，被宣告缓刑的，自缓刑考验期满之日起未逾二年……”本题中，诺丁股份有限公司副经理属于高级管理人员，适用公司高管相关规定。甲曾因挪用财产被判处刑罚，执行期满 3 年，但未逾 5 年，因而不得担任诺丁公司的副经理。乙因犯罪被剥夺政治权利，执行期满 5 年，因而具备担任公司副经理的资格。因此，A 项错误，B 项正确。

C 项：《公司法》第 178 条第 1 款第 3 项规定：“有下列情形之一的，不得担任公司的董事、监事、高级管理人员：……（三）担任破产清算的公司、企业的董事或者厂长、经理，对该公司、企业的破产负有个人责任的，自该公司、企业破产清算完结之日起未逾三年……”本题中，丙曾任破产工厂的厂长，且对破产负有个人责任，破产清算完成已经超过公司法规定的 3 年时间，因而丙具备担任公司副经理的资格。因此，C 项正确。

D 项：《公司法》第 178 条第 1 款第 5 项规定：“有下列情形之一的，不得担任公司的董事、监事、高级管理人员：……（五）个人因所负数额较大债务到期未清偿被人民法院列为失信被执行人……”本题中，丁身负大额到期未偿债务，被法院列为失信被执行人，不具备担任公司副经理的资格。因此，D 项错误。

综上所述，本题答案为 BC 项。

6 62406010

参考答案：A,B,C

解析：A 项：《公司法》第 182 条第 1 款规定：“董事、监事、高级管理人员，直接或者间接与本公司订立合同或者进行交易，应当就与订立合同或者进行交易有关的事项向董事会或者股东会报告，并按照公司章程的规定经董事会或者股东会决议通过。”本题中，董事长甲将其二手宝马车租给公司使用，应将相关事项向董事会或股东会报告，并经决议通过。因此，A 项正确。

B 项：公司因欠缺建设资质而不能利用商业机会的，总经理可以为他人谋取，不存在违反职业道德或勤勉义务。因此，B 项正确。

C 项：《公司法》第 184 条规定：“董事、监事、高级管理人员未向董事会或者股东会报告，并按照公司章程的规定经董事会或者股东会决议通过，不得自营或者为他人经营与其任职公司同类的业务。”第 180 条规定：“董事、监事、高级管理人员对公司负有忠实义务，应当采取措施避免自身利益与公司利益冲突，不得利用职权牟取不正当利益。董事、监事、高级管理人员对公司负有勤勉义务，执行职务应当为公司的最大利益尽到管理者通常应有的合理注意。公司的控股股东、实际控制人不担任公司董事但实际执行公司事务的，适用前两款规定。”本题中，竞业禁止义务只能约束董监高，以及不担任公司董事但实际执行公司事务的控股股东、实际控制人，该选项并未提及控股股东丙实际执行公司事务，所以不能限制丙投资其他企业。因此，C 项正确。

D 项：《公司法》第 192 条规定：“公司的控股股东、实际控制人指示董事、高级管理人员从事损害公司或者股东利益的行为的，与该董事、高级管理人员承担连带责任。”本题中，戊为该公司普通员工，而非董事或高级管理人员，不需要对公司承担连带责任。因此，D 项错误。

综上所述，本题答案为 ABC 项。

7 62406011

参考答案：A,B,C

解析：A 项：《公司法》第 189 条第 2 款规定：“监事会或者董事会收到前款规定的股东书面请求后拒绝提起诉讼，或者自收到请求之日起三十日内未提起诉讼，或者情况紧急、不立即提起诉讼将会使公司利益受到难以弥补的损害的，前款规定的股东有权为公司利益以自己的名义直接向人民法院提起诉讼。”本题中，在造梦公司利益受损时，股东寻梦公司须书面请求造梦公司的监事会提起诉讼，在监事会拒绝起诉、满 30 日不起诉或情况紧急须立即起诉等情况下，股东寻梦公司方能以自己的名义起诉。因此，A 项错误，当选。

BCD 项：《公司法》第 189 条第 4 款规定：“公司全

资子公司的董事、监事、高级管理人员有前条规定情形，或者他人侵犯公司全资子公司合法权益造成损失的，有限责任公司的股东、股份有限公司连续一百八十日以上单独或者合计持有公司百分之一以上股份的股东，可以依照前三款规定书面请求全资子公司的监事会、董事会向人民法院提起诉讼或者以自己的名义直接向人民法院提起诉讼。”本题中，在寻梦公司和造梦公司均不起诉时，母公司寻梦公司的股东嗨嗨须书面请求造梦公司（而非寻梦公司）的监事会提起诉讼。因此，BC项错误，当选。D项正确，不当选。

综上所述，本题为选非题，答案为ABC项。

第五章 公司的财务、会计制度

参考答案

[1]B	[2]D	[3]A	[4]C	[5]D
[6]BD	[7]ABD	[8]BD	[9]B	[10]B
[11]B	[12]AB	[13]BCD	[14]C	[15]BC
[16]ABC	[17]D	[18]AC		

一、历年真题及仿真题

（一）知情权

【单选】

1　2102013

参考答案：B

解析：AD项：《公司法》第57条规定：“股东有权查阅、复制公司章程、股东名册、股东会会议记录、董事会会议决议、监事会会议决议和财务会计报告。股东可以要求查阅公司会计账簿、会计凭证。股东要求查阅公司会计账簿、会计凭证的，应当向公司提出书面请求，说明目的。公司有合理根据认为股东查阅会计账簿、会计凭证有不正当目的，可能损害公司合法利益的，可以拒绝提供查阅……”本题中，张某作为股东有权查阅、复制公司章程，股东会会议记录，董事会会议决议，监事会会议决议和财务会计报告，不受“不正当目的”的限制，公司不能拒绝。因此，AD项错误。

B项：《公司法解释（四）》第8条规定：“有限责任公司有证据证明股东存在下列情形之一的，人民法院应当认定股东有公司法第三十三条第二款规定的‘不正当目的’：（一）股东自营或者为他人经营与公司主营业务有实质性竞争关系业务的，但公司章程另有规定或者全体股东另有约定的除外……”本题中，甲乙两公司有实质性的业务竞争关系，甲公司可以两公司存在实质竞争关系为由拒绝张某查阅会计账簿。因此，B项正确。（原《公司法》第33条已修改为新《公司法》第57条）

C项：《公司法解释（四）》第9条规定：“公司章程、股东之间的协议等实质性剥夺股东依据公司法第三十三条、第九十七条规定查阅或者复制公司文件材料的权利，公司以此为由拒绝股东查阅或者复制的，人民法院不予支持。”本题中，公司章程不能实质剥夺股东的知情权，但可以作出合理限制。但会计账簿只能查阅，不能复制，因此，C项错误。（原《公司法》第33条、第97条已修改为新《公司法》第57条、第110条）

综上所述，本题答案为B项。

2　2002045

参考答案：D

解析：AD项：《公司法》第57条第2款规定：“股东可以要求查阅公司会计账簿、会计凭证。股东要求查阅公司会计账簿、会计凭证的，应当向公司提出书面请求，说明目的……”故股东有权依法查阅公司会计账簿。《公司法解释（四）》第9条规定：“公司章程、股东之间的协议等实质性剥夺股东依据公司法第三十三条、第九十七条规定查阅或者复制公司文件材料的权利，公司以此为由拒绝股东查阅或者复制的，人民法院不予支持。”本题中，甲公司章程实质性剥夺了乙查阅会计账簿的权利，违反了法律的强制性规定，故甲公司不能依据该章程拒绝乙的请求，乙可以请求确认章程无效。因此，A项错误，D项正确。（原《公司法》第33条、第97条已修改为新《公司

法》第 57 条、第 110 条）

B 项：《公司法解释（四）》第 10 条第 2 款规定："股东依据人民法院生效判决查阅公司文件材料的，在该股东在场的情况下，可以由会计师、律师等依法或者依据执业行为规范负有保密义务的中介机构执业人员辅助进行。"本题中，为了保护甲公司的商业秘密，律师应在股东乙在场的情况下查阅，而不能单独查阅。因此，B 项错误。

C 项：查账行为系股东个人行为，相关费用由股东个人承担。因此，C 项错误。

综上所述，本题答案为 D 项。

3 2002059

参考答案：A

解析：AD 项：《公司法解释（四）》第 7 条第 2 款规定："公司有证据证明前款规定的原告在起诉时不具有公司股东资格的，人民法院应当驳回起诉，但原告有初步证据证明在持股期间其合法权益受到损害，请求依法查阅或者复制其持股期间的公司特定文件材料的除外。"本题中，原则上甲股权转让后，不具有股东资格则不能行使股东权利，但是甲作为"原股东"，有证据证明在持股期间其合法权益受到损害的，有权依法查阅其持股期间的公司会计账簿。因此，A 项正确，D 项错误。

BC 项：《公司法》第 57 条第 2 款规定："股东可以要求查阅公司会计账簿、会计凭证。股东要求查阅公司会计账簿、会计凭证的，应当向公司提出书面请求，说明目的。公司有合理根据认为股东查阅会计账簿、会计凭证有不正当目的，可能损害公司合法利益的，可以拒绝提供查阅，并应当自股东提出书面请求之日起十五日内书面答复股东并说明理由。公司拒绝提供查阅的，股东可以向人民法院提起诉讼。"《公司法解释（四）》第 9 条规定："公司章程、股东之间的协议等实质性剥夺股东依据公司法第三十三条、第九十七条规定查阅或者复制公司文件材料的权利，公司以此为由拒绝股东查阅或者复制的，人民法院不予支持。"本题中，财务会计账簿涉及了公司的核心秘密，纵使是有限公司的股东也只能查阅不能复制。因此，B 项错误。股东知情权是股东固有权利，不可剥夺，故乙公司章程关于知情权的相关规定因违法而无效。因此，C 项错误。（原《公司法》第 33 条、第 97 条已修改为新《公司法》第 57 条、第 110 条）

综上所述，本题答案为 A 项。

4 1802020

参考答案：C

解析：A 项：《公司法》第 57 条规定："股东有权查阅、复制公司章程、股东名册、股东会会议记录、董事会会议决议、监事会会议决议和财务会计报告。股东可以要求查阅公司会计账簿……"《公司法解释（四）》第 9 条规定："公司章程、股东之间的协议等实质性剥夺股东查阅或者复制公司文件材料的权利，公司以此为由拒绝股东查阅或者复制的，人民法院不予支持。"知情权是股东的法定权利，不得通过公司章程或股东之间的协议对股东的知情权进行实质剥夺。本题中，昌盛有限责任公司章程"实质性剥夺"了持股比例低于 5% 的股东依据《公司法》享有的知情权，该约定无效。甲有权查阅公司会计账簿。因此，A 项错误。

BC 项：《公司法》第 56 条第 2 款规定："记载于股东名册的股东，可以依股东名册主张行使股东权利。"知情权是股东的固有权利。本题中，丙与好友赵某签订了股权代持协议，根据协议，赵某虽为实际出资人，但名义股东丙为公司真正股东，享有股东权利，可以依据法律和章程规定行使股东知情权，而赵某作为实际投资人并不是公司的股东，只能通过代持协议享受投资收益，而不能直接向公司主张只有股东才享有的知情权，因此不享有查阅权。因此，B 项错误，C 项正确。

D 项：《公司法》第 57 条第 2 款规定："股东可以要求查阅公司会计账簿……"本题中，对于公司的会计账簿，股东丁只能查阅，不能复制。因此，D 项错误。

综上所述，本题答案为 C 项。

5 1603026

参考答案：D

解析：ABC 项：《公司法》第 57 条第 1、2 款规定："股东有权查阅、复制公司章程、股东名册、股东会会议记录、董事会会议决议、监事会会议决议和财务会计报告。股东可以要求查阅公司会计账簿、会计凭证。股东要求查阅公司会计账簿、会计凭证的，应当向公司提出书面请求，说明目的。公司有合理根据认为股东查阅会计账簿、会计凭证有不正当目的，可能损害公司合法利益的，可以拒绝提供查阅，并应当自股东提出书面请求之日起十五日内书面答复股东并说明理由。公司拒绝提供查阅的，股东可以向人民法院提起诉讼。”本题中，股东要求查阅公司会计账簿的，应当向公司提出书面请求，公司拒绝提供查阅的，股东可以请求人民法院要求公司提供查阅。因此，ABC 项错误。

D 项：《公司法解释（四）》第 8 条规定：“有限责任公司有证据证明股东存在下列情形之一的，人民法院应当认定股东有公司法第三十三条第二款规定的‘不正当目的’：（一）股东自营或者为他人经营与公司主营业务有实质性竞争关系业务的，但公司章程另有规定或者全体股东另有约定的除外；（二）股东为了向他人通报有关信息查阅公司会计账簿，可能损害公司合法利益的；（三）股东在向公司提出查阅请求之日前的三年内，曾通过查阅公司会计账簿，向他人通报有关信息损害公司合法利益的；（四）股东有不正当目的的其他情形。”本题中，张某虽然是红叶公司的小股东，但是同时也是枫林公司的董事，两个公司均从事保险经纪业务，具有竞争关系，红叶公司据此有合理根据认为张某查阅会计账簿有不正当目的，可以拒绝。因此，D 项正确。（原《公司法》第 33 条已修改为新《公司法》第 57 条）

综上所述，本题答案为 D 项。

【多选】

6 1303027

参考答案：B,D

解析：A 项：《公司法》第 57 条规定：“股东有权查阅、复制公司章程、股东名册、股东会会议记录、董事会会议决议、监事会会议决议和财务会计报告。股东可以要求查阅公司会计账簿……”据此，有限公司股东不可以复制公司的会记账簿，只可查阅。因此，A 项错误。

B 项：《公司法》第 110 条第 1 款规定：“股东有权查阅、复制公司章程、股东名册、股东会会议记录、董事会会议决议、监事会会议决议、财务会计报告，对公司的经营提出建议或者质询。”据此，股份公司股东可以查阅或复制董事会会议记录。因此，B 项正确。

C 项：《公司法解释（二）》第 1 条第 2 款规定：“股东以知情权、利润分配请求权等权益受到损害，或者公司亏损、财产不足以偿还全部债务，以及公司被吊销企业法人营业执照未进行清算等为由，提起解散公司诉讼的，人民法院不予受理。”据此，股东以知情权受到侵害为由提解散之诉，法院不予受理。因此，C 项错误。

D 项：《合伙企业法》第 28 条第 2 款规定：“合伙人为了解合伙企业的经营状况和财务状况，有权查阅合伙企业会计账簿等财务资料。”据此，无论是普通合伙人还是有限合伙人，均有权查阅合伙企业会计账簿等财务资料。因此，D 项正确。

综上所述，本题答案为 BD 项。

7 2202063

参考答案：A,B,D

解析：AC 项：《公司法解释（四）》第 9 条规定：“公司章程、股东之间的协议等实质性剥夺股东依据公司法第三十三条、第九十七条规定查阅或者复制公司文件材料的权利，公司以此为由拒绝股东查阅或者复制的，人民法院不予支持。”本案中，知情权系股东的固有权利，张三不得与公司约定放弃，放弃无效。因此，A 项正确，C 项错误。（原《公司法》第 33 条、第 97 条已修改为新《公司法》第 57 条、第 110 条）

B 项：《公司法》第 57 条第 2 款规定：“股东可以要求查阅公司会计账簿、会计凭证。股东要求查阅公司会计账簿、会计凭证的，应当向公司提出书面请求，说明目的。公司有合理根据认为股东查阅会计账簿、会计凭证有不正当目的，可能损害公司合法利益的，可以拒绝提供查阅，并应当自股东提出书面请求之日起十五日内书面答复股东并说明理由。公司拒绝提供查阅的，股东可以向人民法院提起诉讼。”本案中，股东应先向公司书面申请查阅，公司拒绝的，方可向法院起诉。因此，B 项正确。

D 项：《公司法解释（四）》第 8 条规定：“有限责

任公司有证据证明股东存在下列情形之一的，人民法院应当认定股东有公司法第三十三条第二款规定的‘不正当目的’：（一）股东自营或者为他人经营与公司主营业务有实质性竞争关系业务的，但公司章程另有规定或者全体股东另有约定的除外……”本案中，张三参股的公司与甲有限公司属同类型公司，也即存在实质性竞争关系，公司可以股东查账有不正当目的为由拒绝张三的查阅请求。因此，D 项正确。（原《公司法》第 33 条已修改为新《公司法》第 57 条）
综上所述，本题答案为 ABD 项。

8 1902085

参考答案：B,D
解析：ACD 项：《公司法解释（四）》第 9 条规定：“公司章程、股东之间的协议等实质性剥夺股东依据公司法第三十三条、第九十七条规定查阅或者复制公司文件材料的权利，公司以此为由拒绝股东查阅或者复制的，人民法院不予支持。”查账权是股东的固有权利，公司不可以通过章程或股东会决议等实质剥夺股东的此项权利。本题中，章程规定股东查账需经总经理审批，那么如果总经理不审批或没有总经理，股东的此项权利将无从保障。因此，此项内容属于实质剥夺股东的查账权的内容，是无效的，所以 A 公司行使查账权不用顾忌此项内容。因此，AC 项错误，D 项正确。（原《公司法》第 33 条、第 97 条已修改为新《公司法》第 57 条、第 110 条）
B 项：《公司法》第 57 条第 2 款规定：“股东可以要求查阅公司会计账簿、会计凭证。股东要求查阅公司会计账簿、会计凭证的，应当向公司提出书面请求，说明目的。公司有合理根据认为股东查阅会计账簿、会计凭证有不正当目的，可能损害公司合法利益的，可以拒绝提供查阅，并应当自股东提出书面请求之日起十五日内书面答复股东并说明理由。公司拒绝提供查阅的，股东可以向人民法院提起诉讼。”本题中，诉讼救济是私力救济不能时的底线保障，所以股东因知情权受损害而诉讼维权的前置流程应该是股东依法向公司主张查账，被拒绝后才能起诉。因此，B 项正确。
综上所述，本题答案为 BD 项。

（二）利润分配请求权

【单选】

9 2302024

参考答案：B
解析：A 项：《公司法》第 89 条第 1 款规定：“有下列情形之一的，对股东会该项决议投反对票的股东可以请求公司按照合理的价格收购其股权：（一）公司连续五年不向股东分配利润，而公司该五年连续盈利，并且符合本法规定的分配利润条件；（二）公司合并、分立、转让主要财产；（三）公司章程规定的营业期限届满或者章程规定的其他解散事由出现，股东会通过决议修改章程使公司存续。”本题中，该公司不存在上述三种情形，故乙不能要求公司回购股权。因此，A 项错误。
B 项：《公司法解释（四）》第 14 条规定：“股东提交载明具体分配方案的股东会或者股东大会的有效决议，请求公司分配利润，公司拒绝分配利润且其关于无法执行决议的抗辩理由不成立的，人民法院应当判决公司按照决议载明的具体分配方案向股东分配利润。”本题中，分红权诉讼适用“谁主张，谁举证”原则，即股东对公司可以分红进行举证，公司对不能分红进行举证。因此，B 项正确。（新《公司法》已将股东大会修改为股东会）
CD 项：《公司法解释（四）》第 13 条第 1 款规定：“股东请求公司分配利润案件，应当列公司为被告。”因此，CD 项错误。
综上所述，本题答案为 B 项。

10 2002055

参考答案：B
解析：ABCD 项：《公司法》第 210 条第 4 款规定：“公司弥补亏损和提取公积金后所余税后利润，有限责任公司按照股东实缴的出资比例分配利润，全体股东约定不按照出资比例分配利润的除外；股份有限公司按照股东所持有的股份比例分配利润，公司章程另有规定的除外。”本题中，天泰公司的全体股东约定谢某任设计部总监，年薪 90 万元，但自愿不参加公司分红，属于以高薪代替分红的策略和安排，体现了全体股东包括谢某本人在内的共同意志，属于意思自治范畴，该约定不存在违反法律法规的无效事由，应有效，且应该遵照执行。对于周某的利润分配并没有做出特殊约定，故应该按照实缴出资比例而非认缴出资比例分红。周某并未缴足出资，即实缴比例并非 40%，故不能主张分取 120 万元利润。谢某已经以高薪代替分红，故也无权主张分红。因此，ACD 项错误，B 项正确。

综上所述，本题答案为 B 项。

11 1203025

参考答案：B

解析：ABD 项：《公司法》第 210 条第 4 款规定："公司弥补亏损和提取公积金后所余税后利润，有限责任公司按照股东实缴的出资比例分配利润，全体股东约定不按照出资比例分配利润的除外；股份有限公司按照股东所持有的股份比例分配利润，公司章程另有规定的除外。"本题中，公司章程对于红利分配没有特别约定，故股东应按照实缴出资比例分取红利。实缴出资总额为 80 万元，丙实缴 30 万元，其实缴出资比例为 3/8。因此，AD 项错误，B 项正确。

C 项：《公司法解释（三）》第 16 条规定："股东未履行或者未全面履行出资义务或者抽逃出资，公司根据公司章程或者股东会决议对其利润分配请求权、新股优先认购权、剩余财产分配请求权等股东权利作出相应的合理限制，该股东请求认定该限制无效的，人民法院不予支持。"本题中，股东丙未全面履行出资义务，公司可以决议对其分红权进行合理限制，而非直接剥夺其分红资格。因此，C 项错误。

综上所述，本题答案为 B 项。

（三）收益分配制度

【多选】

12 2202058

参考答案：A,B

解析：AD 项：《公司法》第 210 条第 1 款、第 2 款规定："公司分配当年税后利润时，应当提取利润的百分之十列入公司法定公积金。公司法定公积金累计额为公司注册资本的百分之五十以上的，可以不再提取。公司的法定公积金不足以弥补以前年度亏损的，在依照前款规定提取法定公积金之前，应当先用当年利润弥补亏损。"本案中，渝青公司 2021 年利润总额为 0.8 亿元，应当先用以弥补上一年度的亏损 0.4 亿元，剩下的 0.4 亿元再交纳企业所得税（一般为 25%）。最后，税后利润的 10% 作为当年的法定公积金。因此，A 项错误，当选；D 项正确，不当选。

B 项：《公司法》第 210 条第 3 款规定："公司从税后利润中提取法定公积金后，经股东会决议，还可以从税后利润中提取任意公积金。"本案中，只有经股东会决议才能提取任意公积金，董事会没有权限。因此，B 项错误，当选。

C 项：《公司法》第 214 条第 1、2 款规定："公司的公积金用于弥补公司的亏损、扩大公司生产经营或者转为增加公司注册资本。公积金弥补公司亏损，应当先使用任意公积金和法定公积金；仍不能弥补的，可以按照规定使用资本公积金。"本案中，渝青公司的股本溢价 0.5 亿元为资本公积金，在任意公积金和法定公积金仍不能弥补亏损的情况下，可以用于弥补亏损。因此，C 项正确，不当选。

综上所述，本题为选非题，答案为 AB 项。

13 1403071

参考答案：B,C,D

解析：A 项：《公司法》第 208 条第 1 款规定："公司应当在每一会计年度终了时编制财务会计报告，并依法经会计师事务所审计。"财务会计报告需经会计师事务所审计，不能自行审计。因此，A 项错误。

B 项：《公司法》第 210 条第 1 款、第 2 款规定："公司分配当年税后利润时，应当提取利润的百分之十列入公司法定公积金。公司法定公积金累计额为公司注册资本的百分之五十以上的，可以不再提取。公司的法定公积金不足以弥补以前年度亏损的，在依照前款规定提取法定公积金之前，应当先用当年利润弥补亏损。"因此，B 项正确。

CD 项：《公司法》第 214 条规定："公司的公积金用于弥补公司的亏损、扩大公司生产经营或者转为增加公司资本。公积金弥补公司亏损，应当先使用任意公积金和法定公积金；仍不能弥补的，可以按照规定使用资本公积金。法定公积金转为增加注册资本时，所留存的该项公积金不得少于转增前公司注册资本的百分之二十五。”因此，CD 项正确。
综上所述，本题正确答案为 BCD 项。

【不定项】

14 1703092

参考答案：C
解析：（司法部原答案对法条理解有误，现已对该题进行了修改）
AC 项：《公司法》第 210 条规定：“公司分配当年税后利润时，应当提取利润的百分之十列入公司法定公积金。公司法定公积金累计额为公司注册资本的百分之五十以上的，可以不再提取。公司的法定公积金不足以弥补以前年度亏损的，在依照前款规定提取法定公积金之前，应当先用当年利润弥补亏损。公司从税后利润中提取法定公积金后，经股东会决议，还可以从税后利润中提取任意公积金。公司弥补亏损和提取公积金后所余税后利润，有限责任公司按照股东实缴的出资比例分配利润，全体股东约定不按照出资比例分配利润的除外；股份有限公司按照股东所持有的股份比例分配利润，公司章程另有规定的除外。公司持有的本公司股份不得分配利润。”由此可知，法定公积金的提取数额应为 [7000-（3000-5）]*10%=400.5 万。因此，A 项错误。另外，经股东会决议可以提取任意公积金。因此，C 项正确。
B 项：当法定公积金累积达到注册资本 50% 以上（也即 2500 万）时，可以不再提取。因此，B 项错误。
D 项：本题中，公司补亏后剩余可分配利润为 4005 万，提取法定公积金 400.5 万，剩余 3604.5 万（均可用于分红）。因此，D 项错误。
综上所述，本题答案为 C 项。

15 1703093

参考答案：B,C
解析：A 项：《公司法》第 210 条第 1 款、第 2 款规定：“公司分配当年税后利润时，应当提取利润的百分之十列入公司法定公积金。公司法定公积金累计额为公司注册资本的百分之五十以上的，可以不再提取。公司的法定公积金不足以弥补以前年度亏损的，在依照前款规定提取法定公积金之前，应当先用当年利润弥补亏损。”本题中，公积金只能弥补以前年度的亏损，不能弥补当年的。因此，A 项错误。
BC 项：《公司法》第 214 条第 1 款规定：“公司的公积金用于弥补公司的亏损、扩大公司生产经营或者转为增加公司注册资本。”本题中，公积金可以用来增资以及扩大生产规模。因此，BC 项正确。
D 项：《公司法》第 214 条第 3 款规定：“法定公积金转为增加注册资本时，所留存的该项公积金不得少于转增前公司注册资本的百分之二十五。”本题中，公司注册资本 5000 万元，留存的法定公积金不得少于 1250 万元。因此，D 项错误。
综上所述，本题答案为 BC 项。

二、模拟训练

16 62206104

参考答案：A,B,C
解析：A 项：《公司法》第 210 条第 1 款、第 4 款规定：“公司分配当年税后利润时，应当提取利润的百分之十列入公司法定公积金。公司法定公积金累计额为公司注册资本的百分之五十以上的，可以不再提取……公司弥补亏损和提取公积金后所余税后利润，有限责任公司按照股东实缴的出资比例分配利润，全体股东约定不按照出资比例分配利润的除外；股份有限公司按照股东所持有的股份比例分配利润，公司章程另有规定的除外。”本题中，该科技公司法定公积金余额仅为 100 万元，未达到公司注册资本的百分之五十以上，因此在分配利润之前应先弥补公司亏损和提取法定公积金。因此，A 项正确。
B 项：《公司法》第 210 条第 4 款规定：“公司弥补亏损和提取公积金后所余税后利润，有限责任公司按照股东实缴的出资比例分配利润，全体股东约定不按照出资比例分配利润的除外；股份有限公司按照股东所持有的股份比例分配利润，公司章程另有规定的除外。”本题中，科技公司的全体股东可通过公司章程约定不按照实缴出资比例分取红利。因此，B 项正确。

C 项:《公司法》第 212 条规定:“股东会作出分配利润的决议的，董事会应当在股东会决议作出之日起六个月内进行分配。”因此，C 项正确。

D 项:《公司法》第 215 条第 1 款规定:“公司聘用、解聘承办公司审计业务的会计师事务所，按照公司章程的规定，由股东会、董事会或者监事会决定。”本题中，张某和王某无权决定解聘繁星会计师事务所，应召开股东会、董事会或者监事会决定。因此，D 项错误。

综上所述，本题答案为 ABC 项。

17 62106095

参考答案: D

解析: A 项:《公司法》第 210 条第 1 款规定:“……公司法定公积金累计额为公司注册资本的百分之五十以上的，可以不再提取。”本题中，法定公积金累积额为注册资本的 50% 以上时，可以不再提取，而非“税后利润”的一半。因此，A 项错误。

B 项:《公司法》第 210 条第 2 款规定:“公司的法定公积金不足以弥补以前年度亏损的，在依照前款规定提取法定公积金之前，应当先用当年利润弥补亏损。”本题中，公司现有的 1000 万元法定公积金弥补以前年度亏损后，仍有 1000 万亏损未弥补，故 2019 年底的税后利润 8000 万元，应当先弥补 1000 万元亏损，再从剩余的 7000 万元中提取 10%，即 700 万元作为当年的法定公积金。因此，B 项错误。

C 项:《公司法》第 214 条第 1 款规定:“公司的公积金用于弥补公司的亏损、扩大公司生产经营或者转为增加公司注册资本。”本题中，公积金不能用来作为股份收购的资金，这不符合公积金的用途。因此，C 项错误。

D 项:《公司法》第 210 条第 5 款规定:“公司持有的本公司股份不得分配利润。”因此，D 项正确。

综上所述，本题答案为 D 项。

18 62406012

参考答案: A,C

解析: A 项:《公司法》第 57 条第 2 款规定:“股东可以要求查阅公司会计账簿、会计凭证。股东要求查阅公司会计账簿、会计凭证的，应当向公司提出书面请求，说明目的。公司有合理根据认为股东查阅会计账簿、会计凭证有不正当目的，可能损害公司合法利益的，可以拒绝提供查阅，并应当自股东提出书面请求之日起十五日内书面答复股东并说明理由。公司拒绝提供查阅的，股东可以向人民法院提起诉讼。”会计凭证包含原始凭证与记账凭证，因此，可以查询原始会计凭证，A 项正确。

B 项:《公司法》第 57 条第 3 款规定:“股东查阅前款规定的材料，可以委托会计师事务所、律师事务所等中介机构进行。”法条并未要求股东本人必须在场。因此，B 项错误。

C 项:《公司法》第 110 条第 1 款规定:“股东有权查阅、复制公司章程、股东名册、股东会会议记录、董事会会议决议、监事会会议决议和财务会计报告，对公司的经营提出建议或者质询。”本题中，股份公司的任一股东均可查阅并复制股东名册。因此，C 项正确。

D 项:《公司法》第 110 条第 2 款规定:“连续一百八十日以上单独或者合计持有公司百分之三以上股份的股东要求查阅公司的会计账簿、会计凭证的，适用本法第五十七条第二款、第三款、第四款的规定。公司章程对持股比例有较低规定的，从其规定。”本题中，股东不仅需要持股 3% 以上，还需要连续 180 日以上持股。因此，D 项错误。

综上所述，本题答案为 AC 项。

第六章 公司的变更、合并与分立

参考答案

[1]B [2]AD [3]AD [4]AB [5]B
[6]AD [7]ABC [8]B [9]CD

一、历年真题及仿真题

(一)公司的增资、减资

【单选】

 1303026

参考答案:B

解析:A项:《公司法》第66条第3款规定:“股东会作出修改公司章程、增加或者减少注册资本的决议,以及公司合并、分立、解散或者变更公司形式的决议,应当经代表三分之二以上表决权的股东通过。”据此,有限公司作出增资决议应当是经三分之二以上有表决权的股东通过,而非全体股东人数的三分之二。因此,A项错误。

B项:《公司法》第228条第1款规定:“有限责任公司增加注册资本时,股东认缴新增资本的出资,依照本法设立有限责任公司缴纳出资的有关规定执行。”第47条规定:“有限责任公司的注册资本为在公司登记机关登记的全体股东认缴的出资额。全体股东认缴的出资额由股东按照公司章程的规定自公司成立之日起五年内缴足。法律、行政法规以及国务院决定对有限责任公司注册资本实缴、注册资本最低限额、股东出资期限另有规定的,从其规定。”据此,与“有限责任公司设立时,股东可分期缴纳出资”相同,其在新增资本时,股东也可以分期缴纳,但需在五年内缴足。因此,B项正确。

C项:《公司法》第210条第4款规定:“公司弥补亏损和提取公积金后所余税后利润,有限责任公司按照股东实缴的出资比例分配利润,全体股东约定不按照出资比例分配利润的除外;股份有限公司按照股东所持有的股份比例分配利润,公司章程另有规定的除外。”据此,股东有权要求按照实缴的出资比例来认缴新增资本,而非按照认缴出资比例。因此,C项错误。

D项:《公司法解释(三)》第13条第4款规定:“股东在公司增资时未履行或者未全面履行出资义务,依照本条第1款或者第2款提起诉讼的原告,请求未尽公司法第一百四十七条第一款规定的义务而使出资未缴足的董事、高级管理人员承担相应责任的,人民法院应予支持;董事、高级管理人员承担责任后,可以向被告股东追偿。”《公司法》第179条规定:“董事、监事、高级管理人员应当遵守法律、行政法规和公司章程。”第180条第1、2款规定:“董事、监事、高级管理人员对公司负有忠实义务,应当采取措施避免自身利益与公司利益冲突,不得利用职权牟取不正当利益。董事、监事、高级管理人员对公司负有勤勉义务,执行职务应当为公司的最大利益尽到管理者通常应有的合理注意。”第188条规定:“董事、监事、高级管理人员执行职务违反法律、行政法规或者公司章程的规定,给公司造成损失的,应当承担赔偿责任。”第228条规定:“有限责任公司增加注册资本时,股东认缴新增资本的出资,依照本法设立有限责任公司缴纳出资的有关规定执行。”第51条规定:“有限责任公司成立后,董事会应当对股东的出资情况进行核查,发现股东未按期足额缴纳公司章程规定的出资的,应当由公司向该股东发出书面催缴书,催缴出资。未及时履行前款规定的义务,给公司造成损失的,负有责任的董事应当承担赔偿责任。”据此,董事、高管只有在违反法律法规、公司章程,对股东增资未履行忠实义务和勤勉义务,未及时履行催缴义务等法定情况下才承担责任,而且只是承担“相应责任”或“赔偿责任”,而非连带责任。因此,D项错误。(原《公司法》第147条第1款已修改为第179条、180条)

综上所述,本题答案为B项。

【不定项】

 1802091

参考答案:A,D

解析:AB项:《公司法》第91条第3款规定:“募集设立,是指由发起人认购设立公司时应发行股份的一部分，其余股份向特定对象募集或者向社会公开募集而设立公司。”本题中，股份公司募集设立既包括向社会公开募集，也包括面向特定对象的“定向募集”。本题中，公司目前净资产达到1.7亿元，变更后的注册资本为2亿元，需要募集3000万元，既可以向社会公开募集，也可以向原来的股东定向募集。因此，A项正确，B项错误。

C项:《公司法》第108条规定:“有限责任公司变更为股份有限公司时，折合的实收股本总额不得高于公司净资产额。有限责任公司变更为股份有限公司，为增加注册资本公开发行股份时，应当依法办理。”本题中，有限责任公司变更组织形式为股份有限公司，变更后股份公司注册资本为1.7亿元，变更公司形式前注册资本为1亿元，因此公司需要通过增资程序来变更注册资本。因此，C项错误。

D项:《公司法》第99条规定:“发起人不按照其认购的股份缴纳股款，或者作为出资的非货币财产的实际价额显著低于所认购的股份的，其他发起人与该发起人在出资不足的范围内承担连带责任。”本题中，净资产计算有误，漏记了一笔1000万元的对外债务，意味着由净资产折合后的注册资本根本未达到实打实的1.7亿元，就此差额的补足责任，由全体发起人承担连带责任。因此，D项正确。

综上所述，本题答案为AD项。

【多选】

3 **2202059**

参考答案: A,D

解析: AB项:《公司法》第224条第2款规定:“公司应当自股东会作出减少注册资本决议之日起十日内通知债权人，并于三十日内在报纸上或者国家企业信用信息公示系统公告。债权人自接到通知之日起三十日内，未接到通知的自公告之日起四十五日内，有权要求公司清偿债务或者提供相应的担保。”本案中，觉嘉公司如要减资，应当通知公司债权人晓嘉公司，且债权人有权在法定期限内要求晓嘉公司清偿债务或提供相应的担保，但通知并非公司减资的生效要件，而仅是对抗要件，即未通知债权人的减资行为仍然有效，只是针对未受通知的债权人而言不发生法律效力。因此，A项正确，B项错误。

CD项:《公司法》第226条规定:“违反本法规定减少注册资本的，股东应当退还其收到的资金，减免股东出资的应当恢复原状；给公司造成损失的，股东及负有责任的董事、监事、高级管理人员应当承担赔偿责任。”本题中，公司在股东认缴的出资期限届满前，作出减资决议免除股东尚未履行的出资义务，而未依法通知债权人的，损害了债权人利益。因此，因减资受到损害的债权人有权请求股东对公司债务在减资范围内承担补充赔偿责任，而非同公司承担连带赔偿责任。因此，C项错误，D项正确。

综上所述，本题答案为AD项。

4 **1703068**

参考答案: A,B

解析: A项:《公司法》第227条第1款规定:“有限责任公司增加注册资本时，股东在同等条件下有权优先按照实缴的出资比例认缴出资。但是，全体股东约定不按照出资比例优先认缴出资的除外。”由此可知，全体股东可以约定不按出资比例增资。因此，A项正确。

B项:《公司法》第228条第1款规定:“有限责任公司增加注册资本时，股东认缴新增资本的出资，依照本法设立有限责任公司缴纳出资的有关规定执行。”第47条第1款:“有限责任公司的注册资本为在公司登记机关登记的全体股东认缴的出资额。全体股东认缴的出资额由股东按照公司章程的规定自公司成立之日起五年内缴足。”由此可知，有限责任公司为认缴制，股东可以认缴方式在五年内分期出资，故三位股东并不需要一次性实际缴足增资。因此，B项正确。

C项:《公司法》第46条第1款第3项规定:“有限责任公司章程应当载明下列事项:……（三）公司注册资本……”由此可知，公司注册资本属于公司章程的法定记载事项，当注册资本发生变化时，应当修改公司章程。因此，C项错误。

D项:《公司法》第32条第1款第3项规定:“公司登记事项包括:……（三）注册资本……”第34条第1款规定:“公司登记事项发生变更的，应当依法办理变更登记。”由此可知，公司发生增资减资时，需办理变更登记。因此，D项错误。

综上所述，本题答案为AB项。

（二）公司的合并、分立

【单选】

5 1103025

参考答案：B

解析：A项：《公司法》第222条规定：“公司分立，其财产作相应的分割。公司分立，应当编制资产负债表及财产清单。公司应当自作出分立决议之日起十日内通知债权人，并于三十日内在报纸上或者国家企业信用信息公示系统公告。”因此，A项正确，不当选。

B项：《公司法》第220条规定：“公司合并，应当由合并各方签订合并协议，并编制资产负债表及财产清单。公司应当自作出合并决议之日起十日内通知债权人，并于三十日内在报纸上或者国家企业信用信息公示系统公告。债权人自接到通知之日起三十日内，未接到通知的自公告之日起四十五日内，可以要求公司清偿债务或者提供相应的担保。”第220条赋予了公司债权人可以在公司合并时请求公司清偿债务或者提供相应的担保，但《公司法》并未赋予公司分立时债权人享有同等权利。因此，B项错误，当选。

CD项：《公司法》第223条规定：“公司分立前的债务由分立后的公司承担连带责任。但是，公司在分立前与债权人就债务清偿达成的书面协议另有约定的除外。”CD项表述符合法律规定。因此，CD项正确，不当选。

综上所述，本题为选非题，答案为B项。

【多选】

6 1503069

参考答案：A,D

解析：A项：《公司法》第66条第3款规定：“股东会作出修改公司章程、增加或者减少注册资本的决议，以及公司合并、分立、解散或者变更公司形式的决议，应当经代表三分之二以上表决权的股东通过。”本题中，甲公司合并乙公司的决议须经代表三分之二以上表决权的股东通过，而张某持股65%，未达到表决权三分之二以上，其对股东会不具有绝对控制力，故甲公司股东会决议合并的，该决议的通过必须经过李某同意。因此，A项正确。

BC项：《公司法》第220条规定：“公司合并，应当由合并各方签订合并协议，并编制资产负债表及财产清单。公司应当自作出合并决议之日起十日内通知债权人，并于三十日内在报纸上或者国家企业信用信息公示系统公告。债权人自接到通知之日起三十日内，未接到通知的自公告之日起四十五日内，可以要求公司清偿债务或者提供相应的担保。”本题中，甲公司决议合并乙公司的，通知债权人的时间应该是作出合并决议之日起10日内，而非15日。因此，B项错误。在公司合并的过程中，债权人没有异议权，其只可以要求公司清偿债务或者提供相应的担保。因此，C项错误。

D项：《公司法》221条规定：“公司合并时，合并各方的债权、债务，应当由合并后存续的公司或者新设的公司承继。”本题中，甲公司吸收合并乙公司，即合并后存续的公司为甲公司，故甲公司应对原乙公司的债权人负责。因此，D项正确。

综上所述，本题答案为AD项。

二、模拟训练

7 62006068

参考答案：A,B,C

解析：A项：《公司法》第66条第3款规定：“股东会作出修改公司章程、增加或者减少注册资本的决议，以及公司合并、分立、解散或者变更公司形式的决议，应当经代表三分之二以上表决权的股东通过。”本题中，赖莹占股74%，超过法定比例，所以金阳公司的减资决议的表决方式合法。因此，A项错误，当选。

B项：《公司法》第29条第1款规定：“设立公司，应当依法向公司登记机关申请设立登记。”第37条规定：“公司因解散、被宣告破产或者其他法定事由需要终止的，应当依法向公司登记机关申请注销登记，由公司登记机关公告公司终止。”本题中，金阳公司分立为金象公司和阳泰公司，属于新设分立，金阳公司办理注销登记，金象公司和阳泰公司办理设立登记。因此，B项错误，当选。

C项：《公司法》第223条规定："公司分立前的债务由分立后的公司承担连带责任。但是，公司在分立前与债权人就债务清偿达成的书面协议另有约定的除外。"本题中，金阳公司可以在分立前与债权人李晨达成书面约定，但分立后金象公司不能与债权人达成约定，分立后的两个公司仍需对公司分立前未经约定的债务承担连带责任。因此，C项错误，当选。

D项：《公司法解释（三）》第12条第2项规定："公司成立后，公司、股东或者公司债权人以相关股东的行为符合下列情形之一且损害公司权益为由，请求认定该股东抽逃出资的，人民法院应予支持：……（二）通过虚构债权债务关系将其出资转出……"第14条第2款规定："公司债权人请求抽逃出资的股东在抽逃出资本息范围内对公司债务不能清偿的部分承担补充赔偿责任……人民法院应予支持……"本题中，邵玲把对公司的出资在账务上处理为对公司提供的借款，并以公司归还该借款的方式将出资转出，构成"通过虚构债权债务关系将其出资转出"的抽逃出资行为，故债权人李晨可以请求抽逃出资的邵玲在抽逃的60万元本息范围内对公司债务不能清偿的部分承担补充赔偿责任。因此，D项正确，不当选。

综上所述，本题为选非题，答案为ABC项。

8 62406013

参考答案：B

解析：A项：《公司法》第214条第2款规定："公积金弥补公司亏损，应当先使用任意公积金和法定公积金；仍不能弥补的，可以按照规定使用资本公积金。"因此，华天公司不可直接动用资本公积金弥补亏损，需要先使用任意公积金和法定公积金；仍不能弥补的，再使用资本公积金。因此，A项错误。

BC项：《公司法》第225条第1款规定："公司依照本法第二百一十四条第二款的规定弥补亏损后，仍有亏损的，可以减少注册资本弥补亏损。减少注册资本弥补亏损的，公司不得向股东分配，也不得免除股东缴纳出资或者股款的义务。"本题中，华天公司动用资本公积金后，仍不能弥补全部亏损，可适用简易减资程序进行减资。简易减资属形式减资，不得向股东分配，也不得免除股东的出资义务。因此，B项正确，C项错误。

D项：《公司法》第210条第1款规定："公司分配当年税后利润时，应当提取利润的百分之十列入公司法定公积金。公司法定公积金累计额为公司注册资本的百分之五十以上的，可以不再提取。"本题中，法定公积金和任意公积金的累计额达到公司注册资本50%以上即可，而非均达到。因此，D项错误。

综上所述，本题答案为B项。

9 62406014

参考答案：C,D

解析：ABC项：《公司法》第219条规定："公司与其持股百分之九十以上的公司合并，被合并的公司不需经股东会决议，但应当通知其他股东，其他股东有权请求公司按照合理的价格收购其股权或者股份。公司合并支付的价款不超过本公司净资产百分之十的，可以不经股东会决议；但是，公司章程另有规定的除外。公司依照前两款规定合并不经股东会决议的，应当经董事会决议。"据此，华天公司与其持有90%股权的惊天公司合并，无需股东会决议。因此，A项错误，C项正确。惊天公司的其他股东只能请求惊天公司收购股权，因此，B项错误。

D项：《公司法》第89条第1款规定："有下列情形之一的，对股东会该项决议投反对票的股东可以请求公司按照合理的价格收购其股权：……（二）公司合并、分立、转让主要财产；……"本题中，公司决议合并，对此持反对意见的股东有权请求华天公司按照合理的价格收购其股权可主张异议股东回购请求权。因此，D项正确。

综上所述，本题答案为CD项。

第七章 有限责任公司

参考答案

[1] B	[2] C	[3] B	[4] AC	[5] CD
[6] AC	[7] BD	[8] AD	[9] A	[10] D
[11] C	[12] C	[13] AB	[14] AD	[15] BCD
[16] B	[17] BCD	[18] ABD	[19] A	[20] A
[21] B	[22] B	[23] B	[24] A	[25] D
[26] D	[27] AD	[28] BD	[29] ABCD	[30] BD
[31] AD	[32] AC	[33] AC	[34] BCD	[35] AB
[36] BD	[37] AB	[38] ABC	[39] CD	[40] AB
[41] BD	[42] A	[43] B	[44] BCD	[45] BD
[46] B	[47] BD			

一、历年真题及仿真题

（一）股权转让

【单选】

1 2302034

参考答案：B

解析：AB 项：本题中，张某为李某代持股权，张某系名义股东，李某系实际出资人。对公司而言，张某才是股东，享有股东权利，李某并不是股东，不享有股东权利。因此，A 项错误，B 项正确。

CD 项：《公司法》第 56 条第 2 款规定："记载于股东名册的股东，可以依股东名册主张行使股东权利。"《九民纪要》第 8 条规定："当事人之间转让有限责任公司股权，受让人以其姓名或者名称已记载于股东名册为由主张其已经取得股权的，人民法院依法予以支持，但法律、行政法规规定应当办理批准手续生效的股权转让除外。未向公司登记机关办理股权变更登记的，不得对抗善意相对人。"本题中，股东名册的变更才是受让人取得股权的标志。因此，CD 项错误。

综上所述，本题答案为 B 项。

2 1703028

参考答案：C

解析：AB 项：《公司法》第 85 条规定："人民法院依照法律规定的强制执行程序转让股东的股权时，应当通知公司及全体股东，其他股东在同等条件下有优先购买权。其他股东自人民法院通知之日起满二十日不行使优先购买权的，视为放弃优先购买权。"本题中，有义务通知全体股东的主体为人民法院而非债权人永平公司。因此，A 项错误。其他股东行使优先购买权的期限为通知之日起 20 日内，而非 1 个月。因此，B 项错误。

C 项：债权人强制执行债务人股东的股权数额应当以所负担的债务为限，所以永平公司不得强制执行汪某在兴荣公司的全部股权。因此，C 项正确。

D 项：《民事执行中拍卖、变卖财产的规定》第 26 条："不动产、动产或者其他财产权拍卖成交或者抵债后，该不动产、动产的所有权、其他财产权自拍卖成交或者抵债裁定送达买受人或者承受人时起转移。"本题中，丁某取得汪某股权的时间为拍卖成交时，而非办理完变更登记的时间。因此，D 项错误。

综上所述，本题答案为 C 项。

3 1403026

参考答案：B

解析：ACD 项：《公司法》第 90 条规定："自然人股东死亡后，其合法继承人可以继承股东资格；但是，公司章程另有规定的除外。"本题中，在公司章程未另有规定的情况下，甲、乙的继承人均可主张股东资格继承，章程也可就股东资格继承条件问题作出规定。因此，ACD 项正确，不当选。

B 项：《公司法》第 68 条第 2 款规定："董事会设董事长一人，可以设副董事长。董事长、副董事长的产生办法由公司章程规定。"由此可见，公司董事长产生应当由公司章程规定，章程未作规定的，不能继承。因此，B 项错误，当选。

综上所述，本题为选非题，答案为 B 项。

【多选】

4 2102091

参考答案：A,C

解析：ABC 项：《担保制度解释》第 10 条规定："一人有限责任公司为其股东提供担保，公司以违反公司法关于公司对外担保决议程序的规定为由主张不承担担保责任的，人民法院不予支持。公司因承担担保责任导致无法清偿其他债务，提供担保时的股东不能证明公司财产独立于自己的财产，其他债权人请求该股东承担连带责任的，人民法院应予支持。”因此，AC 项正确，B 项错误。

D 项：《公司法》第 84 条第 2 款规定：“股东向股东以外的人转让股权的，应当将股权转让的数量、价格、支付方式和期限等事项书面通知其他股东，其他股东在同等条件下有优先购买权。股东自接到书面通知之日起三十日内未答复的，视为放弃优先购买权。两个以上股东行使优先购买权的，协商确定各自的购买比例；协商不成的，按照转让时各自的出资比例行使优先购买权。”本题中，博海有限公司并非博达公司的股东，不具有优先购买权。因此，D 项错误。

综上所述，本题答案为 AC 项。

5 2002077

参考答案：C,D

解析：A 项：《公司法》第 84 条第 1 款规定：“有限责任公司的股东之间可以相互转让其全部或者部分股权。”本题中，杨某将股权转让给陈某，为股东之间的内部转让，没有破坏股东之间的人合性，奉行的原则是“自由转、随便转、不通知、不优先”，故张某没有优先购买权。因此，A 项错误。

B 项：杨某将股权转让给陈某，办理变更登记时，市场监督管理部门对于申请人的登记申请材料仅进行形式审查，对代持股协议并不知情，故市场监督管理部门作出的变更登记并无过错，无需承担赔偿责任。因此，B 项错误。

C 项：《公司法解释（三）》第 25 条第 1 款规定：“名义股东将登记于其名下的股权转让、质押或者以其他方式处分，实际出资人以其对于股权享有实际权利为由，请求认定处分股权行为无效的，人民法院可以参照民法典第三百一十一条的规定处理。”本题中，股权受让方是陈某，对于黄某和杨某的代持关系及黄某实际出资的事实，陈某是知情的，所以陈某不能善意取得该股权，黄某有权主张该股权转让行为无效。因此，C 项正确。

D 项：《公司法解释（三）》第 24 条第 3 款规定：“实际出资人未经公司其他股东半数以上同意，请求公司变更股东、签发出资证明书、记载于股东名册、记载于公司章程并办理公司登记机关登记的，人民法院不予支持。”《九民纪要》第 28 条规定：“实际出资人能够提供证据证明有限责任公司过半数的其他股东知道其实际出资的事实，且对其实际行使股东权利未曾提出异议的，对实际出资人提出的登记为公司股东的请求，人民法院依法予以支持。公司以实际出资人的请求不符合公司法司法解释（三）第 24 条的规定为由抗辩的，人民法院不予支持。”本题中，黄某能够证明其他股东对其实际出资的事实知情且对黄某实际行使股东权利未曾提出异议，所以黄某“显名化”的流程可以简化，有权直接请求公司办理股东的变更手续，将其登记为股东。因此，D 项正确。

综上所述，本题答案为 CD 项。

6 1802064

参考答案：A,C

解析：AB 项：《公司法》84 条规定：“有限责任公司的股东之间可以相互转让其全部或者部分股权。股东向股东以外的人转让股权的，应当将股权转让的数量、价格、支付方式和期限等事项书面通知其他股东，其他股东在同等条件下有优先购买权。股东自接到书面通知之日起三十日内未答复的，视为放弃优先购买权。两个以上股东行使优先购买权的，协商确定各自的购买比例；协商不成的，按照转让时各自的出资比例行使优先购买权。公司章程对股权转让另有规定的，从其规定。”本题中，该有限公司章程规定，股权对外转让必须经所有股东一致同意方有效，并不是禁止股权对外转让，体现了股东的意思自治，该章程约定合法有效。在第一次股权转让中，甲向丙转让 0.1% 的股权，经过了乙的同意，所以该次股权转让行为有效。因此，A 项正确，B 项错误。

CD 项：《公司法》第 84 条第 1 款规定：“有限责任公司的股东之间可以相互转让其全部或者部分股权。”本题中，有限责任公司股权内部转让无需通知其他股东，也无需其他股东同意，除非公司章程另有约定。本题中，在丙已经成为公司的股东后，甲再次向丙转让股权就属于股东之间的内部股权转让，故甲无需通知乙，也无需征得乙的同意，该次股权转让行为有效。因此，C 项正确，D 项错误。

综上所述，本题答案为 AC 项。

7 1503070

参考答案：B,D

解析：A 项：《公司法》第 84 条第 2 款规定："股东向股东以外的人转让股权的，股东向股东以外的人转让股权的，应当将股权转让的数量、价格、支付方式和期限等事项书面通知其他股东，其他股东在同等条件下有优先购买权。股东自接到书面通知之日起三十日内未答复的，视为放弃优先购买权。两个以上股东行使优先购买权的，协商确定各自的购买比例；协商不成的，按照转让时各自的出资比例行使优先购买权。"新修订的《公司法》取消了对外转让股权需经其他股东过半数同意的规定，但需书面通知其他股东，其他股东在同等条件下享有优先购买权。因此，A 项正确，不当选。

B 项：《公司法》第 66 条第 3 款规定："股东会作出修改公司章程、增加或者减少注册资本的决议，以及公司合并、分立、解散或者变更公司形式的决议，必须经代表三分之二以上表决权的股东通过。"第 59 条第 1 款第 8 项规定："股东会行使下列职权：……（八）修改公司章程……"修改公司章程属于股东会的职权，股东无权直接修改章程。本题中，甲虽然占有 69% 的股权，超过了三分之二，但不能直接修改章程，仍需要召开股东会。因此，B 项错误，当选。

C 项：《公司法》第 84 条第 1 款规定："有限责任公司的股东之间可以相互转让其全部或者部分股权。"本题中，甲有权将其股权分割为两部分，分别转让给乙、丙。因此，C 项正确，不当选。

D 项：《公司法》第 84 条第 2 款规定："股东向股东以外的人转让股权的，应当将股权转让的数量、价格、支付方式和期限等事项书面通知其他股东，其他股东在同等条件下有优先购买权。股东自接到书面通知之日起三十日内未答复的，视为放弃优先购买权。两个以上股东行使优先购买权的，协商确定各自的购买比例；协商不成的，按照转让时各自的出资比例行使优先购买权。"本题中，乙、丙主张优先购买权的前提是必须满足同等条件，即综合考虑数量、价格、支付方式及期限等因素后条件相同。此处并未提及乙或丙已经满足同等条件，所以说法过于绝对，错误。因此，D 项错误，当选。

综上所述，本题为选非题，答案为 BD 项。

（二）组织机构会议制度

【不定项】

8 1603092

参考答案：A,D

解析：ABCD 项：《公司法》第 63 条规定："股东会会议由董事会召集，董事长主持；董事长不能履行职务或者不履行职务的，由副董事长主持；副董事长不能履行职务或者不履行职务的，由过半数的董事共同推举一名董事主持。董事会不能履行或者不履行召集股东会会议职责的，由监事会召集和主持；监事会不召集和主持的，代表十分之一以上表决权的股东可以自行召集和主持。"本题中，公司董事长不履行召集股东会会议职责，且监事会保持沉默，因此代表十分之一以上表决权的股东可以自行召集和主持，甲持有 25% 股份，符合以上要求，因此甲可以单独召集和主持股东会；但是乙只持有公司 8% 股份，丙只持有公司 7% 的股份，不符合单独召集和主持股东会的要求，因此乙和丙不可以单独召集和主持。甲、乙、丙三人共同持有 40% 股份，因此也可以由甲、乙、丙三人一同召集和主持股东会。因此，AD 项正确，BC 项错误。

综上所述，本题答案为 AD 项。

（三）组织机构组成及职权

【单选】

9 2102095

参考答案：A

解析：A 项：董事与公司之间系委托关系，基于此，董事甲享有任意解除权，其辞职无需经过公司批准。因此，A 项正确。

B 项：《公司法》第 68 条第 1 款规定："有限责任

公司董事会成员为三人以上，其成员中可以有公司职工代表。职工人数三百人以上的有限责任公司，除依法设监事会并有公司职工代表的外，其董事会成员中应当有公司职工代表。董事会中的职工代表由公司职工通过职工代表大会、职工大会或者其他形式民主选举产生。”第70条第2款、第3款规定：“董事任期届满未及时改选，或者董事在任期内辞任导致董事会成员低于法定人数的，在改选出的董事就任前，原董事仍应当依照法律、行政法规和公司章程的规定，履行董事职务。董事辞任的，应当以书面形式通知公司，公司收到通知之日辞任生效，但存在前款规定情形的，董事应当继续履行职务。”本题中，甲的辞职申请自公司收到辞职通知之日起生效，但甲应当继续履职，直至新董事就任为止。因此，B项错误。

CD项：《公司法》第71条规定：“股东会可以决议解任董事，决议作出之日解任生效。无正当理由，在任期届满前解任董事的，该董事可以要求公司予以赔偿。”《公司法解释（五）》第3条规定：“董事任期届满前被股东会或者股东大会有效决议解除职务，其主张解除不发生法律效力的，人民法院不予支持。董事职务被解除后，因补偿与公司发生纠纷提起诉讼的，人民法院应当依据法律行政法规、公司章程的规定或者合同的约定，综合考虑解除的原因、剩余任期、董事薪酬等因素，确定是否补偿以及补偿的合理数额。”本题中，大华有限公司股东会可以决议罢免丙的董事职务，罢免决议作出之日即生效，丙丧失董事资格，并不产生董事留任的效果，故丙无权要求公司支付剩余任期的薪资。因此，CD项错误。（新《公司法》已将股东大会修改为股东会）

综上所述，本题答案为A项。

10 1902021

参考答案：D

解析：AB项：《公司法》第59条第1款第1项规定：“股东会行使下列职权：……（一）选举和更换董事、监事，决定有关董事、监事的报酬事项……”本题中，王琳作为股东蓝月公司的代表出任安云公司的董事，其选举或更换都应该由安云公司的股东会决议，未经法定流程，王琳的董事身份不会因蓝月公司召回而丧失，同样，胡丽也不能因蓝月公司的单方意思表示而取得安云公司董事身份。因此，AB项错误。

CD项：《公司法》第180条第1、2款规定：“董事、监事、高级管理人员对公司负有忠实义务，应当采取措施避免自身利益与公司利益冲突，不得利用职权牟取不正当利益。董事、监事、高级管理人员对公司负有勤勉义务，执行职务应当为公司的最大利益尽到管理者通常应有的合理注意。”本题中，赵祥、王琳经蓝月公司指派作为股东代表，出任安云公司的董事，二人应该对安云公司尽到忠实和勤勉义务，而非蓝月公司。因此，C项错误，D项正确。

综上所述，本题答案为D项。

11 1503026

参考答案：C

解析：AD项：《公司法》第67条第2款第8项规定：“董事会行使下列职权：……（八）决定聘任或者解聘公司经理及其报酬事项，并根据经理的提名决定聘任或者解聘公司副经理、财务负责人及其报酬事项……”本题中，聘任公司总经理，是董事会的职权，而非经董事长个人聘任；总经理马姝可以提请董事会聘任财务经理，而不是自行聘任。因此，AD项错误。

B项：《公司法》第74条规定：“有限责任公司可以设经理，由董事会决定聘任或者解聘。经理对董事会负责，根据公司章程的规定或者董事会的授权行使职权。经理列席董事会会议。”本题中，经理以公司名义对外签订合同的权限，并非法定权限，而应经过董事会或者章程的授权。因此，B项错误。

C项：《公司法》第74条第2款规定：“经理对董事会负责，根据公司章程的规定或者董事会的授权行使职权。经理列席董事会会议。”本题中，马姝作为公司总经理，其职权由章程规定或董事会授权，故马姝经董事会授权，有权制定劳动纪律制度。因此，C项正确。

综上所述，本题答案为C项。

12 1303025

参考答案：C

解析：AD 项:《公司法》第 59 条第 1 款第 4 项规定：“股东会行使下列职权：……（四）审议批准公司的利润分配方案和弥补亏损方案……”第 67 条第 2 款第 3、4 项规定：“董事会行使下列职权：……（三）决定公司的经营计划和投资方案；（四）制订公司的利润分配方案和弥补亏损方案……”本题中，刘某作为公司的股东和董事，有权决定公司的投资方案，而非投资计划；有权制定公司的利润分配方案，而非决定。因此，AD 项错误。

B 项:《公司法》第 84 条第 2 款：“股东向股东以外的人转让股权的，应当将股权转让的数量、价格、支付方式和期限等事项书面通知其他股东，其他股东在同等条件下有优先购买权。股东自接到书面通知之日起三十日内未答复的，视为放弃优先购买权。两个以上股东行使优先购买权的，协商确定各自的购买比例；协商不成的，按照转让时各自的出资比例行使优先购买权。”本题中，对外股权转让的效力取决于是否履行通知义务，与董事无关。因此，B 项错误。（本题是在问董事的职权，而不是问股东，读题要注意。考试一般说职权也是我们常提的股东会、董事会 / 董事、经理、监事会 / 监事的职权，考股东权利不会用职权二字。）

C 项:《公司法》第 75 条规定：“规模较小或者股东人数较少的有限责任公司，可以不设董事会，设一名董事，行使本法规定的董事会的职权。该董事可以兼任公司经理。”第 67 条第 2 款第 8 项规定：“董事会行使下列职权：……（八）决定聘任或者解聘公司经理及其报酬事项，并根据经理的提名决定聘任或者解聘公司副经理、财务负责人及其报酬事项……”本题中，新余有限公司只有 4 名股东，可以只设一名董事，不设董事会，由董事行使董事会职权，C 项属于上述第 67 条第（八）项规定的董事会职权。因此，C 项正确。

综上所述，本题答案为 C 项。

【多选】

13 1503068

参考答案：AB

解析：ABCD 项:《公司法》第 59 条规定：“股东会行使下列职权：（一）选举和更换董事、监事，决定有关董事、监事的报酬事项；（二）审议批准董事会的报告；（三）审议批准监事会的报告；（四）审议批准公司的利润分配方案和弥补亏损方案；（五）对公司增加或者减少注册资本作出决议；（六）对发行公司债券作出决议；（七）对公司合并、分立、解散、清算或者变更公司形式作出决议；（八）修改公司章程；（九）公司章程规定的其他职权。股东会可以授权董事会对发行公司债券作出决议。对本条第一款所列事项股东以书面形式一致表示同意的，可以不召开股东会会议，直接作出决定，并由全体股东在决定文件上签名或者盖章。”董监高税前报酬总额包括基本工资、奖金、津贴、补贴、职工福利费和各项保险费、公积金以及其他形式从公司获得的报酬。本题中，根据上述规定，钱某的年薪与钱某的董事责任保险属于董事的报酬事项，须经公司股东会批准。因此，AB 项正确。赵某的差旅费和社会保险费不在《公司法》第 59 条范围内，差旅费为行使公务必须的费用，由公司承担无须批准，缴纳社保费用属于公司法定义务，也无须批准。因此，CD 项错误。

综上所述，本题答案为 AB 项。

14 2102010

参考答案：A,D

解析：A 项:《公司法》第 70 条第 3 款规定：“董事辞任的，应当以书面形式通知公司，公司收到通知之日辞任生效，但存在前款规定情形的，董事应当继续履行职务。”公司和董事之间是委任关系，在法律和公司章程无相反规定的情况下，董事辞职一般于辞职通知书送达董事会时（即公司收到辞职通知时）发生法律效力，且不需要股东会同意。本题中，股东会的决议结果不影响董事乙辞职行为的法律效力。因此，A 项正确。

B 项:《公司法》第 70 条第 2 款规定：“董事任期届满未及时改选，或者董事在任期内辞任导致董事会成员低于法定人数的，在改选出的董事就任前，原董事仍应当依照法律、行政法规和公司章程的规定，履行董事职务。”本题中，甲的辞职已经生效，只是甲应当继续履职。因此，B 项错误。

C 项:《公司法解释（五）》第 3 条规定:“董事任期届满前被股东会或者股东大会有效决议解除职务，其主张解除不发生法律效力的，人民法院不予支持。董事职务被解除后，因补偿与公司发生纠纷提起诉讼的，人民法院应当依据法律、行政法规、公司章程的规定或者合同的约定，综合考虑解除的原因、剩余任期、董事薪酬等因素，确定是否补偿以及补偿的合理数额。”本题中，丙被解除董事职务后，只能要求合理补偿，不能要求支付剩余年限的薪资。因此，C 项错误。（新《公司法》已将股东大会修改为股东会）

D 项:《公司法》第 71 条规定:“股东会可以决议解任董事，决议作出之日解任生效。无正当理由，在任期届满前解任董事的，该董事可以要求公司予以赔偿。”《公司法》第 25 条规定:“公司股东会、董事会的决议内容违反法律、行政法规的无效。”本题中，该项决议并未违反法律、行政法规的规定，股东会解除董事丙的职务决议经法定程序、满足法定比例通过则生效。因此，D 项正确。

综上所述，本题答案为 AD 项。

15 1603069

参考答案: B,C,D

解析: ABC 项:《公司法》第 78 条规定:“监事会行使下列职权:（一）检查公司财务;（二）对董事、高级管理人员执行职务的行为进行监督，对违反法律、行政法规、公司章程或者股东会决议的董事、高级管理人员提出解任的建议;（三）当董事、高级管理人员的行为损害公司的利益时，要求董事、高级管理人员予以纠正;（四）提议召开临时股东会会议，在董事会不履行本法规定的召集和主持股东会会议职责时召集和主持股东会会议;（五）向股东会会议提出提案;（六）依照本法第一百八十九条的规定，对董事、高级管理人员提起诉讼;（七）公司章程规定的其他职权。”据此，有限公司的监事会无权提议召开董事会，但有权提议召开临时股东会。根据上述第 78 条第 2 项的规定，本题中，监事会认为董事狄某将紫云公司的标底暗中透露给其好友的公司，可以提出解任的建议。因此，A 项错误，BC 项正确。

D 项:《公司法》第 79 条第 2 款规定:“监事会发现公司经营情况异常，可以进行调查;必要时，可以聘请会计师事务所等协助其工作，费用由公司承担。”因此，D 项正确。

综上所述，本题答案为 BCD 项。

（四）公司决议效力

【单选】

16 1902024

参考答案: B

解析: A 项:《公司法》第 25 条规定:“公司股东会、董事会的决议内容违反法律、行政法规的无效。”本题中，股东会决议处分资产、收购股权等事宜均属于股东会权限范围内，没有违法之处，不属于无效情形。因此，A 项错误。

BC 项:《公司法》第 26 条规定:“公司股东会、董事会的会议召集程序、表决方式违反法律、行政法规或者公司章程，或者决议内容违反公司章程的，股东自决议作出之日起六十日内，可以请求人民法院撤销。但是，股东会、董事会的会议召集程序或者表决方式仅有轻微瑕疵，对决议未产生实质影响的除外。未被通知参加股东会会议的股东自知道或者应当知道股东会决议作出之日起六十日内，可以请求人民法院撤销;自决议作出之日起一年内没有行使撤销权的，撤销权消灭。”第 64 条规定:“召开股东会会议，应当于会议召开十五日前通知全体股东;但是，公司章程另有规定或者全体股东另有约定的除外。股东会应当对所议事项的决定作成会议记录，出席会议的股东应当在会议记录上签名或者盖章。”本题中，股东会召集时应该通知而未通知小股东郑某，导致郑某没机会参会表决，且决议中郑某签字被秘书代签，此签字对郑某不生效。此情形应认定为股东会召集程序和表决方式违法，属于可撤销的理由。故该决议属于“可撤销”的决议。而且，决议效力瑕疵具有排他性，一份决议只会认定一种瑕疵状态，通过上述分析已经确认为可撤销的瑕疵状态，就无需再讨论其他情形。因此，B 项正确，C 项错误。

D 项:《公司法》第 27 条规定:“有下列情形之一的，公司股东会、董事会的决议不成立:（一）未召开股东会、董事会会议作出决议；（二）股东会、董事会会议未对决议事项进行表决；（三）出席会议的人数或者所持表决权数未达到本法或者公司章程规定的人数或者所持表决权数；（四）同意决议事项的人数或者所持表决权数未达到本法或者公司章程规定的人数或者所持表决权数。”本题中，该决议召开了股东会，表决比例达标，故该决议成立。因此，D 项错误。
综上所述，本题答案为 B 项。

【多选】

17 2102094

参考答案：B,C,D
解析：A 项：《公司法》第 26 条规定：“公司股东会、董事会的会议召集程序、表决方式违反法律、行政法规或者公司章程，或者决议内容违反公司章程的，股东自决议作出之日起六十日内，可以请求人民法院撤销。但是，股东会、董事会的会议召集程序或者表决方式仅有轻微瑕疵，对决议未产生实质影响的除外。未被通知参加股东会会议的股东自知道或者应当知道股东会决议作出之日起六十日内，可以请求人民法院撤销；自决议作出之日起一年内没有行使撤销权的，撤销权消灭。”本题中，首先，股东会会议未提前通知各位股东，属于会议的召集程序违反法律，故该决议属于可撤销的决议；其次，撤销公司决议效力之诉的原告为公司股东，要求起诉时具有股东身份，而非决议通过时具有股东资格，故张三有权提起撤销决议的诉讼。因此，A 项正确，不当选。
B 项：新《公司法》删除原《公司法》要求股东提供担保的规定。因此，B 项错误，当选。
C 项：《公司法》第 28 条第 2 款规定：“股东会、董事会决议被人民法院宣告无效、撤销或者确认不成立的，公司根据该决议与善意相对人形成的民事法律关系不受影响。”本题中，该董事会决议被撤销，该《战略合作协议》不受影响。因此，C 项错误，当选。（新《公司法》已将股东大会修改为股东会）
D 项：《公司法》第 27 条第 1 项规定：“有下列情形之一的，公司股东会、董事会的决议不成立：（一）未召开股东会、董事会会议作出决议……”本题中，公司就形成分红方案的审议通过未召开股东会会议，故该决议不成立，而非无效。因此，D 项错误，当选。
综上所述，本题为选非题，答案为 BCD 项。

18 2002130

参考答案：A,B,D
解析：AB 项：《公司法》第 66 条规定：“股东会的议事方式和表决程序，除本法有规定的外，由公司章程规定。股东会作出决议，应当经代表过半数表决权的股东通过。股东会作出修改公司章程、增加或者减少注册资本的决议，以及公司合并、分立、解散或者变更公司形式的决议，应当经代表三分之二以上表决权的股东通过。”本题中，南方公司为有限公司，A 选项应为“三分之二以上的表决权通过”而非“人数三分之二以上的股东通过”；B 选项应当由全体股东中代表三分之二以上表决权的股东通过，而非股份公司表决规则中特有的出席会议的三分之二以上表决权的股东通过。因此，AB 项错误，当选。
CD 项：《公司法》第 122 条第 1 款规定：“董事会设董事长一人，可以设副董事长。董事长和副董事长由董事会以全体董事的过半数选举产生。”因此，C 项正确，不当选；D 项错误，当选。
综上所述，本题为选非题，答案为 ABD 项。

（五）综合知识点

【单选】

19 2202123

参考答案：A
解析：AB 项：《民法典》第 504 条规定：“法人的法定代表人或者非法人组织的负责人超越权限订立的合同，除相对人知道或者应当知道其超越权限外，该代表行为有效，订立的合同对法人或者非法人组织发生效力。”《公司法》第 11 条第 2 款规定：“公司章程或者股东会对法定代表人职权的限制，不得对抗善意相对人。”本题中，觉大公司章程约定，处分公司重要财产须经全体股东一致同意，A 擅自与相对人 D 签订设备转让合同，属越权代表，但相对人 D 对章程约定并不知情，因此 A 的代表行为有效，订立的设备转让合同对公司产生效力。因此，A 项正确，B 项错误。

C 项：《公司法》第 63 条第 2 款规定："董事会不能履行或者不履行召集股东会会议职责的，由监事会召集和主持；监事会不召集和主持的，代表十分之一以上表决权的股东可以自行召集和主持。"《九民纪要》第 29 条规定："公司召开股东（大）会本质上属于公司内部治理范围。股东请求判令公司召开股东（大）会的，人民法院应当告知其按照《公司法》第 40 条或者第 101 条规定的程序自行召开。股东坚持起诉的，人民法院应当裁定不予受理；已经受理的，裁定驳回起诉。"本题中，BC 提出的开会诉求，属于公司自治范畴，而不属于法院裁判范畴，故 BC 二人无权向法院起诉。因此，C 项错误。（新《公司法》已将股东大会修改为股东会，原《公司法》第 40 条、第 101 条修改为第 63 条、114 条）

D 项：《公司法》第 89 条第 1 款规定："有下列情形之一的，对股东会该项决议投反对票的股东可以请求公司按照合理的价格收购其股权：（一）公司连续五年不向股东分配利润，而公司该五年连续盈利，并且符合本法规定的分配利润条件；（二）公司合并、分立、转让主要财产；（三）公司章程规定的营业期限届满或者章程规定的其他解散事由出现，股东会会议通过决议修改章程使公司存续。"本题中，不存在上述可请求公司回购股权的情形。因此，D 项错误。

综上所述，本题答案为 A 项。

20 2202134

参考答案：A

解析：A 项：《公司法》第 125 条第 1 款规定："董事会会议，应当由董事本人出席；董事因故不能出席，可以书面委托其他董事代为出席，委托书中应载明授权范围。"因此，A 项正确。

B 项：《公司法》第 124 条第 1 款规定："董事会会议应有过半数的董事出席方可举行……"本题中，该公司一共有 9 名董事，则董事会会议的出席人数需达到 5 人及以上。现在，甲、乙、丙、丁 4 名董事以及代表戊的甲均出席会议，出席人数已达 5 人，符合法定要求。因此，B 项错误。

C 项：《公司法》第 124 条第 1 款规定："……董事会作出决议，应当经全体董事的过半数通过。"据此，董事会在表决时，同意人数需达到 5 人及以上。本题中，甲、乙、丙、丁和代表戊的甲（一共 5 名董事）均表示同意，符合法定比例，故决议有效。因此，C 项错误。

D 项：《公司法》第 67 条第 2 款规定："董事会行使下列职权：……（九）制定公司的基本管理制度……"第 120 条第 2 款规定："本法第六十七条、第六十八条第一款、第七十条、第七十一条的规定，适用于股份有限公司。"本题中，劳动用工制度属于公司的基本管理制度，是董事会的职权之一，其并未越权表决，表决有效。因此，D 项错误。

综上所述，本题答案为 A 项。

21 2102015

参考答案：B

解析：ABD 项：《公司法》第 15 条第 1 款规定："公司向其他企业投资或者为他人提供担保，按照公司章程的规定，由董事会或者股东会、决议……"第 60 条规定："只有一个股东的有限责任公司不设股东会。股东作出前条第一款所列事项的决定时，应当采用书面形式，并由股东签名或者盖章后置备于公司。"《公司法》第 23 条第 3 款规定："只有一个股东的公司，股东不能证明公司财产独立于股东自己的财产的，应当对公司债务承担连带责任。"本题中，成功公司为金某提供的担保属于对外担保，因此该担保可经股东会或者董事会决议。成功公司作为一人有限责任公司，针对此次担保，仅需其唯一的股东潘某同意即可，此时担保有效。但股东潘某并未在公司内部依法建立完备财务制度，将多笔应属于成功公司的交易款转入其在银行开立的私人账户，构成财产混同，此时应该对公司债务承担连带责任。因此，AD 项错误，B 项正确。

C 项：《公司法》第 3 条第 1 款规定："公司是企业法人，有独立的法人财产，享有法人财产权。公司以其全部财产对公司的债务承担责任。"本题中，成明公司是独立法人，具有独立的法律地位，不会因股东的个人行为而受到牵连。因此，C 项错误。

综上所述，本题答案为 B 项。

22 2002057

参考答案：B

解析：AC项：《公司法》第56条第2款规定："记载于股东名册的股东，可以依股东名册主张行使股东权利。"第32条第1款第6项规定："公司登记事项包括：……（六）有限责任公司股东、股份有限公司发起人的姓名或者名称……"本题中，自可嘉公司的股东名册变更时起，受让人顾某取得了公司的股东资格，可以依股东名册的记载行使股东权利，未经登记不能对抗第三人。所以全额付款及公司变更登记均不是股东取得股东资格的法定条件或唯一条件。因此，AC项错误。

B项：《九民纪要》第71条规定："债务人或者第三人与债权人订立合同，约定将财产形式上转让至债权人名下，债务人到期清偿债务，债权人将该财产返还给债务人或第三人，债务人到期没有清偿债务，债权人可以对财产拍卖、变卖、折价偿还债权的，人民法院应当认定合同有效。合同如果约定债务人到期没有清偿债务，财产归债权人所有的，人民法院应当认定该部分约定无效，但不影响合同其他部分的效力。当事人根据上述合同约定，已经完成财产权利变动的公示方式转让至债权人名下，债务人到期没有清偿债务，债权人请求确认财产归其所有的，人民法院不予支持，但债权人请求参照法律关于担保物权的规定对财产拍卖、变卖、折价优先偿还其债权的，人民法院依法予以支持。债务人因到期没有清偿债务，请求对该财产拍卖、变卖、折价偿还所欠债权人合同项下债务的，人民法院亦应依法予以支持。"本题中，黄某与陈某签订的股权转让协议构成股权让与担保，该协议并无法律所规定的无效情形，故约定有效。因此，B项正确。

D项：顾某已经取得股权成为可嘉公司的股东。黄某与陈某之间的股权转让（让与担保）协议已经在事实上无法履行，且在股权让与担保的履行中，当债务人不能清偿到期债务时，不能直接将股权归于债权人。所以，陈某并非可嘉公司的股东，也无权要求可嘉公司将其登记为股东。因此，D项错误。

综上所述，本题答案为B项。

23 2002061

参考答案：B

解析：ABC项：《公司法》第66条第3款规定："股东会作出修改公司章程、增加或者减少注册资本的决议，以及公司合并、分立、解散或者变更公司形式的决议，必须经代表三分之二以上表决权的股东通过。"据此，这里的"以上"是《公司法》对公司章程的授权，即在2/3的法定底线以上，公司章程可以作出自治性约定。本题中，公司章程约定为全体股东一致同意，合法有效。因此，C项错误。另外，《公司法》第27条第4项规定："有下列情形之一的，公司股东会、董事会的决议不成立：……（四）同意决议事项的人数或者所持表决权数未达到本法或者公司章程规定的人数或者所持表决权数。"本题中，按照公司章程规定，增资决议需要经全体股东一致同意，但此时只有持95%表决权的股东同意，未达到公司章程规定的表决比例，故该决议不成立。在决议不成立的情况下，无需讨论其他情形。因此，A项错误，B项正确。

D项：《公司法》第89条第1款规定："有下列情形之一的，对股东会该项决议投反对票的股东可以请求公司按照合理的价格收购其股权：（一）公司连续五年不向股东分配利润，而公司该五年连续盈利，并且符合本法规定的分配利润条件；（二）公司合并、分立、转让主要财产；（三）公司章程规定的营业期限届满或者章程规定的其他解散事由出现，股东会会议通过决议修改章程使公司存续。"本题中，股东会决议涉及的是增资的情形，不属于股权回购适用的法定情形，所以甲主张回购的请求不能支持。因此，D项错误。

综上所述，本题答案为B项。

24 1902020

参考答案：A

解析：A项：《公司法》第57条第2款规定："股东可以要求查阅公司会计账簿、会计凭证。股东要求查阅公司会计账簿、会计凭证的，应当向公司提出书面请求，说明目的。公司有合理根据认为股东查阅会计账簿、会计凭证有不正当目的，可能损害公司合法利益的，可以拒绝提供查阅，并应当自股东提出书面请求之日起十五日内书面答复股东并说明理由。公司拒绝提供查阅的，股东可以向人民法院提起诉讼。”《公司法解释（四）》第8条规定：“有证据证明股东存在下列情形之一的，人民法院应当认定股东有公司法第三十三条第二款规定的‘不正当目的’：（一）股东自营或者为他人经营与公司主营业务有实质性竞争关系业务的，但公司章程另有规定或者全体股东另有约定的除外……”本题中，罗某既是大米公司的小股东，又是大麦公司的法定代表人，大米公司和大麦公司的经营范围高度一致，所以罗某申请查阅大米公司的账簿，大米公司负责人雷某可以因罗某经营与本公司有实质竞争关系的业务，而认定其查账目的不正当，拒绝其查账请求。因此，A项正确。（原《公司法》第33条已修改为新《公司法》第57条）

B项：知情权是股东的权利，为了能够将此权利落实到位，必要时股东可聘请律师等中介人员辅助进行，但是中介人员不可代替股东行使查账权，另外，即使股东聘请律师辅助，如果股东存在不正当目的，公司也可以拒绝。因此，B项错误。

C项：《公司法解释（四）》第14条规定：“股东提交载明具体分配方案的股东会或者股东大会的有效决议，请求公司分配利润，公司拒绝分配利润且其关于无法执行决议的抗辩理由不成立的，人民法院应当判决公司按照决议载明的具体分配方案向股东分配利润。”本题中，大米公司并没有作出包含具体分红方案的股东会决议，虽然大米公司扭亏为盈，但公司也可以积聚力量扩大生产而不分红，所以股东不能直接起诉要求分红。因此，C项错误。（新《公司法》已将股东大会修改为股东会）

D项：《公司法》第63条第2款规定：“董事会不能履行或者不履行召集股东会会议职责的，由监事会召集和主持；监事会不召集和主持的，代表十分之一以上表决权的股东可以自行召集和主持。”股东会的召集和主持的职权是按照董事会、监事会、股东的顺序确定的，首先股东召集和主持是在董事会和监事会均不召集也不主持的前提下，才能自行召集和主持；其次，自行召集和主持的股东要求单独或合计代表1/10以上表决权。本题中，没有出现董事会和监事会均不召集和主持股东会的情形，且罗某的持股比例只有5%，也没有达到1/10的法定要求，无权自行召集和主持股东会。因此，D项错误。

综上所述，本题答案为A项。

25 1802019

参考答案：D

解析：AC项：《公司法》第64条第1款规定：“召开股东会会议，应当于会议召开15日前通知全体股东；但是，公司章程另有规定或者全体股东另有约定的除外。”本题中，甲有限公司章程规定，公司召开股东会应当提前10天以书面形式通知全体股东。该规定属于股东的意思自治，为合法有效的约定。所以，甲公司在会议召开前五天才通知股东，系召集程序违反公司章程。《公司法》第26条规定：“公司股东会、董事会的会议召集程序、表决方式违反法律、行政法规或者公司章程，或者决议内容违反公司章程的，股东自决议作出之日起六十日内，可以请求人民法院撤销。但是，股东会、董事会的会议召集程序或者表决方式仅有轻微瑕疵，对决议未产生实质影响的除外。未被通知参加股东会会议的股东自知道或者应当知道股东会决议作出之日起六十日内，可以请求人民法院撤销；自决议作出之日起一年内没有行使撤销权的，撤销权消灭。”本题中，甲公司的该项决议在召集程序上违反公司章程，原则上可以撤销，但其仅系轻微的程序瑕疵，且对决议未产生实质影响，故李某不可因此申请撤销该决议。因此，AC项错误。

B项：《公司法》第89条第1款规定：“有下列情形之一的，对股东会该项决议投反对票的股东可以请求公司按照合理的价格收购其股权：（一）公司连续五年不向股东分配利润，而公司该五年连续盈利，并且符合本法规定的分配利润条件；（二）公司合并、分立、转让主要财产；（三）公司章程规定的营业期限届满或者章程规定的其他解散事由出现，股东会会议通过决议修改章程使公司存续。”本题中，该项股东会决议仅有持股3%的股东表示反对，持股90%的股东同意，而李某持股7%，由此可以推知，李某针对该股东会决议投了弃权票，不属于异议股东，无权要求公司以合理价款回购其股权。因此，B 项错误。
D 项:《公司法解释（四）》第 3 条第 1 款规定:“原告请求确认股东会或者股东大会、董事会决议不成立、无效或者撤销决议的案件，应当列公司为被告。对决议涉及的其他利害关系人，可以依法列为第三人。”本题中，若李某针对股东会决议效力提起诉讼，应以公司为被告，其他有利害关系的股东列为第三人。因此，D 项正确。（新《公司法》已将股东大会修改为股东会）
综上所述，本题答案为 D 项。

26 1603028

参考答案: D
解析: A 项:《民法典》第 143 条规定:“具备下列条件的民事法律行为有效:（一）行为人具有相应的民事行为能力;（二）意思表示真实;（三）不违反法律、行政法规的强制性规定，不违背公序良俗。”第 144 条规定:“无民事行为能力人实施的民事法律行为无效。”第 146 条第 1 款规定:“行为人与相对人以虚假的意思表示实施的民事法律行为无效。”第 153 条规定:“违反法律、行政法规的强制性规定的民事法律行为无效。但是，该强制性规定不导致该民事法律行为无效的除外。违背公序良俗的民事法律行为无效。”第 154 条规定:“行为人与相对人恶意串通，损害他人合法权益的民事法律行为无效。”本题中，公司业务需要车辆，蔡某与公司签订的合同是在双方真实意思表示的情况下成立生效的，不存在《民法典》中导致合同无效的情形，所以租赁合同是有效的。因此，A 项错误。
B 项:《公司法》第 74 条第 1 款规定:“有限责任公司可以设经理，由董事会决定聘任或者解聘。”本题中，应当由董事会来决定蔡某总经理职位的解除。因此，B 项错误。
C 项:《公司法》第 5 条规定:“设立公司应当依法制定公司章程。公司章程对公司、股东、董事、监事、高级管理人员具有约束力。”本题中，蔡某作为公司的总经理，为高管，自然地受到公司章程的约束。因此，C 项错误。
D 项:《公司法》第 182 条第 1 款规定:“董事、监事、高级管理人员，直接或者间接与本公司订立合同或者进行交易，应当就与订立合同或者进行交易有关的事项向董事会或者股东会报告，并按照公司章程的规定经董事会或者股东会决议通过。”第 186 条规定:“董事、监事、高级管理人员违反本法第一百八十一条至第一百八十四条规定所得的收入应当归公司所有。”本题中，蔡某作为烽源公司的总经理，是高级管理人员，与本公司进行交易，应当就交易有关事项向董事会或股东会报告，并按照公司章程的规定经董事会或者股东会决议，蔡某并未报告也未经过决议，公司有拒绝其支付租金请求的权利。因此，D 项正确。
综上所述，本题答案为 D 项。

【多选】

27 2102020

参考答案: AD
解析: A 项: 新《公司法》修订取消了一人有限责任公司的相关限制，因此一个人可以设立多个一人有限公司，且该一人公司可以继续设立一人公司。本题中，天明有限公司是一个新的一人有限责任公司，明月有限公司全资设立天明有限公司，符合法律规定。因此，A 项正确。
B 项:《公司法》第 13 条第 2 款规定:“公司可以设立分公司。分公司不具有法人资格，其民事责任由公司承担。”据此，法律不限制设立分支机构。本题中，海淀区分公司是分支机构，明月公司设立海淀分公司，符合法律规定。因此，B 项错误。
CD 项:《公司法》第 59 条第 1 款规定:“股东会行使下列职权:……（五）对公司增加或者减少注册资本作出决议……”第 60 条规定:“只有一个股东的有限责任公司不设股东会。股东作出前条第一款所列事项的决定时，应当采用书面形式，并由股东签名或者盖章后置备于公司。”本题中，C 出资入股明月有限责任公司，即明月有限责任公司通过增资的方式引入 C，对此仅需股东 A 同意，明月有限责任公司（一人公司）即可通过增资决议。因此，C 项错误，D 项正确。
综上所述，本题答案为 AD 项。

28 2202126

参考答案：B,D

解析：A 项：《公司法》第 27 条第 4 项规定："有下列情形之一的，公司股东会、董事会的决议不成立：……（四）同意决议事项的人数或者所持表决权数未达到本法或者公司章程规定的人数或者所持表决权数。"第 66 条规定："股东会的议事方式和表决程序，除本法有规定的外，由公司章程规定。股东会作出决议应当经代表过半数表决权的股东通过。股东会作出修改公司章程、增加或者减少注册资本的决议，以及公司合并、分立、解散或者变更公司形式的决议，必须经代表三分之二以上表决权的股东通过。"本题中，分红事项不属于特殊决议事项，仅需经代表过半数表决权的股东表决通过，但因持股 51% 的甲表示反对，故此次会议的表决结果（通过比例仅为 49%）未达到前述比例，决议不成立。因此，A 项错误。（新《公司法》已将股东大会修改为股东会）

BD 项：甲与乙之间的合同系双方真实的意思表示，且无法律规定的合同无效的事由，故有效。根据该合同，甲在 A 公司表决需要经过乙同意，但本题中，甲未经乙同意投了反对票，构成违约，故乙有权要求甲转让股权。因此，BD 项正确。

C 项：《公司法》第 62 条第 2 款规定："定期会议应当按照公司章程的规定按时召开。代表十分之一以上表决权的股东、三分之一以上的董事或者监事会提议召开临时会议的，应当召开临时会议。"本题中，根据合同相对性，甲与乙之间的合同不可对抗公司，则对公司而言，甲才是公司股东，乙并非公司股东，故乙无权提议重新开会。因此，C 项错误。

综上所述，本题答案为 BD 项。

29 2202128

参考答案：A,B,C,D

解析：A 项：《公司法》第 67 条第 2 款规定："董事会行使下列职权：……（八）决定聘任或者解聘公司经理及其报酬事项……"本题中，聘任总经理系董事会的法定职权，故该任命决议符合法律规定，有效。因此，A 项错误，当选。

B 项：《公司法》第 57 条第 1 款规定："股东有权查阅、复制公司章程、股东名册、股东会会议记录、董事会会议决议、监事会会议决议和财务会计报告。"本题中，股东丙能够申请查阅、复制的是董事会会议决议，而非董事会会议记录。因此，B 项错误，当选。

C 项：《公司法》第 26 条规定："公司股东会、董事会的会议召集程序、表决方式违反法律、行政法规或者公司章程，或者决议内容违反公司章程的，股东自决议作出之日起六十日内，可以请求人民法院撤销。但是，股东会、董事会的会议召集程序或者表决方式仅有轻微瑕疵，对决议未产生实质影响的除外。未被通知参加股东会会议的股东自知道或者应当知道股东会决议作出之日起六十日内，可以请求人民法院撤销；自决议作出之日起一年内没有行使撤销权的，撤销权消灭。"本题中，觉大公司章程规定召开董事会需提前 7 日通知所有董事，而丙于开会前一天才接到通知，表明此次会议在召集程序上有轻微瑕疵。但是，该决议已经全体董事表决通过，表明前述程序瑕疵未对结果产生实质影响，故不可撤销。而且，齐某并非觉大公司股东，其亦不具有申请撤销的资格。因此，C 项错误，当选。

D 项：《公司法》第 74 条第 1 款规定："有限责任公司可以设经理，由董事会决定聘任或者解聘。"本题中，解聘总经理系董事会的法定职权，且在解聘时，不要求满足其他条件。因此，D 项错误，当选。

综上所述，本题为选非题，答案为 ABCD 项。

30 2102008

参考答案：B,D

解析：A 项：《公司法》第 89 条第 1 款规定："有下列情形之一的，对股东会该项决议投反对票的股东可以请求公司按照合理的价格收购其股权：（一）公司连续五年不向股东分配利润，而公司该五年连续盈利，并且符合本法规定的分配利润条件……"据此，当公司长时间不分红时，异议股东才能主张公司回购。本题中，公司已经决定分红了，不符合异议股东回购请求权的适用前提。因此，A 项错误。

B 项：公司作出利润分配决议后，股东享有的是具体利润分配请求权，该权利已经独立于股东成员资格，已转化为具体的财产权，性质上与普通债权无异，故股东可以在不转让股权的情况下，将公司利润分配决议已经确定的利润分配请求权转让给他人。因此，B项正确。

C项：公司章程是股东之间的真实意思表示，该约定合法有效。因此，C项错误。

D项：《公司法》第57条第1款规定："股东有权查阅、复制公司章程、股东名册、股东会会议记录、董事会会议决议、监事会会议决议和财务会计报告。"本题中，股东有权查阅股东会会议记录。因此，D项正确。

综上所述，本题答案为BD项。

31 2102024

参考答案：A,D

解析：A项：《公司法》第56条第2款规定："记载于股东名册的股东，可以依股东名册主张行使股东权利。"本题中，甲是A公司股东，甲将A公司股权转让给丙，虽然未进行工商登记，但已经变更了股东名册，丙已经取得了A公司股权，故甲不再享有处分该股权的权限，甲将已经转让给丙的股权质押给丁属于无权处分。因此，A项错误，当选。

BC项：《公司法》第34条第2款规定："公司登记事项未经登记或者未经变更登记，不得对抗善意相对人。"《公司法解释（三）》第27条规定："股权转让后尚未向公司登记机关办理变更登记，原股东将仍登记于其名下的股权转让、质押或者以其他方式处分，受让股东以其对于股权享有实际权利为由，请求认定处分股权行为无效的，人民法院可以参照民法典第三百一十一条的规定处理。"《民法典》第311条规定："无处分权人将不动产或者动产转让给受让人的，所有权人有权追回；除法律另有规定外，符合下列情形的，受让人取得该不动产或者动产的所有权：（一）受让人受让该不动产或者动产时是善意……受让人依据前款规定取得不动产或者动产的所有权的，原所有权人有权向无处分权人请求损害赔偿。当事人善意取得其他物权的，参照适用前两款规定。"本题中，由于甲、丙并未变更工商登记，参照适用善意取得制度，在题目没有提及其他情节时，默认丁是善意取得。丁取得质权，丙有权向甲请求损害赔偿。因此，BC项正确，不当选。

D项：《公司法》第84条第2款规定："股东向股东以外的人转让股权的，应当将股权转让的数量、价格、支付方式和期限等事项书面通知其他股东，其他股东在同等条件下有优先购买权。股东自接到书面通知之日起三十日内未答复的，视为放弃优先购买权。两个以上股东行使优先购买权的，协商确定各自的购买比例；协商不成的，按照转让时各自的出资比例行使优先购买权。"《公司法解释（四）》第18条规定："人民法院在判断是否符合公司法第七十一条第三款及本规定所称的'同等条件'时，应当考虑转让股权的数量、价格、支付方式及期限等因素。"据此，同等条件的认定需要结合转让股权的数量、价格、支付方式及期限等因素综合考量。本题中，丙将B公司股权作为对价支付，乙虽无法提供完全相同的支付形式，但是可以根据丙提供的对价从数量、价格、支付方式及期限等因素综合考量，而并不仅因为乙无法提供完全相同的条件而不能行使优先购买权。因此，D项错误，当选。（原《公司法》第71条第3款已修改为第84条第2款）

综上所述，本题为选非题，答案为AD项。

32 2002046

参考答案：A,C

解析：A项：《公司法》第62条第2款规定："……代表十分之一以上表决权的股东、三分之一以上的董事或者监事会提议召开临时会议的，应当召开临时会议。"本题中，王某持股12%，有权提议召开临时股东会，董事会收到提议后应当召集。因此，A项正确。

B项：《公司法》第63条第2款规定："董事会不能履行或者不履行召集股东会会议职责的，由监事会召集和主持；监事会不召集和主持的，代表十分之一以上表决权的股东可以自行召集和主持。"本题中，王某虽然满足代表十分之一以上表决权的条件，但当董事会不召集股东会时，应当先由监事会或监事召集和主持，而非由股东王某直接自行召集。因此，B项错误。

C 项：《公司法》59 条第 1 款第 1 项规定："股东会行使下列职权：（一）选举和更换董事、监事，决定有关董事、监事的报酬事项……" 第 71 条第 1 款规定："股东会可以决议解任董事，决议作出之日解任生效。" 本题中，刘某、李某为甲公司董事，其罢免应由股东会决定。因此，C 项正确。

D 项：《公司法》第 64 条第 1 款规定："召开股东会会议，应当于会议召开十五日前通知全体股东；但是，公司章程另有规定或者全体股东另有约定的除外。" 本题中，题干未指出公司章程对通知时间另有规定，故召集股东会应提前 15 日通知股东，而非 20 天。因此，D 项错误。

综上所述，本题答案为 AC 项。

33 1902084

参考答案：A,C

解析：本题有两个关键时间点：一是 2018 年 1 月 1 日，甲乙双方约定的股东收益转移的时间；二是 2018 年 5 月，公司的名册及相关文件变更时间。股东资格是股东和公司之间的法律关系的确认，所以应该自公司的名册及相关文件变更完成时受让人才取得股东资格，享有股东分红等相关权利。

A 项：《公司法》第 56 条第 2 款规定："记载于股东名册的股东，可以依股东名册主张行使股东权利。" 本题中，股权转让时，受让人与公司建立法律关系的证明文件应该是股东名册及相关文件的变更，所以 2018 年 5 月公司名册及文件变更完成时，乙取得股东资格。因此，A 项正确。

B 项：《公司法》第 25 条规定："公司股东会、董事会的决议内容违反法律、行政法规的无效。" 本题中，拉姆公司股东会决议依法分红，并没有违法违规之处，不存在决议无效的理由。因此，B 项错误。

CD 项：2018 年 4 月，甲还是拉姆公司的股东，拉姆公司的利润应分配给甲，乙可以根据和甲的约定向甲追讨相关权益，但此时乙不能直接向拉姆公司主张分红。因此，C 项正确，D 项错误。

综上所述，本题答案为 AC 项。

34 1802065

参考答案：B,C,D

解析：AB 项：《公司法解释（三）》第 17 条第 1 款规定："有限责任公司的股东未履行出资义务或者抽逃全部出资，经公司催告缴纳或者返还，其在合理期间内仍未缴纳或者返还出资，公司以股东会决议解除该股东的股东资格，该股东请求确认该解除行为无效的，人民法院不予支持。" 本题中，李某未履行其出资义务，并经公司多次催告后，李某仍未缴纳出资，股东会解除其股东资格是合法的，决议内容不违反法律、行政法规。该股东与股东会讨论的决议事项有特别利害关系时，该股东不得就其持有的股权行使表决权。因此，A 项错误，B 项正确。

CD 项：《公司法解释（三）》第 17 条第 2 款规定："在前款规定的情形下，人民法院在判决时应当释明，公司应当及时办理法定减资程序或者由其他股东或者第三人缴纳相应的出资。在办理法定减资程序或者其他股东或者第三人缴纳相应的出资之前，公司债权人依照本规定第十三条或者第十四条请求相关当事人承担相应责任的，人民法院应予支持。" 第 13 条第 2 款规定："公司债权人请求未履行或者未全面履行出资义务的股东在未出资本息范围内对公司债务不能清偿的部分承担补充赔偿责任的，人民法院应予支持；未履行或者未全面履行出资义务的股东已经承担上述责任，其他债权人提出相同请求的，人民法院不予支持。" 本题中，在李某被除名的相关登记事项变更完成之前，李某仍然是公司的股东，若公司有对外债务不能清偿时，为了保护债权人利益，李某仍需按照法律规定对债权人承担补充赔偿责任。因此，C 项正确。当股东资格被解除以后，公司应当及时办理相应的减资程序或安排其他主体缴纳相应的出资。因此，D 项正确。

综上所述，本题答案为 BCD 项。

35 1802066

参考答案：A,B

解析：A 项：《公司法》第 10 条第 1 款规定："公司的法定代表人按照公司章程的规定，由代表公司执行公司事务的董事或者经理担任。" 第 62 条规定："股东会会议分为定期会议和临时会议。定期会议应当依照公司章程的规定按时召开。代表十分之一以上表决权的股东，三分之一以上的董事或者监事会提议召开临时会议的，应当召开临时会议。”由此可知，公司法定代表人由公司的章程规定，当更换公司的法定代表人时需要修改公司的章程，修改公司的章程应当召开股东会会议。代表十分之一以上表决权的股东提议召开临时股东会会议的，公司应当召开临时股东会会议。本题中，甲持有公司 30% 的股权，有权提议召开临时股东会会议变更公司法定代表人。因此，A 项正确。

B 项：《公司法解释（三）》第 13 条第 1 款规定：“股东未履行或者未全面履行出资义务，公司或者其他股东请求其向公司依法全面履行出资义务的，人民法院应予支持。”本题中，股东可以直接要求未履行或者未完全履行出资义务的股东直接向公司履行全部出资义务。因此，B 项正确。

C 项：《公司法》第 190 条规定：“董事、高级管理人员违反法律、行政法规或者公司章程的规定，损害股东利益的，股东可以向人民法院提起诉讼。”本题中，乙作为公司法定代表人违规让公司为本人提供对内担保，给公司造成损失 100 万元，损害了公司利益，并未直接损害股东甲的利益，故应当由公司向其主张权利，甲无权直接向法院起诉，要求乙赔偿其股权价值下降的损失。因此，C 项错误。

D 项：《公司法》第 189 条第 1 款、第 2 款规定：“董事、高级管理人员有前条规定的情形的，有限责任公司的股东、股份有限公司连续一百八十日以上单独或者合计持有公司百分之一以上股份的股东，可以书面请求监事会向人民法院提起诉讼；监事有前条规定的情形的，前述股东可以书面请求董事会向人民法院提起诉讼。监事会或者董事会收到前款规定的股东书面请求后拒绝提起诉讼，或者自收到请求之日起三十日内未提起诉讼，或者情况紧急、不立即提起诉讼将会使公司利益受到难以弥补的损害的，前款规定的股东有权为公司利益以自己的名义直接向人民法院提起诉讼。”本题中，公司怠于行使权利时，甲作为公司股东可以启动对乙的诉讼，损害赔偿归入公司而不是股东个人。因此，D 项错误。

综上所述，本题答案为 AB 项。

 36 1802067

参考答案：B,D

解析：AB 项：《公司法》第 25 条规定：“公司股东会、董事会的决议内容违反法律、行政法规的无效。”第 26 条规定：“公司股东会、董事会的会议召集程序、表决方式违反法律、行政法规或者公司章程，或者决议内容违反公司章程的，股东自决议作出之日起六十日内，可以请求人民法院撤销。但是，股东会、董事会的会议召集程序或者表决方式仅有轻微瑕疵，对决议未产生实质影响的除外。未被通知参加股东会会议的股东自知道或者应当知道股东会决议作出之日起六十日内，可以请求人民法院撤销；自决议作出之日起一年内没有行使撤销权的，撤销权消灭。”本题中，公司章程规定了利润分配的条件及分配规则；2017 年，甲有限公司可分配利润为 11 万元，超过 10 万元，故应当按照章程规定向周某分配 10 万元，剩余 1 万元向陈某分配。但股东会会议决议违反该章程规定，把当年全部利润分配给了陈某，属于“股东会决议内容违反公司章程”，系可撤销之决议的情形，并不属于“决议内容违法”的无效决议，故周某可请求法院撤销该决议。因此，A 项错误，B 项正确。

CD 项：《公司法》第 21 条规定：“公司股东应当遵守法律、行政法规和公司章程，依法行使股东权利，不得滥用股东权利损害公司或者其他股东的利益。公司股东滥用股东权利给公司或者其他股东造成损失的，应当承担赔偿责任。”本题中，陈某作为公司大股东，滥用股东权利，违反公司章程，损害了小股东周某的权利，故周某可以要求陈某赔偿其损失。公司对周某并没有损害行为，周某无权要求公司赔偿其损失。因此，C 项错误，D 项正确。

综上所述，本题答案为 BD 项。

37 1603068

参考答案：A,B

解析：A 项：《公司法》第 64 条第 1 款规定：“召开股东会会议，应当于会议召开十五日前通知全体股东；但是，公司章程另有规定或者全体股东另有约定的除外。”本题中，科鼎有限公司在章程中约定股东会会议召开 7 日前通知全体股东的约定是有效的。因此，A 项正确。

B 项：《公司法》第 66 条第 3 款规定："股东会作出修改公司章程、增加或者减少注册资本的决议，以及公司合并、分立、解散或者变更公司形式的决议，必须经代表三分之二以上表决权的股东通过。"本题中，公司章程可以做出严于三分之二的表决要求。因此，B 项正确。

C 项：《公司法》第 73 条第 3 款规定："董事会决议的表决，应当一人一票。"本题中，董事表决实行一人一票制，不能按照所代表股东的出资比例行使。因此，C 项错误。

D 项：《公司法》第 76 条规定："有限责任公司设监事会，本法第六十九条、第八十三条另有规定的除外。监事会成员为三人以上。监事会成员应当包括股东代表和适当比例的公司职工代表，其中职工代表的比例不得低于三分之一，具体比例由公司章程规定。监事会中的职工代表由公司职工通过职工代表大会、职工大会或者其他形式民主选举产生。监事会设主席一人，由全体监事过半数选举产生。监事会主席召集和主持监事会会议；监事会主席不能履行职务或者不履行职务的，由过半数的监事共同推举一名监事召集和主持监事会会议。董事、高级管理人员不得兼任监事。"董事和高管不能兼任监事，因此"由不担任董事的股东"出任监事是正确的，但是监事会当中还应当有职工代表，因此"全体监事"都由股东担任是错误的。本题中，虽然没有明确是否设立监事会，但是 D 项中"全体监事""均"的表述过于绝对，否认了设立监事会时必须存在职工代表的规定。因此，D 项错误。

综上所述，本题答案为 AB 项。

38 1303068

参考答案：A,B,C

解析：A 项：《公司法》第 210 条第 4 款规定："公司弥补亏损和提取公积金后所余税后利润，有限责任公司按照股东实缴的出资比例分配利润，全体股东约定不按照出资比例分配利润的除外；股份有限公司按照股东所持有的股份比例分配利润，公司章程另有规定的除外。"本题中，股东分配红利可以由全体股东协议约定，没有协议时，按照实缴出资比例分取红利。因此，A 项正确。

B 项：《公司法》第 15 条第 1 款规定："公司向其他企业投资或者为他人提供担保，按照公司章程的规定，由董事会或者股东会决议；公司章程对投资或者担保的总额及单项投资或者担保的数额有限额规定的，不得超过规定的限额。"本题中，公司对外投资的决议，可由董事会或者股东会作出，授权章程规定，法律不再强制要求。因此，B 项正确。

C 项：《公司法》第 65 条规定："股东会会议由股东按照出资比例行使表决权；但是，公司章程另有规定的除外。"本题中，股东的表决权可以由章程规定。因此，C 项正确。

D 项：《公司法》第 67 条第 2 款规定："董事会行使下列职权：（一）召集股东会会议，并向股东会报告工作；（二）执行股东会的决议；（三）决定公司的经营计划和投资方案；（四）制订公司的利润分配方案和弥补亏损方案；（五）制订公司增加或者减少注册资本以及发行公司债券的方案；（六）制订公司合并、分立、解散或者变更公司形式的方案；（七）决定公司内部管理机构的设置；（八）决定聘任或者解聘公司经理及其报酬事项，并根据经理的提名决定聘任或者解聘公司副经理、财务负责人及其报酬事项；（九）制定公司的基本管理制度；（十）公司章程规定或者股东会授予的其他职权。"本题中，董事会并没有权力直接决定其他人经投资而成为公司股东。董事会由股东会产生，因此不能反向决定股东会的成员，而其他人经投资成为股东，实质上是增资，增资程序是法律直接规定的，不能由章程约定。因此，D 项错误。

综上所述，本题的答案为 ABC 项。

39 1203068

参考答案：C,D

解析：A 项：《公司法》第 68 条第 1 款规定："有限责任公司董事会成员为三人以上，其成员中可以有公司职工代表。职工人数三百人以上的有限责任公司，除依法设监事会并有公司职工代表的外，其董事会成员中应当有公司职工代表。董事会中的职工代表由公司职工通过职工代表大会、职工大会或者其他形式民主选举产生。”新修《公司法》新增了职工超过 300 人且监事会无职工代表的应当设置职工代表董事的规定。本题中，并未明确富圆有限责任公司职工人数以及监事会职工代表的情况，该公司的董事会中可以有职工代表，并非应当有。因此，A 项错误。

B 项:《公司法》第 70 条第 2 款规定:“董事任期届满未及时改选，或者董事在任期内辞任导致董事会成员低于法定人数的，在改选出的董事就任前，原董事仍应当依照法律、行政法规和公司章程的规定，履行董事职务。”本题中，B 项的说法过于绝对，没有加限制条件，即“导致董事会成员低于法定人数”。因此，B 项错误。

C 项:《公司法》第 68 条第 2 款规定:“董事会设董事长一人，可以设副董事长。董事长、副董事长的产生办法由公司章程规定。”本题中，公司章程可以自行约定董事长的产生办法。因此，C 项正确。

D 项:《公司法》第 210 条第 4 款规定:“公司弥补亏损和提取公积金后所余税后利润，有限责任公司按照股东实缴的出资比例分配利润，全体股东约定不按照出资比例分配利润的除外；股份有限公司按照股东所持有的股份比例分配利润，公司章程另有规定的除外。”本题中，股东之间有约定按约定，无约定按实缴分配红利。因此，D 项正确。

综上所述，本题答案为 CD 项。

40 1003071

参考答案: A,B

解析: A 项:《公司法》第 25 条规定:“公司股东会、董事会的决议内容违反法律、行政法规的无效。”本题中，公司法对是否分配利润没有作出强制性规定，因此股东会仍然作出不分配利润的决议，并未违反法律、行政法规的强制性规定，因此该决议是有效的。因此，A 项错误，当选。

B 项:《公司法》第 26 条第 1 款规定:“公司股东会、董事会的会议召集程序、表决方式违反法律、行政法规或者公司章程，或者决议内容违反公司章程的，股东自决议作出之日起六十日内，可以请求人民法院撤销。但是，股东会、董事会的会议召集程序或者表决方式仅有轻微瑕疵，对决议未产生实质影响的除外。”本题中，不分配利润的决议程序上并没有违反法律、行政法规或者公司章程的规定，内容上也没有违反公司章程的规定，因此股东不得请求人民法院撤销。因此，B 项错误，当选。

C 项:《公司法》第 89 条第 1 款规定:“有下列情形之一的，对股东会该项决议投反对票的股东可以请求公司按照合理的价格收购其股权:（一）公司连续 5 年不向股东分配利润，而公司该五年连续盈利，并且符合本法规定的分配利润条件……”本题中，五年来公司效益一直不错，但为了扩大再生产一直未向股东分配利润，符合连续五年盈利但是均未分配利润的情形。由此可知，乙反对该股东会不分配利润的决议的，有权请求公司以合理价格收购其股权。因此，C 项正确，不当选。

D 项:《公司法》第 84 条第 2 款规定:“股东向股东以外的人转让股权的，应当将股权转让的数量、价格、支付方式和期限等事项书面通知其他股东，其他股东在同等条件下有优先购买权。股东自接到书面通知之日起三十日内未答复的，视为放弃优先购买权。两个以上股东行使优先购买权的，协商确定各自的购买比例；协商不成的，按照转让时各自的出资比例行使优先购买权。”本题中，股东将其股份转让给第三人，无需经其他股东过半数同意，但需书面通知其他股东。因此，D 项正确，不当选。

综上所述，本题为选非题，答案为 AB 项。

【不定项】

41 1003094

参考答案: B,D

解析: AB 项:《公司法》第 13 条第 1 款规定:“公司可以设立子公司，子公司具有法人资格，依法独立承担民事责任。”本题中，子公司是可以拥有独立的公司名称和公司章程的，也可以拥有自己独立的组织机构，故子公司的名称中不需体现甲公司的名称字样，营业地也可以不同于甲公司的营业地。因此，A 项错误，B 项正确。

C 项: 设立一人公司，股东无需一次实缴资本，允许认缴资本。因此，C项错误。

D项：一人有限责任公司指的是只有一个自然人股东或者一个法人股东的有限责任公司。本题中，甲公司单独出资设立一家子公司的组织形式只能是有限责任公司。因此，D项正确。

综上所述，本题答案为BD项。

二、模拟训练

42 62206110

参考答案：A

解析：A项：《公司法解释（三）》第12条第3项规定："公司成立后，公司、股东或者公司债权人以相关股东的行为符合下列情形之一且损害公司权益为由，请求认定该股东抽逃出资的，人民法院应予支持：……（三）利用关联交易将出资转出……"本题中，惠达公司为王明的一人公司，且王明利用惠达公司与路路通公司签订合同将其出资转出，属于"利用关联交易将出资转出"的行为，构成抽逃出资。因此，A项正确。

BCD项：《公司法》第85条规定："人民法院依照法律规定的强制执行程序转让股东的股权时，应当通知公司及全体股东，其他股东在同等条件下有优先购买权。其他股东自人民法院通知之日起满二十日不行使优先购买权的，视为放弃优先购买权。"本题中，法院强制执行徐汇名下的股份应及时通知路路通公司及全体股东，但并不需要征求同意，且其他股东可以行使优先购买权。法院于2021年11月2日通知了路路通公司及全体股东，李艳于2021年11月24日请求行使优先购买权，超出了二十日的期限。因此，BCD项错误。

综上所述，本题答案为A项。

43 62206117

参考答案：B

解析：AB项：《公司法》第62条规定："股东会会议分为定期会议和临时会议。定期会议应当依照公司章程的规定按时召开。代表十分之一以上表决权的股东，三分之一以上的董事或者监事会提议召开临时会议的，应当召开临时会议。"本题中，依照法律规定，公司章程必须规定定期会议，不得取消。若公司章程对股东会决议表决比例无特殊规定，则股东表决权以股东认缴出资比例为准，王二表决权不足10%，不可提议召开临时会议。因此，A项错误，B项正确。

C项：《九民纪要》第29条规定："公司召开股东（大）会本质上属于公司内部治理范围。股东请求判令公司召开股东（大）会的，人民法院应当告知其按照《公司法》第40条或者第101条规定的程序自行召开。股东坚持起诉的，人民法院应当裁定不予受理；已经受理的，裁定驳回起诉。"本题中，股东王二请求法院判令公司开会，不具有可诉性，法院不应当支持其诉求。因此，C项错误。（新《公司法》已将股东大会修改为股东会，原《公司法》第40条、第101条已修改为新《公司法》第63条、第114条）

D项：《公司法》第68条第1款规定："有限责任公司董事会成员为三人以上，其成员中可以有公司职工代表。职工人数三百人以上的有限责任公司，除依法设监事会并有公司职工代表的外，其董事会成员中应当有公司职工代表。董事会中的职工代表由公司职工通过职工代表大会、职工大会或者其他形式民主选举产生。"本题中，陀氏有限责任公司的董事会中可以有职工代表，并非必须有。因此，D项错误。

综上所述，本题答案为B项。

44 62106107

参考答案：B,C,D

解析：A项：《公司法》第25条规定："公司股东会、董事会的决议内容违反法律、行政法规的无效。"第66条规定："股东会的议事方式和表决程序，除本法有规定的外，由公司章程规定。股东会作出决议，应当经代表过半数表决权的股东通过。股东会作出修改公司章程、增加或者减少注册资本的决议，以及公司合并、分立、解散或者变更公司形式的决议，必须经代表三分之二以上表决权的股东通过。"本题中，股东会决议修改章程的表决权比例违反法律规定，因而无效。因此，A项错误。

B项：《公司法》第27条第4项规定："有下列情形之一的，公司股东会、董事会的决议不成立：……（四）同意决议事项的人数或者所持表决权数未达到本法或者公司章程规定的人数或者所持表决权数。”第 66 条第 3 款规定：“股东会作出修改公司章程、增加或者减少注册资本的决议，以及公司合并、分立、解散或者变更公司形式的决议，必须经代表三分之二以上表决权的股东通过。”本题中，第二项决议涉及新增资本，张珩和孙茜所持股权共为 64%，赵辉反对，刘瑶未参与，该项决议未达到 2/3 以上的表决权通过要求，故该决议不成立。因此，B 项正确。

C 项：《担保制度解释》第 11 条第 1 款规定：“公司的分支机构未经公司股东（大）会或者董事会决议以自己的名义对外提供担保，相对人请求公司或者其分支机构承担担保责任的，人民法院不予支持，但是相对人不知道且不应当知道分支机构对外提供担保未经公司决议程序的除外。”本题中，星华工作室虽未经华光公司决议即为周某提供担保，但由于周某不知情系善意，故该担保有效。因此，C 项正确。（新《公司法》已将股东大会修改为股东会）

D 项：《担保制度解释》第 8 条第 1 款第 3 项规定：“有下列情形之一，公司以其未依照公司法关于公司对外担保的规定作出决议为由主张不承担担保责任的，人民法院不予支持：……（三）担保合同系由单独或者共同持有公司三分之二以上对担保事项有表决权的股东签字同意……”本题中，股东张珩在分别受让孙茜、刘瑶的股权后，其持股达 69%，故虽只有其一人同意该决议，但已经达到法律规定的 2/3 以上表决权比例的要求，即使相对人不审查决议，该担保也是有效的。因此，D 项正确。

综上所述，答案为 BCD 项。

45 62106106

参考答案：B,D

解析：A 项：《公司法》第 15 条第 2 款规定：“公司为公司股东或者实际控制人提供担保的，应当经股东会决议。”《九民纪要》第 18 条规定：“……在此情况下，债权人主张担保合同有效，应当提供证据证明其在订立合同时对股东（大）会决议进行了审查，决议的表决程序符合《公司法》第 16 条的规定，即在排除被担保股东表决权的情况下，该项表决由出席会议的其他股东所持表决权的过半数通过，签字人员也符合公司章程的规定……”本题中，盛运公司为圣通公司的最大股东，圣通公司为其担保属于对内担保，必须经股东会决议通过，而银行审查的是董事会决议，不能认定其善意，故该担保无效。因此，A 项错误。（新《公司法》已将股东大会修改为股东会，原《公司法》第 16 条已修改为新《公司法》第 15 条）

B 项：《担保制度解释》第 17 条第 1 款第 1 项规定：“主合同有效而第三人提供的担保合同无效，人民法院应当区分不同情形确定担保人的赔偿责任：（一）债权人与担保人均有过错的，担保人承担的赔偿责任不应超过债务人不能清偿部分的二分之一……”本题中，因为未经股东会决议，遂导致担保无效，银行和圣通公司均存在过错，圣通公司作为担保人，承担的赔偿责任不超过盛运公司不能清偿部分的二分之一。因此，B 项正确。

C 项：《公司法》修订后，一个人或一个法人都可以设立多个一人公司，该一人公司也可以继续设立多个一人公司。因此，C 项错误。

D 项：《担保制度解释》第 10 条规定：“一人有限责任公司为其股东提供担保，公司以违反公司法关于公司对外担保决议程序的规定为由主张不承担担保责任的，人民法院不予支持。公司因承担担保责任导致无法清偿其他债务，提供担保时的股东不能证明公司财产独立于自己的财产，其他债权人请求该股东承担连带责任的，人民法院应予支持。”本题中，圣通公司为兴聚公司的股东，在兴聚公司因担保而无力清偿辉煌公司债务，而且圣通公司亦不能证明公司财产独立于自己财产时，圣通公司需要承担连带责任。因此，D 项正确。

综上所述，本题答案为 BD 项。

46 62406015

参考答案：B

解析：AB 项：《公司法》第 84 条第 2 款规定：“股东向股东以外的人转让股权的，应当将股权转让的数量、价格、支付方式和期限等事项书面通知其他股东，其他股东在同等条件下有优先购买权。股东自接到书面通知之日起三十日内未答复的，视为放弃优先购买权。两个以上股东行使优先购买权的，协商确定各自的购买比例；协商不成的，按照转让时各自的出资比例行使优先购买权。”本题中，李某将股权转让给原公司股东以外的第三人周某，只需提前通知各位股东，无需征得同意。因此，A项错误。发出书面通知之日起30日内，赵钱孙三人有权主张优先购买权。因此，B项正确。

C项：《公司法》第86条第2款规定：“股权转让的，受让人自记载于股东名册时起可以向公司主张行使股东权利。”本题中，周某获得股权，自记载于股东名册时起可以向公司主张享有股东资格，可以行使股东权利。因此，C项错误。

D项：《公司法》第87条规定：“依照本法转让股权后，公司应当及时注销原股东的出资证明书，向新股东签发出资证明书，并相应修改公司章程和股东名册中有关股东及其出资额的记载。对公司章程的该项修改不需再由股东会表决。”本题中，李某将股权转让给周某后，需要变更股东信息，相应需要修改章程。因此，D项错误。

综上所述，本题答案为B项。

47 62406016

参考答案：B,D

解析：AB项：《公司法》第172条规定：“国有独资公司不设股东会，由履行出资人职责的机构行使股东会职权。履行出资人职责的机构可以授权公司董事会行使股东会的部分职权，但公司章程的制定和修改，公司的合并、分立、解散、申请破产，增加或者减少注册资本，分配利润，应当由履行出资人职责的机构决定。”国有独资公司没有股东会，董事会行使职权应由履行出资人职责的机构进行授权。合并、分立、解散以及向股东分红的，必须经履行出资人职责的机构决定。因此，A项错误，B项正确。

C项：《公司法》第173条第2款规定：“国有独资公司的董事会成员中，应当过半数为外部董事，并应当有公司职工代表。”过半数应为外部董事，而非职工代表。因此，C项错误。

D项：《公司法》第176条规定：“国有独资公司在董事会中设置由董事组成的审计委员会行使本法规定的监事会职权的，不设监事会或者监事。”国有独资公司已设置审计委员会时，可以不设监事会或者监事。因此，D项正确。

综上所述，本题答案为BD项。

第八章 股份有限公司

参考答案

[1]AD	[2]AC	[3]B	[4]B	[5]ABCD
[6]BC	[7]AB	[8]A	[9]B	[10]ACD
[11]AC	[12]ABC	[13]ABCD	[14]ACD	[15]ABCD
[16]ACD	[17]D	[18]BCD		

一、历年真题及仿真题

（一）股份有限公司的设立

【多选】

1 1603070

参考答案：A,D

解析：ACD项：《公司法》第103条第1款规定：“募集设立股份有限公司的发起人应当自公司设立时应发行股份的股款缴足之日起三十日内召开公司成立大会……”第104条第1款规定：“公司成立大会行使下列职权：（一）审议发起人关于公司筹办情况的报告；（二）通过公司章程；（三）选举董事、监事；（四）对公司的设立费用进行审核；（五）对发起人非货币财产出资的作价进行审核；（六）发生不可抗力或者经营条件发生重大变化直接影响公司设立的，可以作出不设立公司的决议。”本题中，厚亿股份公司是募集设立的股份公司，其公司章程应当在成立大会上通过，设立的各种费用由成立大会审核。因此，AD项正确。经营方针不属于上述法条中成立大会的职权。因此，C项错误。

B项：《公司法》第101条第1款规定：“向社会公开募集股份的股款缴足后，应当经依法设立的验资机构验资并出具证明。”第103条第1款规定：“募集设立股份有限公司的发起人应当自公司设立时应发行股份的股款缴足之日起三十日内召开公司成立大会。发起人应当在成立大会召开十五日前将会议日期通知各认股人或者予以公告。成立大会应当有持有表决权过半数的认股人出席，方可举行。”本题中，募集设立的股份公司采用实缴资本且经过依法设立的验资机构验资并出具证明，符合出资要求再召开成立大会。《公司法》第 104 条第 1 款对于成立大会权限的规定，并没有要求对验资机构出具的验资证明进行审核，第 5 项所说的对发起人非货币财产出资的作价进行审核，仅限于非货币财产出资的情况，并且是审核作价，而不是审核验资证明。因此，B 项错误。(注意，这里只是说成立大会没有审核验资证明的职权，并没有说不需要验资。)

综上所述，本题答案为 AD 项。

2 1403072

参考答案：A,C

解析：A 项：《公司法》第 155 条规定：“公司向社会公开募集股份，应当由依法设立的证券公司承销，签订承销协议。”本题中，募集设立时，应当由依法设立的证券公司承销，签订承销协议。因此，A 项正确。

B 项：《公司法》第 156 条第 1 款规定：“公司向社会公开募集股份，应当同银行签订代收股款协议。”本题中，根据该条规定，是募集股份的公司同银行签订代收股款协议，而不是证券公司与银行签订协议。因此，B 项错误。

C 项：《公司法》第 101 条规定：“向社会公开募集股份的股款缴足后，应当经依法设立的验资机构验资并出具证明。”因此，C 项正确。

D 项：《公司法》第 104 条规定：“公司成立大会行使下列职权：……（三）选举董事、监事……”第 67 条第 2 款规定：“董事会行使下列职权：……（八）决定聘任或者解聘公司经理及其报酬事项，并根据经理的提名决定聘任或者解聘公司副经理、财务负责人及其报酬事项……”《公司法》第 120 条第 2 款规定：“本法第六十七条、第六十八条第一款、第七十条、第七十一条的规定，适用于股份有限公司。”本题中，公司总经理由董事会聘任。因此，D 项错误。

综上所述，本题答案为 AC 项。

（二）股份发行与转让

【单选】

3 1902025

参考答案：B

解析：A 项：《公司法》第 116 条第 3 款规定：“股东会作出修改公司章程、增加或者减少注册资本的决议，以及公司合并、分立、解散或者变更公司形式的决议，应当经出席会议的股东所持表决权的三分之二以上通过。”本题中，与持有本公司股份的其他公司合并属于公司合并事宜，此行为需要股东会经出席者所持表决权的 2/3 以上通过，并非董事会权限。因此，A 项错误。

BCD 项：《公司法》第 162 条规定：“公司不得收购本公司股份。但是，有下列情形之一的除外：(一) 减少公司注册资本；(二) 与持有本公司股份的其他公司合并；(三) 将股份用于员工持股计划或者股权激励；(四) 股东因对股东会作出的公司合并、分立决议持异议，要求公司收购其股份；(五) 将股份用于转换上市公司发行的可转换为股票的公司债券；(六) 上市公司为维护公司价值及股东权益所必需。公司因前款第一项、第二项规定的情形收购本公司股份的，应当经股东会决议……属于第二项、第四项情形的，应当在六个月内转让或者注销……上市公司因本条第一款第三项、第五项、第六项规定的情形收购本公司股份的，应当通过公开的集中交易方式进行……”本题中，股份公司与持有本公司股份的其他公司合并，或股东因对股东会作出的公司合并、分立决议持异议，要求公司收购其股份，股份公司可回购。因上述两种情况回购股份的，应在六个月内转让或注销。因此，B 项正确，D 项错误。上市公司因本题所述情形回购股份的，需进行信息披露，并不要求公开集中交易方式。因此，C 项错误。

综上所述，本题答案为 B 项。

4 1603029

参考答案：B

解析：A 项：《公司法》第 162 条第 1 款规定：“公司不得收购本公司股份。但是，有下列情形之一的除外：（一）减少公司注册资本；（二）与持有本公司股份的其他公司合并；（三）将股份用于员工持股计划或者股权激励；（四）股东因对股东会作出的公司合并、分立决议持异议，要求公司收购其股份；（五）将股份用于转换上市公司发行的可转换为股票的公司债券；（六）上市公司为维护公司价值及股东权益所必需。”本题中，虽然公司未能上市，股东唐宁认为公司前景堪忧，但是该情形并不符合“公司可以收购本公司股份”的任一情形，故唐宁不可要求沃运公司收购其股份。因此，A 项错误。

BD 项：《公司法》第 157 条规定：“股份有限公司的股东持有的股份可以向其他股东转让，也可以向股东以外的人转让；公司章程对股份转让有限制的，其转让按照公司章程的规定进行。”股份有限公司具有资合性特点，在公司章程没有限制的情况下，股东可以依法转让股份，无需征得其他股东同意。本题中，沃运公司是一家股份有限公司，其股东唐宁转让股份不需要征得其他股东的同意，其他股东也不享有优先购买权。因此，B 项正确，D 项错误。

C 项：《公司法》第 160 条第 1、2 规定：“公司公开发行股份前已发行的股份，自公司股票在证券交易所上市交易之日起一年内不得转让……公司章程可以对公司董事、监事、高级管理人员转让其所持有的本公司股份作出其他限制性规定。”本题中，法律对于发起人唐宁转让股份的限制，仅仅是“自公司股票在证券交易所上市交易之日起一年内”；此外，虽然股份公司的章程可以对公司董、监、高的股权转让作出其他限制，即公司章程可以对董事唐宁的股权转让进行限制，但是公司章程不能禁止股权转让。因此，C 项错误。

综上所述，本题答案为 B 项。

【多选】

5 2102098

参考答案：A,B,C,D

解析：A 项：《公司法》第 160 条第 2 款规定：“公司董事、监事、高级管理人员应当向公司申报所持有的本公司的股份及其变动情况，在就任时确定的任职期间每年转让的股份不得超过其所持有本公司股份总数的百分之二十五；所持本公司股份自公司股票上市交易之日起一年内不得转让……”本题中，股份公司的董事、监事、高级管理人员，所持本公司股份自公司股票上市交易之日起 1 年内不得转让。因此，A 项错误，当选。

B 项：《公司法》第 160 条第 1 款规定：“公司公开发行股份前已发行的股份，自公司股票在证券交易所上市交易之日起一年内不得转让。法律、行政法规或者国务院证券监督管理机构对上市公司的股东、实际控制人转让其所持有的本公司股份另有规定的，从其规定。”本题中，股份公司公开发行股份前已经发行的股份，自公司股票在证券交易所上市交易之日起 1 年内不得转让。因此，B 项错误，当选。

C 项：《公司法》第 162 条第 1 款、第 3 款规定：“公司不得收购本公司股份。但是，有下列情形之一的除外：……（三）将股份用于员工持股计划或者股权激励；……（五）将股份用于转换公司发行的可转换为股票的公司债券；（六）上市公司为维护公司价值及股东权益所必需……属于第三项、第五项、第六项情形的，公司合计持有的本公司股份数不得超过本公司已发行股份总数的百分之十，并应当在三年内转让或者注销。”因此，C 项错误，当选。

D 项：《公司法》第 162 条第 5 款规定：“公司不得接受本公司的股份作为质权的标的。”因此，D 项错误，当选。

综上所述，本题为选非题，答案为 ABCD 项。

6 1902087

参考答案：B,C

解析：ABCD 项：《公司法》第 162 条规定：“公司不得收购本公司股份。但是，有下列情形之一的除外：（一）减少公司注册资本；（二）与持有本公司股份的其他公司合并；（三）将股份用于员工持股计划或者股权激励；（四）股东因对股东会作出的公司合并、分立决议持异议，要求公司收购其股份；（五）将股份用于转换上市公司发行的可转换为股票的公司债券；（六）上市公司为维护公司价值及股东权益所必需。公司因前款第一项、第二项规定的情形收购本公司股份的，应当经股东会决议；公司因前款第三项、第五项、第六项规定的情形收购本公司股份的，可以依照公司章程的规定或者股东会的授权，经三分之二以上董事出席的董事会会议决议。公司依照本条第一款规定收购本公司股份后，属于第一项情形的，应当自收购之日起十日内注销；属于第二项、第四项情形的，应当在六个月内转让或者注销；属于第三项、第五项、第六项情形的，公司合计持有的本公司股份数不得超过本公司已发行股份总额的百分之十，并应当在三年内转让或者注销。上市公司收购本公司股份的，应当依照《中华人民共和国证券法》的规定履行信息披露义务。上市公司因本条第一款第三项、第五项、第六项规定的情形收购本公司股份的，应当通过公开的集中交易方式进行。公司不得接受本公司的股份作为质权的标的。”

A 项：本题所述情形属于上述第（六）项，即上市公司为了维护公司价值和股东权益而托盘维稳，出手救市，为顺应资本市场的需求，决策需要快，故可依照公司章程的规定或者股东会的授权，经 2/3 以上董事出席的董事会进行决议，并非必须由股东会决议。因此，A 项错误。

BD 项：本题属于“上市公司为维护公司价值及股东权益所必需”而回购公司股份，基于资本市场的运作需求，回购量和持有时间均有所加大延长，即公司持有的股份总额不能超过已发行股份总额的 10%，且应当于 3 年内转让或者注销。因此，B 项正确，D 项错误。

C 项：本题中，该某公司是上市公司，上市公司收购本公司股份的，应履行信息披露义务；因资本市场需求回购股份的，应通过公开的集中交易方式进行。因此，C 项正确。

综上所述，本题答案为 BC 项。

（三）股份有限公司的组织机构

【多选】

7 1703071

参考答案：A,B

解析：AD 项：《公司法》第 67 条第 2 款规定：“董事会行使下列职权：……（八）决定聘任或者解聘公司经理及其报酬事项，并根据经理的提名决定聘任或者解聘公司副经理、财务负责人及其报酬事项……” 第 120 条 2 款规定：“本法第六十七条、第六十八条第一款、第七十条、第七十一条的规定，适用于股份有限公司。” 由此可知，公司经理、财务负责人由董事会聘任，其薪酬水平也由董事会决定。经理的解聘也是由董事会决定，公司一旦发现其不称职，可通过董事会决议将其解聘，而不是由股东会决定。财务负责人由经理提名，由董事会聘任，而非由经理决定聘任。因此，A 项正确，D 项错误。

BC 项：《公司法》第 126 条规定：“股份有限公司设经理，由董事会决定聘任或者解聘。经理对董事会负责，根据公司章程的规定或者董事会的授权行使职权。经理列席董事会会议。” 由此可知，经理在章程规定的职权范围内有权代表公司对外签订合同。因此，B 项正确。

综上所述，本题答案为 AB 项。

（四）上市公司

【单选】

8 1503028

参考答案：A

解析：AB 项：《上市公司独立董事管理办法》第 5 条第 1 款规定：“上市公司独立董事占董事会成员的比例不得低于三分之一，且至少包括一名会计专业人士。” 本题中，甲公司作为一家上市公司，董事会成员不得低于 1/3 的独立董事。因此，A 项正确。并不要求“法律专业人士”，只要求有一名会计专业人士。因此，B 项错误。

C 项：《上市公司独立董事管理办法》第 8 条规定：“独立董事原则上最多在三家境内上市公司担任独立董事，并应当确保有足够的时间和精力有效地履行独立董事的职责。” 本题中，C 项意思为除去甲公司外，还可另外担任 2 家上市公司的独立董事。因此，C 项错误。

D 项：《上市公司独立董事管理办法》第 6 条第 1 款规定：“独立董事必须保持独立性。下列人员不得担任独立董事：……（二）直接或者间接持有上市公司已发行股份百分之一以上或者是上市公司前十名股东中的自然人股东及其配偶、父母、子女……”该办法并不是指只要持有上市公司股份就不得担任其独立董事。因此，D 项错误。

综上所述，本题答案为 A 项。

（五）综合知识点

【单选】

9 1703026

参考答案：B

解析：AB 项：《公司法》第 70 条第 1、2 款规定：“董事任期由公司章程规定，但每届任期不得超过三年。董事任期届满，连选可以连任。董事任期届满未及时改选，或者董事在任期内辞任导致董事会成员低于法定人数的，在改选出的董事就任前，原董事仍应当依照法律、行政法规和公司章程的规定，履行董事职务。”本题中，彭兵任期届满未及时改选新的董事长和董事会，在改选出的董事就任前，原董事仍应当履行董事职务。因此，A 项错误，B 项正确。

C 项：《公司法》第 125 条第 2 款规定：“董事应当对董事会的决议承担责任。董事会的决议违反法律、行政法规或者公司章程、股东会决议，给公司造成严重损失的，参与决议的董事对公司负赔偿责任；经证明在表决时曾表明异议并记载于会议记录的，该董事可以免除责任。”第 188 条规定：“董事、监事、高级管理人员执行职务时违反法律、行政法规或者公司章程的规定，给公司造成损失的，应当承担赔偿责任。”本题中，公司投资失败损失 100 万，属于公司正常经营的风险，题目当中并未表明董事会的决议违反法律、行政法规或者公司章程、股东会决议，也未表明彭兵执行公司职务时违反法律、行政法规或者公司章程的规定。因此，C 项错误。

D 项：《公司法》第 189 条第 1-3 款规定：“董事、高级管理人员有前条规定的情形的，有限责任公司的股东、股份有限公司连续一百八十日以上单独或者合计持有公司百分之一以上股份的股东，可以书面请求监事会向人民法院提起诉讼；监事有前条规定的情形的，前述股东可以书面请求董事会向人民法院提起诉讼。监事会或者董事会收到前款规定的股东书面请求后拒绝提起诉讼，或者自收到请求之日起三十日内未提起诉讼，或者情况紧急、不立即提起诉讼将会使公司利益受到难以弥补的损害的，前款规定的股东有权为公司利益以自己的名义直接向人民法院提起诉讼。他人侵犯公司合法权益，给公司造成损失的，本条第一款规定的股东可以依照前两款的规定向人民法院提起诉讼。”本题中，并未表明彭兵执行公司职务时违反法律、行政法规或者公司章程的规定，因此提起代表诉讼的前提就不存在，股东无权提起代表诉讼。因此，D 项错误。

综上所述，本题答案为 B 项。

【多选】

10 2002047

参考答案：A,C,D

解析：A 项：《公司法》第 115 条第 1 款规定：“召开股东会会议，应当将会议召开的时间、地点和审议的事项于会议召开二十日前通知各股东；临时股东会会议应当于会议召开十五日前通知各股东。”本题中，召集临时股东会应提前 15 日通知股东。因此，A 项正确。

B 项：《公司法》第 162 条第 1 款规定：“公司不得收购本公司股份。但是，有下列情形之一的除外：（一）减少公司注册资本；（二）与持有本公司股份的其他公司合并；（三）将股份用于员工持股计划或者股权激励；（四）股东因对股东会作出的公司合并、分立决议持异议，要求公司收购其股份；（五）将股份用于转换上市公司发行的可转换为股票的公司债券；（六）上市公司为维护公司价值及股东权益所必需。”本题中，不存在相应情形，故公司无回购股东股份的义务。因此，B 项错误。

C 项：《公司法》第 27 条第 1 项规定：“有下列情形之一的，公司股东会、董事会的决议不成立：（一）未召开股东会、董事会会议作出决议……”第 59 条第 3 款规定：“对本条第一款所列事项股东以书面形式一致表示同意的，可以不召开股东会会议，直接作出决定，并由全体股东在决定文件上签名或者盖章。”本题中，蓝天股份公司并非有限责任公司，不可以适用《公司法》第59条第3款规定的例外情形，故修改公司章程必须召开股东会。蓝天股份公司作出的修改公司章程的决议没有经过股东会作出决议，王某可以诉请法院确认决议不成立。因此，C项正确。

D项：《公司法》第231条规定："公司经营管理发生严重困难，继续存续会使股东利益受到重大损失，通过其他途径不能解决的，持有公司百分之十以上表决权的股东，可以请求人民法院解散公司。"《公司法解释（二）》第1条第1款第1项规定："单独或者合计持有公司全部股东表决权百分之十以上的股东，以下列事由之一提起解散公司诉讼，并符合公司法第一百八十二条规定的，人民法院应予受理：（一）公司持续两年以上无法召开股东会或者股东大会，公司经营管理发生严重困难的……"本题中，蓝天股份公司持续2年以上未召开股东会，经营管理发生严重困难，王某持股20%，可以请求法院解散公司。因此，D项正确。（新《公司法》已将股东大会修改为股东会，原《公司法》182条已修改为新《公司法》第231条）

综上所述，本题答案为ACD项。

11 1603071

参考答案：A,C

解析：ABC项：《公司法》第139条规定："上市公司董事与董事会会议决议事项所涉及的企业或者个人有关联关系的，该董事应当及时向董事会书面报告。有关联关系的董事不得对该项决议行使表决权，也不得代理其他董事行使表决权。该董事会会议由过半数的无关联关系董事出席即可举行，董事会会议所作决议须经无关联关系董事过半数通过。出席董事会会议的无关联关系董事人数不足三人的，应当将该事项提交上市公司股东会审议。"本题中，星煌公司董事梁某作为准备投资的坤诚公司副董事长的丈夫，与该事项有关联关系，不得行使表决权，也不能由别人代理行使。若参加董事会人数不足，则应提交股东会审议。因此，AC项正确，B项错误。

D项：《公司法》第15条第1款规定："公司向其他企业投资或者为他人提供担保，按照公司章程的规定，由董事会或者股东会决议；公司章程对投资或者担保的总额及单项投资或者担保的数额有限额规定的，不得超过规定的限额。"本题中，星煌公司最终能否投资坤诚公司，应当按照公司章程由董事会或者股东会决议，而题干中并未提到决议的结果。因此，D项错误。

综上所述，本题答案为AC项。

12 1303069

参考答案：A,B,C

解析：A项：《公司法》第66条第3款规定："股东会作出修改公司章程、增加或者减少注册资本的决议，以及公司合并、分立、解散或者变更公司形式的决议，必须经代表三分之二以上表决权的股东通过。"本题中，华昌有限公司股东会决议变更公司形式为股份公司，该决议经代表三分之二以上表决权的股东通过即可，而非全体股东一致同意。因此，A项错误。

B项：《公司法》第98条规定："发起人应当在公司成立前按照其认购的股份全额缴纳股款。发起人的出资，适用本法第四十八条、第四十九条第二款关于有限责任公司股东出资的规定。"第97条第1款规定："以发起设立方式设立股份有限公司的，发起人应当认足公司章程规定的公司设立时应发行的股份。"本题中，题干明确是"发起设立"，就股份公司，无论是发起设立还是募集设立，发起人均应当在公司成立前按照其认购的股份全额缴纳股款，即股份公司出资采用严格实缴制。故B选项中"可以在股份公司成立两年内缴足"的表述是错误的。因此，B项错误。

C项：《公司法》第122条第1款规定："董事会设董事长一人，可以设副董事长。董事长和副董事长由董事会以全体董事的过半数选举产生。"由此可知，股份有限公司的董事长由全体董事的过半数选举产生，而原有限责任公司的董事长麻某并不当然成为股份公司的董事长，必须经全体董事过半数选举。因此，C项错误。

D项：华昌有限公司变更为股份公司，可以继续使用"华昌"字号，对此《公司法》并没有限制性或禁止性规定。因此，D项正确。

综上所述，本题为选非题，答案为ABC项。

13 1003073

参考答案：A,B,C,D

解析：A项：《公司法》第92条规定："设立股份有限公司，应当有一人以上二百人以下为发起人，其中应当有半数以上的发起人在中华人民共和国境内有住所。"因此，A项正确。

B项：发起人签订的设立公司的协议从性质上讲属于民事合伙合同。因此，B项正确。

C项：《公司法》第96条第1款规定："股份有限公司的注册资本为在公司登记机关登记的已发行股份的股本总额。在发起人认购的股份缴足前，不得向他人募集股份。"由此可知，采取募集方式设立股份有限公司的，采一次性实缴资本制，即发起人和认股人必须在公司设立前缴足全部股本，公司方能成立。因此，C项正确。

D项：《公司法》第93条第2款规定："发起人应当签订发起人协议，明确各自在公司设立过程中的权利和义务。"由此可知，发起人协议具有合同约束力，某一发起人违反该协议的，应当对其他发起人承担违约责任；同时，发起人还应当遵守《公司法》的相关规定。因此，D项正确。

综上所述，本题答案为ABCD项。

【不定项】

14 1703094

参考答案：A,C,D

解析：AC项：《公司法》第162条规定："公司不得收购本公司股份。但是，有下列情形之一的除外：（一）减少公司注册资本；（二）与持有本公司股份的其他公司合并；（三）将股份用于员工持股计划或者股权激励；（四）股东因对股东会作出的公司合并、分立决议持异议，要求公司收购其股份；（五）将股份用于转换公司发行的可转换为股票的公司债券；（六）上市公司为维护公司价值及股东权益所必需。公司因前款第一项、第二项规定的情形收购本公司股份的，应当经股东会决议；公司因前款第三项、第五项、第六项规定的情形收购本公司股份的，可以按照公司章程或者股东会的授权，经三分之二以上董事出席的董事会会议决议。公司依照本条第一款规定收购本公司股份后，属于第一项情形的，应当自收购之日起十日内注销；属于第二项、第四项情形的，应当在六个月内转让或者注销；属于第三项、第五项、第六项情形的，公司合计持有的本公司股份数不得超过本公司已发行股份总数的百分之十，并应当在三年内转让或者注销。上市公司收购本公司股份的，应当依照《中华人民共和国证券法》的规定履行信息披露义务。上市公司因本条第一款第三项、第五项、第六项规定的情形收购本公司股份的，应当通过公开的集中交易方式进行。公司不得接受本公司的股份作为质权的标的。"由此可知，股份回购的上限是不超过本公司已发行股份总额的10%。本题中，紫霞公司目前的已发行的股份总额是1000万股，能够回购的数额不得超过100万股。紫霞公司两年内完成对职工的奖励，满足在三年内转让的规定。因此，AC项正确。

B项：《公司法》第214条规定："公司的公积金用于弥补公司的亏损、扩大公司生产经营或者转为增加公司注册资本。公积金弥补公司亏损，应当先使用任意公积金和法定公积金；仍不能弥补的，可以按照规定使用资本公积金。法定公积金转为增加注册资本时，所留存的该项公积金不得少于转增前公司注册资本的百分之二十五。"本题中，公积金的用途只限于法定的范围（弥补亏损、扩大经营、转增资本），不能用来回购股份。因此，B项错误。

D项：《公司法》第210条第5款规定："公司持有的本公司股份不得分配利润。"本题中，公司持有股份不享有利润分配请求权。因此，D项正确。

综上所述，本题答案为ACD项。

二、模拟训练

15 62106128

参考答案：A,B,C,D

解析：A项：《公司法》第94条规定："设立股份有限公司，应当由发起人共同制订公司章程。"第104条第1款规定："公司成立大会行使下列职权：……（二）通过公司章程……"本题中，榴水公司是经募集设立而成的，其章程经发起人制定后，需要由成立大会通过。因此，A项错误，当选。

B 项:《公司法》第 97 条第 2 款规定:“以募集设立方式设立股份有限公司的，发起人认购的股份不得少于公司股份总数的百分之三十五；但是，法律、行政法规另有规定的，从其规定。”本题中，榴水公司经募集设立而成，甲、乙、丙作为发起人，其认购股份不得低于公司股份总数的 35%。因此，B 项错误，当选。

C 项:《公司法》第 110 条第 2 款规定:“连续一百八十日以上单独或者合计持有公司百分之三以上股份的股东要求查阅公司的会计账簿、会计凭证的，适用本法第五十七条第二款、第三款、第四款的规定。公司章程对持股比例有较低规定的，从其规定。”第 57 条第 2 款规定:“股东可以要求查阅公司会计账簿、会计凭证。股东要求查阅公司会计账簿、会计凭证的，应当向公司提出书面请求，说明目的。公司有合理根据认为股东查阅会计账簿、会计凭证有不正当目的，可能损害公司合法利益的，可以拒绝提供查阅，并应当自股东提出书面请求之日起十五日内书面答复股东并说明理由。公司拒绝提供查阅的，股东可以向人民法院提起诉讼。”本题中，2020 年 10 月 11 日前，榴水公司为股份公司，丁连续持股未满 180 天，因此无权查阅公司会计账簿，但 2020 年 10 月 15 日榴水股份公司已变更为榴水有限公司，查阅有限公司的会计账簿不需要满足“持股 180 天 +3% 股权”的要求，且虽然公司章程规定新加入股东无权查阅加入前的会计账簿，但该规定因限制了股东的知情权而无效，即股东丁于 2020 年 10 月 15 日可以要求查阅其加入前的会计账簿。因此，C 项错误，当选。

D 项:《公司法》第 162 条第 1 款规定:“公司不得收购本公司股份。但是，有下列情形之一的除外:（一）减少公司注册资本;（二）与持有本公司股份的其他公司合并;（三）将股份用于员工持股计划或者股权激励;（四）股东因对股东会作出的公司合并、分立决议持异议，要求公司收购其股份;（五）将股份用于转换上市公司发行的可转换为股票的公司债券;（六）上市公司为维护公司价值及股东权益所必需。”本题中，榴水公司股东会作出的决议不是公司合并、分立，而是“变更公司形式”，甲对该决议持异议的，不能要求公司收购其股份。因此，D 项错误，当选。

综上所述，本题为选非题，答案为 ABCD 项。

16 **62006072**

参考答案: A,C,D

解析: AC 项:《公司法》第 162 条第 1、3 款的规定:“公司不得收购本公司股份。但是，有下列情形之一的除外:（一）减少公司注册资本;（二）与持有本公司股份的其他公司合并;（三）将股份用于员工持股计划或者股权激励;（四）股东因对股东会作出的公司合并、分立决议持异议，要求公司收购其股份;（五）将股份用于转换上市公司发行的可转换为股票的公司债券;（六）上市公司为维护公司价值及股东权益所必需……公司依照本条第一款规定收购本公司股份后，属于第一项情形的，应当自收购之日起十日内注销；属于第二项、第四项情形的，应当在六个月内转让或者注销；属于第三项、第五项、第六项情形的，公司合计持有的本公司股份数不得超过本公司已发行股份总数的百分之十，并应当在三年内转让或者注销。”本题中，高性能公司的员工股权激励计划属于第（三）项“将股份用于员工持股计划或者股权激励”，但股份回购的上限是不超过本公司已发行股份总额的 10%，高性能公司目前的股份总额是 100 万股，能够回购的数额不得超过 10 万股，而非 20 万股。因此，A 项错误，当选。同时，于 2018 年 8 月 31 日回购本公司股份后，高性能公司在 2021 年 8 月 31 日前完成实施对职工的股份奖励即可。因此，C 项错误，当选。

B 项:《公司法》第 160 条第 1 款规定:“公司公开发行股份前已发行的股份，自公司股票在证券交易所上市交易之日起一年内不得转让。法律、行政法规或者国务院证券监督管理机构对上市公司的股东、实际控制人转让其所持有的本公司股份另有规定的，从其规定。”本题中，蔡琦为高性能股份公司的发起人，向胡亮转让股份时尚不足一年，依法不得转让，高性能股份有限公司的股东仍为蔡琦、杨秀。因此，B 项正确，不当选。

D 项:《公司法》第 210 条第 5 款规定:“公司持有

的本公司股份不得分配利润。”本题中，即使高性能公司在2018年年底仍持有所收购的股份，也不得在利润分配时就该股份进行利润分配。因此，D项错误，当选。

综上所述，本题为选非题，答案为ACD项。

17 62406017

参考答案：D

解析：A项：《公司法》第152条第1款规定：“公司章程或者股东会可以授权董事会在三年内决定发行不超过已发行股份百分之五十的股份。但以非货币财产作价出资的应当经股东会决议。”授权资本制，是授权给董事会，而非股东会，因此，A项错误。

B项：《公司法》第66条第3款规定：“股东会作出修改公司章程、增加或者减少注册资本的决议，以及公司合并、分立、解散或者变更公司形式的决议，应当经代表三分之二以上表决权的股东通过。”发行新股即增资，须经出席会议的股东所持表决权的2/3以上通过，因此，B项错误。

C项：《公司法》第142条第1款规定：“公司的资本划分为股份。公司的全部股份，根据公司章程的规定择一采用面额股或者无面额股。采用面额股的，每一股的金额相等。”所以，面额股和无面额股只能选择一种发行。因此，C项错误。

D项：《公司法》第144条第1款第2项规定：“公司可以按照公司章程的规定发行下列与普通股权利不同的类别股：……（二）每一股的表决权数多于或者少于普通股的股份；”公司可以发行每一股的表决权数多于普通股的股份，即多数表决权股。因此，D项正确。

综上所述，本题答案为D项。

18 62406018

参考答案：B,C,D

解析：AC项：《公司法》第163条第2款规定：“为公司利益，经股东会决议，或者董事会按照公司章程或者股东会的授权作出决议，公司可以为他人取得本公司或者其母公司的股份提供财务资助，但财务资助的累计总额不得超过已发行股本总额的百分之十。董事会作出决议应当经全体董事的三分之二以上通过。”本题中，不存在为公司利益以及股东会或董事会决议，公司不得为他人取得公司股份提供财务资助，资助形式包括提供担保。因此，A项错误。为公司利益，经股东会决议，资助金额1000万元，未超过已发行股本总额（1亿元）10%，公司可以提供财务资助。因此，C项正确。

B项：《公司法》第163条第1款规定：“公司不得为他人取得本公司或者其母公司的股份提供赠与、借款、担保以及其他财务资助，公司实施员工持股计划的除外。”本题中，就员工持股计划，公司可向员工提供财务资助。因此，B项正确。

D项：《公司法》第163条第3款规定：“违反前两款规定，给公司造成损失的，负有责任的董事、监事、高级管理人员应当承担赔偿责任。”本题中，觉佳公司董事长违规提供财务资助，属于违反相关规定，给公司造成严重损失的，需要承担赔偿责任。因此，D项正确。

综上所述，本题答案为BCD项。

第九章 公司的解散与清算

参考答案

[1]D	[2]B	[3]D	[4]AC	[5]A
[6]A	[7]A	[8]AB	[9]BCD	[10]B
[11]A	[12]B	[13]B	[14]C	[15]AC
[16]AD	[17]AC	[18]BC	[19]AC	[20]B

一、历年真题及仿真题

（一）公司的解散

【单选】

1 1503027

参考答案：D

解析：A项：《公司法》第231条规定：“公司经营管理发生严重困难，继续存续会使股东利益受到重大损失，通过其他途径不能解决的，持有公司百分之十以上表决权的股东，可以请求人民法院解散公司。”本题中，股东可以提起解散公司诉讼，而不是起诉董事履行忠实和勤勉义务。因此，A 项错误。

B 项：《公司法解释（二）》第 2 条规定：“股东提起解散公司诉讼，同时又申请人民法院对公司进行清算的，人民法院对其提出的清算申请不予受理。人民法院可以告知原告，在人民法院判决解散公司后，依据民法典第 70 条、公司法第 183 条和本规定第 7 条的规定，自行组织清算或者另行申请人民法院对公司进行清算。”本题中，股东不能同时提起解散公司诉讼和对公司进行清算的诉讼。因此，B 项错误。(《公司法》第 183 条改为第 232 条）

C 项：《公司法解释（二）》第 3 条规定：“股东提起解散公司诉讼时，向人民法院申请财产保全或者证据保全的，在股东提供担保且不影响公司正常经营的情形下，人民法院可予以保全。”本题中，提起解散公司诉讼时，股东依法应提供担保并且不影响公司正常经营的情形下，法院可予以保全，而不能“直接要求”法院采取保全措施。因此，C 项错误。

D 项：《公司法解释（二）》第 4 条第 1 款规定：“股东提起解散公司诉讼应当以公司为被告。”本题中，李桃在提起解散公司诉讼时，应以公司为被告。因此，D 项正确。

综上所述，本题答案为 D 项。

2 1403028

参考答案：B

解析：A 项：《公司法解释（二）》第 2 条规定：“股东提起解散公司诉讼，同时又申请人民法院对公司进行清算的，人民法院对其提出的清算申请不予受理……”因此，A 项错误。

B 项：《公司法解释（二）》第 3 条规定：“股东提起解散公司诉讼时，向人民法院申请财产保全或者证据保全的，在股东提供担保且不影响公司正常经营的情形下，人民法院可予以保全。”本题中，张某可向法院申请财产保全。因此，B 项正确。

C 项：《公司法解释（二）》第 4 条第 1、2 款规定：“股东提起解散公司诉讼应当以公司为被告。原告以其他股东为被告一并提起诉讼的，人民法院应当告知原告将其他股东变更为第三人；原告坚持不予变更的，人民法院应当驳回原告对其他股东的起诉。”本题中，应将其他股东列为第三人。因此，C 项错误。

D 项：《公司法解释（二）》第 6 条第 1 款规定：“人民法院关于解散公司诉讼作出的判决，对公司全体股东具有法律约束力。”本题中，法院关于解散公司诉讼作出的判决，不仅对公司有法律约束力，对全体股东也具有法律约束力。因此，D 项错误。

综上所述，本题答案为 B 项。

3 1103027

参考答案：D

解析：ABCD 项：《公司法解释（二）》第 1 条规定：“单独或者合计持有公司全部股东表决权百分之十以上的股东，以下列事由之一提起解散公司诉讼，并符合公司法第一百八十二条规定的，人民法院应予受理：（一）公司持续两年以上无法召开股东会或者股东大会，公司经营管理发生严重困难的；（二）股东表决时无法达到法定或者公司章程规定的比例，持续两年以上不能做出有效的股东会或者股东大会决议，公司经营管理发生严重困难的；（三）公司董事长期冲突，且无法通过股东会或者股东大会解决，公司经营管理发生严重困难的；（四）经营管理发生其他严重困难，公司继续存续会使股东利益受到重大损失的情形。股东以知情权、利润分配请求权等权益受到损害，或者公司亏损、财产不足以偿还全部债务，以及公司被吊销企业法人营业执照未进行清算等为由，提起解散公司诉讼的，人民法院不予受理。”由此可知，股东以知情权、利润分配请求权受损害以及公司被吊销营业执照未清算为由提起解散公司诉讼的，人民法院不予受理。本题中，D 项符合上述规定。因此，ABC 项错误，D 项正确。（新《公司法》已将股东大会修改为股东会，原《公司法》第 183 条改为第 232 条）

综上所述，本题答案为 D 项。

【多选】

4 2102004

参考答案：A,C

解析：ABD项：《公司法解释（二）》第1条第1款规定："单独或者合计持有公司全部股东表决权百分之十以上的股东，以下列事由之一提起解散公司诉讼，并符合公司法第一百八十二条规定的，人民法院应予受理：（一）公司持续两年以上无法召开股东会或者股东大会，公司经营管理发生严重困难的；（二）股东表决时无法达到法定或者公司章程规定的比例，持续两年以上不能做出有效的股东会或者股东大会决议，公司经营管理发生严重困难的；（三）公司董事长期冲突，且无法通过股东会或者股东大会解决，公司经营管理发生严重困难的；（四）经营管理发生其他严重困难，公司继续存续会使股东利益受到重大损失的情形。"本题中，公司的盈利或亏损状态并不是判断法院是否受理公司解散诉讼的标准，即使公司持续盈利，若难以召开股东会且处于长期表决机制失灵的状态，仍可认定为经营管理发生严重困难。因此，B项错误。根据上述规定，"单独或者合计持有公司全部股东表决权百分之十以上"的股东可以提起解散公司的诉讼。本题中，赵、朴各占商场49%的股份，鲁占商场2%的股份，因而仅赵、朴有权提起解散该商场的诉讼。因此，A项正确，D项错误。（新《公司法》已将股东大会修改为股东会，原《公司法》第182条已修改为新《公司法》第231条）

C项：《公司法解释（二）》第4条第1款规定："股东提起解散公司之诉应当以公司为被告。"本题中，根据上述分析，朴有权向法院提起解散该商场的诉讼，且被告为商场。因此，C项正确。

综上所述，本题答案为AC项。

【不定项】

5 1403095

参考答案：A

解析：《公司法解释（二）》第4条规定："股东提起解散公司诉讼应当以公司为被告。原告以其他股东为被告一并提起诉讼的，人民法院应当告知原告将其他股东变更为第三人；原告坚持不予变更的，人民法院应当驳回原告对其他股东的起诉。原告提起解散公司诉讼应当告知其他股东，或者由人民法院通知其参加诉讼。其他股东或者有关利害关系人申请以共同原告或者第三人身份参加诉讼的，人民法院应予准许。"

A项：本题中，许某提起的解散公司之诉，因此许某是原告。因此，A项正确。

B项：本题中，葛某是公司的股东，依法应当将其列为第三人。因此，B项错误。

CD项：本题中，云峰公司应当是被告。因此，CD项错误。

综上所述，本题答案为A项。

（二）公司的清算

【单选】

6 2002125

参考答案：A

解析：A项：《公司法解释（二）》第18条第1款规定："有限责任公司的股东、股份有限公司的董事和控股股东未在法定期限内成立清算组开始清算，导致公司财产贬值、流失、毁损或者灭失，债权人主张其在造成损失范围内对公司债务承担赔偿责任的，人民法院应依法予以支持。"本题中，A项错在"承担全部赔偿责任"。因此，A项错误，当选。

B项：《公司法解释（二）》第20条第1款规定："公司解散应当在依法清算完毕后，申请办理注销登记。公司未经清算即办理注销登记，导致公司无法进行清算，债权人主张有限责任公司的股东、股份有限公司的董事和控股股东，以及公司的实际控制人对公司债务承担清偿责任的，人民法院应依法予以支持。"因此，B项正确，不当选。

CD项：《公司法解释（二）》第22条规定："公司解散时，股东尚未缴纳的出资均应作为清算财产，股东尚未缴纳的出资，包括到期应缴未缴的出资，以及依照《公司法》第二十六条和第八十条的规定分期缴纳尚未届满缴纳期限的出资。公司财产不足以清偿债务时，债权人主张未缴出资股东以及公司设立时的其他股东或者发起人在未缴出资范围内对公司债务承担连带清偿责任的，人民法院应依法予以支持。”因此，CD项正确，不当选。（原《公司法》第26条、第80条已修改为新《公司法》第47条、第96条）
综上所述，本题为选非题，答案为A项。

7 1203028

参考答案：A
解析：ABCD项：《公司法解释（二）》第8条规定：“人民法院受理公司清算案件，应当及时指定有关人员组成清算组。清算组成员可以从下列人员或者机构中产生：（一）公司股东、董事、监事、高级管理人员；（二）依法设立的律师事务所、会计师事务所、破产清算事务所等社会中介机构；（三）依法设立的律师事务所、会计师事务所、破产清算事务所等社会中介机构中具备相关专业知识并取得执业资格的人员。”《公司法》第265条第1款第1项规定：“本法下列用语的含义：（一）高级管理人员，是指公司的经理、副经理、财务负责人，上市公司董事会秘书和公司章程规定的其他人员。”由此可知，清算组成员中不包括债权人。因此，A项错误，当选。董事长程某、律师事务所可以担任清算组成员，而财务总监钱某属于高级管理人员，也可以担任清算组成员。因此，BCD项正确，不当选。
综上所述，本题为选非题，答案为A项。

【多选】

8 2302039

参考答案：A,B
解析：ABC项：《公司法》第232条第1款规定：“公司因本法第二百二十九条第一款第一项、第二项、第四项、第五项规定而解散的，应当清算。董事为公司清算义务人，应当在解散事由出现之日起十五日内组成清算组进行清算。”本题中，有限公司的董事甲、乙才负有组织清算的义务。因此，AB项正确，C项错误。
D项：《公司法解释（二）》第8条第2款规定：“清算组成员可以从下列人员或者机构中产生：（一）公司股东、董事、监事、高级管理人员；（二）依法设立的律师事务所、会计师事务所、破产清算事务所等社会中介机构；（三）依法设立的律师事务所、会计师事务所、破产清算事务所等社会中介机构中具备相关专业知识并取得执业资格的人员。”本题中，丁作为公司债权人，不在清算组成员的组成范围，不能申请加入清算组。因此，D项错误。
综上所述，本题答案为AB项。

9 1403070

参考答案：B,C,D
解析：A项：《公司法》第233条第1款规定：“公司依照前条第一款的规定应当清算，逾期不成立清算组进行清算或者成立清算组后不清算的，利害关系人可以申请人民法院指定有关人员组成清算组进行清算。人民法院应当受理该申请，并及时组织清算组进行清算。”《公司法解释（二）》第7条第1、2款规定：“公司应当依照公司法第一百八十三条的规定，在解散事由出现之日起十五日内成立清算组，开始自行清算。有下列情形之一，债权人、公司股东、董事或其他利害关系人申请人民法院指定清算组进行清算的，人民法院应予受理：（一）公司解散逾期不成立清算组进行清算的；（二）虽然成立清算组但故意拖延清算的；（三）违法清算可能严重损害债权人或者股东利益的。”据此可知，公司逾期不成立清算组时，股东可直接申请法院指定清算组。因此，A项正确，不当选。（原《公司法》第183条已修改为新《公司法》第232条）
B项：《公司法》第234条第7项规定：“清算组在清算期间行使下列职权：……（七）代表公司参与民事诉讼活动。”《公司法解释（二）》第10条规定：“公司依法清算结束并办理注销登记前，有关公司的民事诉讼，应当以公司的名义进行。公司成立清算组的，由清算组负责人代表公司参加诉讼；尚未成立清算组的，由原法定代表人代表公司参加诉讼。”据此可知，清算组的职权有代表公司参与民事诉讼活动，但司法解释是对法律本身的细化和解释，由于清算组人员众多，不可能一起代表公司参与诉讼，因此司法解释中将其细化规定为由清算组“负责人”来代表公司参与诉讼。因此，清算期间，如果成立了清算组，由清算组负责人代表公司参加诉讼，而非清算组代表，如果清算组尚未成立，则由原法定代表人代表公司参加诉讼。因此，B项错误，当选。

C项：《公司法解释（二）》第13条第1款规定："债权人在规定的期限内未申报债权，在公司清算程序终结前补充申报的，清算组应予登记。"据此可知，债权人未在规定时间内申报的，可在公司清算程序终结前补充申报。因此，C项错误，当选。

D项：《公司法》第236条第1款规定："清算组在清理公司财产、编制资产负债表和财产清单后，应当制订清算方案，并报股东会或者人民法院确认。"《公司法解释（二）》第15条第1款规定："公司自行清算的，清算方案应当报股东会或者股东大会决议确认；人民法院组织清算的，清算方案应当报人民法院确认。未经确认的清算方案，清算组不得执行。"据此可知，清算方案应当报法院确认，而不是备案。因此，D项错误，当选。（新《公司法》已将股东大会修改为股东会）

综上所述，本题为选非题，答案为BCD项。

（三）综合知识点

【单选】

10 2202060

参考答案：B

解析：A项：《公司法》第233条第1款规定："公司依照前条第一款的规定应当清算，逾期不成立清算组进行清算或者成立清算组后不清算的，利害关系人可以申请人民法院指定有关人员组成清算组进行清算。人民法院应当受理该申请，并及时组织清算组进行清算。"《公司法解释（二）》第7条规定："公司应当依照公司法第一百八十三条的规定，在解散事由出现之日起十五日内成立清算组，开始自行清算。有下列情形之一，债权人、公司股东、董事或其他利害关系人申请人民法院指定清算组进行清算的，人民法院应予受理：（一）公司解散逾期不成立清算组进行清算的；（二）虽然成立清算组但故意拖延清算的；（三）违法清算可能严重损害债权人或者股东利益的。"本案中，在法院判决解散鸿运公司后，应当由公司自行组成清算组进行清算，如果存在前述法定情形之一的，利害关系人才可以申请法院指定清算，法院无权主动指定清算。因此，A项错误。（原《公司法》第183条已修改为新《公司法》第232条）

BC项：《公司法》第232条规定："公司因本法第二百二十九条第一款第一项、第二项、第四项、第五项规定而解散的，应当清算。董事为公司清算义务人，应当在解散事由出现之日起十五日内组成清算组进行清算。清算组由董事组成，但是公司章程另有规定或者股东会决议另选他人的除外。清算义务人未及时履行清算义务，给公司或者债权人造成损失的，应当承担赔偿责任。"《公司法解释（二）》第18条第2款规定："有限责任公司的股东、股份有限公司的董事和控股股东因怠于履行义务，导致公司主要财产、账册、重要文件等灭失，无法进行清算，债权人主张其对公司债务承担连带清偿责任的，人民法院应依法予以支持。"本案中，鸿运有限公司自行清算且章程规定清算组由股东组成。而有限责任公司的股东、股份有限公司的董事和控股股东，对公司主要财产、账册、重要文件等负有保管义务，如果因保管不善，导致无法清算的，应推定其怠于履行了法律义务，需对公司债务承担连带清偿责任。因此，B项正确。另外，此种情形下，法律并未规定法院有权罚款。因此，C项于法无据，错误。

D项：《公司法》第231条规定："公司经营管理发生严重困难，继续存续会使股东利益受到重大损失，通过其他途径不能解决的，持有公司百分之十以上表决权的股东，可以请求人民法院解散公司。"本案中，乙的持股比例为30%，有权提起公司解散之诉。因此，D项错误。

综上所述，本题答案为B项。

11 2102017

参考答案：A

解析：A项：《公司法》第89条第1款规定："有下列情形之一的，对股东会该项决议投反对票的股东可以请求公司按照合理的价格收购其股权：……（三）公司章程规定的营业期限届满或者章程规定的其他解散事由出现，股东会会议通过决议修改章程使公司存续。”本题中，张某不同意修改公司章程使公司存续，可以要求公司回购其股份。因此，A 项正确。

B 项：其他股东是否购买张某的股份需要遵循自愿原则，张某无权要求其他股东购买其股份。因此，B 项错误。

C 项：《公司法》第 229 条第 1 款规定：“公司因下列原因解散：（一）公司章程规定的营业期限届满或者公司章程规定的其他解散事由出现……”第 230 条第 1 款规定：“公司有前条第一款第一项、第二项情形，且尚未向股东分配财产的，可以通过修改公司章程或者经股东会决议而存续。可以通过修改公司章程或者经股东会决议而存续。”第 232 条第 1 款规定：“公司因本法第二百二十九条第一款第一项、第二项、第四项、第五项规定而解散的，应当清算。董事为公司清算义务人，应当在解散事由出现之日起十五日内组成清算组进行清算。”据此，营业期限届满并不会导致公司的自动解散与清算，且公司正常运行，股东用其行为表达了不解散公司的意愿。在营业期届满后，未在合理期限内依法注销或依法办理存续手续，继续长时间经营的，会导致其他违法后果（如行政处罚），并不会自动解散与清算。因此，C 项错误。

D 项：虽然公司营业期限届满，但并未完全丧失其民事法律地位，在注销登记前，所产生的一切法律后果仍由公司承担。本题中，两份合同不存在无效事由则为有效。因此，D 项错误。

综上所述，本题答案为 A 项。

12 2002058

参考答案：B

解析：A 项：《公司法》第 37 条规定：“公司因解散、被宣告破产或者其他法定事由需要终止的，应当依法向公司登记机关申请注销登记，由公司登记机关公告公司终止。”第 239 条规定：“公司清算结束后，清算组应当制作清算报告，报股东会或者人民法院确认，并报送公司登记机关，申请注销公司登记。”本题中，优典公司被吊销营业执照处于解散的环节，接下来应该依法清算，对债权债务进行处理，处理完毕后，再依法申请注销，公司才最终终止。企业吊销≠注销，并不意味着公司解散后就不用承担债务清偿的责任。因此，A 项错误。

BC 项：《公司法解释（三）》第 12 条规定：“公司成立后，公司、股东或者公司债权人以相关股东的行为符合下列情形之一且损害公司权益为由，请求认定该股东抽逃出资的，人民法院应予支持：……（二）通过虚构债权债务关系将其出资转出……”第 14 条第 2 款规定：“公司债权人请求抽逃出资的股东在抽逃出资本息范围内对公司债务不能清偿的部分承担补充赔偿责任、协助抽逃出资的其他股东、董事、高级管理人员或者实际控制人对此承担连带责任的，人民法院应予支持……”本题中，甲通过虚构与悠亚公司的债权债务关系，实施了对优典公司的抽逃出资行为，其应在抽逃的 1000 万元的本息范围内对债权人乙承担补充赔偿责任。因此，B 项正确。甲对乙承担的是在抽逃出资范围内承担补充赔偿责任，并非连带责任，C 项表述的含义即为承担连带责任。因此，C 项错误。

D 项：甲最开始是向优典公司足额实缴出资的，但是甲实施了抽逃出资行为，其足额出资行为便不复存在，甲不能用曾经的合法行为来对抗现今违法行为需要承担的的责任。因此，D 项错误。

综上所述，本题答案为 B 项。

13 2002060

参考答案：B

解析：A 项：《公司法解释（二）》第 1 条第 1 款规定：“单独或者合计持有公司全部股东表决权百分之十以上的股东，以下列事由之一提起解散公司诉讼，并符合公司法第一百八十二条规定的，人民法院应予受理：（一）公司持续两年以上无法召开股东会或者股东大会，公司经营管理发生严重困难的；（二）股东表决时无法达到法定或者公司章程规定的比例，持续两年以上不能做出有效的股东会或者股东大会决议，公司经营管理发生严重困难的；（三）公司董事长期冲突，且无法通过股东会或者股东大会解决，公司经营管理发生严重困难的；（四）经营管理发生其他严重困难，公司继续存续会使股东利益受到重大损失的情形。”本题中，欣怡公司的经营管理是正常的秩序，并没有出现管理僵局，不适用强制解散的制度。因此，A项错误。（新《公司法》已将股东大会修改为股东会，原《公司法》第182条已修改为新《公司法》第231条）

B项:《公司法解释（五）》第1条第2款规定：“公司没有提起诉讼的，符合公司法第一百五十一条第一款规定条件的股东，可以依据公司法第一百五十一条第二款、第三款规定向人民法院提起诉讼。”《公司法》第189条第1款规定：“董事、高级管理人员有前条规定的情形的，有限责任公司的股东、股份有限公司连续一百八十日以上单独或者合计持有公司百分之一以上股份的股东，可以书面请求监事会向人民法院提起诉讼；监事有前条规定的情形的，前述股东可以书面请求董事会向人民法院提起诉讼。”本题中，甲作为大股东和总经理，执行职务时未能尽忠职守，通过关联交易损害了欣怡公司的合法权益，应对欣怡公司承担赔偿责任。在甲损害公司权益时，乙作为公司监事，有权以公司名义提起诉讼，要求甲对欣怡公司承担赔偿责任。因此，B项正确。（原《公司法》第151条已修改为新《公司法》第189条）

CD项:《公司法解释（五）》第1条第1款规定：“关联交易损害公司利益，原告公司依据公司法第二十一条规定请求控股股东、实际控制人、董事、监事、高级管理人员赔偿所造成的损失，被告仅以该交易已经履行了信息披露、经股东会或者股东大会同意等法律、行政法规或者公司章程规定的程序为由抗辩的，人民法院不予支持。”本题中，甲通过关联交易损害了欣怡公司的合法权益，应当依法承担赔偿责任，甲不能以该交易已经履行了信息披露、经股东会同意等为由抗辩。因此，CD项错误。（新《公司法》已将股东大会修改为股东会，原《公司法》第21条已修改为新《公司法》第22条）

综上所述，本题答案为B项。

14 1303028

参考答案：C

解析：A项:《公司法》第26条规定：“公司股东会、董事会的会议召集程序、表决方式违反法律、行政法规或者公司章程，或者决议内容违反公司章程的，股东自决议作出之日起六十日内，可以请求人民法院撤销。但是，股东会、董事会的会议召集程序或者表决方式仅有轻微瑕疵，对决议未产生实质影响的除外。未被通知参加股东会会议的股东自知道或者应当知道股东会决议作出之日起六十日内，可以请求人民法院撤销；自决议作出之日起一年内没有行使撤销权的，撤销权消灭。”第113条第3项规定：“股东会应当每年召开一次年会。有下列情形之一的，应当在两个月内召开临时股东会会议：（三）单独或者合计持有公司百分之十以上股份的股东请求时……”本题中，甲持股51%，持股比例超过10%，有权提议召开股东会会议。该决议不存在程序违法事由，丙无权提起撤销之诉。因此，A项错误。

B项:《公司法》第231条规定：“公司经营管理发生严重困难，继续存续会使股东利益受到重大损失，通过其他途径不能解决的，持有公司百分之十以上表决权的股东，可以请求人民法院解散公司。”《公司法解释（二）》第1条规定：“单独或者合计持有公司全部股东表决权百分之十以上的股东，以下列事由之一提起解散公司诉讼，并符合公司法第一百八十二条规定的，人民法院应予受理：（一）公司持续两年以上无法召开股东会或者股东大会，公司经营管理发生严重困难的；（二）股东表决时无法达到法定或者公司章程规定的比例，持续两年以上不能做出有效的股东会或者股东大会决议，公司经营管理发生严重困难的；（三）公司董事长期冲突，且无法通过股东会或者股东大会解决，公司经营管理发生严重困难的；（四）经营管理发生其他严重困难，公司继续存续会使股东利益受到重大损失的情形。股东以知情权、利润分配请求权等权益受到损害，或者公司亏损、财产不足以偿还全部债务，以及公司被吊销企业法人营业执照未进行清算等为由，提起解散公司诉讼的，人民法院不予受理。”本题中，分店仍属于公司的财产，公司决议合法有效通过，丙的利益即使受损也不符合上述提起解散之诉的条件，法院不予受理。因此，B项错误。（新《公

司法》已将股东大会修改为股东会，原《公司法》第 182 条已修改为新《公司法》第 231 条）

C 项:《公司法》第 89 条第 1 款第 2 项规定:“有下列情形之一的，对股东会该项决议投反对票的股东可以请求公司按照合理的价格收购其股权：……（二）公司合并、分立、转让主要财产……”本题中，分店属于公司的主要财产，因此，当丙不同意股东会关于转让该分店的决议的，可以请求公司按照合理的价格收购其股权。因此，C 项正确。

D 项:《公司法解释（三）》第 17 条第 1 款规定:“有限责任公司的股东未履行出资义务或者抽逃全部出资，经公司催告缴纳或者返还，其在合理期间内仍未缴纳或者返还出资，公司以股东会决议解除该股东的股东资格，该股东请求确认该解除行为无效的，人民法院不予支持。”公司股东会只有在股东未履行出资或抽逃全部出资的情况下，才可以解除股东的股东资格。本题中，丙未有此情形，所以公司不可以丙不履行股东义务为由，以股东会决议解除其股东资格。因此，D 项错误。

综上所述，本题答案为 C 项。

【多选】

15 1902086

参考答案：A,C

解析：A 项:《公司法》第 89 条规定:“有下列情形之一的，对股东会该项决议投反对票的股东可以请求公司按照合理的价格收购其股权：……（三）公司章程规定的营业期限届满或者章程规定的其他解散事由出现，股东会会议通过决议修改章程使公司存续……”本题中，题目描述的情形为“届满续命改章程”，对此股东会决议，股东甲投反对票，作为异议股东，可以主张回购。因此，A 项正确。

B 项:《公司法》第 25 条规定:“公司股东会、董事会的决议内容违反法律、行政法规的无效。”本题中，修改公司章程属于股东会的法定职权，同时此决议并无内容违法之处，不具备无效理由。因此，B 项错误。

C 项:《公司法》第 84 条第 1 款规定:“有限责任公司的股东之间可以相互转让其全部或者部分股权。”本题中，有限公司股东之间可自由转让股权，所以只要买卖双方达成合意，甲可将股权转让给其他股东退出公司。因此，C 项正确。

D 项:《公司法》第 231 条规定:“公司经营管理发生严重困难，继续存续会使股东利益受到重大损失，通过其他途径不能解决的，持有公司百分之十以上表决权的股东，可以请求人民法院解散公司。”司法强制解散的前提是公司陷入经营管理的僵局。本题中，股东会正常召开，公司的运转机制并未失灵，不具备强制解散的前提。因此，D 项错误。

综上所述，本题答案为 AC 项。

16 1003075

参考答案：A,D

解析：A 项:《公司法》第 38 条规定:“公司设立分公司，应当向公司登记机关申请登记，领取营业执照。”因此，A 项正确。

BD 项:《公司法》第 37 条规定:“公司因解散、被宣告破产或者其他法定事由需要终止的，应当依法向公司登记机关申请注销登记，由公司登记机关公告公司终止。”第 239 条规定:“公司清算结束后，清算组应当制作清算报告，报股东会或者人民法院确认，并报送公司登记机关，申请注销公司登记。”本题中，企业被吊销营业执照后，并没有立即丧失主体资格，应当先进行清算，清算后要办理注销登记，注销登记之后才丧失主体资格。因此，B 项错误。虽然公司因为合并、分立导致的注销，不需要经过清算，但是就原则而言，是应清算才能注销登记的。因此，D 项正确。

C 项:《公司法》第 9 条规定:“公司的经营范围由公司章程规定。公司可以修改公司章程，变更经营范围。公司的经营范围中属于法律、行政法规规定须经批准的项目，应当依法经过批准。”本题中，企业改变经营范围改变无需办理变更登记。因此，C 项错误。

综上所述，本题答案为 AD 项。

（注意：根据司法部答案为 ACD，C 项由于法条修改为公司经营范围无需登记，本题 D 项有不严谨的地方，大家知晓该知识点即可。）

二、模拟训练

17 62106129

参考答案：A,C

解析：A 项：《公司法》第 15 条第 2 款规定："公司为公司股东或者实际控制人提供担保的，应当经股东会决议。"《九民纪要》第 18 条规定，公司提供关联担保的，债权人应当提供证据证明其在订立合同时对股东会决议进行了审查，决议的表决程序符合《公司法》第 15 条的规定。越权担保中，相对人善意，则担保有效。本题中，顺风公司为股东顺水公司提供担保属于对内担保，担保决议须经股东会决议而非董事会决议，但建设银行审查的是董事会决议，其不能证明为善意。故顺风公司不应当向银行承担担保责任。因此，A 项正确。

B 项：《公司法解释（二）》第 4 条第 1、2 款规定："股东提起解散公司诉讼应当以公司为被告。原告以其他股东为被告一并提起诉讼的，人民法院应当告知原告将其他股东变更为第三人；原告坚持不予变更的，人民法院应当驳回原告对其他股东的起诉。"本题中，案由是"解散公司"，股东石某提起解散公司诉讼应当以公司为被告，其他股东可作为原告或第三人。因此，B 项错误。

C 项：《公司法》第 85 条规定："人民法院依照法律规定的强制执行程序转让股东的股权时，应当通知公司及全体股东，其他股东在同等条件下有优先购买权。其他股东自人民法院通知之日起满二十日不行使优先购买权的，视为放弃优先购买权。"本题中，法院强制执行马某名下的顺风公司股权时，其他股东自法院通知之日起满 20 日不行使优先购买权的，视为放弃优先购买权。因此，C 项正确。

D 项：《公司法》第 233 条第 1 款规定："公司依照前条第一款的规定应当清算，逾期不成立清算组进行清算或者成立清算组后不清算的，利害关系人可以申请人民法院指定有关人员组成清算组进行清算。人民法院应当受理该申请，并及时组织清算组进行清算。"《公司法解释（二）》第 7 条 2 款规定："有下列情形之一，债权人、公司股东、董事或其他利害关系人申请人民法院指定清算组进行清算的，人民法院应予受理：（一）公司解散逾期不成立清算组进行清算的；（二）虽然成立清算组但故意拖延清算的；（三）违法清算可能严重损害债权人或者股东利益的。"《公司法解释（二）》第 8 条第 2 款规定："清算组成员可以从下列人员或者机构中产生：（一）公司股东、董事、监事、高级管理人员；（二）依法设立的律师事务所、会计师事务所、破产清算事务所等社会中介机构；（三）依法设立的律师事务所、会计师事务所、破产清算事务所等社会中介机构中具备相关专业知识并取得执业资格的人员。"本题中，债权人春雷公司、股东刘某均可申请法院指定清算，且无顺序限制，但是，债权人春雷公司不得担任清算组成员。因此，D 项错误。

综上所述，本题答案为 AC 项。

18 62106030

参考答案：B,C

解析：A 项：《公司法解释（二）》第 2 条规定："股东提起解散公司诉讼，同时又申请人民法院对公司进行清算的，人民法院对其提出的清算申请不予受理。人民法院可以告知原告，在人民法院判决解散公司后，依据公司法第一百八十三条和本规定第七条的规定，自行组织清算或者另行申请人民法院对公司进行清算。"本题中，法院只负责审理是否"解散公司"，不会在同一案由下审理"公司如何清算"，故股东甲不能在提起解散公司之诉的同时，申请清算。因此，A 项错误。（原《公司法》第 183 条已修改为新《公司法》第 232 条）

B 项：《公司法》第 233 条第 1 款规定："公司依照前条第一款的规定应当清算，逾期不成立清算组进行清算或者成立清算组后不清算的，利害关系人可以申请人民法院指定有关人员组成清算组进行清算。人民法院应当受理该申请，并及时组织清算组进行清算。"《公司法解释（二）》第 7 条第 2 款规定："有下列情形之一，债权人、公司股东、董事或其他利害关系人申请人民法院指定清算组进行清算的，人民法院应予受理：（一）公司解散逾期不成立清算组进行清算的；（二）虽然成立清算组但故意拖延清算的；（三）违法清算可能严重损害债权人或者股东利益的。"因此，B 项正确。

C 项：《公司法解释（二）》第 15 条规定："公司自行清算的，清算方案应当报股东会或者股东大会决议确认；人民法院组织清算的，清算方案应当报人民法院确认。未经确认的清算方案，清算组不得执行。执行未经确认的清算方案给公司或者债权人造成损失，公司、股东、董事、公司其他利害关系人或者债权人主张清算组成员承担赔偿责任的，人民法院应依法予以支持。”本题中，公司制定的清算方案未经股东会确认，后造成职工损失，职工丙可要求清算组成员承担赔偿责任。因此，C 项正确。（新《公司法》已将股东大会修改为股东会）

D 项:《公司法解释（二）》第 10 条规定:“公司依法清算结束并办理注销登记前，有关公司的民事诉讼，应当以公司的名义进行。公司成立清算组的，由清算组负责人代表公司参加诉讼；尚未成立清算组的，由原法定代表人代表公司参加诉讼。”本题中，公司清算期间应当由“清算负责人”参加诉讼。因此，D 项错误。

综上所述，本题答案为 BC 项。

19 62006062

参考答案: A,C

解析: AB 项:《公司法解释（二）》第 4 条第 1、2 款规定;“股东提起解散公司诉讼应当以公司为被告。原告以其他股东为被告一并提起诉讼的，人民法院应当告知原告将其他股东变更为第三人；原告坚持不予变更的，人民法院应当驳回原告对其他股东的起诉。”本题中，欣荣公司应当是被告。因此，A 项正确。若蔡可信以股东姚文钦为被告，法院应当告知其将姚文钦列为第三人，只有当蔡可信坚持不予变更时才应当驳回对姚文钦的起诉，而非直接驳回所有起诉。因此，B 项错误。

C 项:《公司法解释（二）》第 5 条第 2 款规定:“经人民法院调解公司收购原告股份的，公司应当自调解书生效之日起六个月内将股份转让或者注销。股份转让或者注销之前，原告不得以公司收购其股份为由对抗公司债权人。”本题中，蔡可信在股份转让之后可以以此对抗公司债权人，在转让之前不可以对抗。因此，C 项正确。

D 项:《公司法解释（二）》第 3 条规定:“股东提起解散公司诉讼时，向人民法院申请财产保全或者证据保全的，在股东提供担保且不影响公司正常经营的情形下，人民法院可予以保全。”本题中，若蔡可信提起解散公司诉讼时，向法院申请证据保全的，在股东提供担保且不影响公司正常经营的情形下，法院可以进行保全。因此，D 项错误。

综上所述，本题答案为 AC 项。

20 62406019

参考答案: B

解析: A 项:《公司法》第 232 条第 1 款规定:“公司因本法第二百二十九条第一款第一项、第二项、第四项、第五项规定而解散的，应当清算。董事为公司清算义务人，应当在解散事由出现之日起十五日内组成清算组进行清算。”本题中，股东不是清算义务人，应当由董事负责相关清算事务。因此，A 项错误。

B 项:《公司法》第 233 条规定:“公司依照前条第一款的规定应当清算，逾期不成立清算组进行清算或者成立清算组后不清算的，利害关系人可以申请人民法院指定有关人员组成清算组进行清算。人民法院应当受理该申请，并及时组织清算组进行清算。公司因本法第二百二十九条第一款第四项的规定而解散的，作出吊销营业执照、责令关闭或者撤销决定的部门或者公司登记机关，可以申请人民法院指定有关人员组成清算组进行清算。”第 229 条第 1 款第 4 项提到的是公司被行政解散的情形，被行政解散的公司，逾期成立清算组时，作出处罚决定的部门有权申请法院指定清算。因此，B 项正确。

CD 项:《公司法》第 241 条第 1 款规定:“公司被吊销营业执照、责令关闭或者被撤销，满三年未向公司登记机关申请注销公司登记的，公司登记机关可以通过国家企业信用信息公示系统予以公告，公告期限不少于六十日。公告期限届满后，未有异议的，公司登记机关可以注销公司登记。”本题中，觉佳公司因非法经营被公司登记机关吊销营业执照、责令关闭，在注销之前应先行公告，公告后无异议的，才能注销。因此，C 项错误。若三年后，觉佳公司仍未申请注销，也需要通过公告后方可注销。因此，D 项错误。

综上所述，本题答案为 B 项。

合伙企业法

第一章 普通合伙企业

参考答案

[1]C	[2]B	[3]A	[4]ACD	[5]AC
[6]AC	[7]AC	[8]BD	[9]AB	[10]ABC
[11]C	[12]CD	[13]CD	[14]B	[15]B
[16]CD	[17]BD	[18]C	[19]C	[20]AB
[21]ACD	[22]BC	[23]CD	[24]ABD	[25]BCD
[26]AB	[27]D	[28]D	[29]C	[30]C
[31]B	[32]B	[33]BC	[34]AC	[35]ABCD
[36]BD	[37]AD	[38]D	[39]C	[40]D
[41]BCD	[42]ABCD			

一、历年真题及仿真题

（一）普通合伙企业的设立

【单选】

1 1303030

参考答案：C

解析：A 项：《合伙企业法》第 2 条第 1 款："本法所称合伙企业，是指自然人、法人和其他组织依照本法在中国境内设立的普通合伙企业和有限合伙企业。"据此，合伙企业的投资人包括自然人、法人和其他组织。因此，A 项错误。

B 项：《合伙企业法》第 2 条第 2、3 款："普通合伙企业由普通合伙人组成，合伙人对合伙企业债务承担无限连带责任。本法对普通合伙人承担责任的形式有特别规定的，从其规定。……有限合伙人以其认缴的出资额为限对合伙企业债务承担责任。"据此，如果是有限合伙人，其仅承担有限责任，而非无限责任。因此，B 项错误。

CD 项：当个人独资企业增加投资人且投资人符合《合伙企业法》所要求的条件时，可申请变更登记为普通合伙企业。反之，如果合伙企业只剩下一个合伙人时，合伙企业也可以转化为个人独资企业。因此，C 项正确，D 项错误。

综上所述，本题答案为 C 项。

2 1103029

参考答案：B

解析：A 项：《合伙企业法》第 16 条第 1 款规定："合伙人可以用货币、实物、知识产权、土地使用权或者其他财产权利出资，也可以用劳务出资。"本题中，甲乙、丙、丁打算设立一家普通合伙企业，各合伙人可以以劳务出资。因此，A 项错误。

B 项：《合伙企业法》第 17 条第 2 款规定："以非货币财产出资的，依照法律、行政法规的规定，需要办理财产权转移手续的，应当依法办理。"本题中，乙仅以其房屋使用权作为出资，并不涉及所有权转移，不必办理产权过户登记。因此，B 项正确。

C 项：私营企业可以使用投资人姓名作字号。因此，C 项错误。

D 项：《合伙企业法》第 19 条第 1 款规定："合伙协议经全体合伙人签名、盖章后生效。合伙人按照合伙协议享有权利，履行义务。"本题中，合伙协议生效不需要登记。因此，D 项错误。

综上所述，本题答案为 B 项。

（二）合伙事务的决议与执行

【单选】

3 1103030

参考答案：A

解析：AB 项：《合伙企业法》第 27 条规定："依照本法第二十六条第二款规定委托一个或者数个合伙人执行合伙事务的，其他合伙人不再执行合伙事务。不执行合伙事务的合伙人有权监督执行事务合伙人执行合伙事务的情况。"本题中，经全体合伙人会议决定，委托赵与钱执行合伙事务，则其他合伙人不再执行合伙事务，但是不执行合伙事务的孙、李有权监督赵、钱执行合伙事务的情况。因此，A 项错误，当选；B 项正确，不当选。

CD 项：《合伙企业法》第 29 条规定："合伙人分别执行合伙事务的，执行事务合伙人可以对其他合伙人执行的事务提出异议。提出异议时，应当暂停该项事务的执行。如果发生争议，依照本法第三十条规定作出决定。受委托执行合伙事务的合伙人不按照合伙协议或者全体合伙人的决定执行事务的，其他合伙人可以决定撤销该委托。”本题中，赵和钱均为执行事务合伙人，因此钱可对赵执行的事务提出异议；赵违反合伙协议，其他合伙人可以决定撤销该委托。因此，CD 项正确，不当选。

综上所述，本题为选非题，答案为 A 项。

【多选】

4 2302040

参考答案：A,C,D

解析：A 项：《合伙企业法》第 29 条第 2 款规定："受委托执行合伙事务的合伙人不按照合伙协议或者全体合伙人的决定执行事务的，其他合伙人可以决定撤销该委托。”本题中，执行人甲并不存在不按照合伙协议执行事务或者违反全体合伙人决定的行为，故乙丙无权解除甲的执行权。因此，A 项错误，当选。

B 项：《合伙企业法》第 31 条规定："除合伙协议另有约定外，合伙企业的下列事项应当经全体合伙人一致同意：……（三）处分合伙企业的不动产；……”本题中，丙欲处置企业房产，须经甲乙丙一致同意。因此，B 项正确，不当选。

C 项：《合伙企业法》第 21 条第 2 款规定："合伙人在合伙企业清算前私自转移或者处分合伙企业财产的，合伙企业不得以此对抗善意第三人。”本题中，未经甲同意，丙即处置企业房产的，构成无权处分，此时若丁系善意第三人，则丁可以取得房产，若丁非善意第三人，则丁不能取得房产。因此，结论过于绝对，C 项错误，当选。

D 项：《合伙企业法》第 32 条第 2 款规定："除合伙协议另有约定或者经全体合伙人一致同意外，合伙人不得同本合伙企业进行交易。”本题中，甲不能直接与合伙企业进行交易。因此，D 项错误，当选。

综上所述，本题为选非题，答案为 ACD 项。

5 2002131

参考答案：A,C

解析：A 项：《合伙企业法》第 11 条规定："合伙企业的营业执照签发日期，为合伙企业成立日期。合伙企业领取营业执照前，合伙人不得以合伙企业名义从事合伙业务。”因此，A 项正确。

BD 项：《合伙企业法》第 37 条规定："合伙企业对合伙人执行合伙事务以及对外代表合伙企业权利的限制，不得对抗善意第三人。”本题中，合伙企业约定了甲为事务执行人，则乙无权对外代表合伙企业，但该内部限制不得对抗善意第三人，即乙以合伙企业的名义对外签订合同，若没有出现法定的无效事由，合同有效。因此，BD 项错误。

C 项：《合伙企业法》第 39 条规定："合伙企业不能清偿到期债务的，合伙人承担无限连带责任。”本题中，当欣欣贸易商行不能清偿时，债权人丁公司可主张普通合伙人甲、乙对企业不能清偿的部分承相连带责任。因此，C 项正确。

综上所述，本题答案为 AC 项。

6 1902050

参考答案：A,C

解析：A 项：合伙企业强调人合性和合伙人自治，故增资比例可由全体合伙人协商决定，而非必须按照原出资比例认缴。因此，A 项正确。

BCD 项：《合伙企业法》第 34 条规定："合伙人按照合伙协议的约定或者经全体合伙人决定，可以增加或者减少对合伙企业的出资。”据此，在合伙协议没有特殊约定的情况下，增资事宜需经全体合伙人一致决定。因此，BD 项错误，C 项正确。

综上所述，本题答案为 AC 项。

7 1902051

参考答案：A,C

解析：AC 项：《合伙企业法》第 31 条规定："除合伙协议另有约定外，合伙企业的下列事项应当经全体合伙人一致同意：……（三）处分合伙企业的不动产……（六）聘任合伙人以外的人担任合伙企业的经营管理人员。”本题中，用合伙企业的店面设定抵押系处分合伙企业不动产的行为，依法应经全体合伙人一致同意，小黄作为经营管理人员无权实施此行为。郭蓉作为合伙协议约定的合伙事务执行人并无单独决定聘请经营管理人员的权利，其越权聘任的情形被王倩知情后，王倩未表态视为对此聘任结果的追认，故此时的聘任生效。因此，AC 项正确。

BD 项：更换大厨和服务员以及借款均属于合伙企业正常的经营事务，无法定特殊情形，小黄作为经营管理人员被授权全权负责火锅店的运营事务，有权代表合伙企业实施此行为。因此，BD 项错误。

综上所述，本题答案为 AC 项。

8 1403073

参考答案：B,D

解析：AB 项：《合伙企业法》第 26 条第 2 款规定："按照合伙协议的约定或者经全体合伙人决定，可以委托一个或者数个合伙人对外代表合伙企业，执行合伙事务。"《合伙企业法》第 27 条规定："依照本法第二十六条第二款规定委托一个或者数个合伙人执行合伙事务的，其他合伙人不再执行合伙事务。不执行合伙事务的合伙人有权监督执行事务合伙人执行合伙事务的情况。"本题中，合伙协议约定赵某和钱某负责合伙事务后，孙某、李某、周某无权执行合伙事务，但有权监督。因此，A 项错误，B 项正确。

CD 项：《合伙企业法》第 29 条第 1 款规定："合伙人分别执行合伙事务的，执行事务合伙人可以对其他合伙人执行的事务提出异议。提出异议时，应当暂停该项事务的执行……"本题中，周某并不是执行事务合伙人，不享有异议权；钱某是执行事务合伙人，享有异议权。因此，C 项错误，D 项正确。

综上所述，本题答案为 BD 项。

9 1303072

参考答案：A,B

解析：AB 项：《合伙企业法》第 26 条规定："合伙人对执行合伙事务享有同等的权利。按照合伙协议的约定或者经全体合伙人决定，可以委托一个或者数个合伙人对外代表合伙企业，执行合伙事务。作为合伙人的法人、其他组织执行合伙事务的，由其委派的代表执行。"据此，合伙协议没有约定时，合伙人对执行合伙事务享有同等的权利。甲等四人也可决定任命丙为该企业的对外签约权人。因此，AB 项正确。

C 项：《合伙企业法》第 37 条规定："合伙企业对合伙人执行合伙事务以及对外代表合伙企业权利的限制，不得对抗善意第三人。"本题中，不享有合伙事务执行权的合伙人以企业名义对外签订的合同并非一律无效。因此，C 项错误。

D 项：《合伙企业法》第 31 条第 6 项规定："除合伙协议另有约定外，合伙企业的下列事项应当经全体合伙人一致同意：……（六）聘任合伙人以外的人担任合伙企业的经营管理人员。"据此，经营管理人应当为合伙人以外的人。因此，D 项错误。

综上所述，本题答案为 AB 项。

【不定项】

10 1802092

参考答案：A,B,C

解析：AD 项：《合伙企业法》第 31 条规定："除合伙协议另有约定外，合伙企业的下列事项应当经全体合伙人一致同意：（一）改变合伙企业的名称；（二）改变合伙企业的经营范围、主要经营场所的地点；（三）处分合伙企业的不动产；（四）转让或者处分合伙企业的知识产权和其他财产权利；（五）以合伙企业名义为他人提供担保；（六）聘任合伙人以外的人担任合伙企业的经营管理人员。"本题中，谭某属于合伙人以外的人，聘任谭某担任经理根据《合伙企业法》第 31 条第 6 项的规定，在合伙协议没有约定的情况下，需要经过全体合伙人一致同意。因此，A 项正确。改变合伙企业的经营范围根据《合伙企业法》第 31 条第 2 项的规定应当经全体合伙人一致同意，谭某作为合伙企业的经营管理人员无权单独决定。因此，D 项错误。

B 项：经理作为由合伙企业聘用的经营管理人员，其职权的行使来源于合伙企业对其职务范围内的授权，在获得授权后谭某有权在授权范围内从事相应的经营活动，因此二者的关系可以类推适用委托代理法律关系。因此，B 项正确。

C 项：《合伙企业法》第 35 条第 1 款规定："被聘任的合伙企业的经营管理人员应当在合伙企业授权范围内履行职务。"本题中，谭某在其职权范围内以合伙企业名义对外签订合同是合法有效的。因此，C 项正确。

综上所述，本题答案为 ABC 项。

11 1503092

参考答案：C

解析：A 项：《合伙企业法》第 26 条第 1、2 款规定："合伙人对执行合伙事务享有同等的权利。按照合伙协议的约定或者经全体合伙人决定，可以委托一个或者数个合伙人对外代表合伙企业，执行合伙事务。"《合伙企业法》第 27 条第 1 款规定："依照本法第二十六条第二款规定委托一个或者数个合伙人执行合伙事务的，其他合伙人不再执行合伙事务。" 本题中，由于该合伙企业没有委托单个合伙人执行合伙事务，故甲、乙、丙均有权执行合伙事务（注意，甲只是负责资金，不是执行合伙事务）。且甲、乙二人将合伙企业的资金用作炒股，不是必须全体合伙人一致同意的事项，因此为有权处分。因此，A 项错误。

B 项：《合伙企业法》第 31 条第 2 项规定："除合伙协议另有约定外，合伙企业的下列事项应当经全体合伙人一致同意：……（二）改变合伙企业的经营范围、主要经营场所的地点；……""经营范围"主要是指企业可以从事的生产经营与服务项目。改变经营范围一定是先有"范围"，再有"改变"。本题中，甲、乙只是将合伙企业资金用于炒股，不能体现其有"改变经营范围"的事实。因此，B 项错误。

C 项："就委托投资失败，甲、乙应负连带赔偿责任"。此处的确有争议。合伙事务执行人甲、乙执行合伙事务，应当对合伙企业和其他合伙人负有忠实勤勉义务，如果因故意或重大过失造成损失的，应当承担赔偿责任。而连带责任在法律规定上是非常严格的，一般只有法律规定，才应当承担。本题到底能不能看出甲、乙有故意或重大过失，在没有过多描述的情况下，可能说连带责任有点不适宜。但在 ABD 项均明显错误的情况下，只有 C 项为最佳选择（这里不是说没有经过合伙人一致同意才承担责任，因为前面已经说了，甲、乙有权去投资，只是没尽到勤勉尽责义务，才应承担责任）。

D 项：投资有风险，入市须谨慎。受托的投资机构不对投资人的投资风险承担赔偿责任。因此，D 项错误。

综上所述，本题答案为 C 项。

12 1403092

参考答案：C,D

解析：AB 项：《合伙企业法》第 26 条第 2 款规定："按照合伙协议的约定或者经全体合伙人决定，可以委托一个或者数个合伙人对外代表合伙企业，执行合伙事务。" 据此，合伙企业可以通过合伙人决议，决定或者取消一个或数个合伙人对外代表合伙企业执行事务的权利。因此，AB 项错误。

CD 项：《合伙企业法》第 37 条规定："合伙企业对合伙人执行合伙事务以及对外代表合伙企业权利的限制，不得对抗善意第三人。" 本题中，合伙人决议作出的对张某对外签约权的限制有效，张某对外签约的标的额超过 3 万元时，须事先征得王某、田某、朱某的同意，但该限制不得对抗善意第三人。因此，CD 项正确。

综上所述，本题答案为 CD 项。

13 1103094

参考答案：C,D

解析：AB 项：《合伙企业法》第 31 条规定："除合伙协议另有约定外，合伙企业的下列事项应当经全体合伙人一致同意：（一）改变合伙企业的名称；（二）改变合伙企业的经营范围、主要经营场所的地点；（三）处分合伙企业的不动产；（四）转让或者处分合伙企业的知识产权和其他财产权利；（五）以合伙企业名义为他人提供担保；（六）聘任合伙人以外的人担任合伙企业的经营管理人员。" 因此，A 项意味着扩大经营范围、B 项意味着处分合伙企业财产，皆须经全体合伙人一致同意，林某不得单独做主。因此，AB 项错误。

CD 项：法律没有对 CD 项中所规定的事项进行限制，且林某为经营管理者身份，有权决定和执行合伙企业的日常经营事务。因此，CD 项正确。

综上所述，本题答案为 CD 项。

14 1103093

参考答案：B

解析：AD 项：《合伙企业法》第 31 条规定："除合伙协议另有约定外，合伙企业的下列事项应当经全体合伙人一致同意：（一）改变合伙企业的名称；……（六）聘任合伙人以外的人担任合伙企业的经营管理人员。”本题中，合伙协议并不存在另外约定，更改企业名称和聘任企业之外的人经营管理都需要经全体合伙人同意。因此，AD项错误。

B项：《合伙企业法》第30条规定：“合伙人对合伙企业有关事项作出决议，按照合伙协议约定的表决办法办理。合伙协议未约定或者约定不明确的，实行合伙人一人一票并经全体合伙人过半数通过的表决办法。本法对合伙企业的表决办法另有规定的，从其规定。”本题中，合伙协议并不存在另外约定，暂停营业并不属于需要全票表决的事项，经全体合伙人过半数通过而有效。因此，B项正确。

C项：《合伙企业法》第32条第2款规定：“除合伙协议另有约定或者经全体合伙人一致同意外，合伙人不得同本合伙企业进行交易。”本题中，由于合伙协议并不存在另外约定，未经全体合伙人一致同意，禁止合伙人的自我交易行为。因此，C项错误。

综上所述，本题答案为B项。

（三）财产与损益分配

【单选】

15 1003034

参考答案：B

解析：ABCD项：《合伙企业法》第33条第1款规定：“合伙企业的利润分配、亏损分担，按照合伙协议的约定办理；合伙协议未约定或者约定不明确的，由合伙人协商决定；协商不成的，由合伙人按照实缴出资比例分配、分担；无法确定出资比例的，由合伙人平均分配、分担。”据此，B项表述符合规定。因此，ACD项错误，B项正确。

综上所述，本题答案为B项。

【多选】

16 2202125

参考答案：C,D

解析：AB项：《合伙企业法》第22条第2款规定：“合伙人之间转让在合伙企业中的全部或者部分财产份额时，应当通知其他合伙人。”本题中，甲将一半份额转让给其他合伙人，仅须通知，而无须征求其他合伙人意见。因此，AB项错误。

C项：《合伙企业法》第22条第1款规定：“除合伙协议另有约定外，合伙人向合伙人以外的人转让其在合伙企业中的全部或者部分财产份额时，须经其他合伙人一致同意。”本题中，甲将一半份额转让给合伙人以外的人，必须经全体合伙人一致同意，否则无效。因此，C项正确。

D项：《合伙企业法》第23条规定：“合伙人向合伙人以外的人转让其在合伙企业中的财产份额的，在同等条件下，其他合伙人有优先购买权；但是，合伙协议另有约定的除外。”本题中，甲将一半份额转让给合伙人以外的人，其他合伙人在同等条件下享有优先购买权。因此，D项正确。

综上所述，本题答案为CD项。

【不定项】

17 1503093

参考答案：B,D

解析：A项：合伙人以土地、房屋、商标、专利等使用权出资的，仍享有所有权，合伙企业只享有使用权和管理权，不要求必须转移所有权。因此，乙仍然是出资房屋的所有权人，其将房屋变现并过户给丁的行为系有权处分。因此，A项错误。

B项：《民法典》第208条规定：“不动产物权的设立、变更、转让和消灭，应当依照法律规定登记。……”本题中，乙出卖房屋的行为系有权处分，且丁已支付对价并办理完过户登记手续，故丁取得了房屋所有权。因此，B项正确。

C项：丁既已取得物权，则其为所有权人。合伙企业此时的占有相对于丁而言构成无权占有，故丁有权要求合伙企业搬出房屋。因此，C项错误。

D项：《合伙企业法》第103条第1款规定：“合伙人违反合伙协议的，应当依法承担违约责任。”本题中，乙向合伙企业出资的是房屋使用权，合伙企业有权占有、使用该房屋。但因乙擅自转让房屋所有权给丁，导致合伙企业使用房屋的目的不能实现，对合伙企业构成违约。因此，合伙企业有权要求乙承担违约责任。因此，D项正确。

综上所述，本题答案为BD项。

（四）普通合伙与第三人的关系

【单选】

18 2302025

参考答案：C

解析：A 项：《合伙企业法》第 25 条规定："合伙人以其在合伙企业中的财产份额出质的，须经其他合伙人一致同意；未经其他合伙人一致同意，其行为无效，由此给善意第三人造成损失的，由行为人依法承担赔偿责任。"本题中，丙将份额出质给 C 公司，应当经甲乙丁戊四人同意，仅甲乙同意的，出质行为无效，C 不能取得质权。因此，A 项错误。

B 项：《合伙企业法》第 37 条规定："合伙企业对合伙人执行合伙事务以及对外代表合伙企业权利的限制，不得对抗善意第三人。"本题中，合伙协议对合伙事务的执行有明确规定，即须由甲乙共同处理，现甲单独签订合同，已构成越权代表。此时，若 A 公司知情，合伙企业能够对抗，无需承担责任；若 A 公司不知情，合伙企业不得对抗，需承担责任。因此，结论过于绝对，B 项错误。

C 项：《合伙企业法》第 29 条第 2 款规定："受委托执行合伙事务的合伙人不按照合伙协议或者全体合伙人的决定执行事务的，其他合伙人可以决定撤销该委托。"本题中，甲违背合伙协议的约定，擅自执行合伙企业事务，故其他合伙人可以决定撤销其执行人资格。因此，C 项正确。

D 项：《合伙企业法》第 29 条第 1 款规定："合伙人分别执行合伙事务的，执行事务合伙人可以对其他合伙人执行的事务提出异议。提出异议时，应当暂停该项事务的执行。如果发生争议，依照本法第三十条规定作出决定。"据此，享有异议权的主体一定得是执行事务合伙人，而本题中，丙并不具备该身份，其无权提出异议。因此，D 项错误。

综上所述，本题答案为 C 项。

19 1802022

参考答案：C

解析：A 项：《合伙企业法》第 42 条第 1 款规定："合伙人的自有财产不足清偿其与合伙企业无关的债务的，该合伙人可以以其从合伙企业中分取的收益用于清偿；债权人也可以依法请求人民法院强制执行该合伙人在合伙企业中的财产份额用于清偿。"本题中，甲向丁借款 100 万元，属于甲的个人债务，与合伙企业无关，应当先用甲的自有财产清偿，当甲的自有财产无法清偿其个人负债时，甲可以其从合伙企业中分取的收益用于清偿；债权人也可以依法请求人民法院强制执行甲在合伙企业中的财产份额用于清偿。但合伙人从合伙企业中分取的收益不等于合伙企业的盈利，合伙企业的盈利属于全体合伙人的共同利益，不可以用来清偿个别合伙人的个人负债。因此，A 项错误。

BD 项：《合伙企业法》第 42 条第 2 款规定："人民法院强制执行合伙人的财产份额时，应当通知全体合伙人，其他合伙人有优先购买权；其他合伙人未购买，又不同意将该财产份额转让给他人的，依照本法第五十一条的规定为该合伙人办理退伙结算，或者办理削减该合伙人相应财产份额的结算。"本题中，丁向法院申请强制执行合伙人甲的财产份额时，应当通知全体合伙人，其他合伙人享有优先购买权，而不是要经过其他合伙人的一致同意。因此，B 项错误。同时，如果其他合伙人不购买又不同意转让的，要么为该合伙人办理退伙结算，要么相应削减其合伙份额，而非推定其他合伙人同意转让。因此，D 项错误。

C 项：合伙企业具有较强的人合性特点，其他合伙人基于意思自治，可自愿代为清偿。因此，C 项正确。

综上所述，本题答案为 C 项。

【多选】

20 1503071

参考答案：A,B

解析：AB 项：《合伙企业法》第 42 条第 1 款规定："合伙人的自有财产不足清偿其与合伙企业无关的债务的，该合伙人可以以其从合伙企业中分取的收益用于清偿；债权人也可以依法请求人民法院强制执行该合伙人在合伙企业中的财产份额用于清偿。"本题中，顾谐可以主张以刘璋从合伙企业中所分取的收益来清偿债务，也可以请求法院对刘璋在合伙企业中的财产份额进行强制执行。因此，AB 项正确。

CD 项：《合伙企业法》第 42 条第 2 款规定："人民法院强制执行合伙人的财产份额时，应当通知全体合伙人，其他合伙人有优先购买权；其他合伙人未购买，又不同意将该财产份额转让给他人的，依照本法第五十一条的规定为该合伙人办理退伙结算，或者办理削减该合伙人相应财产份额的结算。"本题中，对刘璋的合伙份额进行强制执行时，其他合伙人有优先购买权；顾谐不可以直接向合伙企业要求对刘璋进行退伙处理。因此，CD 项错误。

综上所述，本题答案为 AB 项。

21 1203072

参考答案：A,C,D

解析：ACD 项：《合伙企业法》第 42 条规定："合伙人的自有财产不足清偿其与合伙企业无关的债务的，该合伙人可以以其从合伙企业中分取的收益用于清偿；债权人也可以依法请求人民法院强制执行该合伙人在合伙企业中的财产份额用于清偿。人民法院强制执行合伙人的财产份额时，应当通知全体合伙人，其他合伙人有优先购买权；其他合伙人未购买，又不同意将该财产份额转让给他人的，依照本法第五十一条的规定为该合伙人办理退伙结算，或者办理削减该合伙人相应财产份额的结算。"本题中，王椰可以从郑桃在合伙企业中分得的利益来受偿；也可以向法院申请强制执行郑桃在合伙企业中的财产份额。当法院强制执行郑桃的财产份额时，其他合伙人周橘和吴柚享有优先购买权。因此，ACD 项正确。

B 项：《合伙企业法》第 22 条第 1 款规定："除合伙协议另有约定外，合伙人向合伙人以外的人转让其在合伙企业中的全部或者部分财产份额时，须经其他合伙人一致同意。"本题中，将合伙财产份额直接抵偿债务相当于转让合伙财产份额，郑桃必须经周橘和吴柚的一致同意后，方可将其合伙财产份额直接抵偿给王椰。因此，B 项错误。

综上所述，本题答案为 ACD 项。

【不定项】

22 1403094

参考答案：B,C

解析：A 项：《合伙企业法》第 41 条规定："合伙人发生与合伙企业无关的债务，相关债权人不得以其债权抵销其对合伙企业的债务；也不得代位行使合伙人在合伙企业中的权利。"本题中，朱某因买房向刘某借款，该笔债务的产生与合伙企业无关，因此该债务人的债权人不得来向合伙企业抵销，也不得行使合伙人在合伙企业中的权利。由此可知，刘某不得代位行使朱某在合伙企业中的权利。因此，A 项错误。

BCD 项：《合伙企业法》第 42 条第 1 款规定："合伙人的自有财产不足清偿其与合伙企业无关的债务的，该合伙人可以以其从合伙企业中分取的收益用于清偿；债权人也可以依法请求人民法院强制执行该合伙人在合伙企业中的财产份额用于清偿。"本题中，刘某作为债权人，可以主张以朱某在合伙企业中分得的收益清偿，也可请求法院对朱某在合伙企业中的财产份额进行强制执行，但没有"优先受偿权"这一说法。因此，BC 项正确，D 项错误。

综上所述，本题答案为 BC 项。

（五）入伙与退伙

【多选】

23 2102012

参考答案：C,D

解析：A 项：《合伙企业法》第 44 条第 2 款规定："新合伙人对入伙前合伙企业的债务承担无限连带责任。"本题中，于某经入伙登记成为新的普通合伙人，对入伙前合伙企业的债务承担无限连带责任。因此，A 项正确，不当选。

B 项：《合伙企业法》第 48 条第 3 款规定："退伙事由实际发生之日为退伙生效日。"第 45 条第 2 项规定："合伙协议约定合伙期限的，在合伙企业存续期间，有下列情形之一的，合伙人可以退伙：（二）经全体合伙人一致同意……"据此，针对协议退伙而言，自全体合伙人同意之日起退伙生效。本题中，2021 年 6 月 1 日决议于某退伙，在决议作出之时，退伙生效，也即退伙从2021年6月1日起生效。因此，B项正确，不当选。

C项:《合伙企业法》第53条规定:“退伙人对基于其退伙前的原因发生的合伙企业债务，承担无限连带责任。”本题中，于某退伙从2021年6月1日起生效，于某仅对基于2021年6月1日前的原因发生的债务承担无限连带责任。因此，C项错误，当选。

D项:《合伙企业法》第43条第2款规定:“订立入伙协议时，原合伙人应当向新合伙人如实告知原合伙企业的经营状况和财务状况。”本题中，其他合伙人没有如实告知于某合伙企业的经营状况存在过错。但是，合伙协议经全体合伙人签名、盖章后已经生效，且于某已经成功入伙成为合伙人，撤销合伙协议会导致其退出合伙企业。合伙人的退伙事宜应适用《合伙企业法》而非《民法典》，而法定的合同解除权仅规定于《民法典》，《合伙企业法》并未规定合伙协议撤销的相关内容。并且，如果准许合伙人不依据《合伙企业法》有关退伙、解散的特别规定退出合伙企业，还可能会损害其他合伙人、合伙企业和合伙企业债权人的权益。因此，于某不得主张撤销合伙协议，但其遭受的损失可向其他合伙人追偿。因此，D项错误，当选。

综上所述，本题为选非题，答案为CD项。

24 1303071

参考答案:A,B,D

解析:A项：因为甲为无民事行为能力人，不管丁是否知情，合同都无效。这里不考虑善意第三人问题，这是合同最基本的效力问题，无民事行为能力人订立的合同绝对无效。因此，A项错误，当选。

B项:《合伙企业法》第49条规定:“合伙人有下列情形之一的，经其他合伙人一致同意，可以决议将其除名:(一)未履行出资义务;(二)因故意或者重大过失给合伙企业造成损失;(三)执行合伙事务时有不正当行为;(四)发生合伙协议约定的事由。对合伙人的除名决议应当书面通知被除名人。被除名人接到除名通知之日，除名生效，被除名人退伙。被除名人对除名决议有异议的，可以自接到除名通知之日起三十日内，向人民法院起诉。”本题中，甲丧失行为能力不是法定除名退伙的原因。因此，B项错误，当选。

C项:《合伙企业法》第48条第2款规定:“合伙人被依法认定为无民事行为能力人或者限制民事行为能力人的，经其他合伙人一致同意，可以依法转为有限合伙人，普通合伙企业依法转为有限合伙企业。其他合伙人未能一致同意的，该无民事行为能力或者限制民事行为能力的合伙人退伙。”本题中，经全体合伙人一致同意，可以将甲转为有限合伙人。因此，C项正确，不当选。

D项:《合伙企业法》第48条第3款规定:“退伙事由实际发生之日为退伙生效日。”故退伙时间不是法院判决生效之日，法院判决其为无民事行为能力人并不会导致其当然退伙。这里的退伙事由发生之日是其他合伙人未达成一致决议允许其转为有限合伙人之日，不是判决生效之日。因此，D项错误，当选。

综上所述，本题为选非题，答案为ABD项。

25 1103071

参考答案:B,C,D

解析:ABC项:《合伙企业法》第50条规定:“合伙人死亡或者被依法宣告死亡的，对该合伙人在合伙企业中的财产份额享有合法继承权的继承人，按照合伙协议的约定或者经全体合伙人一致同意，从继承开始之日起，取得该合伙企业的合伙人资格。有下列情形之一的，合伙企业应当向合伙人的继承人退还被继承合伙人的财产份额:(一)继承人不愿意成为合伙人;(二)法律规定或者合伙协议约定合伙人必须具有相关资格，而该继承人未取得该资格;(三)合伙协议约定不能成为合伙人的其他情形。合伙人的继承人为无民事行为能力人或者限制民事行为能力人的，经全体合伙人一致同意，可以依法成为有限合伙人，普通合伙企业依法转为有限合伙企业。全体合伙人未能一致同意的，合伙企业应当将被继承合伙人的财产份额退还该继承人。”本题中，欧某作为吴某的唯一继承人，其对吴某生前合伙人资格的继承由《合伙企业法》明文规定，上述条款并未赋予合伙人之外的相关人员干涉权，欧某是否能成为合伙人，取决于合伙人的意思；B 项对应（二），C 项属于未经全体合伙人一致同意。因此，A 项错误，BC 项正确。

D 项：欧某为无民事行为能力人，经全体合伙人一致同意，可以依法成为有限合伙人，普通合伙企业依法转为有限合伙企业。全体合伙人未能一致同意的，合伙企业应当将被继承合伙人的财产份额退还该继承人。因此，欧某不能通过继承而成为普通合伙人。因此，D 项正确。

综上所述，本题答案为 BCD 项。

（六）特殊普通合伙企业

【多选】

26 1503072

参考答案：A,B

解析：A 项：《合伙企业法》第 58 条规定："合伙人执业活动中因故意或者重大过失造成的合伙企业债务，以合伙企业财产对外承担责任后，该合伙人应当按照合伙协议的约定对给合伙企业造成的损失承担赔偿责任。"本题中，因曾君、郭昌二人重大过失造成的债务，由该律师事务所先承担赔偿责任，再按照合伙协议向二人追偿。因此，A 项正确。

BCD 项：《合伙企业法》第 57 条第 1 款规定："一个合伙人或者数个合伙人在执业活动中因故意或者重大过失造成合伙企业债务的，应当承担无限责任或者无限连带责任，其他合伙人以其在合伙企业中的财产份额为限承担责任。"本题中，曾君、郭昌二人均应承担无限连带责任，其他合伙人以其在合伙企业中的财产份额为限承担有限责任。因此，B 项正确，CD 项错误。

综上所述，本题答案为 AB 项。

（七）综合知识点

【单选】

27 2202066

参考答案：D

解析：《电子商务法》第 9 条第 1 款、第 10 条规定，电子商务经营者为自然人、法人和非法人组织，并应当依法办理登记。本题中，甲、乙、丙三人共同出资、共同经营、共负盈亏，共担风险的网店应属于普通合伙性质。

A 项：《合伙企业法》第 46 条规定："合伙协议未约定合伙期限的，合伙人在不给合伙企业事务执行造成不利影响的情况下，可以退伙，但应当提前三十日通知其他合伙人。"本题中，若合伙协议并未约定合伙期限，甲退伙，提前三十天通知乙、丙即可，无需征得同意。因此，A 项错误。

B 项：《合伙企业法》第 11 条规定："合伙企业的营业执照签发日期，为合伙企业成立日期。合伙企业领取营业执照前，合伙人不得以合伙企业名义从事合伙业务。"本题中，在领取营业执照后，甲、乙、丙都能以企业的名义从事业务活动。因此，B 项错误。

C 项：《民法典》第 971 条规定："合伙人不得因执行合伙事务而请求支付报酬，但是合伙合同另有约定的除外。"本题中，如果合伙合同另有约定，合伙人是可以领取报酬的。因此，C 项过于绝对，错误。

D 项：《合伙企业法》第 25 条规定："合伙人以其在合伙企业中的财产份额出质的，须经其他合伙人一致同意；未经其他合伙人一致同意，其行为无效，由此给善意第三人造成损失的，由行为人依法承担赔偿责任。"本题中，甲以其权益即财产份额设立质权的，需要征得乙和丙的同意。因此，D 项正确。

综上所述，本题答案为 D 项。

28 2202068

参考答案：D

解析：AB 项：《合伙企业法》第 49 条第 1、2 款规定："合伙人有下列情形之一的，经其他合伙人一致同意，可以决议将其除名：（一）未履行出资义务……对合伙人的除名决议应当书面通知被除名人。被除名人接到除名通知之日，除名生效，被除名人退伙。"本案中，因丁不履行出资义务，甲、乙、丙可一致同意将其除名，书面通知到达之日，除名生效，即丁的退伙时间应当为 2022 年 6 月 2 日。因此，A 项错误。丁已于 2022 年 6 月 2 日被除名退伙，无权对戊的入伙发表意见。因此，B 项错误。

C 项:《合伙企业法》第 53 条规定:“退伙人对基于其退伙前的原因发生的合伙企业债务，承担无限连带责任。”本案中，该合伙企业向张三借款发生于丁退伙前，丁应当承担无限连带责任，而非以其未履行的出资为限的有限责任。因此，C 项错误。

D 项:《合伙企业法》第 44 条规定:“入伙的新合伙人与原合伙人享有同等权利，承担同等责任。入伙协议另有约定的，从其约定。新合伙人对入伙前合伙企业的债务承担无限连带责任。”本案中，戊作为新加入的普通合伙人，应对入伙前的债务承担无限连带责任。因此，D 项正确。

综上所述，本题答案为 D 项。

29 2102018

参考答案:C

解析:A 项:《合伙企业法》第 37 条规定:“合伙企业对合伙人执行合伙事务以及对外代表合伙企业权利的限制，不得对抗善意第三人。”本题中，合伙企业对甲、乙权利的限制不得对抗善意第三人银行，合伙企业与银行签订的《保证合同》有效。因此，A 项错误。

BD 项:《合伙企业法》第 39 条规定:“合伙企业不能清偿到期债务的，合伙人承担无限连带责任。”据此，在担保合同有效的情况下，合伙企业需承担担保责任。合伙企业的财产不足以清偿的，再由全体合伙人甲、乙、丙、丁承担连带责任。因此，BD 项错误。

C 项:《合伙企业法》第 31 条第 5 项规定:“除合伙协议另有约定外，合伙企业的下列事项应当经全体合伙人一致同意:……(五)以合伙企业名义为他人提供担保;……”第 97 条规定:“合伙人对本法规定或者合伙协议约定必须经全体合伙人一致同意始得执行的事务擅自处理，给合伙企业或者其他合伙人造成损失的，依法承担赔偿责任。”本题中，除合伙协议另有约定外，以合伙企业名义对外担保应当经全体合伙人一致同意。而合伙企业事务执行人甲、乙未经丙、丁同意，擅自决定以合伙企业的名义对外担保，就合伙企业支出的 80 万元损失，甲、乙应当承担赔偿责任。因此，C 项正确。

综上所述，本题答案为 C 项。

30 1703029

参考答案:C

解析:AC 项:《合伙企业法》第 26 条规定:“合伙人对执行合伙事务享有同等的权利。按照合伙协议的约定或者经全体合伙人决定，可以委托一个或者数个合伙人对外代表合伙企业，执行合伙事务。作为合伙人的法人、其他组织执行合伙事务的，由其委派的代表执行。”本题中，合伙协议对全体合伙人具有约束力，赵、钱为合伙企业事务共同执行人，任何一人均无权单独代表合伙企业执行事务，因此赵单独执行是违反合伙协议约定的，题目中并未表明甲是否为善意第三人，不能直接认定该协议有效。因此，A 项错误。赵、钱为合伙事务的共同执行人，与丙茶叶公司共同签订价值 28 万元的销售合同，金额低于协议约定的限额，完全符合协议的要求，不再需要考虑第三人的主观态度善意与否，该合同为有效约定。因此，C 项正确。

BD 项:《合伙企业法》第 37 条规定:“合伙企业对合伙人执行合伙事务以及对外代表合伙企业权利的限制，不得对抗善意第三人。”本题中，孙没有事务的执行权，企业在内部可以对合伙人的对外代表权作出限制，但这些限制不得对抗善意第三人。题目中乙茶农是否为善意第三人并未明确，不能直接认定该协议有效，因此，B 项错误。销售的金额超过了合伙协议约定的金额，丁茶叶公司是否为善意第三人题目当中并未表明，不能直接认定该协议有效，因此，D 项错误。

综上所述，本题答案为 C 项。

31 1603030

参考答案:B

解析:A 项:《合伙企业法》第 37 条规定:“合伙企业对合伙人执行合伙事务以及对外代表合伙企业权利的限制，不得对抗善意第三人。”本题中，合伙企业内部约定罗飞为合伙事务执行人，该约定对内部有效，但是陈阳是善意第三人，合伙企业内部的约定不能对抗陈阳，故陈阳与合伙企业的借款合同有效。因此，A 项错误。

BCD 项:《合伙企业法》第 38 条规定:“合伙企业

对其债务，应先以其全部财产进行清偿。”第 39 条规定：“合伙企业不能清偿到期债务的，合伙人承担无限连带责任。”第 33 条第 2 款规定：“合伙协议不得约定将全部利润分配给部分合伙人或者由部分合伙人承担全部亏损。”本题中，陈阳作为普通合伙企业的债权人，兰艺咖啡店应当先以自己的全部财产承担还款责任，咖啡店财产不能清偿的，罗飞、王曼承担无限连带责任。因此，B 项正确，CD 项错误。

综上所述，本题答案为 B 项。

32 1503029

参考答案：B

解析：AB 项：《合伙企业法》第 31 条规定：“除合伙协议另有约定外，合伙企业的下列事项应当经过全体合伙人一致同意：……（六）聘任合伙人以外的人担任合伙企业的经营管理人员。”本题中，合伙人本身有权作为经营管理人，但题目中使用“聘任”一词，说明对象是合伙人以外的人；如果具有合伙人身份的人担任经营管理人员，其他合伙人是进行“委托”，而非“聘任”。（考点本身有争议，此处解释难免勉强，各个老师也没有更优的解析，但因为是单选题，应选择最优项。）此外，因合伙协议对此并未进行另外约定，故该普通合伙企业聘请陈东为企业经营管理人须经全体合伙人的一致同意。因此，A 项错误，B 项正确。

C 项：《合伙企业法》第 26 条第 2 款规定：“按照合伙协议的约定或者经全体合伙人决定，可以委托一个或者数个合伙人对外代表合伙企业，执行合伙事务。”本题中，陈东仅有“经营管理人”身份，尚无“对外代表合伙企业”的权利。合伙企业聘任的经营管理人员，其职权范围应受到合伙企业聘用要求的约束，属于企业雇员，企业与他们的聘任与被聘任关系是一种委托关系，故这些管理人员必须在合伙企业授权范围内履行职务并尽忠诚受托义务。至于委托的事项是法律行为还是事实行为，是内部管理行为还是对外的代表行为，是全面负责合伙企业事务还是仅负责一部分，都要根据合伙协议约定的办法由合伙人授权。合伙企业的授权范围即为受聘人员行使权利的范围。因此，是否能够代表合伙企业对外签订合同，要视合伙企业的授权而定。因此，C 项错误。

D 项：《合伙企业法》第 37 条规定：“合伙企业对合伙人执行合伙事务以及对外代表合伙企业权利的限制，不得对抗善意第三人。”本题中，该合伙企业对陈东对外代表合伙企业权利的限制，不得对抗善意第三人，即该第三人必须是善意无过失，而非任何第三人。因此，D 项错误。

综上所述，本题答案为 B 项。

【多选】

 2202007

参考答案：B,C

解析：A 项：《合伙企业法》第 17 条规定：“合伙人应当按照合伙协议约定的出资方式、数额和缴付期限，履行出资义务。以非货币财产出资的，依照法律、行政法规的规定，需要办理财产权转移手续的，应当依法办理。”本案中，丙以 AB 两栋房屋的所有权出资，应当依法办理财产权转移手续，而 B 房屋尚未办理，因此，丙并未完全履行出资义务，A 项错误。

BC 项：《合伙企业法》第 21 条规定：“合伙人在合伙企业清算前，不得请求分割合伙企业的财产；但是，本法另有规定的除外。合伙人在合伙企业清算前私自转移或者处分合伙企业财产的，合伙企业不得以此对抗善意第三人。”第 31 条规定：“除合伙协议另有约定外，合伙企业的下列事项应当经全体合伙人一致同意：……（三）处分合伙企业的不动产……”本案中，丙已就 A 房屋办理了过户手续，该房屋属于合伙企业财产，丙擅自处分的构成无权处分，第三人能否取得权利需按照善意取得制度处理。鉴于工商登记具有公示公信效力，在 A 房屋登记于合伙企业名下的情况下，可推知第三人明知该房屋属于合伙企业而非合伙人丙。同时，丙在转让房屋时并未向第三人提供已经全体合伙人一致同意的文件，可推知第三人在受让财产时未尽形式审查义务。综上，第三人非善意，不能取得 A 房屋所有权。但是，B 房屋尚未办理过户手续，并非企业财产，丙仍然为 B 房屋的所有权人，有权处分 B 房屋，故第三人可以取得 B 房屋所有权。因此，BC 项均正确。

D 项：《民法典》第 143 条规定：“具备下列条件的

民事法律行为有效：（一）行为人具有相应的民事行为能力；（二）意思表示真实；（三）不违反法律、行政法规的强制性规定，不违背公序良俗。”本案中，丙与债权人之间签订的抵押协议，是双方真实意思表示，且无其他效力瑕疵事由，因此抵押合同有效，D 项错误。

综上所述，本题答案为 BC 项。

34 1003074

参考答案：A,C

解析：A 项：《合伙企业法》第 22 条第 1 款规定：“除合伙协议另有约定外，合伙人向合伙人以外的人转让其在合伙企业中的全部或者部分财产份额时，须经其他合伙人一致同意。”本题中，张某经其他合伙人一致同意，可将自己的财产份额作价转让给陈某。因此，A 项正确。

B 项：《合伙企业法》第 25 条规定：“合伙人以其在合伙企业中的财产份额出质的，须经其他合伙人一致同意；未经其他合伙人一致同意，其行为无效，由此给善意第三人造成损失的，由行为人依法承担赔偿责任。”本题中，合伙人以其在合伙企业中的财产份额出质的，应当经其他合伙人一致同意。因此，B 项错误。

C 项：《合伙企业法》第 42 条第 1 款规定：“合伙人的自有财产不足清偿其与合伙企业无关的债务的，该合伙人可以以其从合伙企业中分取的收益用于清偿；债权人也可以依法请求人民法院强制执行该合伙人在合伙企业中的财产份额用于清偿。”本题中，陈某可以请求法院强制执行该合伙人在合伙企业中的财产份额以实现其债权。因此，C 项正确。

D 项：《合伙企业法》第 39 条规定：“合伙企业不能清偿到期债务的，合伙人承担无限连带责任。”合伙人个人的债务与合伙企业的债务应各自分别承担，合伙企业的债务应当由合伙人承担连带责任，合伙人个人的债务应当由合伙人自己承担。本题中，陈某只是张某的债权人而不是合伙企业的债权人，因此不能要求李某和王某对张某的债务承担连带责任。因此，D 项错误。

综上所述，本题答案为 AC 项。

【不定项】

35 1503094

参考答案：A,B,C,D

解析：A 项：《合伙企业法》第 50 条第 1 款规定：“合伙人死亡或者被依法宣告死亡的，对该合伙人在合伙企业中的财产份额享有合法继承权的继承人，按照合伙协议的约定或者经全体合伙人一致同意，从继承开始之日起，取得该合伙企业的合伙人资格。”本题中，丙的继承人戊若要继承合伙人资格，须合伙协议有约定或全体合伙人一致同意，并非自动取得。因此，A 项错误，当选。

B 项：《合伙企业法》第 85 条规定：“合伙企业有下列情形之一的，应当解散：（一）合伙期限届满，合伙人决定不再经营；（二）合伙协议约定的解散事由出现；（三）全体合伙人决定解散；（四）合伙人已不具备法定人数满三十天；（五）合伙协议约定的合伙目的已经实现或者无法实现；（六）依法被吊销营业执照、责令关闭或者被撤销；（七）法律、行政法规规定的其他原因。”本题中，虽该合伙企业账面上已处于亏损状态，但不属于合伙企业的法定解散事由。因此，B 项错误，当选。

CD 项：《合伙企业法》第 97 条规定：“合伙人对本法规定或者合伙协议约定必须经全体合伙人一致同意始得执行的事务擅自处理，给合伙企业或者其他合伙人造成损失的，依法承担赔偿责任。”本题中，首先，戊不一定能取得合伙人资格；另外，甲、乙的两个行为均是直接给合伙企业造成损失的，应当对合伙企业承担赔偿责任；合伙人丙只是作为合伙企业的合伙人，因为合伙企业的损失而间接受损，故其继承人戊不享有直接的诉权，不能直接主张赔偿。因此，CD 项错误，当选。

综上所述，本题为选非题，答案为 ABCD 项。

36 1403093

参考答案：B,D

解析：A 项：《合伙企业法》第 26 条第 1 款规定：“合伙人对执行合伙事务享有同等的权利。”本题中，田某在签约前无需取得朱某的同意。因此，A 项错误。

B 项：《合伙企业法》第 29 条第 1 款规定：“合伙

人分别执行合伙事务的，执行事务合伙人可以对其他合伙人执行的事务提出异议。提出异议时，应当暂停该项事务的执行。如果发生争议，依照本法第三十条规定作出决定。”第30条第1款规定：“合伙人对合伙企业有关事项作出决议，按照合伙协议约定的表决办法办理。合伙协议未约定或者约定不明确的，实行合伙人一人一票并经全体合伙人过半数通过的表决办法。”本题中，田某以合伙企业名义签订合同，意思表示真实有效，合同自签订时生效，朱某的异议不能影响合同效力。因此，B项正确。

CD项：《合伙企业法》第2条第2款规定：“普通合伙企业由普通合伙人组成，合伙人对合伙企业债务承担无限连带责任。……”本题中，田某以合伙企业的名义对外签订的合同所产生的债务为合伙企业债务。无论是否提出过异议，对外，普通合伙企业的所有合伙人均应当对合伙企业的债务承担无限连带责任。因此，C项错误，D项正确。

综上所述，本题答案为BD项。

37 **1303092**

参考答案：A,D

解析：ABC项：《合伙企业法》第25条规定：“合伙人以其在合伙企业中的财产份额出质的，须经其他合伙人一致同意；未经其他合伙人一致同意，其行为无效，由此给善意第三人造成损失的，由行为人依法承担赔偿责任。”本题中，合伙人丁福将其合伙财产份额出质，须经其他合伙人高崎、田一一致同意，即就该出质行为，高、田二人均享有一票否决权，因此，A项正确。对于合伙财产份额的出质，法律并未规定要经合伙协议记载；且普通合伙企业的合伙人为自己的财产份额设定质押权，不适用善意取得制度，即善意第三人钟冉不能善意取得该质权。因此，BC项错误。

D项：《合伙企业法》第42条第2款规定：“人民法院强制执行合伙人的财产份额时，应当通知全体合伙人，其他合伙人有优先购买权；其他合伙人未购买，又不同意将该财产份额转让给他人的，依照本法第五十一条的规定为该合伙人办理退伙结算，或者办理削减该合伙人相应财产份额的结算。”本题中，若钟冉享有质权并主张以拍卖方式实现，其他合伙人高崎、田一享有优先购买权。因此，D项正确。

综上所述，本题答案为AD项。

38 **1103092**

参考答案：D

解析：AB项：《合伙企业法》第22条规定：“除合伙协议另有约定外，合伙人向合伙人以外的人转让其在合伙企业中的全部或者部分财产份额时，须经其他合伙人一致同意。合伙人之间转让在合伙企业中的全部或者部分财产份额时，应当通知其他合伙人。”本题中，AB项分别未满足“通知其他合伙人”和“须经其他合伙人一致同意”的要求，其行为不符合法律规定。因此，AB项错误。

CD项：《合伙企业法》第46条规定：“合伙协议未约定合伙期限的，合伙人在不给合伙企业事务执行造成不利影响的情况下，可以退伙，但应当提前三十日通知其他合伙人。”本题中，合伙协议未约定合伙期限，张某因经营理念与其他合伙人冲突，不属于当然退伙的情形，而属于未约定期限的通知退伙。张某在不给合伙企业事务执行造成不利影响的情况下，可以退伙，但应当提前三十日通知其他合伙人，而不是立即退伙。因此，C项错误，D项正确。

综上所述，本题答案为D项。

二、模拟训练

39 **62106058**

参考答案：C

解析：A项：《合伙企业法》第29条第1款规定：“合伙人分别执行合伙事务的，执行事务合伙人可以对其他合伙人执行的事务提出异议。……”本题中，仅执行合伙事务的合伙人黄某可以提出异议，不执行合伙事务的陈某无权提出异议。因此，A项错误。

B项：《合伙企业法》第48条第2、3款规定：“合伙人被依法认定为无民事行为能力人或者限制民事行为能力人的，经其他合伙人一致同意，可以依法转为有限合伙人，普通合伙企业依法转为有限合伙企业。其他合伙人未能一致同意的，该无民事行为能力或者限制民事行为能力的合伙人退伙。退伙事由实际发生之日为退伙生效日。”本题中，退伙事由发生之日是其他合伙人未达成一致决议允许其转为有限合伙人之日，不是法院判决生效之日。因此，B 项错误。

C 项：在债务清偿中，若同时存在合伙企业债务和合伙人个人债务，当合伙人与合伙企业都资不抵债时，合伙财产优先用于清偿合伙债务，个人财产优先用于清偿个人债务。本题中，既存在合伙企业债务，又存在杨某的个人债务，且都资不抵债，则 20 万元合伙财产应清偿给邱某；杨某个人的 50 万元应清偿给田某。因此，C 项正确。

D 项：《合伙企业法》第 44 条第 2 款规定：“新合伙人对入伙前合伙企业的债务承担无限连带责任。”本题中，新入伙的合伙人方某需要对入伙前的债务承担无限连带责任，法律并没有规定可以约定排除适用，因此该入伙协议中关于入伙人方某债权债务承担的约定无效，方某不得以合伙协议的约定予以抗辩。因此，D 项错误。

综上所述，本题答案为 C 项。

40 62006080

参考答案：D

解析：AB 项：《合伙企业法》第 29 条第 1 款规定：“合伙人分别执行合伙事务的，执行事务合伙人可以对其他合伙人执行的事务提出异议。……”第 28 条第 2 款规定：“合伙人为了解合伙企业的经营状况和财务状况，有权查阅合伙企业会计账簿等财务资料。”本题中，异议权专属于执行合伙事务的合伙人（即张大龙和侯正中），不再执行合伙事务的合伙人不享有该权利，但是其仍享有查阅合伙企业会计账簿的权利（即陈刚）。因此，AB 项错误。

C 项：《合伙企业法》第 32 条第 2 款规定：“除合伙协议另有约定或者经全体合伙人一致同意外，合伙人不得同本合伙企业进行交易。”本题中，除合伙协议另有约定或者经全体合伙人一致同意外，普通合伙人不得同本合伙企业进行交易。该限制并不因是否执行合伙事务而存在区别。因此，C 项错误。

D 项：《民法典婚姻家庭编解释（一）》第 74 条规定：“人民法院审理离婚案件，涉及分割夫妻共同财产中以一方名义在合伙企业中的出资，另一方不是该企业合伙人的，当夫妻双方协商一致，将其合伙企业中的财产份额全部或者部分转让给对方时，按以下情形分别处理：……（三）其他合伙人不同意转让，也不行使优先购买权，但同意该合伙人退伙或者削减部分财产份额的，可以对结算后的财产进行分割……”本题中，若张大龙、陈刚不同意转让，也不行使优先购买权，但同意侯正中退伙或者退还部分财产份额的，何秀琴与侯正中可以对结算后的财产进行分割。因此，D 项正确。

综上所述，本题答案为 D 项。

41 62206021

参考答案：B,C,D

解析：A 项：《合伙企业法》第 57 条第 1 款规定：“一个合伙人或者数个合伙人在执业活动中因故意或者重大过失造成合伙企业债务的，应当承担无限责任或者无限连带责任，其他合伙人以其在合伙企业中的财产份额为限承担责任。”本题中，熊大因故意造成合伙企业债务，熊大承担无限责任，熊二、光头强以在会计事务所的财产份额为限承担有限责任。因此，A 项错误。

B 项：《合伙企业法》第 39 条规定：“合伙企业不能清偿到期债务的，合伙人承担无限连带责任。”本题中，对于企业的一般债务，应当由合伙企业全体合伙人对该笔债务承担无限连带责任。因此，B 项正确。

C 项：《合伙企业法》第 58 条规定：“合伙人执业活动中因故意或者重大过失造成的合伙企业债务，以合伙企业财产对外承担责任后，该合伙人应当按照合伙协议的约定对给合伙企业造成的损失承担赔偿责任。”本题中，熊大因故意造成了合伙企业债务，合伙企业对外承担责任后，熊大应当对该损失承担赔偿责任。因此，C 项正确。

D 项：《合伙企业法》第 59 条第 1 款规定：“特殊的普通合伙企业应当建立执业风险基金、办理职业保险。”本题中，会计事务所作为特殊普通合伙企业，应当办理职业保险。因此，D 项正确。

综上所述，本题答案为 BCD 项。

42 62206019

参考答案：A,B,C,D

解析：A项：《合伙企业法》第33条第1款规定："合伙企业的利润分配、亏损分担，按照合伙协议的约定办理；合伙协议未约定或者约定不明确的，由合伙人协商决定；协商不成的，由合伙人按照实缴出资比例分配、分担；无法确定出资比例的，由合伙人平均分配、分担。"本题中，对于21年度的利润分配并非直接平均分配。因此，A项错误，当选。

B项：《合伙企业法》第22条第2款规定："合伙人之间转让在合伙企业中的全部或者部分财产份额时，应当通知其他合伙人。"本题中，甲对内转让财产份额，也应当通知其他合伙人。因此，B项错误，当选。

C项：《合伙企业法》第50条第1款规定："合伙人死亡或者被依法宣告死亡的，对该合伙人在合伙企业中的财产份额享有合法继承权的继承人，按照合伙协议的约定或者经全体合伙人一致同意，从继承开始之日起，取得该合伙企业的合伙人资格。"本题中，按照合伙协议约定或全体合伙人一致同意，继承人才可以取得合伙人资格，而非直接取得。因此，C项错误，当选。

D项：《合伙企业法》第34条规定："合伙人按照合伙协议的约定或者经全体合伙人决定，可以增加或者减少对合伙企业的出资。"本题中，要想增资出资，需经全体合伙人决定，而非三分之二以上合伙人同意。因此，D项错误，当选。

综上所述，本题为选非题，答案为ABCD项。

第二章 有限合伙企业

参考答案

[1]B	[2]B	[3]ACD	[4]AC	[5]A
[6]ACD	[7]A	[8]C	[9]ABCD	[10]CD
[11]BD	[12]ABCD	[13]BC	[14]AB	[15]ACD
[16]D	[17]ABCD	[18]ACD	[19]ABC	

一、历年真题及仿真题

（一）有限合伙企业的事务执行

【单选】

1 2002135

参考答案：B

解析：A项：《合伙企业法》第70条规定："有限合伙人可以同本有限合伙企业进行交易；但是，合伙协议另有约定的除外。"本题中，甲将自购的机器设备出租给本合伙企业，这是"自我交易"行为，当合伙协议没有规定时，该行为合法。因此，A项正确，不当选。

B项：《合伙企业法》第68条第1款规定："有限合伙人不执行合伙事务，不得对外代表有限合伙企业。"本题中，甲"以合伙企业的名义"购买汽车归合伙企业使用，该行为性质为甲代表有限合伙企业执行合伙事务，这与甲的"有限合伙人"身份不符。因此，B项错误，当选。

C项：《合伙企业法》第72条规定："有限合伙人可以将其在有限合伙企业中的财产份额出质；但是，合伙协议另有约定的除外。"本题中，当合伙协议没有约定时，有限合伙人可以将其在有限合伙企业中的财产份额出质。因此，C项正确，不当选。

D项：《合伙企业法》第73条规定："有限合伙人可以按照合伙协议的约定向合伙人以外的人转让其在有限合伙企业中的财产份额。但应当提前三十日通知其他合伙人。"因此，D项正确，不当选。

综上所述，本题为选非题，答案为B项。

2 1003033

参考答案：B

解析：A 项：事实合伙指合伙各方虽然不具备合伙协议，但实际上已经形成了共同出资、共享利润、共担风险的法律关系。题干所述与此不符。因此，A 项错误。

B 项：《合伙企业法》第 76 条规定："第三人有理由相信有限合伙人为普通合伙人并与其交易的，该有限合伙人对该笔交易承担与普通合伙人同样的责任。有限合伙人未经授权以有限合伙企业名义与他人进行交易，给有限合伙企业或者其他合伙人造成损失的，该有限合伙人应当承担赔偿责任。"据此，表见普通合伙指如果有限合伙人的行为足以使得第三人合理信赖其为普通合伙人时，有限合伙人得承担普通合伙人的责任。因此，B 项正确。

C 项：《合伙企业法》第 55 条第 1、2 款规定："以专业知识和专门技能为客户提供有偿服务的专业服务机构，可以设立为特殊的普通合伙企业。特殊的普通合伙企业是指合伙人依照本法第五十七条的规定承担责任的普通合伙企业。"例如，律师事务所、会计师事务所。因此，C 项错误。

D 项：隐名合伙指当事人的一方对另一方的生产、经营出资，不参加实际的经济活动，而分享营业利益，并仅以出资额为限承担亏损责任的合伙。因此，D 项错误。

综上所述，本题答案为 B 项。

【多选】

3 2002068

参考答案：A,C,D

解析：AB 项：《合伙企业法》第 31 条规定："除合伙协议另有约定外，合伙企业的下列事项应当经全体合伙人一致同意：……（六）聘任合伙人以外的人担任合伙企业的经营管理人员。"本题中，成某被聘请为明辉投资的财务总监兼任策划部总经理，属于聘任合伙人以外的人担任合伙企业的经营管理人员，应经全体合伙人一致同意。因此，A 项正确，B 项错误。

CD 项：《合伙企业法》第 68 条第 1 款规定："有限合伙人不执行合伙事务，不得对外代表有限合伙企业。"第 76 条规定："第三人有理由相信有限合伙人为普通合伙人并与其交易的，该有限合伙人对该笔交易承担与普通合伙人同样的责任。有限合伙人未经授权以有限合伙企业名义与他人进行交易，给有限合伙企业或者其他合伙人造成损失的，该有限合伙人应当承担赔偿责任。"本题中，张某作为有限合伙人，是财务投资者，负责"投资分红不管事"，不应该代表合伙企业，不应执行合伙事务。但第三人甲公司无从得知张某的身份，故张某以普通合伙人的身份代表明辉投资和甲公司谈判并签订合同的过程中，使得甲公司有理由相信张某能够代表合伙企业，并与之交易。甲公司对此权利外观产生的合理预期应被保护，故张某代表明辉投资与甲公司签订的合同有效，明辉投资应对甲公司承担合同责任。因此，CD 项正确。

综上所述，本题答案为 ACD 项。

（二）有限合伙与第三人的关系

【不定项】

4 2002080

参考答案：A,C

解析：ABCD 项：《合伙企业法》第 76 条规定："第三人有理由相信有限合伙人为普通合伙人并与其交易的，该有限合伙人对该笔交易承担与普通合伙人同样的责任。有限合伙人未经授权以有限合伙企业名义与他人进行交易，给有限合伙企业或者其他合伙人造成损失的，该有限合伙人应当承担赔偿责任。"本题中，周某作为有限合伙人，"投资分红不管事"，不能代表合伙企业，不能执行合伙事务。但是基于保护善意第三人的原则，周某的行为使得第三人德云公司有理由相信他是普通合伙人并与其交易，德云公司的合理预期应该被保护，所以该合同有效。飓风投资应承担合同责任；对于合伙企业的对外债务，合伙企业无力承担的，谢某作为普通合伙人应承担连带责任。因此，D 项错误。周某违反了其作为有限合伙人的行为限制，给了第三人以普通合伙人的外观，周某应承担与普通合伙人一样的连带责任。因此，

AC 项正确，B 项错误。

综上所述，本题答案为 AC 项。

（三）有限合伙人的入伙与退伙

【单选】

5 1503030

参考答案：A

解析：A 项：《合伙企业法》第 77 条规定："新入伙的有限合伙人对入伙前有限合伙企业的债务，以其认缴的出资额为限承担责任。"本题中，有限合伙人李军对于其入伙前该有限合伙企业的债务，以其认缴的 20 万元为限承担责任。因此，A 项正确。

B 项：《合伙企业法》第 48 条第 1 款规定："合伙人有下列情形之一的，当然退伙：（一）作为合伙人的自然人死亡或者被依法宣告死亡；（二）个人丧失偿债能力；（三）作为合伙人的法人或者其他组织依法被吊销营业执照、责令关闭、撤销，或者被宣告破产；（四）法律规定或者合伙协议约定合伙人必须具有相关资格而丧失该资格；（五）合伙人在合伙企业中的全部财产份额被人民法院强制执行。"第 78 条规定："有限合伙人有本法第四十八条第一款第一项、第三项至第五项所列情形之一的，当然退伙。"故有限合伙人丧失偿债能力并不是其当然退伙的理由。因此，B 项错误。

C 项：《合伙企业法》第 79 条规定："作为有限合伙人的自然人在有限合伙企业存续期间丧失民事行为能力的，其他合伙人不得因此要求其退伙。"有限合伙人丧失民事行为能力并不会影响其有限合伙人的身份，从而对有限合伙企业产生影响。因此，其他合伙人不能要求李军退伙。因此，C 项错误。

D 项：《合伙企业法》第 75 条规定："有限合伙企业仅剩有限合伙人的，应当解散；有限合伙企业仅剩普通合伙人的，转为普通合伙企业。"本题中，李军仍是有限合伙人，故本题并不属于第 75 条所规定的情形。因此，D 项错误。

综上所述，本题答案为 A 项。

【多选】

6 2002134

参考答案：A,C,D

解析：AB 项：《合伙企业法》第 77 条规定："新入伙的有限合伙人对入伙前有限合伙企业的债务，以其认缴的出资额为限承担责任。"本题中，万豪作为有限合伙人，就其入伙前合伙企业的债务，以认缴的出资额 80 万元为限承担责任。因此，A 项错误，当选；B 项正确，不当选。

CD 项：《合伙企业法》第 79 条规定"作为有限合伙人的自然人在有限合伙企业存续期间丧失民事行为能力的，其他合伙人不得因此要求其退伙。"本题中，合伙企业无权要求万豪退伙，且该有限合伙企业无须转为普通合伙企业。因此，CD 项错误。

综上所述，本题为选非题，答案为 ACD 项。

（四）综合知识点

【单选】

7 2202120

参考答案：A

解析：AB 项：《合伙企业法》第 82 条规定："除合伙协议另有约定外，普通合伙人转变为有限合伙人，或者有限合伙人转变为普通合伙人，应当经全体合伙人一致同意。"本题中，普通合伙人转变为有限合伙人，应当经全体合伙人一致同意。因此，A 项正确，B 项错误。

C 项：《合伙企业法》第 75 条规定："有限合伙企业仅剩有限合伙人的，应当解散；有限合伙企业仅剩普通合伙人的，转为普通合伙企业。"本题中，普通合伙人张甲去世后，尚存普通合伙人张乙，故该有限合伙企业无需解散。因此，C 项错误。

D 项：《合伙企业法》第 50 条第 1 款规定："合伙人死亡或者被依法宣告死亡的，对该合伙人在合伙企业中的财产份额享有合法继承权的继承人，按照合伙协议的约定或者经全体合伙人一致同意，从继承开始之日起，取得该合伙企业的合伙人资格。"本题中，针对继承事项，合伙协议未作特殊约定，故张甲的继承人须经全体合伙人一致同意后方可继承张甲的普通合伙人资格，而非直接继承。因此，D 项错误。
综上所述，本题答案为 A 项。

8 2002049

参考答案：C
解析：AB 项：《合伙企业法》第 68 条规定：“有限合伙人不执行合伙事务，不得对外代表有限合伙企业。有限合伙人的下列行为，不视为执行合伙事务：（一）参与决定普通合伙人入伙、退伙；（二）对企业的经营管理提出建议；（三）参与选择承办有限合伙企业审计业务的会计师事务所；（四）获取经审计的有限合伙企业财务会计报告；（五）对涉及自身利益的情况，查阅有限合伙企业财务会计账簿等财务资料；（六）在有限合伙企业中的利益受到侵害时，向有责任的合伙人主张权利或者提起诉讼；（七）执行事务合伙人怠于行使权利时，督促其行使权利或者为了本企业的利益以自己的名义提起诉讼；（八）依法为本企业提供担保。”本题中，李某无论是担任财务经理，还是担任策划经理，都不属于上述第 68 条第 2 款规定的“不视为执行合伙事务”的情形。有限合伙人不得执行合伙事务是法律的强制性规定，即使全体合伙人一致同意也不得进行变通，故有限合伙人李某在任何情形下都不得担任财务经理或策划经理。因此，AB 项错误。
C 项：李某擅自以执行事务合伙人的名义与第三人乙公司签订合同，为了保护善意相对人的利益，在合同无其他无效或效力瑕疵事由时，合同有效。因此，C 项正确。
D 项：《合伙企业法》第 76 条第 1 款规定：“第三人有理由相信有限合伙人为普通合伙人并与其交易的，该有限合伙人对该笔交易承担与普通合伙人同样的责任。”本题中，李某对此笔交易，需要承担与普通合伙人相同的责任，即对外承担无限连带责任。《合伙企业法》第 38 条规定：“合伙企业对其债务，应先以其全部财产进行清偿。”第 39 条规定：“合伙企业不能清偿到期债务的，合伙人承担无限连带责任。”本题中，甲企业应先以自身财产清偿乙公司，对不能清偿的部分，才由刘某与李某承担连带责任。因此，D 项错误。
综上所述，本题答案为 C 项。

【多选】

9 2102009

参考答案：A,B,C,D
解析：A 项：《合伙企业法》第 73 条规定：“有限合伙人可以按照合伙协议的约定向合伙人以外的人转让其在有限合伙企业中的财产份额，但应当提前三十日通知其他合伙人。”据此，有限合伙人对外转让财产份额时，需提前三十天通知其他合伙人，但该规定并非效力性规定，而是管理性规定。因此，只要丙的转让行为是双方的真实意思表示且不存在其他无效事由，则丙的转让行为有效。因此，A 项错误，当选。
B 项：《合伙企业法》第 72 条规定：“有限合伙人可以将其在有限合伙企业中的财产份额出质；但是，合伙协议另有约定的除外。”本题中，合伙协议并没有另外约定，因而有限合伙人丁可以将其财产份额出质，无需经合伙人一致同意。因此，B 项错误，当选。
C 项：《合伙企业法》第 64 条第 2 款规定：“有限合伙人不得以劳务出资。”本题中，乙为有限合伙人，因而乙不得以劳务出资。因此，C 项错误，当选。
D 项：《合伙企业法》第 66 条规定：“有限合伙企业登记事项中应当载明有限合伙人的姓名或者名称及认缴的出资数额。”但是，工商登记系行政管理所需，仅具有对外公示的效力，不能因为未进行登记而否认乙有限合伙人的身份。因此，D 项错误，当选。
综上所述，本题为选非题，答案为 ABCD 项。

10 1902052

参考答案：C,D
解析：A 项：《合伙企业法》第 50 条第 1、2 款规定：“合伙人死亡或者被依法宣告死亡的，对该合伙人在合伙企业中的财产份额享有合法继承权的继承人，按照合伙协议的约定或者经全体合伙人一致同意，从继承开始之日起，取得该合伙企业的合伙人资格。有下列情形之一的，合伙企业应当向合伙人的继承人退还被继承合伙人的财产份额：（一）继承人不愿意成为合伙人；（二）法律规定或者合伙协议约定合伙人必须具有相关资格，而该继承人未取得该资格；（三）合伙协议约定不能成为合伙人的其他情形。”本题中，杨某作为普通合伙人，其死亡后继承人需要在满足法定条件下才能继承其资格，并非绝对“有权”继承。因此，A 项错误。

B 项：《合伙企业法》第 74 条第 2 款规定：“人民法院强制执行有限合伙人的财产份额时，应当通知全体合伙人。在同等条件下，其他合伙人有优先购买权。”虽然有限合伙人份额没有人合属性，但是在法院强制执行时，为了提高执行效率，保护其他合伙人的优先购买权。因此，B 项错误。

C 项：《合伙企业法》第 73 条规定：“有限合伙人可以按照合伙协议的约定向合伙人以外的人转让其在有限合伙企业中的财产份额，但应当提前三十日通知其他合伙人。”本题中，郭某作为有限合伙人，其份额没有人合属性，对外转让时，只需要提前 30 日通知其他合伙人，不用其他合伙人同意、也不保护其他合伙人的优先购买权。因此，C 项正确。

D 项：《合伙企业法》第 22 条第 2 款规定：“合伙人之间转让在合伙企业中的全部或者部分财产份额时，应当通知其他合伙人。”有限合伙人的份额在合伙人内部可以自由转让，只是转让时需要履行通知义务。因此，D 项正确。

综上所述，本题答案为 CD 项。

11 1902053

参考答案：B,D

解析：A 项：《合伙企业法》第 48 条第 1 款第 3 项规定：“合伙人有下列情形之一的，当然退伙：（三）作为合伙人的法人或者其他组织依法被吊销营业执照、责令关闭、撤销，或者被宣告破产；”第 78 条规定：“有限合伙人有本法第四十八条第一款第一项、第三项至第五项所列情形之一的，当然退伙。”本题中，作为有限合伙人的法人或其他组织主体灭失时才会法定退伙，而甲公司进入破产重整程序时尚未被注销或宣告破产，主体资格尚未灭失，故不会立即丧失有限合伙人资格。因此，A 项错误。

B 项：《合伙企业法》第 80 条规定：“作为有限合伙人的自然人死亡、被依法宣告死亡或者作为有限合伙人的法人及其他组织终止时，其继承人或者权利承受人可以依法取得该有限合伙人在有限合伙企业中的资格。”本题中，甲公司作为有限合伙人注销，丙公司作为其权利承受人，可以继承其有限合伙人的资格。因此，B 项正确。

C 项：《合伙企业法》第 68 条规定：“有限合伙人不执行合伙事务，不得对外代表有限合伙企业。有限合伙人的下列行为，不视为执行合伙事务：……（五）对涉及自身利益的情况，查阅有限合伙企业财务会计账簿等财务资料……”有限合伙人在合伙企业中，只是财务投资者，对其知情权有相应的限制，只能查阅与自身利益有关的财务账簿，但不能复制。因此，C 项错误。（注意：选项中的管理人不是指合伙企业乙的管理人，而是指甲公司重整期间的管理人。）

D 项：《合伙企业法》第 72 条规定：“有限合伙人可以将其在有限合伙企业中的财产份额出质；但是，合伙协议另有约定的除外。”据此，合伙协议无特殊约定的，有限合伙人有权将其份额质押。因此，D 项正确。

综上所述，本题答案为 BD 项。

12 1703072

参考答案：A,B,C,D

解析：A 项：《合伙企业法》第 43 条规定：“新合伙人入伙，除合伙协议另有约定外，应当经全体合伙人一致同意，并依法订立书面入伙协议。订立入伙协议时，原合伙人应当向新合伙人如实告知原合伙企业的经营状况和财务状况。”本题中，法条表述的是新人入伙需要经“全体合伙人”同意，题目表述的是经全体普通合伙人同意，在有限合伙企业中，全体合伙人不等于全体普通合伙人，还包括有限合伙人。因此，A 项错误，当选。

B 项：《合伙企业法》第 77 条规定：“新入伙的有限合伙人对入伙前有限合伙企业的债务，以其认缴的出资额为限承担责任。”本题中，对入伙前合伙企业所负债务，新的有限合伙人以认缴出资额为限承担责任，而非仅以实缴出资额为限承担责任。因此，B 项错误，当选。

C 项:《合伙企业法》第 68 条第 2 款第 5 项规定:“有限合伙人的下列行为，不视为执行合伙事务:……（五）对涉及自身利益的情况，查阅有限合伙企业财务会计账簿等财务资料;……”本题中，三江公司作为有限合伙人仅对涉及自身利益的情况有权查阅财务会计账簿，对会计账簿的查阅有条件限制，并不是加入后就能够查阅，C 项的表述比较片面。因此，C 项错误，当选。

D 项:《合伙企业法》第 71 条规定:“有限合伙人可以自营或者同他人合作经营与本有限合伙企业相竞争的业务;但是，合伙协议另有约定的除外。”本题中，除合伙协议另有约定，有限合伙人可以自营与本合伙企业相竞争的业务。因此，D 项错误，当选。

综上所述，本题为选非题，答案为 ABCD 项。

13 1603072

参考答案:B,C

解析:A 项:《合伙企业法》第 64 条规定:“有限合伙人可以用货币、实物、知识产权、土地使用权或者其他财产权利作价出资。有限合伙人不得以劳务出资。”本题中，甲公司作为有限合伙企业的有限合伙人，不能以劳务折抵出资。因此，A 项错误。

B 项:《合伙企业法》第 71 条规定:“有限合伙人可以自营或者同他人合作经营与本有限合伙企业相竞争的业务;但是，合伙协议另有约定的除外。”本题中，有限合伙人可以从事与本合伙企业相竞争的业务，合伙协议约定除外，所以 B 项的约定是允许的。因此，B 项正确。

C 项:《合伙企业法》第 72 条规定:“有限合伙人可以将其在有限合伙企业中的财产份额出质;但是，合伙协议另有约定的除外。”本题中，合伙协议中可以禁止有限合伙人将自己在合伙企业中的份额出质。因此，C 项正确。

D 项:《合伙企业法》第 73 条规定:“有限合伙人可以按照合伙协议的约定向合伙人以外的人转让其在有限合伙企业中的财产份额，但应当提前三十日通知其他合伙人。”本题中，合伙协议不能限制有限合伙人对外转让自己的财产份额。因此，D 项错误。

综上所述，本题答案为 BC 项。

【不定项】

14 1303093

参考答案:A,B

解析:A 项:《合伙企业法》第 82 条规定:“除合伙协议另有约定外，普通合伙人转变为有限合伙人，或者有限合伙人转变为普通合伙人，应当经全体合伙人一致同意。”本题中，关于合伙人身份转变，除合伙协议约定外，均需全体合伙人一致同意。因此，A 项正确。

B 项:《合伙企业法》第 13 条规定:“合伙企业登记事项发生变更的，执行合伙事务的合伙人应当自作出变更决定或者发生变更事由之日起十五日内，向企业登记机关申请办理变更登记。”《民法典》第 65 条规定:“法人的实际情况与登记的事项不一致的，不得对抗善意相对人。”第 108 条规定:“非法人组织除适用本章规定外，参照适用本编第三章第一节的有关规定。”本题中，合伙企业作为非法人组织，也参照适用法人组织事项变更登记的相关规定，未经登记不得对抗善意相对人。因此，B 项正确。

C 项:《合伙企业法》第 68 条第 1 款规定:“有限合伙人不执行合伙事务，不得对外代表有限合伙企业。”本题中，高崎由普通合伙人转变为有限合伙人后，不得继续执行合伙事务，即不能继续担任合伙事务执行人。因此，C 项错误。

D 项:《合伙企业法》第 84 条规定:“普通合伙人转变为有限合伙人的，对其作为普通合伙人期间合伙企业发生的债务承担无限连带责任。”本题中，无限连带责任是一种对外责任形式，合伙人内部不得约定排除。因此，D 项错误。

综上所述，本题答案为 AB 项。

15 1303094

参考答案:A,C,D

解析:AB 项:《合伙企业法》第 73 条规定:“有限合伙人可以按照合伙协议的约定向合伙人以外的人转让其在有限合伙企业中的财产份额，但应当提前三十日通知其他合伙人。”本题中，有限合伙人高崎对外转让其财产份额，无需经其他合伙人同意。因此，A 项正确。由于有限合伙人与合伙企业之间人合属性不强，法律允许有限合伙人自由对外转让财产份额，同等条件下，其他合伙人也不享有法定的优先购买权。因此，B 项错误。

CD 项:《合伙企业法》第 74 条规定:“有限合伙人的自有财产不足清偿其与合伙企业无关的债务的，该合伙人可以以其从有限合伙企业中分取的收益用于清偿；债权人也可以依法请求人民法院强制执行该合伙人在有限合伙企业中的财产份额用于清偿。人民法院强制执行有限合伙人的财产份额时，应当通知全体合伙人。在同等条件下，其他合伙人有优先购买权。”本题中，债权人不必取得其他合伙人同意便可向法院申请强制执行有限合伙人的财产份额，同时其他合伙人享有优先购买权。因此，CD 项正确。

综上所述，本题答案为 ACD 项。

二、模拟训练

16 62206131

参考答案：D

解析：AB 项:《合伙企业法》第 41 条规定:“合伙人发生与合伙企业无关的债务，相关债权人不得以其债权抵销其对合伙企业的债务；也不得代位行使合伙人在合伙企业中的权利。”本题中，章泽、翁红分别欠得力公司的 10 万元与合伙企业无关，故得力公司无权要求抵销其对合伙企业的 20 万元欠款，也不得代位行使章泽在合伙企业中的权利。因此，AB 项错误。

C 项:《合伙企业法》第 73 条规定:“有限合伙人可以按照合伙协议的约定向合伙人以外的人转让其在有限合伙企业中的财产份额，但应当提前三十日通知其他合伙人。”本题中，合伙协议没有特殊约定，有限合伙人的财产份额是可以自由转让的，无须经过其他合伙人同意，故章泽、黎明的反对无效，不存在应当办理退伙的情形。因此，C 项错误。

D 项:《合伙企业法》第 42 条规定:“合伙人的自有财产不足清偿其与合伙企业无关的债务的，该合伙人可以以其从合伙企业中分取的收益用于清偿；债权人也可以依法请求人民法院强制执行该合伙人在合伙企业中的财产份额用于清偿。人民法院强制执行合伙人的财产份额时，应当通知全体合伙人，其他合伙人有优先购买权；……”本题中，得力公司申请法院强制执行章泽的合伙财产份额，其他合伙人黎明、翁虹有优先购买权。因此，D 项正确。

综上所述，本题答案为 D 项。

17 62206026

参考答案：A,B,C,D

解析：A 项:《合伙企业法》第 49 条第 2 款规定:“对合伙人的除名决议应当书面通知被除名人。被除名人接到除名通知之日，除名生效，被除名人退伙。”据此可知，被除名人接到除名通知之日起，除名生效，被除名人退伙。本题中，王亚应当从接到除名通知之日起退伙，而非合伙人向其发出通知之日。因此，A 项错误，当选。

B 项:《合伙企业法》第 53 条规定:“退伙人对基于其退伙前的原因发生的合伙企业债务，承担无限连带责任。”本题中，张赫作为普通合伙人，退伙时应当遵循债务清偿规则，对 100 万元债务承担无限连带责任。因此，B 项错误，当选。

C 项:《合伙企业法》第 81 条规定:“有限合伙人退伙后，对基于其退伙前的原因发生的有限合伙企业债务，以其退伙时从有限合伙企业中取回的财产承担责任。”本题中，赵倩作为有限合伙人应当以其退伙时从有限合伙企业中取回的财产承担责任，而非在出资限额内。因此，C 项错误，当选。

D 项:《合伙企业法》第 77 条规定:“新入伙的有限合伙人对入伙前有限合伙企业的债务，以其认缴的出资额为限承担责任。”本题中，黄默作为新入伙的有限合伙人，需要以其认缴的出资额为限对合伙企业债务承担责任。因此，D 项错误，当选。

综上所述，本题为选非题，答案为 ABCD 项。

18 62206025

参考答案：A,C,D

解析：A 项:《合伙企业法》第 69 条规定:“有限合伙企业不得将全部利润分配给部分合伙人；但是，合伙协议另有约定的除外。”据此可知，有限合伙企业的利润分配，合伙企业有约定的，从其约定。本题中，合伙协议可以约定将全部利润分配给部分合伙人蓝天。因此，A 项错误，当选。

B 项:《合伙企业法》第 72 条规定:“有限合伙人可以将其在有限合伙企业中的财产份额出质；但是，合伙协议另有约定的除外。”本题中，白云作为有限合伙人，可以将其财产份额出质。因此，B 项正确，不当选。

C 项:《合伙企业法》第 42 条第 2 款规定:“人民法院强制执行合伙人的财产份额时，应当通知全体合伙人，其他合伙人有优先购买权；……”本题中，法院强制执行李牛的财产份额应当通知全体合伙人，其他合伙人享有优先购买权。因此，C 项错误，当选。

D 项:《合伙企业法》第 73 条规定:“有限合伙人可以按照合伙协议的约定向合伙人以外的人转让其在有限合伙企业中的财产份额，但应当提前三十日通知其他合伙人。”本题中，如果合伙协议没有特殊限制，有限合伙人只需要提前 30 天通知其他合伙人，即可对外转让在有限合伙企业中的财产份额。因此，D 项错误，当选。

综上所述，本题为选非题，答案为 ACD 项。

19 62106068

参考答案: A,B,C

解析: A 项:《合伙企业法》第 31 条规定:“除合伙协议另有约定外，合伙企业的下列事项应当经全体合伙人一致同意:……（六）聘任合伙人以外的人担任合伙企业的经营管理人员。”本题中，虽然甲、乙是合伙企业事务执行人，但涉及企业重大利益事项仍需要经全体合伙人一致同意，故聘请王全担任经营管理人员的也需要经全体合伙人一致同意。因此，A 项错误，当选。

B 项:《合伙企业法》第 72 条规定:“有限合伙人可以将其在有限合伙企业中的财产份额出质；但是，合伙协议另有约定的除外。”本题中，丙作为有限合伙人，可以不经其他合伙人同意直接将其在有限合伙企业中的财产份额出质，且本题未交待合伙协议另有约定的情形，故其出质行为有效。因此，B 项错误，当选。

C 项:《合伙企业法》第 43 条规定:“新合伙人入伙，除合伙协议另有约定外，应当经全体合伙人一致同意，并依法订立书面入伙协议。”本题中，在有限合伙企业中，全体合伙人不等于全体普通合伙人，还包括有限合伙人，故戊要成为新的有限合伙人应经过全体合伙人一致同意。因此，C 项错误，当选。

D 项:《合伙企业法》第 80 条规定:“作为有限合伙人的自然人死亡、被依法宣告死亡或者作为有限合伙人的法人及其他组织终止时，其继承人或者权利承受人可以依法取得该有限合伙人在有限合伙企业中的资格。”不同于普通合伙人，有限合伙人地位的继承对继承人无民事行为能力的要求。本题中，有限合伙人丙死亡的，其继承人丙小草可以依法取得丙在有限合伙企业中的有限合伙人资格。因此，D 项正确，不当选。

综上所述，本题为选非题，答案为 ABC 项。

第三章 合伙企业的解散与清算

参考答案

[1] BCD [2] C [3] A [4] D [5] CD

一、历年真题及仿真题

（一）合伙企业的解散与清算

【多选】

1 1902054

参考答案: B,C,D

解析: A 项:《合伙企业法》第 86 条规定:“合伙企业解散，应当由清算人进行清算。清算人由全体合伙人担任；经全体合伙人过半数同意，可以自合伙企业解散事由出现后十五日内指定一个或者数个合伙人，或者委托第三人，担任清算人。自合伙企业解散事由出现之日起十五日内未确定清算人的，合伙人或者其他利害关系人可以申请人民法院指定清算人。”据此，合伙企业清算的清算人可以是全体合伙人，也可以是合伙人过半数同意委托的第三人。本题中，丙作为经营管理人员经合伙人甲和乙的同意担任清算人是合法的。因此，A 项错误。

B 项:《合伙企业法》第 102 条规定:“清算人违反本法规定，隐匿、转移合伙企业财产，对资产负债表或者财产清单作虚假记载，或者在未清偿债务前分配财产，损害债权人利益的，依法承担赔偿责任。”本题中，丙免除了丁的债务，并虚构了合伙企业对戊的债务，损害债权人利益，应对债权人承担赔偿责任。因此，B 项正确。

C 项:《合伙企业法》第 101 条规定:“清算人执行清算事务，牟取非法收入或者侵占合伙企业财产的，应当将该收入和侵占的财产退还合伙企业；给合伙企业或者其他合伙人造成损失的，依法承担赔偿责任。”本题中，丙作为清算人，在执行清算事务时，收取了丁的好处，谋取了非法收益，擅自免除了丁的债务，并虚构了合伙企业对戊的债务，给合伙企业造成了损失，应对合伙企业承担赔偿责任。因此，C 项正确。

D 项:《合伙企业法》第 91 条规定:“合伙企业注销后，原普通合伙人对合伙企业存续期间的债务仍应承担无限连带责任。”据此，合伙企业作为非法人组织，并无独立地位或独立责任，即使合伙企业注销后，原普通合伙人依旧需要对合伙企业的债务承担无限连带责任。因此，D 项正确。

综上所述，本题答案为 BCD 项。

（二）综合知识点

【单选】

 2 2302032

参考答案: C

解析: A 项:《公司法》第 90 条规定:“自然人股东死亡后，其合法继承人可以继承股东资格；但是，公司章程另有规定的除外。”《个人独资企业法》第 17 条规定:“个人独资企业投资人对本企业的财产依法享有所有权，其有关权利可以依法进行转让或继承。”新《公司法》删除了一人有限公司一章，有限公司和股份公司均可为一人公司，除特别规定外，一人公司适用有限公司和股份公司的规定。本题中，甲离世后，乙丙作为合法继承人，在公司章程没有另行规定的情况下，可以依法继承一人公司的股东资格；但由于乙丙是两个主体，超过了个人独资企业投资人数的限制，因此不能直接继承个人独资企业的投资人资格。因此，A 项错误。

B 项:《公司法》第 32 条第 1 款规定:“公司登记事项包括:……有限责任公司股东、股份有限公司发起人的姓名或者名称。”第 35 条规定:“公司申请变更登记，应当向公司登记机关提交公司法定代表人签署的变更登记申请书、依法作出的变更决议或者决定等文件”。本题中，股权继承变更登记应该以公司的名义提出申请，而非以乙丙的名义提出。因此，B 项错误。

C 项：个人独资企业属于非法人组织，公司属于法人，两者性质不同，不可直接转换。转换时，需先注销原企业，再申请设立新企业。因此，C 项正确。

D 项：个人独资企业与合伙企业同属非法人组织，性质相同，可以直接转换。转换时，申请变更登记即可，无需注销。因此，D 项错误。

综上所述，本题答案为 C 项。

3 2102023

参考答案: A

解析: AB 项:《合伙企业法》第 49 条第 2 款规定:“对合伙人的除名决议应当书面通知被除名人。被除名人接到除名通知之日，除名生效，被除名人退伙。”本题中，当除名决议送达张某，即张某接到除名通知时，除名生效，无需排除异议。因此，A 项正确，B 项错误。

C 项:《合伙企业法》第 86 条第 2 款规定:“清算人由全体合伙人担任；经全体合伙人过半数同意，可以自合伙企业解散事由出现后十五日内指定一个或者数个合伙人，或者委托第三人，担任清算人。”本题中，清算人应由全体合伙人或委任的第三人担任。因此，C 项错误。

D 项:《合伙企业法》第 85 条第 3 项规定:“合伙企业有下列情形之一的，应当解散:……（三）全体合伙人决定解散；……”本题中，上述分析可知张某接到除名通知时，除名生效，此时张某已经不是该合伙企业的合伙人，其异议于合伙企业而言没有任何影响。其他合伙人一致决定解散合伙企业符合“全体合伙人决定解散”的情形。

因此，D 项错误。
综上所述，本题答案为 A 项。

4 1403030

参考答案：D

解析：A 项：《合伙企业法》第 46 条规定："合伙协议未约定合伙期限的，合伙人在不给合伙企业事务执行造成不利影响的情况下，可以退伙，但应当提前三十日通知其他合伙人。"本题中，需提前 30 天，而不是一发通知立即生效。因此，A 项错误。

B 项：《合伙企业法》第 85 条规定："合伙企业有下列情形之一的，应当解散：（一）合伙期限届满，合伙人决定不再经营；（二）合伙协议约定的解散事由出现；（三）全体合伙人决定解散；（四）合伙人已不具备法定人数满 30 天；（五）合伙协议约定的合伙目的已经实现或者无法实现；（六）依法被吊销营业执照、责令关闭或者被撤销；（七）法律、行政法规规定的其他原因。"第 86 条第 1 款规定："合伙企业解散，应当由清算人进行清算。"本题中，贾某的退伙不符合合伙企业解散事由，更不符合进行清算的条件。因此，B 项错误。

C 项：《合伙企业法》第 52 条规定："退伙人在合伙企业中财产份额的退还办法，由合伙协议约定或者由全体合伙人决定，可以退还货币，也可以退还实物。"本题中，退还房屋还是退还货币，要看合伙协议的约定或者由全体合伙人决定，决定权在全体合伙人手里。因此，C 项错误。

D 项：《合伙企业法》第 53 条规定："退伙人对基于其退伙前的原因发生的合伙企业债务，承担无限连带责任。"据此，普通合伙企业的合伙人退伙后对于退伙前合伙企业的债务，承担无限连带责任。因此，D 项正确。

综上所述，本题答案为 D 项。

二、模拟训练

5 61906240

参考答案：C,D

解析：A 项：《合伙企业法》第 90 条规定："清算结束，清算人应当编制清算报告，经全体合伙人签名、盖章后，在十五日内向企业登记机关报送清算报告，申请办理合伙企业注销登记。"本题中，清算报告应当由全体合伙人签名、盖章，而非全体清算人。因此，A 项错误。

B 项：《合伙企业法》第 88 条第 3 款规定："清算期间，合伙企业存续，但不得开展与清算无关的经营活动。"本题中，清算期间，合伙企业可以开展与清算相关的经营活动，而非不能开展一切原有业务。因此，B 项错误。

C 项：《合伙企业法》第 92 条第 1 款规定："合伙企业不能清偿到期债务的，债权人可以依法向人民法院提出破产清算申请，也可以要求普通合伙人清偿。"因此，C 项正确。

D 项：《合伙企业法》第 85 条规定："合伙企业有下列情形之一的，应当解散：（一）合伙期限届满，合伙人决定不再经营；（二）合伙协议约定的解散事由出现；（三）全体合伙人决定解散……"依据该条第 3 项的规定，即使合伙期限尚未届满，全体合伙人仍可以决定解散。因此，D 项正确。

综上所述，本题答案为 CD 项。

外商投资与个人独资

参考答案

[1] AD	[2] ABC	[3] BD	[4] AD	[5] BCD
[6] A	[7] C	[8] D	[9] ACD	[10] C
[11] A	[12] BC	[13] D	[14] A	[15] ABCD

一、历年真题及仿真题

（一）外商投资法

【多选】

1 2302030

参考答案：A,D

解析：A 项：法律有一定范围内的溯及力，投资合同签订于《外商投资法》施行前，但人民法院在《外商投资法》施行时尚未作出生效裁判的，适用新法的规定认定合同的效力。因此，A 项正确。

B 项：白名单与负面清单是两个相对独立的概念，

前者是哪些投资领域可被允许，后者是哪些投资领域需被禁止或被限制。当白名单解除后，意味着原本在白名单上的投资领域将不再被允许，但并不等同于他们被自动加入到负面清单中，负面清单的建立需要另外的过程和决策。因此，B项错误。

CD项：《外商投资法解释》第4条规定："外国投资者投资外商投资准入负面清单规定限制投资的领域，当事人以违反限制性准入特别管理措施为由，主张投资合同无效的，人民法院应予支持。人民法院作出生效裁判前，当事人采取必要措施满足准入特别管理措施的要求，当事人主张前款规定的投资合同有效的，应予支持。"据此，只有不符合限制性准入特别管理措施时，投资合同才是无效的，而非绝对无效。而且，在法院作出生效裁判前，当事人可以采取补正措施以符合投资要求。补正后，投资合同有效。因此，C项错误，D项正确。

综上所述，本题答案为AD项。

2 2202065

参考答案：A,B,C

解析：A项：《外商投资法》第21条规定："外国投资者在中国境内的出资、利润、资本收益、资产处置所得、知识产权许可使用费、依法获得的补偿或者赔偿、清算所得等，可以依法以人民币或者外汇自由汇入、汇出。"因此，A项正确。

B项：《企业所得税法》第2条第3款规定："本法所称非居民企业，是指依照外国（地区）法律成立且实际管理机构不在中国境内，但在中国境内设立机构、场所的，或者在中国境内未设立机构、场所，但有来源于中国境内所得的企业。"第3条第3款规定："非居民企业在中国境内未设立机构、场所的，或者虽设立机构、场所但取得的所得与其所设机构、场所没有实际联系的，应当就其来源于中国境内的所得缴纳企业所得税。"本案中，甲国的A企业系非居民企业，其来源于中国境内的所得应依照中国法律缴纳企业所得税。因此，B项正确。

C项：《外商投资法》第15条第2款规定："国家制定的强制性标准平等适用于外商投资企业。"《外商投资法实施条例》第14条规定："国家制定的强制性标准对外商投资企业和内资企业平等适用，不得专门针对外商投资企业适用高于强制性标准的技术要求。"因此，C项正确。

D项：《外商投资法解释》第2条第1款规定："对外商投资法第四条所指的外商投资准入负面清单之外的领域形成的投资合同，当事人以合同未经有关行政主管部门批准、登记为由主张合同无效或者未生效的，人民法院不予支持。"因此，D项错误。

综上所述，本题答案为ABC项。

3 2002069

参考答案：B,D

解析：AB项：《外商投资法》第20条第2款规定："在特殊情况下，国家为了公共利益的需要，可以依照法律规定对外国投资者的投资实行征收或者征用。征收、征用应当依照法定程序进行，并及时给予公平、合理的补偿。"据此，我国对外商投资给予充分的保护，国家对外国投资者的投资坚持审慎征收的原则。本题中，抗击疫情属于特殊情况，国家为了公共利益，可以对德顺公司的仓库进行征用。因此，A项错误，B项正确。

CD项：国家对外国投资者的投资不能免费征收或征用，应当依照法定程序进行，并及时给予公平、合理的补偿，以补偿德顺公司为我国的公共利益作出的贡献，但国家并没有违法违规行为，无需对德顺公司承担赔偿责任。因此，C项错误，D项正确。

综上所述，本题答案为BD项。

4 2002070

参考答案：A,D

解析：ABC项：《外商投资法》第4条第2款规定："国家对负面清单之外的外商投资，给予国民待遇。"《外商投资法解释》第2条规定："对外商投资法第四条所指的外商投资准入负面清单之外的领域形成的投资合同，当事人以合同未经有关行政主管部门批准、登记为由主张合同无效或者未生效的，人民法院不予支持。前款规定的投资合同签订于外商投资法施行前，但人民法院在外商投资法施行时尚未作出生效裁判的，适用前款规定认定合同的效力。”本题中，对于负面清单以外的外商投资，我国实行国民待遇的原则，当事人不得以合同未经有关行政主管部门批准、登记为由主张合同无效或者未生效。因此，A 项正确，C 项错误。另外，法律有一定范围内的溯及力，投资合同签订于《外商投资法》施行前，但人民法院在《外商投资法》施行时尚未作出生效裁判的，适用新法的规定认定合同的效力。因此，B 项错误。

D 项:《外商投资法》第 28 条第 3 款规定:“外商投资准入负面清单以外的领域，按照内外资一致的原则实施管理。”因此，D 项正确。

综上所述，本题答案为 AD 项。

5 1103072

参考答案: B,C,D

解析:【注意】原题考点所依据的《中外合资经营企业法》和《中外合资经营企业法实施条例》现已失效，现已根据最新《外商投资法》及相关规定作出修改。

A 项:《外商投资法解释》第 2 条第 1 款规定:“对外商投资法第四条所指的外商投资准入负面清单之外的领域形成的投资合同，当事人以合同未经有关行政主管部门批准、登记为由主张合同无效或者未生效的，人民法院不予支持。”因此，A 项错误，不当选。

B 项:《外商投资法》第 31 条规定:“外商投资企业的组织形式、组织机构及其活动准则，适用《中华人民共和国公司法》、《中华人民共和国合伙企业法》等法律的规定。”根据《公司法》的规定，公司的形式可以为有限责任公司或股份有限公司。因此，B 项正确，当选。

C 项：根据《民法典》合同编及《公司法》的基本理念，合同各方在解释或者履行合营企业协议、合同、章程时发生争议的，应当尽量通过友好协商或者调解解决。经过协商或者调解无效的，提请仲裁或者司法解决。因此，C 项正确，当选。

D 项：因海天公司迟迟未向主管机关报批，致使合营企业没能设立成功，小宇公司为此次投资事宜花费的 70 万元的费用，可以向海天公司请求赔偿。因此，D 项正确，当选。

综上所述，本题答案为 BCD 项。

（二）个人独资企业法

【单选】

6 2302027

参考答案: A

解析: A 项:《个人独资企业法》第 27 条第 1 款规定:“个人独资企业解散，由投资人自行清算或者由债权人申请人民法院指定清算人进行清算。”本题中，房东作为企业债权人，有权申请法院指定清算。因此，A 项正确。

B 项:《个人独资企业法》第 29 条规定:“个人独资企业解散的，财产应当按照下列顺序清偿:（一）所欠职工工资和社会保险费用;（二）所欠税款;（三）其他债务。”本题中，房租与货款同属“（三）其他债务”，应同时清偿。因此，B 项错误。

C 项:《个人独资企业法》第 18 条规定:“个人独资企业投资人在申请企业设立登记时明确以其家庭共有财产作为个人出资的，应当依法以家庭共有财产对企业债务承担无限责任。”第 31 条规定:“个人独资企业财产不足以清偿债务的，投资人应当以其个人的其他财产予以清偿。”本题中，并未提及甲以家庭共有财产作为其出资，甲只需以其个人财产清偿企业债务。因此，C 项错误。

D 项:《个人独资企业法》第 28 条规定:“个人独资企业解散后，原投资人对个人独资企业存续期间的债务仍应承担偿还责任，但债权人在五年内未向债务人提出偿债请求的，该责任消灭。”本题中，“五年”系除斥期间，而非诉讼时效。因此，D 项错误。

综上所述，本题答案为 A 项。

7 1703030

参考答案: C

解析: A 项:《个人独资企业法》第 18 条规定:“个人独资企业投资人在申请企业设立登记时明确以其家庭共有财产作为个人出资的，应当依法以家庭共有财产对企业债务承担无限责任。”由此可知，个人独资企业在设立登记时明确表示以家庭共有财产作为出资的，应当依法以家庭共有财产对企业债务承担无限责任，并非性质转变为普通合伙企业。因此，A 项错误。

B 项：《个人独资企业法》第 19 条规定："个人独资企业投资人可以自行管理企业事务，也可以委托或者聘用其他具有民事行为能力的人负责企业的事务管理。投资人委托或者聘用他人管理个人独资企业事务，应当与受托人或者被聘用的人签订书面合同，明确委托的具体内容和授予的权利范围。受托人或者被聘用的人员应当履行诚信、勤勉义务，按照与投资人签订的合同负责个人独资企业的事务管理。投资人对受托人或者被聘用的人员职权的限制，不得对抗善意第三人。"由此可知，个人独资企业投资人可以自行管理企业事务，也可以委托或者聘用其他具有民事行为能力的人负责企业的事务管理，此行为并不会改变企业的出资形式。因此，B 项错误。

C 项：《个人独资企业法》第 28 条规定："个人独资企业解散后，原投资人对个人独资企业存续期间的债务仍应承担偿还责任，但债权人在五年内未向债务人提出偿债请求的，该责任消灭。"因此，C 项正确。

D 项：《个人独资企业法》第 17 条规定："个人独资企业投资人对本企业的财产依法享有所有权，其有关权利可以依法进行转让或继承。"由此可知，个人独资企业的财产可以被依法继承，在实践中如果个人独资企业投资人去世后有多个合法的继承人，则他们在共同继承企业后，可以依法将原先的个人独资企业转变为合伙企业或有限责任公司。如果其他继承人协商同意将个人独资企业及其财产转由其中一个继承人继承时，那么，原个人独资企业就可以维持不变，但是，即便如此也需要通过企业登记机关申请变更登记，将个人独资企业归为继承人名下，D 项说法过于绝对。因此，D 项错误。

综上所述，本题答案为 C 项。

8 1203029

参考答案：D

解析：A 项：《个人独资企业法》第 14 条第 3 款规定："分支机构的民事责任由设立该分支机构的个人独资企业承担。"由此可知，个人独资企业承担其分支机构的民事责任。因此，A 项错误。

BCD 项：《个人独资企业法》第 20 条规定："投资人委托或者聘用的管理个人独资企业事务的人员不得有下列行为：……（五）擅自以企业财产提供担保；（六）未经投资人同意，从事与本企业相竞争的业务；（七）未经投资人同意，同本企业订立合同或者进行交易……"由此可知，若经曾水同意，霍火可以用分支机构财产为其弟提供抵押担保；霍火作为投资人聘用的管理个人独资企业事务的人员有竞业禁止义务、自我交易禁止义务。因此，BC 项错误，D 项正确。

综上所述，本题答案为 D 项。

（三）综合知识点

【单选】

9 0303059

参考答案：A,C,D

解析：AB 项：《个人独资企业法》第 28 条规定："个人独资企业解散后，原投资人对个人独资企业存续期间的债务仍应承担偿还责任，但债权人在 5 年内未向债务人提出偿债请求的，该责任消灭。"本题中，张某仍然对企业存续期间的债务以其个人财产承担无限责任。因此，A 项错误，当选；B 项正确，不当选。

C 项：《诉讼时效规定》第 2 条规定："当事人未提出诉讼时效抗辩，人民法院不应对诉讼时效问题进行释明及主动适用诉讼时效的规定进行裁判。"本题中，若张某不行使时效抗辩权，债权人的请求仍能得到支持。因此，C 项错误，当选。

D 项：由上述《个人独资企业法》第 28 条可知，实体责任存在至解散后 5 年，适用除斥期间。本题中，该企业从 2001 年 1 月解散，只要债权人在 2006 年 1 月前请求投资人偿还，诉讼请求就可能得到支持，该公司 2003 年 5 月起诉，可以要求张某以其个人财产承担 15 万元的债务。因此，D 项错误，当选。

综上所述，本题为选非题，答案为 ACD 项。

10 1603002

参考答案：C

解析：ABC 项：《合伙企业法》第 38 条规定："合

伙企业对其债务，应先以其全部财产进行清偿。”第 39 条规定：“合伙企业不能清偿到期债务的，合伙人承担无限连带责任。”本题中，甲企业以全部财产不能清偿债务后，自然人安琚和乙企业应当承担无限连带责任。丙企业既可以要求安琚承担责任，也可以要求乙企业承担责任，也可以要求二者共同承担责任。其中一方承担全部责任后，可以向另一方追偿，并不是只能要求各自承担 15 万元。因此，C 项正确，AB 项错误。

D 项:《民法典》第 104 条规定：“非法人组织的财产不足以清偿债务的，其出资人或者设立人承担无限责任。法律另有规定的，依照其规定。”《个人独资企业法》第 2 条规定：“本法所称个人独资企业，是指依照本法在中国境内设立，由一个自然人投资，财产为投资人个人所有，投资人以其个人财产对企业债务承担无限责任的经营实体。”本题中，个人独资企业为非法人组织，因此当乙企业的财产不足以承担债务时，丙有权请求其投资人就此承担无限责任。因此，D 项错误。

综上所述，本题正确答案为 C 项。

11 1103028

参考答案：A

解析：A 项:《个人独资企业法》第 27 条第 1 款规定：”个人独资企业解散，由投资人自行清算或者由债权人申请人民法院指定清算人进行清算。”本题中，将加工厂改换成一人有限公司形式，属于原个人独资企业资格的消灭和新一人有限责任公司的诞生，因此，应对个人独资企业进行清算。因此，A 项错误。

B 项：法律并未禁止新设立的公司采用原实体的商号，故新成立的一人有限公司仍可继续使用原商号“金地”。因此，B 项正确。

C 项:《公司法》第 47 条第 1 款规定：“有限责任公司的注册资本为在公司登记机关登记的全体股东认缴的出资额。全体股东认缴的出资额由股东按照公司章程的规定自公司成立之日起五年内缴足。”本题中，股东无需一次缴足出资，允许认缴资本。因此，C 项正确。

D 项:《公司法》第 23 条第 3 款规定：“只有一个股东的公司，股东不能证明公司财产独立于股东自己的财产的，应当对公司债务承担连带责任。”因此，D 项正确。

综上所述，本题为选非题，答案为 A 项。

【多选】

12 1003027

参考答案：B,C

解析：A 项:《公司法》取消了对自然人设立一人公司的相关限制。《个人独资企业法》第 2 条规定：“个人独资企业只能由一个自然人投资设立。”由此可知，个人独资企业或一人公司均可由自然人设立。因此，A 项正确，不当选。

BD 项:《公司法》取消了对自然人设立一人公司的相关限制。依据该修改，可知一人公司已没有法定资本的最低限额，一个自然人可以同时开办一人公司和个人独资企业。因此，B 项错误，当选；D 项正确，不当选。

C 项:《个人独资企业法》第 19 条第 1 款规定：“个人独资企业投资人可以自行管理企业事务，也可以委托或者聘用其他具有民事行为能力的人负责企业的事务管理。”因此，C 项错误，当选。

综上所述，本题为选非题，答案为 BC 项。

二、模拟训练

13 62106127

参考答案：D

解析：A 项:《外商投资法解释》第 2 条第 1 款规定：“对外商投资法第四条所指的外商投资准入负面清单之外的领域形成的投资合同，当事人以合同未经有关行政主管部门批准、登记为由主张合同无效或者未生效的，人民法院不予支持。”《外商投资法》第 4 条第 2 款规定：“国家对负面清单之外的外商投资，给予国民待遇。”本题中，绿泽公司与天华公司签订了负面清单领域外的投资合同，应按照国民待遇对待，不存在合同无效事由时，天华公司不得以合同未经有关部门批准为由请求法院确认合同无效。因此，A 项错误。

B 项:《外商投资法》第 17 条规定：“外商投资企业可以依法通过公开发行股票、公司债券等证券和其他方式进行融资。”此条为新增条款。本题中，绿泽公司作为外商投资企业，可以以股票、债券的方式进行融资，保障其在市场竞争中与其他企业平等的地位。因此，B项错误。

C项：《外商投资法》第34条规定："国家建立外商投资信息报告制度。外国投资者或者外商投资企业应当通过企业登记系统以及企业信用信息公示系统向商务主管部门报送投资信息。外商投资信息报告的内容和范围按照确有必要的原则确定；通过部门信息共享能够获得的投资信息，不得再行要求报送。"本题中，说法过于绝对，若通过部门信息能够获得的投资信息，则不再要求报送。因此，C项错误。

D项：《外商投资法》第36条第1款规定："外国投资者投资外商投资准入负面清单规定禁止投资的领域的，由有关主管部门责令停止投资活动，限期处分股份、资产或者采取其他必要措施，恢复到实施投资前的状态；有违法所得的，没收违法所得。"本题中，若RET公司投资了负面清单禁止投资的领域的，应由相关主管部门采取相应措施，恢复到投资实施前状态。因此，D项正确。

综上所述，本题答案为D项。

14　62106022

参考答案：A

解析：A项：《外商投资法》第28条第3款规定"外商投资准入负面清单以外的领域，按照内外资一致的原则实施管理。"本题中，A公司拟投资的餐饮店属于负面清单之外的领域、行业，无须审批，向主管部门申请设立，然后登记备案即可。因此，A项正确。

B项：《外商投资法解释》第3条规定："外国投资者投资外商投资准入负面清单规定禁止投资的领域，当事人主张投资合同无效的，人民法院应予支持。"本题中，B公司拟投资的烟叶批发属于负面清单里面禁止投资的行业，外国投资者不得投资，合同无效。因此，B项错误。

C项：《外商投资法解释》第2条规定："外国投资者投资外商投资准入负面清单规定限制投资的领域，当事人以违反限制性准入特别管理措施为由，主张投资合同无效的，人民法院应予支持。人民法院作出生效裁判前，当事人采取必要措施满足准入特别管理措施的要求，当事人主张前款规定的投资合同有效的，应予支持。"本题中，英国的C公司拟投资一个限制项目，若违反限制性准入特别管理措施，合同无效，但可以补正。因此，C项错误。

D项：《外商投资法解释》第2条第1款规定："对外商投资法第四条所指的外商投资准入负面清单之外的领域形成的投资合同，当事人以合同未经有关行政主管部门批准、登记为由主张合同无效或者未生效的，人民法院不予支持。"本题中，法国的D公司投资了一个负面清单外的项目，当事人不能以合同未经批准登记为由主张合同无效。因此，D项错误。

综上所述，本题答案为A项。

15　62006084

参考答案：A,B,C,D

解析：A项：《个人独资企业法》第18条规定："个人独资企业投资人在申请企业设立登记时明确以其家庭共有财产作为个人出资的，应当依法以家庭共有财产对企业债务承担无限责任。"因此，A项正确。

B项：《个人独资企业法》第26条规定："个人独资企业有下列情形之一时，应当解散：……（二）投资人死亡或者被宣告死亡，无继承人或者继承人决定放弃继承；……"因此，B项正确。

C项：《个人独资企业法》第28条规定："个人独资企业解散后，原投资人对个人独资企业存续期间的债务仍应承担偿还责任，但债权人在五年内未向债务人提出偿债请求的，该责任消灭。"因此，C项正确。

D项：《个人独资企业法》第29条规定："个人独资企业解散的，财产应当按照下列顺序清偿：（一）所欠职工工资和社会保险费用；（二）所欠税款；（三）其他债务。"因此，D项正确。

综上所述，本题答案为ABCD项。

企业破产法

第一章 破产法概述

参考答案

[1] ABC	[2] A	[3] AC	[4] A	[5] C
[6] AB	[7] A	[8] BD	[9] A	[10] A
[11] D	[12] C	[13] CD	[14] BC	[15] A
[16] ACD	[17] CD	[18] CD	[19] ABD	

一、历年真题及仿真题

（一）适用范围及破产原因

【多选】

1 1203071

参考答案：A,B,C

解析：ABCD 项：《破产法解释（一）》第 4 条规定："债务人账面资产虽大于负债，但存在下列情形之一的，人民法院应当认定其明显缺乏清偿能力：（一）因资金严重不足或者财产不能变现等原因，无法清偿债务；（二）法定代表人下落不明且无其他人员负责管理财产，无法清偿债务；（三）经人民法院强制执行，无法清偿债务；（四）长期亏损且经营扭亏困难，无法清偿债务；（五）导致债务人丧失清偿能力的其他情形。"本题中，中南公司房地产无法变现符合第（一）项；法定代表人潜逃至海外即下落不明，公司陷入管理混乱，符合第（二）项；中南公司经法院强制执行仍无法清偿债务符合第（三）项。因此，ABC 项正确。信誉是不能与财产能力直接挂钩的，质量纠纷多、市场信誉差并不意味着该公司明显缺乏清偿能力。因此，D 项错误。

综上所述，本题答案为 ABC 项。

（二）破产的申请与受理

【单选】

2 1902004

参考答案：A

解析：ABCD 项：《破产法》第 21 条规定："人民法院受理破产申请后，有关债务人的民事诉讼，只能向受理破产申请的人民法院提起。"同时根据第 3 条的规定："破产案件由债务人住所地人民法院管辖。"本题中，甲公司进入破产程序，破产案件管辖法院即为甲公司所在地法院青山县法院，故管理人为追索乙公司拖欠的租金而提起的诉讼应当由青山县法院管辖。因此，BCD 项错误，A 项正确。

综上所述，本题答案为 A 项。

【多选】

3 1303073

参考答案：A,C

解析：A 项：《破产法解释（一）》第 6 条规定："债权人申请债务人破产的，应当提交债务人不能清偿到期债务的有关证据。……"因此，作为债权人的甲申请乙公司破产，应当提交其到期不能清偿债务的证据。因此，A 项正确。

B 项：《破产法》第 2 条第 1 款规定："企业法人不能清偿到期债务，并且资产不足以清偿全部债务或者明显缺乏清偿能力的，依照本法规定清理债务。"第 7 条第 2 款规定："债务人不能清偿到期债务，债权人可以向人民法院提出对债务人进行重整或者破产清算的申请。"本题中，债权人在债务人不能清偿到期债务时，就可以向法院申请破产，而无需证明债务人资不抵债。因此，B 项错误。

C 项：《破产法》第 10 条第 1 款规定："债权人提出破产申请的，人民法院应当自收到申请之日起五日内通知债务人。债务人对申请有异议的，应当自收到人民法院的通知之日起七日内向人民法院提出。人民法院应当自异议期满之日起十日内裁定是否受理。"因此，C 项正确。

D 项：《破产法解释（一）》第 1 条第 2 款规定："相关当事人以对债务人的债务负有连带责任的人未丧失清偿能力为由，主张债务人不具备破产原因的，人民法院应不予支持。"本题中，保证人具有清偿能力并不能阻碍债务人的破产。因此，D 项错误。

综上所述，本题答案为 AC 项。

（三）破产管理人

【单选】

4　2102086

参考答案：A

解析：ABCD 项：《破产法》第 18 条规定："人民法院受理破产申请后，管理人对破产申请受理前成立而债务人和对方当事人均未履行完毕的合同有权决定解除或者继续履行，并通知对方当事人。管理人自破产申请受理之日起二个月内未通知对方当事人，或者自收到对方当事人催告之日起三十日内未答复的，视为解除合同。管理人决定继续履行合同的，对方当事人应当履行；但是，对方当事人有权要求管理人提供担保。管理人不提供担保的，视为解除合同。"本案中，甲公司和乙地产公司的租赁协议系破产申请前成立且双方均未履行完毕的合同，故管理人有权自行决定解除合同或者继续履行，且管理人决定解除合同的，自其通知相对人解除决定时自然解除。因此，A 项正确，BCD 项错误。

综上所述，本题答案为 A 项。

（四）债权人会议与债权人委员会

【单选】

5　1902022

参考答案：C

解析：A 项：《破产法》第 67 条规定："债权人会议可以决定设立债权人委员会。债权人委员会由债权人会议选任的债权人代表和一名债务人的职工代表或者工会代表组成。债权人委员会成员不得超过九人。债权人委员会成员应当经人民法院书面决定认可。"本题中，债权人委员会中应当有一名债务人的职工代表或工会代表以代表职工权益。因此，A 项正确，不当选。

B 项：《破产法》第 69 条第 1 款第 3 项规定："管理人实施下列行为，应当及时报告债权人委员会：……（三）全部库存或者营业的转让；……"《破产法解释（三）》第 15 条规定："管理人处分企业破产法第六十九条规定的债务人重大财产的，应当事先制作财产管理或者变价方案并提交债权人会议进行表决，债权人会议表决未通过的，管理人不得处分。管理人实施处分前，应当根据企业破产法第六十九条的规定，提前十日书面报告债权人委员会或者人民法院。债权人委员会可以依照企业破产法第六十八条第二款的规定，要求管理人对处分行为作出相应说明或者提供有关文件依据。债权人委员会认为管理人实施的处分行为不符合债权人会议通过的财产管理或变价方案的，有权要求管理人纠正。管理人拒绝纠正的，债权人委员会可以请求人民法院作出决定。人民法院认为管理人实施的处分行为不符合债权人会议通过的财产管理或变价方案的，应当责令管理人停止处分行为。管理人应当予以纠正，或者提交债权人会议重新表决通过后实施。"本题中，丙公司受让甲公司全部的库存和营业事务属于《破产法》第 69 条规定的重大资产处分，管理人需要事先制作财产管理或者变价方案并经债权人会议通过。因此，B 项正确，不当选。

CD 项：《破产法解释（三）》第 15 条第 2 款规定："管理人实施处分前，应当根据企业破产法第六十九条的规定，提前十日书面报告债权人委员会或者人民法院。债权人委员会可以依照企业破产法第六十八条第二款的规定，要求管理人对处分行为作出相应说明或者提供有关文件依据。"本题中，如果债权人会议未通过管理人的方案，此处分不得进行，债权人委员会作为债权人会议的常设机关并非上级机关，不能推翻债权人会议的决议；经债权人会议通过的重大资产处分方案，管理人在实施前应向债权人委员会报告。因此，C 项错误，当选；D 项正确，不当选。

综上所述，本题为选非题，答案为 C 项。

【多选】

6　2002132

参考答案：A,B

解析：AB 项：《破产法解释（三）》第 12 条第 1 款规定："债权人会议的决议具有以下情形之一，损害债权人利益，债权人申请撤销的，人民法院应予支持：（一）债权人会议的召开违反法定程序；（二）债权人会议的表决违反法定程序；（三）债权人会议的决议内容违法；（四）债权人会议的决议超出债权人会议的职权范围。”因此，AB 项正确。
C 项：《破产法解释（三）》第 12 条第 2 款规定：“人民法院可以裁定撤销全部或者部分事项决议，责令债权人会议依法重新作出决议。”因此，C 项错误。
D 项：《破产法解释（三）》第 12 条第 3 款规定：“债权人申请撤销债权人会议决议的，应当提出书面申请。债权人会议采取通信、网络投票等非现场方式进行表决的，债权人申请撤销的期限自债权人收到通知之日起算。”因此，D 项错误。
综上所述，本题答案为 AB 项。

（五）破产费用和共益债务

【单选】

7 1203030

参考答案：A

解析：A 项：《破产法解释（一）》第 8 条规定：“破产案件的诉讼费用，应根据企业破产法第四十三条的规定，从债务人财产中拨付。相关当事人以申请人未预先交纳诉讼费用为由，对破产申请提出异议的，人民法院不予支持。”本题中，破产案件的诉讼费用无需预交。因此，A 项错误，当选。
BC 项：《破产法》第 41 条规定：“人民法院受理破产申请后发生的下列费用，为破产费用：（一）破产案件的诉讼费用；（二）管理、变价和分配债务人财产的费用；（三）管理人执行职务的费用、报酬和聘用工作人员的费用。”第 43 条第 1 款、第 2 款规定：“破产费用和共益债务由债务人财产随时清偿。债务人财产不足以清偿所有破产费用和共益债务的，先行清偿破产费用。债务人财产不足以清偿所有破产费用或者共益债务的，按照比例清偿。”本题中，诉讼费用属于破产费用，由债务人财产随时清偿，且优先于共益债务清偿。因此，BC 项正确，不当选。
D 项：《破产法》第 43 条第 4 款规定：“债务人财产不足以清偿破产费用的，管理人应当提请人民法院终结破产程序……”因此，D 项正确，不当选。
综上所述，本题为选非题，答案为 A 项。

【多选】

8 1902055

参考答案：B,D

解析：[命题陷阱] 本案的关键是甲公司对张三和李四的两笔借款，都是破产受理后的新借款，可定性为共益债务，优先于普通债权受偿，但是李四的借款是有抵押权的保障，享有优先受偿权。
A 项：《破产法》第 13 条规定：“人民法院裁定受理破产申请的，应当同时指定管理人。”本题中，破产管理人由法院受理破产同时指定，并非债权人会议选择或聘任。因此，A 项错误。
BD 项：《破产法》第 42 条第 4 项规定：“人民法院受理破产申请后发生的下列债务，为共益债务：……（四）为债务人继续营业而应支付的劳动报酬和社会保险费用以及由此产生的其他债务；……”《破产法解释（三）》第 2 条规定：“破产申请受理后，经债权人会议决议通过，或者第一次债权人会议召开前经人民法院许可，管理人或者自行管理的债务人可以为债务人继续营业而借款。提供借款的债权人主张参照企业破产法第四十二条第四项的规定优先于普通破产债权清偿的，人民法院应予支持，但其主张优先于此前已就债务人特定财产享有担保的债权清偿的，人民法院不予支持。管理人或者自行管理的债务人可以为前述借款设定抵押担保，抵押物在破产申请受理前已为其他债权人设定抵押的，债权人主张按照民法典第四百一十四条规定的顺序清偿，人民法院应予支持。”本题中，甲公司对张三和李四的借款属于为债务人继续营业而产生的债务，且均发生于重整受理之后，应定性为共益债务，优先于普通债权受偿。因此，BD 项正确。
C 项：本题中，李四的借款设定了有效的房产抵押，就抵押房产，李四享有优先受偿权，所以如果甲公司的财产足以清偿共益债务，张三、李四的借款均会被全额清偿。如果甲公司的财产不足以清偿共益债务，李四有优先受偿权的保障，也可以就抵押房产变现财产优先获得清偿，所以张三的债权不能因为发生在前而优先于李四的抵押债权。因此，C 项错误。
综上所述，本题答案为 BD 项。

（六）综合知识点

【单选】

9 2202069

参考答案：A

解析：AC项：《破产法》第39条规定："人民法院受理破产申请时，出卖人已将买卖标的物向作为买受人的债务人发运，债务人尚未收到且未付清全部价款的，出卖人可以取回在运途中的标的物。但是，管理人可以支付全部价款，请求出卖人交付标的物。"本案中，甲公司在破产申请受理前已经向觉醒公司足额支付了全部价款，所以，觉醒公司不能再主张取回该设备，且该设备一经送达，所有权即转移至甲公司，管理人可直接将其列为债务人财产。因此，A项正确，C项错误。

B项：《破产法》第31条规定："人民法院受理破产申请前一年内，涉及债务人财产的下列行为，管理人有权请求人民法院予以撤销：（一）无偿转让财产的；（二）以明显不合理的价格进行交易的；（三）对没有财产担保的债务提供财产担保的；（四）对未到期的债务提前清偿的；（五）放弃债权的。"本案中，甲公司以市场价进行交易，并未造成财产的不当减损，并未损害债权人的合法权益，不存在法定的可以行使撤销权的情形之一，管理人无权撤销。因此，B项错误。

D项：《破产法》第18条第1款规定："人民法院受理破产申请后，管理人对破产申请受理前成立而债务人和对方当事人均未履行完毕的合同有权决定解除或者继续履行，并通知对方当事人。"本案中，甲公司作为买受人，已经足额支付了全部合同价款，合同义务已经履行完毕，该合同不属于双方当事人均未履行完毕的合同，管理人无权决定解除。因此，D项错误。

综上所述，本题答案为A项。

10 2202071

参考答案：A

解析：A项：《破产法解释（一）》第7条第1款规定："人民法院收到破产申请时，应当向申请人出具收到申请及所附证据的书面凭证。"因此，A项正确。

B项：《破产法解释（一）》第1条第2款规定："相关当事人以对债务人的债务负有连带责任的人未丧失清偿能力为由，主张债务人不具备破产原因的，人民法院应不予支持。"本题中，甲公司不得以连带保证人丙公司具有还款能力为由进行抗辩。因此，B项错误。

CD项：《破产法》第12条规定："人民法院裁定不受理破产申请的，应当自裁定作出之日起五日内送达申请人并说明理由。申请人对裁定不服的，可以自裁定送达之日起十日内向上一级人民法院提起上诉。人民法院受理破产申请后至破产宣告前，经审查发现债务人不符合本法第二条规定情形的，可以裁定驳回申请。申请人对裁定不服的，可以自裁定送达之日起十日内向上一级人民法院提起上诉。"本题中，法院可"裁定"不受理破产申请或"裁定"驳回申请，而非"判决"驳回申请。因此，C项错误。而且，如果法院不予受理破产申请，申请人乙公司可以向上一级法院上诉，而不可直接向上级法院提出破产申请。因此，D项错误。

综上所述，本题答案为A项。

11 2102087

参考答案：D

解析：AB项：《破产法》第28条第1款规定："管理人经人民法院许可，可以聘用必要的工作人员。"因此，AB项错误。

C项：《破产法》第25条第1款规定："管理人履行下列职责：……（三）决定债务人的内部管理事务；（四）决定债务人的日常开支和其他必要开支；……"本题中，财务管理人员的薪酬属于日常开支和其他必要开支，属于管理人决定的事项。因此，C项错误。

D项：《破产法》第41条规定："人民法院受理破产申请后发生的下列费用，为破产费用：……（三）管理人执行职务的费用、报酬和聘用工作人员的费用。"第43条第1款规定："破产费用和共益债务由债务人财产随时清偿。"本题中，财务管理人员的报酬可随时支付。因此，D项正确。

综上所述，本题答案为D项。

12 1603031

参考答案：C

解析：ABCD 项：《破产法》第 69 条第 1 款规定："管理人实施下列行为，应当及时报告债权人委员会：（一）涉及土地、房屋等不动产权益的转让；（二）探矿权、采矿权、知识产权等财产权的转让；（三）全部库存或者营业的转让；（四）借款；（五）设定财产担保；（六）债权和有价证券的转让；（七）履行债务人和对方当事人均未履行完毕的合同；（八）放弃权利；（九）担保物的取回；（十）对债权人利益有重大影响的其他财产处分行为。"《破产法解释（三）》第 15 条第 1 款规定："管理人处分企业破产法第六十九条规定的债务人重大财产的，应当事先制作财产管理或者变价方案并提交债权人会议进行表决，债权人会议表决未通过的，管理人不得处分。"本题中，仅债权人会议享有对重大财产处分的表决权。因此，C 项正确，ABD 项错误。

综上所述，本题答案为 C 项。

【多选】

13 2102011

参考答案：C,D

解析：AB 项：《破产法》第 28 条第 1 款规定："管理人经人民法院许可，可以聘用必要的工作人员。"本题中，管理人不可以自行决定聘用会计人员。管理人聘用工作人员仅需经人民法院许可，无需提交债权人委员会进行讨论。因此，AB 项错误。

C 项：《破产法》第 28 条第 1 款规定中的"必要的工作人员"，应当理解为包括两类人员：一是直接参与管理人团队工作的相关人员（包括留任的破产企业工作人员等）；二是管理人聘用的其他社会中介机构，如法律、审计、鉴定、评估、拍卖公司等。本题中，管理人可以聘请该公司的员工。因此，C 项正确。

D 项：《破产法》第 41 条第 3 项规定："人民法院受理破产申请后发生的下列费用，为破产费用：……（三）管理人执行职务的费用、报酬和聘用工作人员的费用。"第 43 条第 1 款规定："破产费用和共益债务由债务人财产随时清偿。"本题中，管理人聘用 3 位会计人员需要支付的费用属于破产费用，从债务人财产中随时清偿。因此，D 项正确。

综上所述，本题答案为 CD 项。

14 1603073

参考答案：B,C

解析：A 项：《破产法》第 109 条规定："对破产人的特定财产享有担保权的权利人，对该特定财产享有优先受偿的权利。"本题中，翰扬公司就其享有抵押权的债权可以行使抵押权，但必须经过破产债权申报和确认之后方能行使，而不是在破产受理后就直接行使。因此，A 项错误。

B 项：《破产法》第 18 条第 1 款规定："人民法院受理破产申请后，管理人对破产申请受理前成立而债务人和对方当事人均未履行完毕的合同有权决定解除或者继续履行，并通知对方当事人。管理人自破产申请受理之日起二个月内未通知对方当事人，或者自收到对方当事人催告之日起三十日内未答复的，视为解除合同。"本题中，翰扬公司与利捷公司有一合同未履行完毕，管理人甲可决定解除该合同。因此，B 项正确。

C 项：《破产法解释（二）》第 32 条规定："债务人占有的他人财产毁损、灭失，因此获得的保险金、赔偿金、代偿物尚未交付给债务人，或者代偿物虽已交付给债务人但能与债务人财产予以区分的，权利人主张取回就此获得的保险金、赔偿金、代偿物的，人民法院应予支持。保险金、赔偿金已经交付给债务人，或者代偿物已经交付给债务人且不能与债务人财产予以区分的，人民法院应当按照以下规定处理：（一）财产毁损灭失发生在破产申请受理前的，权利人因财产损失形成的债权，作为普通破产债权清偿；（二）财产毁损、灭失发生在破产申请受理后的，因管理人或者相关人员执行职务导致权利人损害产生的债务，作为共益债务清偿。债务人占有的他人财产毁损、灭失，没有获得相应的保险金、赔偿金、代偿物，或者保险金、赔偿物、代偿物不足以弥补其损失的部分，人民法院应当按照本条第二款的规定处理。"本题中，翰扬公司曾租给利捷公司的一套设备被损毁，侵权人之前所支付的赔偿金已经交付给债务人（货币占有即所有，不能与债务人财产相区分），权利人不能行使取回权，且毁损、灭失发生在破产受理前，应作为普通破产债权清偿。因此，C 项正确。

D 项:《破产法》第 40 条第 1 项规定:“债权人在破产申请受理前对债务人负有债务的，可以向管理人主张抵销。但是，有下列情形之一的，不得抵销:（一）债务人的债务人在破产申请受理后取得他人对债务人的债权的；……”本题中，茹洁公司在破产受理后受让了翰扬公司的债权，不得抵销，仍需要履行等额的债务。因此，D 项错误。

综上所述，本题答案为 BC 项。

二、模拟训练

15 62206143

参考答案:A

解析:A 项:《破产法》第 69 条第 1 款规定:“管理人实施下列行为，应当及时报告债权人委员会:（一）涉及土地、房屋等不动产权益的转让；……”《破产法解释（三）》第 15 条规定:“管理人处分企业破产法第六十九条规定的债务人重大财产的，应当事先制作财产管理或者变价方案并提交债权人会议进行表决，债权人会议表决未通过的，管理人不得处分……”本题中，管理人决定向银行借款属于重大财产处分行为，故需要事先制作财产管理或者变价方案并提交债权人会议进行表决，经债权人会议同意。因此，A 项正确。

BD 项:《破产法》第 41 条规定:“人民法院受理破产申请后发生的下列费用，为破产费用:（一）破产案件的诉讼费用;（二）管理、变价和分配债务人财产的费用;（三）管理人执行职务的费用、报酬和聘用工作人员的费用。”第 43 条第 1、2、3 款规定:“破产费用和共益债务由债务人财产随时清偿。债务人财产不足以清偿所有破产费用和共益债务的，先行清偿破产费用，不足以清偿所有破产费用的，按照比例清偿。”第 113 条第 1 款规定:“破产财产在优先清偿破产费用和共益债务后，依照下列顺序清偿:……（三）普通破产债权。”本题中，人民法院受理破产申请后发生的管理人执行职务的费用、报酬和聘用工作人员的费用为破产费用。破产费用优先于共益债务清偿，共益债务优先于普通破产债权清偿。因此，B 项错误。锦尚公司的资产已经不足以清偿破产费用，那么需要按照比例清偿，所以不是优先清偿破产案件的诉讼费用。因此，D 项错误。

C 项:《破产法》第 42 条规定:“人民法院受理破产申请后发生的下列债务，为共益债务:（一）因管理人或者债务人请求对方当事人履行双方均未履行完毕的合同所产生的债务；……（四）为债务人继续营业而应支付的劳动报酬和社会保险费用以及由此产生的其他债务；……”本题中，管理人为继续履行锦尚公司与天华公司的合同，向银行借款，产生的债务作为共益债务清偿。管理人为继续履行合同向银行借款产生的债务，产生的债务也作为共益债务清偿。因此，C 项错误。

综上所述，本题答案为 A 项。

16 62206142

参考答案:A,C,D

解析:A 项:《破产法》第 7 条第 2 款规定:“债务人不能清偿到期债务，债权人可以向人民法院提出对债务人进行重整或者破产清算的申请。”第 95 条第 1 款规定:“债务人可以依照本法规定，直接向人民法院申请和解；也可以在人民法院受理破产申请后、宣告债务人破产前，向人民法院申请和解。”本题中，天华公司作为锦尚公司的债权人，只能向法院提出重整或者破产清算的申请。对于破产和解，只有债务人锦尚公司可以提出，其他人均无此项权利。因此，A 项错误，当选。

B 项:《破产法》第 10 条规定:“债权人提出破产申请，法院应当自收到申请之日起 5 日内通知债务人。债务人对申请有异议的，应当自收到人民法院的通知之日起 7 日内向人民法院提出。人民法院应当自异议期满之日起十日内裁定是否受理。有特殊情况需要延长裁定受理期限的，经上一级人民法院批准，可以延长十五日。”本题中，天华公司 1 月 10 日提出申请，法院在 5 日内通知锦尚公司，锦尚公司的异议期届满后，法院应在 10 日内（2 月 1 日前）作出是否受理的决定，但法院在2月3日才做出裁定，说明案件有特殊情况，对裁定期限进行了延长，故法院不可以自行决定延长，需要上一级法院批准。因此，B项正确，不当选。

C项:《破产法》第24条第3款规定:“有下列情形之一的，不得担任管理人:……（三）与本案有利害关系……”本题中，天华公司为企业的债权人，如果任命天华公司为破产管理人，可能倾向于保护天华公司自己的利益，对锦尚公司和其他债权人不利，所以在破产管理人的确定中，债权人需要回避。因此，C项错误，当选。

D项:《破产法》第22条规定:“管理人由人民法院指定。债权人会议认为管理人不能依法、公正执行职务或者有其他不能胜任职务情形的，可以申请人民法院予以更换。指定管理人和确定管理人报酬的办法，由最高人民法院规定。”本题中，错误的地方在两个方面:首先，债权人会议与破产管理人产生冲突并不属于更换管理人的理由，只有在管理人不能依法、公正执行职务或者有其他不能胜任职务情形时才可以更换;第二，如果破产管理人确实存在上述情形，更换事宜也应由法院决定，债权人会议无权自行更换管理人。因此，D项错误，当选。

综上所述，本题为选非题，答案为ACD项。

17 62206140

参考答案:C,D

解析:A项:《破产法》第21条规定:“人民法院受理破产申请后，有关债务人的民事诉讼，只能向受理破产申请的人民法院提起。”本题中，即使法院受理了锦尚公司的破产申请，但债权人天华公司仍然可以向法院提起诉讼，只是在管辖法院上有所限制，故法院对天华公司提出的诉讼仍需受理。因此，A项错误。

BCD项:《破产法》第18条第1款规定:“人民法院受理破产申请后，管理人对破产申请受理前成立而债务人和对方当事人均未履行完毕的合同有权决定解除或者继续履行，并通知对方当事人。管理人自破产申请受理之日起二个月内未通知对方当事人，或者自收到对方当事人催告之日起三十日内未答复的，视为解除合同。”本题中，锦尚公司和天华公司于1月签订合同，5月法院受理了锦尚公司的破产申请，管理人有权决定该合同是否继续履行，如果管理人认为合同履行对公司不利，可决定不再履行合同。因此，B项错误，C项正确。如果管理人受理破产后2个月内未向天华公司说明建筑工程施工合同是否继续履行，则合同解除，不再继续履行。因此，D项正确。

综上所述，本题答案为CD项。

18 62006090

参考答案:C,D

解析:A项:《破产法解释（一）》第1条第2款规定:“相关当事人以对债务人的债务负有连带责任的人未丧失清偿能力为由，主张债务人不具备破产原因的，人民法院应不予支持。”因此，A项错误。

B项:《破产法》第19条规定:“人民法院受理破产申请后，有关债务人财产的保全措施应当解除，执行程序应当中止。”本题中，法院受理中航建工公司的破产申请后，对鑫磊公司的执行程序是中止，而非终止。因此，B项错误。

C项:《破产法》第12条第1款规定:“人民法院裁定不受理破产申请的，应当自裁定作出之日起五日内送达申请人并说明理由。申请人对裁定不服的，可以自裁定送达之日起十日内向上一级人民法院提起上诉。”本题中，在破产程序中，人民法院作出不予受理的裁定，申请人有权提出上诉。因此，C项正确。

D项:《破产法》第7条第2款规定:“债务人不能清偿到期债务，债权人可以向人民法院提出对债务人进行重整或者破产清算的申请。”本题中，中航建工公司有权申请对鑫磊公司进行重整。因此，D项正确。

综上所述，本题答案为CD项。

19 62206141

参考答案:A,B,D

解析:A项:《破产法》第18条第1款规定:“人民法院受理破产申请后，管理人对破产申请受理前成立而债务人和对方当事人均未履行完毕的合同有权决定解除或者继续履行，并通知对方当事人。管理人自破产申请受理之日起二个月内未通知对方当事人，或者自收到对方当事人催告之日起三十日内未答复的，视为解除合同。”本题中，利达公司已经交付原料，仅通达公司未支付价款，因此该合同并不属于双方均未履行完毕的双务合同。针对该合同，管理人不作特殊处理，合同依旧有效。因此，A 项正确。

BD 项：同理，明达公司已完成货物运输，利达公司未向其支付运费，双方互为债权债务关系，明达公司可以直接申报债权。因此，B 项正确。而利达公司与飞达公司的合同，一方未完成加工任务，一方未支付剩余费用，属于双方均未履行完毕的双务合同。就该合同，管理人有权决定继续履行，但是面对利达公司即将破产的现状，飞达公司有权要求提供担保，如果管理人不提供担保，为了保障飞达公司的权利，视为合同已解除。因此，D 项正确。

C 项:《破产法》第 21 条规定:“人民法院受理破产申请后，有关债务人的民事诉讼，只能向受理破产申请的人民法院提起。”第 3 条规定:“破产案件由债务人住所地人民法院管辖。”本题中，法院已受理破产申请，利达公司已进入破产程序，后续与利达公司有关的诉讼均得向受理破产申请的法院也即债务人住所地的法院提起，而题中并未说明债务人住所地和合同履行地为同一处。因此，C 项错误。

综上所述，本题答案为 ABD 项。

第二章 债务人财产

参考答案

[1]D	[2]B	[3]BCD	[4]B	[5]AC
[6]CD	[7]C	[8]AB	[9]AB	[10]B
[11]B	[12]C			

一、历年真题及仿真题

（一）破产取回权

【单选】

1 2202070

参考答案：D

解析：A 项:《民法典》第 433 条规定:“因不可归责于质权人的事由可能使质押财产毁损或者价值明显减少，足以危害质权人权利的，质权人有权请求出质人提供相应的担保；出质人不提供的，质权人可以拍卖、变卖质押财产，并与出质人协议将拍卖、变卖所得的价款提前清偿债务或者提存。”本案中，玉石价格显著下降，乙公司有权要求甲公司提供相应的担保，但甲公司或其管理人无需主动追加。因此，A 项错误。

B 项:《破产法》第 26 条规定:“在第一次债权人会议召开之前，管理人决定继续或者停止债务人的营业或者有本法第六十九条规定行为之一的，应当经人民法院许可。”第 69 条规定:“管理人实施下列行为，应当及时报告债权人委员会：……（九）担保物的取回……未设立债权人委员会的，管理人实施前款规定的行为应当及时报告人民法院。”本案中，若甲公司已召开第一次债权人会议，管理人决定取回玉石的，无需经法院许可。因此，B 项错误。

C 项:《破产法》第 37 条规定:“人民法院受理破产申请后，管理人可以通过清偿债务或者提供为债权人接受的担保，取回质物、留置物。前款规定的债务清偿或者替代担保，在质物或者留置物的价值低于被担保的债权额时，以该质物或者留置物当时的市场价值为限。”本案中，环舟律所作为管理人可以通过清偿债务或者提供为乙公司所接受的担保取回质物玉石，但应当以该玉石当时的市场价值300万为限。因此，C项错误。

D项：《破产法》第110条规定："享有本法第一百零九条规定权利的债权人行使优先受偿权利未能完全受偿的，其未受偿的债权作为普通债权；放弃优先受偿权利的，其债权作为普通债权。"本案中，由于玉石仅值300万元，乙公司行使优先受偿权后仍有200万元的债务无法得到清偿，此时，未获清偿的部分只能作为普通债权申报。因此，D项正确。

综上所述，本题答案为D项。

2 1403031

参考答案：B

解析：AB项：《破产法》第38条规定："人民法院受理破产申请后，债务人占有的不属于债务人的财产，该财产的权利人可以通过管理人取回。但是，本法另有规定的除外。"《破产法解释（二）》第26条规定："权利人依据企业破产法第三十八条的规定行使取回权，应当在破产财产变价方案或者和解协议、重整计划草案提交债权人会议表决前向管理人提出。权利人在上述期限后主张取回相关财产的，应当承担延迟行使取回权增加的相关费用。"本题中，在期限经过后，权利人仍可行使取回权，但需要承担相关费用。因此，A项正确，不当选；B项错误，当选。

C项：《破产法解释（二）》第27条第1款规定："权利人依据企业破产法第三十八条的规定向管理人主张取回相关财产，管理人不予认可，权利人以债务人为被告向人民法院提起诉讼请求行使取回权的，人民法院应予受理。"本题中，管理人否认乙公司的取回权时，乙公司可以以甲公司为被告向法院起诉。因此，C项正确，不当选。

D项：《破产法解释（二）》第28条规定："权利人行使取回权时未依法向管理人支付相关的加工费、保管费、托运费、委托费、代销费等费用，管理人拒绝其取回相关财产的，人民法院应予支持。"本题中，乙公司未支付相关费用时，保管人可拒绝其取回该仪器。因此，D项正确，不当选。

综上所述，本题为选非题，答案为B项。

【多选】

3 1203070

参考答案：B,C,D

解析：ABC项：《破产法》第39条规定："人民法院受理破产申请时，出卖人已将买卖标的物向作为买受人的债务人发运，债务人尚未收到且未付清全部价款的，出卖人可以取回在运途中的标的物。但是，管理人可以支付全部价款，请求出卖人交付标的物。"由此可知，在途标的物的所有权尚未转移。本题中，货物在途，所有权尚未转移。因此，A项错误，BC项正确。

D项：当货物到达债务人时，债权人不能再行使取回权，甲公司对乙公司的价款债权构成破产债权，只能通过债权申报获得救济。因此，D项正确。

综上所述，本题答案为BCD项。

（二）破产撤销权

【单选】

4 1103031

参考答案：B

解析：AB项：《破产法》第31条规定："人民法院受理破产申请前一年内，涉及债务人财产的下列行为，管理人有权请求人民法院予以撤销：（一）无偿转让财产的；（二）以明显不合理的价格进行交易的；（三）对没有财产担保的债务提供财产担保的；（四）对未到期的债务提前清偿的；（五）放弃债权的。"本题中，A项中超过了一年的时限，B项表述符合法条规定。因此，A项错误，B项正确。

C项：《破产法》第2条第1款规定："企业法人不能清偿到期债务，并且资产不足以清偿全部债务或者明显缺乏清偿能力的，依照本法规定清理债务。"第32条规定："人民法院受理破产申请前六个月内，债务人有本法第二条第一款规定的情形，仍对个别债权人进行清偿的，管理人有权请求人民法院予以撤销。但是，个别清偿使债务人财产受益的除外。"《企业破产法解释（二）》第12条规定："破产申请受理前一年内债务人提前清偿的未到期债务，在破产申请受理前已经到期，管理人请求撤销该清偿行为的，人民法院不予支持。但是，该清偿行为发生在破产申请受理前六个月内且债务人有企业企业破产法第二条第一款规定情形的除外。”据此，在受理破产申请前6个月内，若企业并未出现破产原因，那么企业是能够进行到期清偿的，即债务在法院受理前到期的，个别清偿有效，管理人无权撤销。本题中，并未言明该企业出现了破产原因。因此，C项错误。

D项：《破产法》第40条规定：“债权人在破产申请受理前对债务人负有债务的，可以向管理人主张抵销。但是，有下列情形之一的，不得抵销：（一）债务人的债务人在破产申请受理后取得他人对债务人的债权的；（二）债权人已知债务人有不能清偿到期债务或者破产申请的事实，对债务人负担债务的；但是，债权人因为法律规定或者有破产申请一年前所发生的原因而负担债务的除外；（三）债务人的债务人已知债务人有不能清偿到期债务或者破产申请的事实，对债务人取得债权的；但是，债务人的债务人因为法律规定或者有破产申请一年前所发生的原因而取得债权的除外。”本题中，抵销属于变相的个别清偿，其虽发生于受理破产申请前6个月内，但题干并未言明该公司已出现破产原因，且D选项的行为亦不属于法律规定的任何一种不得抵销的情形，其抵销行为合法。因此，D项错误。

综上所述，本题答案为B项。

【多选】

5 2202124

参看答案：A,C

解析：AB项：《破产法》第31条规定：“人民法院受理破产申请前一年内，涉及债务人财产的下列行为，管理人有权请求人民法院予以撤销：（一）无偿转让财产的；（二）以明显不合理的价格进行交易的；……”《破产法解释（二）》第11条规定：“人民法院根据管理人的请求撤销涉及债务人财产的以明显不合理价格进行的交易的，买卖双方应当依法返还从对方获取的财产或者价款。因撤销该交易，对于债务人应返还受让人已支付价款所产生的债务，受让人请求作为共益债务清偿的，人民法院应予支持。”本题中，债务人在法院受理其破产申请前1年内以不合理的低价转让设备，管理人有权主张撤销。撤销该行为后，就供应商已向债务人支付的合同价款，可作为共益债务清偿。因此，A项错误，B项正确。

CD项：《破产法解释（二）》第12条规定：“破产申请受理前一年内债务人提前清偿的未到期债务，在破产申请受理前已经到期，管理人请求撤销该清偿行为的，人民法院不予支持。但是，该清偿行为发生在破产申请受理前六个月内且债务人有企业企业破产法第二条第一款规定情形的除外。”本题中，债务人于2022年5月（一年以内的上半年）向银行进行了个别清偿，且该笔债权已于2022年8月（破产申请受理前）到期，清偿有效，管理人不得主张撤销。因此，C项错误，D项正确。

综上所述，本题答案为AC项。

6 1403074

参考答案：C,D

解析：《破产法》第32条规定：“人民法院受理破产申请前六个月内，债务人有本法第二条第一款规定的情形，仍对个别债权人进行清偿的，管理人有权请求人民法院予以撤销。但是，个别清偿使债务人财产受益的除外。”

A项：《破产法解释（二）》第14条规定：“债务人对以自有财产设定担保物权的债权进行的个别清偿，管理人依据《破产法》第32条的规定请求撤销的，人民法院不予支持。但是，债务清偿时担保财产的价值低于债权额的除外。”本题中，在破产前半年内，清偿以自有财产设定担保的债务，一般不能撤销，除非担保财产价值低于债务。A项并未说明担保财产价值低于债务，因此管理人不能主张撤销。因此，A项错误。

B项：《破产法解释（二）》第15条规定：“债务人经诉讼、仲裁、执行程序对债权人进行的个别清偿，管理人依据企业破产法第32条的规定请求撤销的，人民法院不予支持。但是，债务人与债权人恶意串通损害其他债权人利益的除外。”本题中，甲公司清偿的丙公司的债务是经过诉讼程序的，且不存在债务人与债权人恶意串通损害其他债权人利益的情况，故管理人不能主张撤销。因此，B 项错误。

CD 项:《破产法解释（二）》第 16 条规定:“债务人对债权人进行的以下个别清偿，管理人依据企业破产法第 32 条的规定请求撤销的，人民法院不予支持:（一）债务人为维系基本生产需要而支付水费、电费等的;（二）债务人支付劳动报酬、人身损害赔偿金的……”本题中，对于清偿水电费债务、劳动报酬债务等，管理人不能主张撤销。因此，CD 项正确。

综上所述，本题答案为 CD 项。

（三）综合知识点

【单选】

7 1303029

参考答案: C

解析: A 项:《破产法》第 32 条规定:“人民法院受理破产申请前六个月内，债务人有本法第二条第一款规定的情形，仍对个别债权人进行清偿的，管理人有权请求人民法院予以撤销。但是，个别清偿使债务人财产受益的除外。”第 2 条第 1 款规定:“企业法人不能清偿到期债务，并且资产不足以清偿全部债务或者明显缺乏清偿能力的，依照本法规定清理债务。”本题中，甲公司已申请破产，对于其是否出现资不抵债的情况并没有具体说明，若存在该情况，汪某的行为属于对个别债权人的债务清偿，管理人可以请求撤销。因此，A 项说法太过绝对，错误。

B 项:《公司法解释（三）》第 13 条第 2 款规定:“公司债权人请求未履行或者未全面履行出资义务的股东在未出资本息范围内对公司债务不能清偿的部分承担补充赔偿责任的，人民法院应予支持；未履行或者未全面履行出资义务的股东已经承担上述责任，其他债权人提出相同请求的，人民法院不予支持。”本题中，汪某的出资范围为 150 万，汪某向乙公司支付 100 万的行为属于在未出资本息范围内对公司债务不能清偿的部分承担补充责任，应当视为履行了 100 万的出资义务。因此汪某尚未缴纳的出资额应扣减为 50 万。因此，B 项错误。

C 项:《破产法》第 35 条规定:“人民法院受理破产申请后，债务人的出资人尚未完全履行出资义务的，管理人应当要求该出资人缴纳所认缴的出资，而不受出资期限的限制。”本题中，管理人应当要求汪某缴纳其未缴纳的出资。因此，C 项正确。

D 项:《公司法解释（三）》第 19 条规定:“公司股东未履行或者未全面履行出资义务或者抽逃出资，公司或者其他股东请求其向公司全面履行出资义务或者返还出资，被告股东以诉讼时效为由进行抗辩的，人民法院不予支持。公司债权人的债权未过诉讼时效期间，其依照本规定第十三条第二款、第十四条第二款的规定请求未履行或者未全面履行出资义务或者抽逃出资的股东承担赔偿责任，被告股东以出资义务或者返还出资义务超过诉讼时效期间为由进行抗辩的，人民法院不予支持。”本题中，公司股东的出资义务不受诉讼时效限制。因此，D 项错误。

综上所述，本题答案为 C 项。

【多选】

8 2002050

参考答案: A,B

解析: A 项:《公司法》第 49 条第 1 款规定:“股东应当按期足额缴纳公司章程中规定的各自所认缴的出资额。”本题中，张三的 100 万元出资认缴期限已经届满，管理人有权要求其向公司缴纳。因此，A 项正确。

BC 项:《破产法》第 35 条规定:“人民法院受理破产申请后，债务人的出资人尚未完全履行出资义务的，管理人应当要求该出资人缴纳所认缴的出资，而不受出资期限的限制。”本题中，法院受理甲公司的破产申请后，李四的出资加速到期，不再受出资期限利益的保护，管理人有权要求其缴纳出资，出资未到期不是抗辩理由。因此，B 项正确，C 项错误。

D 项:《破产法解释（二）》第 46 条第 1 项规定:“债务人的股东主张以下列债务与债务人对其负有的债务抵销，债务人管理人提出异议的，人民法院应予支持:（一）债务人股东因欠缴债务人的出资或者抽逃出资对债务人所负的债务；……”本题中，欠缴出资属于法定不可抵销之债。因此，D 项错误。

综上所述，本题答案为AB项。

9 2002071

参考答案：A,B

解析：AB项：《破产法》第35条规定："人民法院受理破产申请后，债务人的出资人尚未完全履行出资义务的，管理人应当要求该出资人缴纳所认缴的出资，而不受出资期限的限制。"本题中，2021年2月1日，甲公司的破产申请被受理，此时甲公司"命不久矣"，故对甲公司欠缴出资的股东应足额缴纳出资，管理人有权利要求股东履行出资义务，此义务不受诉讼时效或出资期限的影响。李四的出资义务虽尚未到期，但也应"加速到期"。所以管理人有权要求张三和李四履行出资义务。因此，AB项正确。

CD项：《破产法解释（二）》第46条规定："债务人的股东主张以下列债务与债务人对其负有的债务抵销，债务人管理人提出异议的，人民法院应予支持：（一）债务人股东因欠缴债务人的出资或者抽逃出资对债务人所负的债务；（二）债务人股东滥用股东权利或者关联关系损害公司利益对债务人所负的债务。"本题中，在甲公司被法院受理破产时，股东应及时足额履行其出资义务。股东对公司补缴的出资作为债务人财产供债权人平等受偿。股东同时为公司债权人的，其债权按属性申报并依法受偿。股东的出资义务与其对公司享有的债权不能抵销。因此，CD项错误。

综上所述，本题答案为AB项。

二、模拟训练

10 62206147

参考答案：B

解析：A项：《破产法解释（二）》第43条规定："债权人主张抵销，管理人以下列理由提出异议的，人民法院不予支持：（一）破产申请受理时，债务人对债权人负有的债务尚未到期；（二）破产申请受理时，债权人对债务人负有的债务尚未到期；（三）双方互负债务标的物种类、品质不同。"本题中，环舟公司主张抵销时，管理人不得以破产申请受理时，环舟公司享有的债权未到期为由，主张不能抵销。因此，A项错误。

BCD项：《破产法》第40条规定："债权人在破产申请受理前对债务人负有债务的，可以向管理人主张抵销。但是，有下列情形之一的，不得抵销：（一）债务人的债务人在破产申请受理后取得他人对债务人的债权的；（二）债权人已知债务人有不能清偿到期债务或者破产申请的事实，对债务人负担债务的；但是，债权人因为法律规定或者有破产申请一年前所发生的原因而负担债务的除外；（三）债务人的债务人已知债务人有不能清偿到期债务或者破产申请的事实，对债务人取得债权的；但是，债务人的债务人因为法律规定或者有破产申请一年前所发生的原因而取得债权的除外。"本题中，破产抵销权是一项债权人主动行使的权利。债权人根据债权是否能获得优先清偿、是否能获得完全清偿等因素考虑，自行决定是否需要抵销，管理人无权主动主张抵销。因此，B项正确。环舟公司购买设备的行为虽然发生在受理破产申请前三个月，但并未说明环舟公司当时是否已知鑫诚公司产生不能清偿到期债务或者破产申请的事实，不能直接推测环舟公司是恶意负债。因此，C项错误。鑫诚公司的债务人在已知鑫诚公司存在破产原因的情况下，不能恶意取得债权。因为鑫诚公司债务人对所欠债务需全额归还，鑫诚公司再通过破产清算清偿给全部债权人，如果其向环舟公司购买债权从而实现债权抵销，则其他债权人的利益受损。因此，D项错误。

综上所述，本题答案为B项。

11 62206146

参考答案：B

解析：A项：《破产法解释（二）》第30条规定："债务人占有的他人财产被违法转让给第三人，依据民法典第三百一十一条的规定第三人已善意取得财产所有权，原权利人无法取回该财产的，人民法院应当按照以下规定处理：（一）转让行为发生在破产申请受理前的，原权利人因财产损失形成的债权，作为普通破产债权清偿；（二）转让行为发生在破产申请受理后的，因管理人或者相关人员执行职务导致原权利人损害产生的债务，作为共益债务清偿。"本题中，2021年2月利达公司就将在途货物违法转让，2021年3月法院受理利达公司的破产申请，因此属于转让行为发生在破产申请受理前的情况。对此，明达公司的损失应作为普通破产债权清偿。因此，A 项错误。

B 项:《破产法解释（二）》第 31 条规定:“债务人占有的他人财产被违法转让给第三人，第三人已向债务人支付了转让价款，但依据民法典第三百一十一条的规定未取得财产所有权，原权利人依法追回转让财产的，对因第三人已支付对价而产生的债务，人民法院应当按照以下规定处理:（一）转让行为发生在破产申请受理前的，作为普通破产债权清偿;（二）转让行为发生在破产申请受理后的，作为共益债务清偿。”本题中，通达公司明知这批货物低于市场价，且已经得知利达公司即将破产，依据《民法典》第 311 条的规定，通达公司并非善意取得，故明达公司可以取回。利达公司的转让行为发生在破产申请受理前，通达公司产生的损失应作为普通破产债权清偿。因此，B 项正确。

CD 项:《破产法解释（二）》第 32 条第 1、2 款规定:“债务人占有的他人财产毁损、灭失，因此获得的保险金、赔偿金、代偿物尚未交付给债务人，或者代偿物虽已交付给债务人但能与债务人财产予以区分的，权利人主张取回就此获得的保险金、赔偿金、代偿物的，人民法院应予支持。保险金、赔偿金已经交付给债务人，或者代偿物已经交付给债务人且不能与债务人财产予以区分的，人民法院应当按照以下规定处理:（一）财产毁损、灭失发生在破产申请受理前的，权利人因财产损失形成的债权，作为普通破产债权清偿;（二）财产毁损、灭失发生在破产申请受理后的，因管理人或者相关人员执行职务导致权利人损害产生的债务，作为共益债务清偿。”本题中，保险公司已经以保险金的形式作出理赔，根据货币占有即所有的原则，飞达公司的损失只能通过普通破产债权清偿。因此，C 项错误。在 D 选项中，未说明保险公司的赔偿形式，如果以金钱的形式赔偿，那么同 C 项一样，飞达公司的损失只能通过普通破产债权清偿；如果以代偿物的形式赔偿，那么要区分代偿物是否能与公司的其他财产区分，如果可以区分则可以行使取回权，如果不能区分，则同样以普通破产债权的形式清偿。因此，D 项错误。

综上所述，本题答案为 B 项。

12 62106111

参考答案：C

解析：A 项:《破产法解释（二）》第 2 条规定:“下列财产不应认定为债务人财产:……（二）债务人在所有权保留买卖中尚未取得所有权的财产……”本题中，在所有权保留买卖中，德高公司尚未取得所有权的机器，不属于其财产。因此，A 项错误。

B 项:《破产法》第 48 条第 1 款规定:“债权人应当在人民法院确定的债权申报期限内向管理人申报债权。”第 75 条规定:“在重整期间，对债务人的特定财产享有的担保权暂停行使……”本题中，破产受理后，债权人丽洁公司应当先申报债权；若是重整程序，抵押权需暂停行使；若是破产清算和破产和解程序，可主张行使抵押权。本题并未言明是何种破产程序，故该选项说法过于绝对。因此，B 项错误。

C 项:《破产法解释（二）》第 12 条规定:“破产申请受理前一年内债务人提前清偿的未到期债务，在破产申请受理前已经到期，管理人请求撤销该清偿行为的，人民法院不予支持。但是，该清偿行为发生在破产申请受理前六个月内且债务人有企业破产法第二条第一款规定情形的除外。”本题中，该债务在受理前 1 年内发生，在破产受理后到期，故德高公司提前清偿该笔债务的行为系可撤销的破产欺诈行为。因此，C 项正确。

D 项:《破产法解释（二）》第 20 条第 1 款规定:“管理人代表债务人提起诉讼，主张出资人向债务人依法缴付未履行的出资或者返还抽逃的出资本息，出资人以认缴出资尚未届至公司章程规定的缴纳期限或者违反出资义务已经超过诉讼时效为由抗辩的，人民法院不予支持。”本题中，股东的期限利益应为公司正常情形下股东的权利，德高公司破产时，股东龚某无该项利益，管理人有权要求其提前缴纳出资，以维护公司及公司债权人的利益。因此，D 项错误。

综上所述，本题答案为 C 项。

第三章 债权申报

参考答案

[1] B	[2] A	[3] BC	[4] BC	[5] BCD
[6] AC	[7] AC	[8] D	[9] BC	[10] D
[11] AC				

一、历年真题及仿真题

（一）债权申报

【单选】

1 2302026

参考答案：B

解析：AB 项：《破产法》第 21 条规定："人民法院受理破产申请后，有关债务人的民事诉讼，只能向受理破产申请的人民法院提起。"本题中，在甲市法院受理破产申请后，张某再起诉的，应由甲市法院集中管辖。因此，A 项错误，B 项正确。

C 项：进入破产程序后，A 公司仍具有法人人格，有关 A 公司的民事诉讼，应当以 A 公司的名义进行，故张某应以 A 公司为被告。因此，C 项错误。

D 项：《破产法》第 48 条规定："债权人应当在人民法院确定的债权申报期限内向管理人申报债权。债务人所欠职工的工资和医疗、伤残补助、抚恤费用，所欠的应当划入职工个人账户的基本养老保险、基本医疗保险费用，以及法律、行政法规规定应当支付给职工的补偿金，不必申报，由管理人调查后列出清单并予以公示。"就劳动争议而言，当用人单位进入破产程序后，劳动者有关工资、奖金等劳动债权的给付诉求应转化为劳动债权的确认。经向管理人申报后，对管理人编制的债权表有异议的，再行提起债权确认之诉。本题中，A 公司进入破产程序后，在管理人对张某申报的债权作出确认之前，张某不得径行申请劳动仲裁。因此，D 项错误。

综上所述，本题答案为 B 项。

2 1003032

参考答案：A

解析：A 项：《破产法》第 51 条第 2 款规定："债务人的保证人或者其他连带债务人尚未代替债务人清偿债务的，以其对债务人的将来求偿权申报债权。但是，债权人已经向管理人申报全部债权的除外。"因此，A 项正确。

BD 项：《最高人民法院关于审理企业破产案件若干问题的规定》第 61 条规定："下列债权不属于破产债权：（一）行政、司法机关对破产企业的罚款、罚金以及其他有关费用；（二）人民法院受理破产案件后债务人未支付应付款项的滞纳金，包括债务人未执行生效法律文书应当加倍支付的迟延利息和劳动保险金的滞纳金；（三）破产宣告后的债务利息；（四）债权人参加破产程序所支出的费用；（五）破产企业的股权、股票持有人在股权、股票上的权利；（六）破产财产分配开始后向清算组申报的债权；（七）超过诉讼时效的债权；（八）债务人开办单位对债务人未收取的管理费、承包费。上述不属于破产债权的权利，人民法院或者清算组也应当对当事人的申报进行登记。"本题中，已超过诉讼时效的债权属于第（七）项，海关未收取的罚款属于第（一）项，均不能申报债权。因此，BD 项错误。

C 项：可申报的债权必须为以财产给付为内容的请求权，给付劳务或者不作为的请求权不能申报。本题中，要求债务人作为承揽人继续履行合同，属于给付标的为劳务的请求权，不能申报。因此，C 项错误。

综上所述，本题答案为 A 项。

【多选】

3 2202129

参考答案：B,C

解析：A 项：《担保制度解释》第 24 条规定："债权人知道或者应当知道债务人破产，既不申报债权，也不通知保证人，致使保证人不能提前行使追偿权的，保证人在破产程序中可以获得赔偿的债权范围内，免除保证责任，但保证人因自身过错不能行使追偿权的除外。"本题中，债权人乙既不申报债权，也不通知丙，因此保证人丙可以在其预期可以获得赔偿的范围内，免除保证责任，但非完全无需再承担保证责任。因此，A 项错误。

BCD 项:《破产法》第 50 条规定:“连带债权人可以由其中一人代表全体连带债权人申报债权，也可以共同申报债权。”本题中，丙公司可以单独申报债权，也可以和丁公司共同申报债权。因此，BC 项正确，D 项错误。
综上所述，本题答案为 BC 项。

4 2102007

参考答案: B,C
解析: AD 项:《破产法解释（三)》第 4 条第 2 款规定:“主债务未到期的，保证债权在保证人破产申请受理时视为到期。一般保证的保证人主张行使先诉抗辩权的，人民法院不予支持……”本题中，法院受理甲公司的破产申请，虽然该笔借款尚未到期，但是保证债权在破产申请受理时视为到期。法院受理甲公司破产申请时，丙公司作为一般保证人，不能行使先诉抗辩权。因此，AD 项错误。
B 项:《破产法》第 51 条第 2 款规定:“债务人的保证人或者其他连带债务人尚未代替债务人清偿债务的，以其对债务人的将来求偿权申报债权。但是，债权人已经向管理人申报全部债权的除外。”本题中，债权人乙公司已经向甲公司申报全部债权，保证人丙公司无需再申报债权。因此，B 项正确。
C 项:《破产法解释（三)》第 5 条规定:“债务人、保证人均被裁定进入破产程序的，债权人有权向债务人、保证人分别申报债权。债权人向债务人、保证人均申报全部债权的，从一方破产程序中获得清偿后，其对另一方的债权额不作调整，但债权人的受偿额不得超出其债权总额……”本题中，债权人乙公司可以向甲公司和丙公司均申报债权。因此，C 项正确。
综上所述，本题答案为 BC 项。

5 1902056

参考答案: B,C,D
解析:［命题陷阱］1. 连带债务中，主债务人被受理破产的，保证人承担保证责任后的现实求偿权可申报债权；未承担保证责任前以将来求偿权申报债权也可以，只是受到债权人全额申报债权的排斥；2. 连带债务中，主债务人和保证人均破产的，债权人可以就全额债权分别向二者的管理人申报破产债权，分别受偿。只是保证人承担保证责任后，不能向主债务人追偿。
AB 项:《破产法》第 51 条第 2 款规定:“债务人的保证人或者其他连带债务人尚未代替债务人清偿债务的，以其对债务人的将来求偿权申报债权。但是，债权人已经向管理人申报全部债权的除外。”本题中，胜利公司被受理破产后，即使全友公司尚未承担保证责任即清偿建设银行贷款，也可以用将来求偿权申报债权。因此，A 项错误，B 项正确。
CD 项:《破产法解释（三)》第 5 条规定:“债务人、保证人均被裁定进入破产程序的，债权人有权向债务人、保证人分别申报债权。债权人向债务人、保证人均申报全部债权的，从一方破产程序中获得清偿后，其对另一方的债权额不作调整，但债权人的受偿额不得超出其债权总额。保证人履行保证责任后不再享有求偿权。”本题中，建设银行对胜利公司享有债权，可向其申报破产债权。建设银行对全友公司享有保证债权，可向其申报破产债权。胜利公司和全友公司分别对建设银行进行破产分配彼此不干扰，因二者均破产，所以保证人承担保证责任后，不可追偿。因此，CD 项正确。
综上所述，本题答案为 BCD 项。

6 1503073

参考答案: A,C
解析: A 项:《破产法》第 46 条规定:“未到期的债权，在破产申请受理时视为到期。附利息的债权自破产申请受理时起停止计息。”故未到期的债权，在破产申请受理时视为到期，可以申报。因此，A 项正确。
BC 项:《破产法》第 47 条规定:“附条件、附期限的债权和诉讼、仲裁未决的债权，债权人可以申报。”本题中，乙享有的附条件债权、丙享有的诉讼未决的债权也可以申报。因此，B 项错误，C 项正确。
D 项:《破产法》第 48 条第 2 款规定:“债务人所欠职工的工资和医疗、伤残补助、抚恤费用，所欠的应当划入职工个人账户的基本养老保险、基本医疗保险费用，以及法律、行政法规规定应当支付给职工的补偿金，不必申报……”本题中，丁享有的伤残补助请求权属于职工债权，不必申报。因此，D 项错误。

综上所述，本题答案为 AC 项。

7 1103073

参考答案：A,C

解析：A 项：《破产法》第 46 条第 1 款规定：“未到期的债权，在破产申请受理时视为到期。”本题中，A 项甲公司的设备余款给付请求权虽未到期，但是视为到期。因此，A 项正确。

B 项：债权申报须为以财产给付为内容的请求权，B 项无财产给付内容，故 B 项不属于可以申报的债权。因此，B 项错误。

C 项：《破产法》第 59 条第 3 款规定：“对债务人的特定财产享有担保权的债权人，未放弃优先受偿权利的，对于本法第六十条第一款第七项、第十项规定的事项不享有表决权。”本题中，对债务人的特定财产享有担保权的债权，可以向管理人进行申报。因此，C 项正确。

D 项：《最高人民法院关于审理企业破产问题的若干规定》第 61 条第 1 项规定：“下列债权不属于破产债权：（一）行政、司法机关对破产企业的罚款、罚金以及其他有关费用；……”本题中，罚款不属于可以申报的债权。因此，D 项错误。

综上所述，本题答案为 AC 项。

（二）综合知识点

【单选】

8 1802023

参考答案：D

解析：AB 项：《破产法解释（二）》第 16 条规定：“债务人对债权人进行的以下个别清偿，管理人依据企业破产法第三十二条的规定请求撤销的，人民法院不予支持：（一）债务人为维系基本生产需要而支付水费、电费等的；（二）债务人支付劳动报酬、人身损害赔偿金的；（三）使债务人财产受益的其他个别清偿。”本案中，该公司虽然为甲代垫了医疗费、护理费，并支付了 10 万元赔偿金，但其属于前述法条规定的“人身损害赔偿金”范畴，故管理人不可向法院请求撤销，管理人也当然无权要求甲返还医疗费。因此，AB 项错误。

C 项：《破产法》第 48 条第 2 款规定：“债务人所欠职工的工资和医疗、伤残补助、抚恤费用，所欠的应当划入职工个人账户的基本养老保险、基本医疗保险费用，以及法律、行政法规规定应当支付给职工的补偿金，不必申报，由管理人调查后列出清单并予以公示。职工对清单记载有异议的，可以要求管理人更正；管理人不予更正的，职工可以向人民法院提起诉讼。”本案中，甲享有的债权属于职工债权，无需进行债权申报。因此，C 项错误。

D 项：《破产法》第 20 条规定：“人民法院受理破产申请后，已经开始而尚未终结的有关债务人的民事诉讼或者仲裁应当中止；在管理人接管债务人的财产后，该诉讼或者仲裁继续进行。”本案中，在法院受理该公司的破产申请后，甲对该公司提起的诉讼尚未终结，故该诉讼应当依法予以中止，在管理人接管债务人的财产后继续进行。因此，D 项正确。

综上所述，本题答案为 D 项。

【多选】

9 1703073

参考答案：B,C

解析：AB 项：《破产法》第 42 条第 4 项规定：“人民法院受理破产申请后发生的下列债务，为共益债务：……（四）为债务人继续营业而应支付的劳动报酬和社会保险费用以及由此产生的其他债务；……”第 43 条第 1 款规定：“破产费用和共益债务由债务人财产随时清偿。”第 113 条规定：“破产财产在优先清偿破产费用和共益债务后，依照下列顺序清偿……”本题中，管理人为维持公司运行，向齐某借款 20 万元支付水电费和保安费所产生的债务属于共益债务。由此可见，共益债务的清偿顺序优先于普通破产债权，由债务人财产随时清偿。因此，A 项错误，B 项正确。

CD 项：《破产法》第 46 条规定：“未到期的债权在破产申请受理时视为到期。附利息的债权自破产申请受理时起停止计息。”本题中，自法院裁定受理重整（重整也是破产程序之一）之日起，所有的债权均应该停止计息。齐某的债权不可约定利息，更不能主张逾期利息。因此，C项正确，D项错误。
综上所述，本题答案为BC项。

二、模拟训练

10 62206151

参考答案：D

解析：A项：《破产法》第46条第1款规定："未到期的债权，在破产申请受理时视为到期。"本题中，白银公司的债权在法院受理破产申请时视为到期，其可申报债权。因此，A项错误。

B项：《破产法》第51条第2款规定："债务人的保证人或者其他连带债务人尚未代替债务人清偿债务的，以其对债务人的将来求偿权申报债权。但是，债权人已经向管理人申报全部债权的除外。"本题中，白银公司已向管理人全额申报该笔债权，黄铜公司不可再次申报，否则就会出现债务人对同一破产债务作两次重复清偿的情况，有损其他债权人权益。因此，B项错误。

C项：可申报的债权须以财产给付为内容，劳务给付不可申报。本题中，就承揽合同，黄金公司的合同义务为给付劳务，故黄铜公司不可申报该项债权。因此，C项错误。

D项：《担保制度解释》第23条规定："人民法院受理债务人破产案件，债权人在破产程序中申报债权后又向人民法院提起诉讼，请求担保人承担担保责任的，人民法院依法予以支持……债权人在债务人破产程序中未获全部清偿，请求担保人继续承担担保责任的，人民法院应予支持……"本题中，破产程序终结后，债权人白银公司通过破产清算未获清偿的部分，保证人黄铜公司应继续清偿。因此，D项正确。

综上所述，本题答案为D项。

11 61906042

参考答案：A,C

解析：A项：《破产法》第46条第1款规定："未到期的债权，在破产申请受理时视为到期。"本题中，李某对甲公司的普通债权在法院受理破产申请时视为已经到期，其有权进行债权申报。因此，A项正确。

BC项：《破产法》第47条规定："附条件、附期限的债权和诉讼、仲裁未决的债权，债权人可以申报。"本题中，虽然刘某对甲公司的债权附有条件，但债权人可以进行申报；虽然赵某对甲公司的债权尚在法院审理阶段，处于不确定状态，但仍可以进行申报。因此，B项错误，C项正确。

D项：《破产法》第48条规定："债权人应当在人民法院确定的债权申报期限内向管理人申报债权。债务人所欠职工的工资和医疗、伤残补助、抚恤费用，所欠的应当划入职工个人账户的基本养老保险、基本医疗保险费用，以及法律、行政法规规定应当支付给职工的补偿金，不必申报，由管理人调查后列出清单并予以公示。职工对清单记载有异议的，可以要求管理人更正；管理人不予更正的，职工可以向人民法院提起诉讼。"本题中，甲公司所欠职工钱某的伤残补助金，不必进行申报。因此，D项错误。

综上所述，本题答案为AC项。

第四章 破产程序

参考答案

[1] D	[2] D	[3] D	[4] C	[5] BCD
[6] AB	[7] A	[8] B	[9] D	[10] AC
[11] BD	[12] ABC	[13] C		

历年真题及仿真题

(一) 重整程序

【单选】

1 2102002

参考答案：D

解析：ABCD项：《破产法》第89条规定："重整计划由债务人负责执行。人民法院裁定批准重整计划后，已接管财产和营业事务的管理人应当向债务人移交财产和营业事务。"据此，执行重整方案时，企业是继续营业还是变卖资产抵债由债务人决定。本题中，四个选项提到的主体可以代表债务人意志的只有其原法定代表人。因此，ABC 项错误，D 项正确。

综上所述，本题答案为 D 项。

2 2102088

参考答案：D

解析：《破产法》第 89 条规定："重整计划由债务人负责执行。人民法院裁定批准重整计划后，已接管财产和营业事务的管理人应当向债务人移交财产和营业事务。"据此，在重整计划执行期间，债务人应当享有完全的自主行为能力，债务人自身全部事务，由债务人自行处理。本题中，奈斯有限公司的重整计划应由债务人即奈斯有限公司执行，就 A 地块是否应当出售回笼资金属于公司的具体管理事务，有权决定的主体为破产公司。因此，ABC 项错误，D 项正确。

综上所述，本题答案为 D 项。

3 1703031

参考答案：D

解析：AB 项：《破产法》第 7 条第 1 款规定："债务人有本法第二条规定的情形，可以向人民法院提出重整、和解或者破产清算申请。"第 70 条规定："债务人或者债权人可以依照本法规定，直接向人民法院申请对债务人进行重整。债权人申请对债务人进行破产清算的，在人民法院受理破产申请后、宣告债务人破产前，债务人或者出资额占债务人注册资本十分之一以上的出资人，可以向人民法院申请重整。"第 71 条规定："人民法院经审查认为重整申请符合本法规定的，应当裁定债务人重整，并予以公告。"由此可知，只要符合法律规定的条件就可以申请重整，不需要获得投资者的投资承诺，也无需征得债权人同意。因此，AB 项错误。

C 项：《破产法》第 73 条第 1 款规定："在重整期间，经债务人申请，人民法院批准，债务人可以在管理人的监督下自行管理财产和营业事务。"第 74 条规定："管理人负责管理财产和营业事务的，可以聘任债务人的经营管理人员负责营业事务。"由此可知，在重整程序中，管理人仍需履行职务。因此，C 项错误。

D 项：《破产法》第 86 条第 2 款规定："自重整计划通过之日起十日内，债务人或者管理人应当向人民法院提出批准重整计划的申请。人民法院经审查认为符合本法规定的，应当自收到申请之日起三十日内裁定批准，终止重整程序，并予以公告。"由此可知，重整计划草案经法院批准后，重整程序终止，重整计划进入执行阶段。因此，D 项正确。（题中已经说明重整计划获得法院批准，就暗示之前已经经过表决等阶段，不然不会到法院批准这一步。）

综上所述，本题答案为 D 项。

4 1503031

参考答案：C

解析：A 项：《破产法》第 70 条规定："债务人或者债权人可以依照本法规定，直接向人民法院申请对债务人进行重整……"重整程序的启动可以分两种情况：一是债务人申请，即当债务人企业符合"不能清偿到期债务，并且资产不足以清偿全部债务或者明显缺乏清偿能力的"或者"有明显丧失清偿能力可能的"等情形时，债务人可以提出重整、和解或者破产清算申请；二是债权人申请，即当债务人不能清偿到期债务，债权人可以向法院提出对债务人进行重整或者破产清算的申请。故债权人和债务人都可以直接向法院提出重整申请，即可以直接启动重整程序，无需"在破产清算申请受理后"转换为重整程序。因此，A 项错误。

B 项：《破产法》第 72 条规定："自人民法院裁定债务人重整之日起至重整程序终止，为重整期间。"故重整期间的终点应为重整程序终止之日。因此，B 项错误。

C 项：《破产法》第 73 条第 1 款规定："在重整期间，经债务人申请，人民法院批准，债务人可以在管理人的监督下自行管理财产和营业事务。"因此，C 项正确。

D 项：《破产法解释（二）》第 2 条第 1 项规定："下列财产不应认定为债务人财产：（一）债务人基于仓储、保管、承揽、代销、借用、寄存、租赁等合同或者其他法律关系占有、使用的他人财产；……"《破产法》第 76 条规定："债务人合法占有的他人财产，该财产的权利人在重整期间要求取回的，应当符合事先约定的条件。"故在重整期间，债务人所承租的房屋，不属于债务人财产，租期已届至，出租人可以根据租赁合同约定，请求债务人予以返还。因此，D 项错误。

综上所述，本题答案为 C 项。

【多选】

5 2302035

参考答案：B,C,D

解析：A 项：《破产法》第 77 条第 2 款规定："在重整期间，债务人的董事、监事、高级管理人员不得向第三人转让其持有的债务人的股权。但是，经人民法院同意的除外。"本题中，若出资人不属于董事、监事、高级管理人员，则无权对其转让股权加以限制。因此，A 项错误。

B 项：《破产法》第 82 条第 2 款规定："人民法院在必要时可以决定在普通债权组中设小额债权组对重整计划草案进行表决。"《破产法》第 113 条第 2 款规定："破产财产不足以清偿同一顺序的清偿要求的，按照比例分配。"据此，小额债权人应与其他普通债权人按同比例受偿。若单独对小额债权人进行全额清偿，将损害其他普通债权人的合法权益，有违公平原则。但实务中对此有所突破，部分法院认为，从平衡各方利益、维护实质公平的角度出发，通过设立小额债权组，策略性地保护在重整程序中处于弱势地位的小额债权人，以债权清偿的区别对待换取他们对重整计划草案的支持，是更为符合社会现实需求的，也更能实现重整计划草案获得表决通过这一目标。因此，小额债权可作为独立的一组，获得高于其他普通债权受偿比例乃至 100% 的清偿。综上，若以实务观点为准，B 项正确。

C 项：《破产法》第 85 条第 2 款规定："重整计划草案涉及出资人权益调整事项的，应当设出资人组，对该事项进行表决。"《破产法》第 87 条第 2 款规定："未通过重整计划草案的表决组拒绝再次表决或者再次表决仍未通过重整计划草案，但重整计划草案符合下列条件的，债务人或者管理人可以申请人民法院批准重整计划草案：……（四）重整计划草案对出资人权益的调整公平、公正，或者出资人组已经通过重整计划草案；……"据此，重整计划可对出资人权益进行调整，但调整结果需公平、公正。实务中，考虑到公司已经严重资不抵债，如进行破产清算，现有资产将无法满足各类债务的清偿，出资人的投资无法实现任何回收，出资人权益对应为 0。管理人在重整计划中将原出资人所有股权调整给重整投资人，调整后重整投资人持有公司 100% 股权，原出资人权益为 0，并未损害出资人权益，符合公平、公正标准。因此，C 项正确。

D 项：《破产法》第 75 条第 1 款规定："在重整期间，对债务人的特定财产享有的担保权暂停行使。但是，担保物有损坏或者价值明显减少的可能，足以危害担保权人权利的，担保权人可以向人民法院请求恢复行使担保权。"据此，若无例外情形，担保债权人只有在重整期间结束以后（结束后过渡到重整计划执行期间）才能获得清偿，也即担保债权可延期清偿。因此，D 项正确。

综上所述，本题答案为 BCD 项。

6 1303074

参考答案：A,B

解析：A 项：《破产法》第 80 条规定："债务人自行管理财产和营业事务的，由债务人制作重整计划草案。管理人负责管理财产和营业事务的，由管理人制作重整计划草案。"本题中，尚友公司属于债务人，其自行管理财产和营业事务时，由其制作重整计划草案。因此，A 项正确。

B 项：《破产法》第 82 条规定："下列各类债权的债权人参加讨论重整计划草案的债权人会议，依照下列债权分类，分组对重整计划草案进行表决：（一）对债务人的特定财产享有担保权的债权；（二）债务人所欠职工的工资和医疗、伤残补助、抚恤费用，所欠的应当划入职工个人账户的基本养老保险、基本医疗保险费用，以及法律、行政法规规定应当支付给职工的补偿金；（三）债务人所欠税款；（四）普通债权。人民法院在必要时可以决定在普通债权组中设小额债权组对重整计划草案进行表决。"本题中，债权人参加债权人会议时，应当按照上述分类进行分组表决。因此，B

项正确。

C项:《破产法》第84条第1、2款规定:“人民法院应当自收到重整计划草案之日起三十日内召开债权人会议，对重整计划草案进行表决。出席会议的同一表决组的债权人过半数同意重整计划草案，并且其所代表的债权额占该组债权总额的三分之二以上的，即为该组通过重整计划草案。”本题中，出席会议的同一表决组的债权人过半数，并且其所代表的债权额占该组债权总额的三分之二以上的同意重整计划草案，即为该组通过重整计划草案。因此，C项错误。

D项:《破产法》第86条第1款规定:“各表决组均通过重整计划草案时，重整计划即为通过。”本题中，重整计划必须经全体表决组通过，才视为通过。因此，D项错误。

综上所述，本题答案为AB项。

【不定项】

7 2002081

参考答案:A

解析:A项:《破产法》第85条第2款规定:“重整计划草案涉及出资人权益调整事项的，应当设出资人组，对该事项进行表决。”本题中，引进战略投资人后，持股5%以上的股东转让股权，使得战略投资人嘉顺公司的持股比例达到67%，享有绝对控股权，公司的股权架构进行了重新搭建，影响了所有股东的权益，需要设置出资人组，且由全体股东出席并参与表决。因此，A项正确。

BC项：重整计划的参与原则是“利益相关”，对重整计划草案进行分组表决时，权益因重整计划草案受到调整或者影响的债权人或者股东，有权参加表决；权益未受到调整或者影响的债权人或者股东，不参加重整计划草案的表决。本题中，豪气公司的重整计划草案规定持股5%以下的股东不用转让股权给嘉顺公司，但需要无条件支持此重整计划。根据该计划，豪气公司的股权架构进行了重新搭建，对所有股东的权益均有所影响，李某也不例外，所以李某应参加表决。因此，B项错误。此外，出资人组对重整计划草案中涉及出资人权益调整事项的表决，经参与表决的出资人所持表决权三分之二以上通过的，即为该组通过重整计划草案。因此，C项错误。

D项:《破产法》第84条第1款规定:“人民法院应当自收到重整计划草案之日起三十日内召开债权人会议，对重整计划草案进行表决。”本题中，重整计划需经债权人会议表决通过，而非股东会决议的范畴。因此，D项错误。

综上所述，本题答案为A项。

（二）综合知识点

【单选】

8 2002062

参考答案:B

解析:A项:《破产法》第75条第2款规定:“在重整期间，债务人或者管理人为继续营业而借款的，可以为该借款设定担保。”本题中，甲公司在重整期间借款，且为新借款提供质押担保，此质押权无论甲公司重整成功还是失败都是有效的。因此，A项错误。

B项:《破产法》第42条第4项规定:“人民法院受理破产申请后发生的下列债务，为共益债务:(四)为债务人继续营业而应支付的劳动报酬和社会保险费用以及由此产生的其他债务;”第43条第1款规定:“破产费用和共益债务由债务人财产随时清偿。”本题中，乙公司的债权有“双保险”：①乙公司的债权是在甲公司重整期间产生的新借款，甲公司重整失败后，其定性为共益债务，优先于普通债权受偿；②乙公司的债权设定了质押权，就此质押的应收账款变现或转让的价款，乙公司享有的相应的优先权。因此，B项正确。

C项:《破产法解释(三)》第2条第1款规定:“破产申请受理后，经债权人会议决议通过，或者第一次债权人会议召开前经人民法院许可，管理人或者自行管理的债务人可以为债务人继续营业而借款。提供借款的债权人主张参照企业破产法第四十二条第四项的规定优先于普通破产债权清偿的，人民法院应予支持，但其主张优先于此前已就债务人特定财产享有担保的债权清偿的，人民法院不予支持。”本题中，工商银行的贷款设立了抵押，且先于乙公司的新借款发生，故乙公司的新借款不能优先于银行的抵押债权。因此，C项错误。

D 项：《破产法解释（三）》第 7 条规定："已经生效法律文书确定的债权，管理人应当予以确认。管理人认为债权人据以申报债权的生效法律文书确定的债权错误，或者有证据证明债权人与债务人恶意通过诉讼、仲裁或者公证机关赋予强制执行力公证文书的形式虚构债权债务的，应当依法通过审判监督程序向作出该判决、裁定、调解书的人民法院或者上一级人民法院申请撤销生效法律文书，或者向受理破产申请的人民法院申请撤销或者不予执行仲裁裁决、不予执行公证债权文书后，重新确定债权。"本题中，若管理人确认丁公司的判决书是丁公司和甲公司恶意通过诉讼虚构债权债务的，则应当依法通过审判监督程序来消灭对应的法律文书，重新确定债权，而不是直接不确认。因此，D 项错误。

综上所述，本题答案为 B 项。

9 1203031

参考答案：D

解析：ABCD 项：《破产法》第 64 条第 1 款规定："债权人会议的决议，由出席会议的有表决权的债权人过半数通过，并且其所代表的债权额占无财产担保债权总额的二分之一以上。但是，本法另有规定的除外。"第 84 条第 2 款规定："出席会议的同一表决组的债权人过半数同意重整计划草案，并且其所代表的债权额占该组债权总额的三分之二以上的，即为该组通过重整计划草案。"第 86 条第 1 款规定："各表决组均通过重整计划草案时，重整计划即为通过。"第 97 条规定："债权人会议通过和解协议的决议，由出席会议的有表决权的债权人过半数同意，并且其所代表的债权额占无财产担保债权总额的三分之二以上。"本题中，除了重整协议和和解协议以外，其他的决议事项均属于一般事项，经出席会议的有表决权的债权人过半数通过，并且其所代表的债权额占无财产担保债权总额的二分之一以上即可。因此，ABC 项正确，不当选；D 项错误，当选。

综上所述，本题为选非题，答案为 D 项。

【多选】

10 2302038

参考答案：A,C

解析：AB 项：《破产法》第 15 条第 1 款规定："自人民法院受理破产申请的裁定送达债务人之日起至破产程序终结之日，债务人的有关人员承担下列义务：（一）妥善保管其占有和管理的财产、印章和账簿、文书等资料；……（四）未经人民法院许可，不得离开住所地；……"第 129 条规定："债务人的有关人员违反本法规定，擅自离开住所地的，人民法院可以予以训诫、拘留，可以依法并处罚款。"本题中，张某不履行配合清算义务，法院可限制其不得离开其住所地（而非公司所在地），张某擅自离开的，法院可以对其进行司法拘留。因此，A 项正确，B 项错误。

CD 项：《破产法》第 15 条第 2 款规定："前款所称有关人员，是指企业的法定代表人；经人民法院决定，可以包括企业的财务管理人员和其他经营管理人员。"据此，配合清算义务人的主体范围包括公司的法定代表人、经人民法院决定的财务管理人员和其他经营管理人员。再结合该条第 1 款对配合清算义务内容的规定，可知配合清算义务的目的在于要求参与公司经营管理、控制公司重要文件的有关人员配合管理人全面调查公司资产负债状况，以便顺利开展清算工作。因此，义务主体的认定，关键在于该人员是否具备配合清算的条件和能力，即是否在公司担任相关职务，承担经营管理、财务管理、保管重要文件等职权。本题中，小股东周某系公司经理，实际参与公司经营管理，应认定其属于破产法规定的配合清算义务人。因此，C 项正确。而如果周某与财产管理人进行了交接，破产清算程序即可正常推进。因此，D 项错误。

综上所述，本题答案为 AC 项。

11 1802070

参考答案：B,D

解析：ABC 项：《破产法》第 92 条第 2 款规定："债权人未依照本法规定申报债权的，在重整计划执行期间不得行使权利；在重整计划执行完毕后，可以按照重整计划规定的同类债权的清偿条件行使权利。”本题中，乙公司作为甲公司的债权人，但未在债权申报期间申报债权，只是在重整计划执行期间不得行使权利，甲公司仍然要承担偿还义务，在甲公司重整计划执行完毕后，可依据甲公司的重整方案，按同性质债权等比例清偿，而不是全额清偿。因此，AC 项错误，B 项正确。

D 项：《破产法》第 92 条第 1 款规定：“经人民法院裁定批准的重整计划，对债务人和全体债权人均有约束力。”本题中，甲公司的重整方案对债权人乙公司也具有法律效力。因此，D 项正确。

综上所述，本题答案为 BD 项。

12 1003079

参考答案：A,B,C

解析：AB 项：《破产法》第 70 条规定：“债务人或者债权人可以依照本法规定，直接向人民法院申请对债务人进行重整。债权人申请对债务人进行破产清算的，在人民法院受理破产申请后、宣告债务人破产前，债务人或者出资额占债务人注册资本十分之一以上的出资人，可以向人民法院申请重整。”第 95 条第 1 款规定：“债务人可以依照本法规定，直接向人民法院申请和解；也可以在人民法院受理破产申请后、宣告债务人破产前，向人民法院申请和解。”本题中，债务人一旦被宣告破产，则不可能再进入重整或者和解程序；破产案件受理后，只有债务人才能提出和解申请。因此，AB 项正确。

C 项：《破产法》第 2 条规定：“企业法人不能清偿到期债务，并且资产不足以清偿全部债务或者明显缺乏清偿能力的，依照本法规定清理债务。企业法人有前款规定情形，或者有明显丧失清偿能力可能的，可以依照本法规定进行重整。”本题中，企业法人有明显丧失清偿能力可能的，即使未出现现实的资不抵债情形，也可申请重整程序。因此，C 项正确。

D 项：《破产法》第 7 条规定：“债务人有本法第二条规定的情形，可以向人民法院提出重整、和解或者破产清算申请。债务人不能清偿到期债务，债权人可以向人民法院提出对债务人进行重整或者破产清算的申请。企业法人已解散但未清算或者未清算完毕，资产不足以清偿债务的，依法负有清算责任的人应当向人民法院申请破产清算。”本题中，重整并非破产案件的必经程序。因此，D 项错误。

综上所述，本题答案为 ABC 项。

【不定项】

13 2002051

参考答案：C

解析：AB 项：《破产法》第 75 条第 2 款规定：“在重整期间，债务人或者管理人为继续营业而借款的，可以为该借款设定担保。”第 46 条第 2 款规定：“附利息的债权自破产申请受理时起停止计息。”据此，重整期间允许债务人借款并提供相应的担保，即使重整失败，该担保依然有效；但无论借款发生在破产申请受理前还是破产申请受理后，破产申请受理时停止计息。本题中，乙公司只能就本金 500 万申报债权，而不能就利息进行申报。因此，AB 项错误。

C 项：《破产法》第 109 条规定：“对破产人的特定财产享有担保权的权利人，对该特定财产享有优先受偿的权利。”本题中，乙公司债权享有甲公司提供的应收账款担保，故有权主张 500 万元债权优先于普通债权人受偿。因此，C 项正确。

D 项：银行担保的设定对象为公司房屋，乙公司担保的设定对象为债务人应收账款，银行和乙公司都对各自的担保物享有优先受偿权，因设定对象不同，二者之间没有受偿的先后顺序。因此，D 项错误。

综上所述，本题答案为 C 项。

票据法

第一章 票据法概述

参考答案

[1] D　[2] A　[3] A　[4] ABC　[5] ABD

一、历年真题及仿真题

（一）票据法概述

【单选】

1　1403032

参考答案：D

解析：A 项：票据权利是随着票据的做成同时发生的。没有票据，就没有票据权利。故 A 项正确，不当选。

B 项：票据的流通性表明，票据上的权利，经背书或单纯交付即可让与他人，不必遵循民法有关债权让与的规定。故 B 项正确，不当选。

C 项：票据的无因性表明，票据上的法律关系是一种单纯的金钱支付关系，权利人享有票据权利只以持有符合票据法规定的有效票据为必要。至于票据赖以发生的原因则在所不问。即使原因关系无效或有瑕疵，也不影响票据的效力。故 C 项正确，不当选。

D 项：票据的要式性表明，票据的出票、背书、保证等票据行为必须依照票据法规定的方式进行。我国《票据法》规定了票据上应当记载的事项，票据当事人必须记载，如不记载，票据无效，因此票据行为方式如存在瑕疵，则可能影响票据的效力。故 D 项错误，当选。

综上所述，本题为选非题，答案为 D 项。

（二）综合知识点

【单选】

2　2202133

参考答案：A

解析：AC 项：《票据法》第 61 条第 1 款规定："汇票到期被拒绝付款的，持票人可以对背书人、出票人以及汇票的其他债务人行使追索权。"此外，票据具有文义性，即在票据上签名的人根据票据上的文义承担票据法上的义务。本题中，丙公司已被拒绝付款，故其可以向在汇票时签名的出票人杨某（注意：不是甲公司）行使追索权。因此，A 项正确，C 项错误。

B 项：票据具有无因性，哪怕票据上未载明甲、乙公司之间的法律关系，亦不会影响票据效力。因此，B 项错误。

D 项：杨某与甲公司之间存在职务代理关系，虽然杨某在汇票上签署了自己的名字，但其意义是代表甲公司进行一定的职务行为，且该行为已得到甲公司的授权，同时亦未超出其作为财务人员的常规工作范畴，故杨某的签字行为应代表甲公司，杨某不应该承担赔偿责任。因此，D 项错误。

综上所述，本题答案为 A 项。

3　2002054

参考答案：A

解析：A 项：《票据法》第 40 条第 2 款规定："汇票未按照规定期限提示承兑的，持票人丧失对其前手的追索权。"本题中，该汇票已过承兑期，持票人甲公司不能再向前手追索。但持票人可以依据其享有民事权利，请求丙银行返还与汇票金额相当的利益。因此，A 项正确。

B 项：《票据法》第 69 条规定："持票人为出票人的，对其前手无追索权。持票人为背书人的，对其后手无追索权。"本题中，甲公司以吸收合并的方式收购了乙公司，乙公司的法律人格消灭，甲公司同时为持票人和出票人，对前手丁公司丧失追索权。因此，B 项错误。

CD 项：根据票据的无因性，票据行为与作为其发生前提的实质性原因关系相分离，从而使票据行为的效力，不再受原因关系的存废或其效力有无的影响。基础行为的效力不影响票据行为的效力，票据只可能因票据行为的瑕疵而无效。本题中，乙公司注销或者与甲公司合并不是票据行为，不构成对物的抗辩，也不会影响票据的效力。因此，CD 项错误。

综上所述，本题答案为 A 项。

【多选】

4 1003076

参考答案：A,B,C

解析：A 项：《票据法》第 90 条规定："支票限于见票即付，不得另行记载付款日期。另行记载付款日期的，该记载无效。"第 91 条规定："支票的持票人应当自出票日起十日内提示付款；异地使用的支票，其提示付款的期限由中国人民银行另行规定。超过提示付款期限的，付款人可以不予付款；付款人不予付款的，出票人仍应当对持票人承担票据责任。"本案中，甲在乙签发支票一个星期后，已经提示银行付款，根据票据无因性的规定，银行无权拒绝支付票据金额。因此，A 项正确。

B 项：《票据法》第 13 条第 2、3 款规定："票据债务人可以对不履行约定义务的与自己有直接债权债务关系的持票人，进行抗辩。"本法所称抗辩，是指票据债务人根据本法规定对票据债权人拒绝履行义务的行为。本案中，甲和乙之间具有房屋买卖合同关系，乙可以以甲不履行约定义务为由进行抗辩。因此，B 项正确。另一种观点认为：本题中乙拒付的理由是"甲尚未办理房屋的过户登记"，在大多数实践中，当事人自己无法决定过户事项，还需要相关登记机关配合，故不应以此作为拒付的理由。当年公布的参考答案认为 B 项错误。此选项是存在争议的，考生朋友对于这种有争议的选项了解即可，不必较真。

C 项：《票据法》第 17 条第 1 款第 2 项规定："……（二）持票人对支票出票人的权利，自出票日起六个月不行使而消灭，自出票日起算；……"本案中，2006 年 1 月中旬，距离出票日未超过六个月，因此甲对乙仍享有票据权利。银行拒付后，甲可向乙行使票据权利，也可依据房屋买卖合同要求乙承担合同中约定的付款责任。因此，C 项正确。

D 项：《票据法》第 15 条规定："票据丧失，失票人可以及时通知票据的付款人挂失止付，但是，未记载付款人或者无法确定付款人及其代理付款人的票据除外。收到挂失止付通知的付款人，应当暂停支付。失票人应当在通知挂失止付后三日内，也可以在票据丧失后，依法向人民法院申请公示催告，或者向人民法院提起诉讼。"由此可见，票据丧失并不意味着基础性权利的消灭。本案中，甲仍可通过办理挂失止付等方式依法维护自己的权利。因此，D 项错误。

综上所述，本题答案为 ABC 项。

二、模拟训练

5 62106134

参考答案：A,B,D

解析：A 项：《票据法》第 14 条第 1 款规定："票据上的记载事项应当真实，不得伪造、变造。伪造、变造票据上的签章和其他记载事项的，应当承担法律责任。"本题中，王侯的签章系其儿子伪造，并非其真实签章，因此该签章无效，王侯无需承担票据责任。因此，A 项错误，当选。

B 项：《票据法》第 48 条规定："保证不得附有条件；附有条件的，不影响对汇票的保证责任。"本题中，保证人田云在汇票上附有条件，该条件是否实现不影响保证责任的承担。因此，B 项错误，当选。

C 项：《票据法》第 43 条规定："付款人承兑汇票，不得附有条件；承兑附有条件的，视为拒绝承兑。"本题中，甲银行承兑时在票据上记载"款到承兑生效"，属于承兑附有条件，视为拒绝承兑。因此，C 项正确，不当选。

D 项：《票据法》第 69 条规定："持票人为出票人的，对其前手无追索权。持票人为背书人的，对其后手无追索权。"本题中，江渝将汇票转让给吕璐，此时吕璐为持票人，且吕璐本身也是出票人，故吕璐无权向前手江渝行使追索权。因此，D 项错误，当选。

综上所述，本题为选非题，答案为 ABD 项。

第二章 票据权利

参考答案

[1]A [2]ABD [3]AC [4]D [5]C
[6]AD [7]ABD [8]C

一、历年真题及仿真题

（一）票据的伪造与变造

【单选】

1 1303031

参考答案：A

解析：AD 项：《票据法》第 5 条规定："票据当事人可以委托其代理人在票据上签章，并应当在票据上表明其代理关系。没有代理权而以代理人名义在票据上签章的，应当由签章人承担票据责任；代理人超越代理权限的，应当就其超越权限的部分承担票据责任。"本题中，甲未经乙同意以乙的名义签发汇票，其行为属于无权代理，乙拒绝追认，因此汇票上的签章不是乙的真实签章，出票行为无效，乙不承担票据责任。根据文义性，伪造人甲没有真实签章（因为甲签的是乙的名字，不是自己的名字），不是票据当事人，不承担票据责任；但是伪造人甲应根据刑法和民法的规定承担伪造有价证券的对应法律责任。因此，A 项正确，D 项错误。

BC 项：《票据法》第 14 条第 2 款规定："票据上有伪造、变造的签章的，不影响票据上其他真实签章的效力。"本题中，该汇票已经转让，丁背书时的签章真实有效，则丁对其后手戊承担票据责任，不能以对甲的无权代理不知情免除责任。因此，C 项错误。虽然出票行为无效，但是背书行为有效，因此持票人戊享有票据权利，丙作为付款人不得拒绝付款。因此，B 项错误。

综上所述，本题答案为 A 项。

【多选】

2 1603074

参考答案：A,B,D

解析：A 项：《票据法》第 4 条规定："票据出票人制作票据，应当按照法定条件在票据上签章，并按照所记载的事项承担票据责任。……其他票据债务人在票据上签章的，按照票据所记载的事项承担票据责任。"本题中，甲公司是票据的出票人，按照所记载的事项承担票据责任。因此，A 项正确。

BC 项：《票据法》第 14 条第 1、2 款规定："票据上的记载事项应当真实，不得伪造、变造。伪造、变造票据上的签章和其他记载事项的，应当承担法律责任。票据上有伪造、变造的签章的，不影响票据上其他真实签章的效力。"本题中，李某的签章被王某伪造，不是其真实签章，不承担票据责任；王某伪造签章应当承担法律责任而非票据责任。因此，B 项正确，C 项错误。

D 项：《票据法》第 12 条规定："以欺诈、偷盗或者胁迫等手段取得票据的，或者明知有前列情形，出于恶意取得票据的，不得享有票据权利。持票人因重大过失取得不符合本法规定的票据的，也不得享有票据权利。"本题中，王某将汇票背书转让给外地的丙公司用于支付货款，丙公司出于善意取得票据且不具有重大过失，享有票据权利。因此，D 项正确。

综上所述，本题答案为 ABD 项。

3 1203074

参考答案：A,C

解析：ABCD 项：《票据法》第 14 条第 3 款规定："票据上其他记载事项被变造的，在变造之前签章的人，对原记载事项负责；在变造之后签章的人，对变造之后的记载事项负责；不能辨别是在票据被变造之前或者之后签章的，视同在变造之前签章。"本题中，甲在票据变造之前签章，应对原金额承担责任；不能确定乙的签章是在变造前还是变造后，应视为是在变造前签章，故乙对变造前的金额承担责任；丙丁都是在票据变造后签章，故丙丁应当对变造后的金额承担责任。因此，AC 项正确，BD 项错误。

综上所述，本题答案为 AC 项。

（二）票据权利

【单选】

4 2102089

参考答案：D

解析：ABD 项：《票据法》第 61 条规定："汇票到期被拒绝付款的，持票人可以对背书人、出票人以及汇票的其他债务人行使追索权。汇票到期日前，有下列情形之一的，持票人也可以行使追索权：（一）汇票被拒绝承兑的；（二）承兑人或者付款人死亡逃匿的；（三）承兑人或者付款人被依法宣告破产的或者因违法被责令终止业务活动的。"本题中，在票据尚未到期前，一般情形下持票人既不可请求付款人付款，也无法享有追索权，除非构成《票据法》第 61 条第 2 款规定的情形，本案中并不存在这些情形。因此在票据到期前，乙汽车公司自然无权主张丁银行付款，也不能向丙公司、甲公司追索。因此，AB 项错误。丙公司和甲公司分别是汇票的出票人和背书人，在票据到期后，丁银行确定不会付款，属于票据被拒绝付款的情形，因此乙汽车公司有权向丙公司和甲公司追索。因此，D 项正确。

C 项：票据到期后，乙汽车公司应当请求丁银行付款。因此，C 项错误。

综上所述，本题答案为 D 项。

5 1103032

参考答案：C

解析：A 项：背书并不是退出票据关系的行为，背书人签章后成为票据债务人，承担票据责任。因此，A 项错误。

B 项：《票据法》第 61 条第 1 款规定："汇票到期被拒绝付款的，持票人可以对背书人、出票人以及汇票的其他债务人行使追索权。"本题中，甲公司为出票人，故丁公司的票据债务人包括甲公司。因此，B 项错误。

C 项：《票据法》第 33 条第 1 款规定："背书不得附有条件。背书时附有条件的，所附条件不具有汇票上的效力。"本题中，乙公司在背书转让时，不得附加条件。因此，C 项正确。

D 项：《票据法》第 27 条第 2 款规定："出票人在汇票上记载'不得转让'字样的，汇票不得转让。"本题中，若出票人甲公司在出票时于汇票上记载"不得转让"字样的，汇票不得转让；若持票人乙公司背书转让的，其背书行为无效。因此，D 项错误。

综上所述，本题答案为 C 项。

【多选】

6 2302028

参考答案：A,D

解析：A 项：《票据法》第 10 条第 1 款规定："票据的签发、取得和转让，应当遵循诚实信用的原则，具有真实的交易关系和债权债务关系。"《九民纪要》第 101 条第 1 款规定："票据贴现属于国家特许经营业务，合法持票人向不具有法定贴现资质的当事人进行'贴现'的，该行为应当认定无效，贴现款和票据应当相互返还。"本题中，乙丙公司之间系单纯的票据买卖，构成票据贴现，乙公司的转让行为无效。因此，A 项正确。

B 项：《九民纪要》第 101 条第 2 款规定："根据票据行为无因性原理，在合法持票人向不具有贴现资质的主体进行'贴现'，该'贴现'人给付贴现款后直接将票据交付其后手，其后手支付对价并记载自己为被背书人后，又基于真实的交易关系和债权债务关系将票据进行背书转让的情形下，应当认定最后持票人为合法持票人。"本题中，最后持票人戊公司系合法持票人，享有票据权利。因此，B 项错误。

C 项：《票据法》第 13 条第 1 款规定："票据债务人不得以自己与出票人或者与持票人的前手之间的抗辩事由，对抗持票人。但是，持票人明知存在抗辩事由而取得票据的除外。"本题中，乙公司不得以自己与丁公司之间的抗辩事由，对抗戊公司。因此，C 项错误。

D 项：票据具有文义性，丙公司并未在票据上签章，不负票据责任。因此，D 项正确。

综上所述，本题答案为 AD 项。

7 2302036

参考答案：A,B,D

解析：ABCD 项：《票据法》第 35 条第 1 款规定：

"背书记载'委托收款'字样的，被背书人有权代背书人行使被委托的汇票权利。但是，被背书人不得再以背书转让汇票权利。"《票据法司法解释》第50条规定："依照票据法第三十四条和第三十五条的规定，背书人在票据上记载'不得转让''委托收款''质押'字样，其后手再背书转让、委托收款或者质押的，原背书人对后手的被背书人不承担票据责任，但不影响出票人、承兑人以及原背书人之前手的票据责任。"本题中，仅乙公司不对丁公司承担票据责任，甲公司、A公司及丙公司仍需对丁公司承担票据责任。因此，ABD项正确，C项错误。

综上所述，本题答案为ABD项。

二、模拟训练

8 62206179

参考答案：C

解析：A项：记名票据只能背书转让，无记名票据可以直接交付转让，所以并非所有的票据均需背书转让。因此，A项错误。

B项：《票据法》第61条规定："汇票到期被拒绝付款的，持票人可以对背书人、出票人以及汇票的其他债务人行使追索权。汇票到期日前，有下列情形之一的，持票人也可以行使追索权：（一）汇票被拒绝承兑的；（二）承兑人或者付款人死亡、逃匿的；（三）承兑人或者付款人被依法宣告破产的或者因违法被责令终止业务活动的。"第68条第2款规定："持票人可以不按照汇票债务人的先后顺序，对其中任何一人、数人或者全体行使追索权。"本题中，付款人如意公司破产，在汇票到期日前，丙公司可以向甲公司、吉祥公司、乙公司行使追索权，且追索时无顺序要求。因此，B项错误。

C项：《票据法》第14条第3款规定："票据上其他记载事项被变造的，在变造之前签章的人，对原记载事项负责；在变造之后签章的人，对变造之后的记载事项负责；不能辨别是在票据被变造之前或者之后签章的，视同在变造之前签章。"本题中，不能辨别乙公司的签章发生在变造之前还是之后，所以应视为在变造之前，按照300万元认定。因此，C项正确。

D项：《票据法》第13条第2款规定："票据债务人可以对不履行约定义务的与自己有直接债权债务关系的持票人，进行抗辩。"第11条第1款："因税收、继承、赠与可以依法无偿取得票据的，不受给付对价的限制。但是，所享有的票据权利不得优于其前手的权利。"本题中，与乙公司有直接债权债务关系的吉祥公司，能够以乙公司交付的货物存在质量问题为由对抗乙公司。乙公司的票据权利优于以赠与方式取得票据的丙公司，吉祥公司能够对抗乙公司，亦能够对抗丙公司。因此，D项错误。

综上所述，本题答案为C项。

第三章 票据抗辩与补救

参考答案

[1]D　[2]ACD　[3]BC　[4]BCD　[5]C
[6]ACD　[7]BCD

一、历年真题及仿真题

（一）票据抗辩与补救

【单选】

1 1203032

参考答案：D

解析：ABCD项：《票据法》第15条规定："票据丧失，失票人可以及时通知票据的付款人挂失止付，但是，未记载付款人或者无法确定付款人及其代理付款人的票据除外。收到挂失止付通知的付款人，应当暂停支付。失票人应当在通知挂失止付后三日内，也可以在票据丧失后，依法向人民法院申请公示催告，或者向人民法院提起诉讼。"由此可知，不经过挂失止付也可以申请公示催告或进入诉讼程序。因此，ABC项正确，不当选；D项错误，当选。

综上所述，本题为选非题，答案为D项。

【多选】

2 1902057

参考答案：A,C,D

解析：[命题陷阱] 本案的关键信息是票据被法院做出了除权判决，所以票据已经无效，不存在票据责任，临海银行、甲公司、乙公司与丙公司之间并无其他的法律关系，故三者对丙公司不承担票据的付款责任。但是刘某和丙公司存在民事买卖关系，刘某应当承担向丙公司付款的民事责任。

ABC 项：《民事诉讼法》第 233 条规定："没有人申报的，人民法院应当根据申请人的申请，作出判决，宣告票据无效。判决应当公告，并通知支付人。自判决公告之日起，申请人有权向支付人请求支付。"本题中，法院作出除权判决后，票据无效，不存在票据责任。因此，AC 项正确，B 项错误。

D 项：《票据法》第 14 条第 1 款规定："票据上的记载事项应当真实，不得伪造、变造。伪造、变造票据上的签章和其他记载事项的，应当承担法律责任。"本题中，刘某实施过伪造签章的行为，虽然不承担票据责任，但毕竟刘某和丙公司之间存在买卖合同民事法律关系，丙公司已经交货给了刘某，按此买卖合同刘某应当承担给付货款的民事法律义务。因此，D 项正确。

综上所述，本题答案为 ACD 项。

3 1403075

参考答案：B,C

解析：A 项：票据丢失只是使票据权利的行使遭受到一定障碍，票据本身不直接无效。票据丢失后，还可以通过挂失止付、公示催告和提起诉讼的程序来进行法律救济，保障权利人的权利得以享有。本题中，丢失票据并不会"确定性"地丧失票据权利，依旧存在救济途径。因此，A 项错误。（确定性的意思相当于完全的、绝对的。）

BD 项：《票据法》第 15 条规定："票据丧失，失票人可以及时通知票据的付款人挂失止付，但是，未记载付款人或者无法确定付款人及其代理付款人的票据除外。收到挂失止付通知的付款人，应当暂停支付。失票人应当在通知挂失止付后三日内，也可以在票据丧失后，直接依法向人民法院申请公示催告，或者向人民法院提起诉讼。"本题中，挂失止付不是申请公示催告和提起诉讼的前置程序，失票人可以不经挂失止付，直接提起诉讼或者申请公示催告。因此，B 项正确，D 项错误。

C 项：《票据法》第 15 条第 2 款规定："收到挂失止付通知的付款人，应当暂停支付。"本题中，失票人提起挂失止付，付款人在接到止付通知后，应当停止对票据的付款，如果其仍对票据进行付款，则无论善意与否，都应该承担赔偿责任。因此，C 项正确。

综上所述，本题答案为 BC 项。

4 1103074

参考答案：B,C,D

解析：A 项：《票据法》第 44 条规定："付款人承兑汇票后，应当承担到期付款的责任。"本题中，付款银行甲银行承兑汇票后发生付款效力。因此，A 项正确，不当选。

B 项：《票据法》第 13 条第 2 款规定："票据债务人可以对不履行约定义务的与自己有直接债权债务关系的持票人，进行抗辩。"本题中，汇票付款人甲银行承兑以后成为票据债务人，可以其和持票人楚天公司之间的直接债权债务关系向楚天公司主张抗辩。因此，B 项错误，当选。

CD 项：《票据法》第 13 条第 1 款规定："票据债务人不得以自己与出票人或者与持票人的前手之间的抗辩事由，对抗持票人。但是，持票人明知存在抗辩事由而取得票据的除外。"本题中，基于票据无因性原理，楚天公司已经依法取得票据权利，汇票付款人有付款义务，潇湘公司无权以货物质量瑕疵为由要求汇票付款人停止付款，付款人付款后也无需承担赔偿责任。因此，CD 项错误，当选。

综上所述，本题为选非题，答案为 BCD 项。

（二）综合知识点

【单选】

5 1703032

参考答案：C

解析：A 项：《票据法》第 38 条规定："承兑是指

汇票付款人承诺在汇票到期日支付汇票金额的票据行为。”第 44 条规定：“付款人承兑汇票后，应当承担到期付款的责任。”承兑是汇票特有的一种制度。汇票的出票人在出票时，是委托他人(付款人)代替其支付票据金额，而该付款人在出票时并未在票据上签章，并非票据债务人，无当然的支付义务。付款人只有在承兑后，才成为汇票上的主债务人，承担到期无条件付款的绝对责任。由此可知，在银行对该汇票承兑以后，银行成为汇票上的主债务人，承担到期无条件付款的责任。故 A 项错误。

B 项:《票据法》第 15 条第 3 款规定：“失票人应当在通知挂失止付后三日内，也可以在票据丧失后，依法向人民法院申请公示催告，或者向人民法院提起诉讼。”公示催告是指在票据等有价证券丧失的场合，由法院依申请人的申请，向未知的利害关系人发出公告，告知其如果未在一定期间申报权利、提出证券，则法院会通过判决的形式宣告其无效，从而催促利害关系人申报权利、提出证券的一种特别诉讼程序。法院受理公示催告的申请后，应当立即发出止付通知。最高人民法院《关于审理票据纠纷案件若干问题的规定》第 30 条规定：“付款人或者代理付款人收到人民法院发出的止付通知，应当立即停止支付，直至公示催告程序终结。非经发出止付通知的人民法院许可擅自解付的，不得免除票据责任。”由此可知，公示催告期间，票据权利暂停行使。故 B 项错误。

C 项：在法院作出除权判决前，持票人仍然享有票据权利。故 C 项正确。

D 项:《民事诉讼法》第 232 条规定：“利害关系人应当在公示催告期间向人民法院申报。人民法院收到利害关系人的申报后，应当裁定终结公示催告程序，并通知申请人和支付人。申请人或者申报人可以向人民法院起诉。”第 233 条规定：“没有人申报的，人民法院应当根据申请人的申请，作出判决宣告票据无效。判决应当公告，并通知支付人。自判决公告之日起，申请人有权向支付人请求支付。”由此可知，公示催告程序的终结有两种情况：一是经法院裁定终结公示催告程序，二是经法院判决宣告票据无效。D 项说法过于绝对，故 D 项错误。

综上所述，本题正确答案为 C 项。

二、模拟训练

6 41802068

参考答案：A,C,D

解析：A 项:《票据法》第 13 条第 2 款规定：“票据债务人可以对不履行约定义务的与自己有直接债权债务关系的持票人，进行抗辩。”本题中，“丙公司恰好欠支票付款人某银行 10 万元到期贷款”，即持票人丙公司与付款人某银行之间存在直接债权债务关系，且持票人丙公司并未履行到期还款义务，故付款人某银行可以拒绝付款。因此，A 项正确。

B 项:《票据法》第 13 条第 1 款规定：“票据债务人不得以自己与出票人或者与持票人的前手之间的抗辩事由，对抗持票人。但是，持票人明知存在抗辩事由而取得票据的除外。”本题中，甲公司不得以自己与乙公司（持票人的前手）之间的抗辩事由对抗持票人丙公司，也就不可以此为由要求银行拒绝向丙公司付款，该行为违反了票据的无因性。因此，B 项错误。

C 项:《票据法》第 87 条规定：“支票的出票人所签发的支票金额不得超过其付款时在付款人处实有的存款金额。出票人签发的支票金额超过其付款时在付款人处实有的存款金额的，为空头支票。禁止签发空头支票。”本题中，甲公司的银行存款只有 8 万元，但其签发的支票金额为 10 万元，故该支票构成空头支票，银行可以拒绝付款。因此，C 项正确。

D 项:《票据法》第 91 条规定：“支票的持票人应当自出票日起十日内提示付款；异地使用的支票，其提示付款的期限由中国人民银行另行规定。超过提示付款期限的，付款人可以不予付款；付款人不予付款的，出票人仍应当对持票人承担票据责任。”本题中，持票人于 2018 年 5 月 20 日行使付款请求权，已超过提示付款期限，故银行可以拒绝付款。因此，D 项正确。

综上所述，本题答案为 ACD 项。

7 62206181

参考答案：B,C,D

解析：AC 项：《票据法》第 15 条第 3 款规定：“失票人应当在通知挂失止付后三日内，也可以在票据丧失后，依法向人民法院申请公示催告，或者向人民法院提起诉讼。”本题中，挂失止付并非申请公示催告的必经程序，失票人可以直接向人民法院申请公示催告或者提起诉讼。因此，A 项错误，C 项正确。

B 项：《票据法》第 15 条第 2 款规定：“收到挂失止付通知的付款人，应当暂停支付。”本题中，失票人彩亮公司提起挂失止付，付款人欣欣银行在接到止付通知后，应当停止对票据的付款，如果其仍对票据进行付款，应该承担赔偿责任。因此，B 项正确。

D 项：《票据法解释》第 35 条规定：“失票人因请求出票人补发票据或者请求债务人付款遭到拒绝而向人民法院提起诉讼的，被告为与失票人具有票据债权债务关系的出票人、拒绝付款的票据付款人或者承兑人。”本题中，当彩亮公司提起诉讼时，可以出票人宝捷公司、拒绝付款的票据付款人欣欣银行为被告。因此，D 项正确。

综上所述，本题答案为 BCD 项。

第四章 票据的类型

参考答案

[1] A	[2] A	[3] ABCD	[4] CD	[5] BC
[6] D	[7] A	[8] D	[9] B	[10] B
[11] BC	[12] BCD	[13] A	[14] C	[15] D
[16] BD	[17] CD	[18] BCD	[19] A	[20] ABCD
[21] BC				

一、历年真题及仿真题

（一）本票和支票

【单选】

1 2102090

参考答案：A

解析：A 项：《票据法》第 90 条规定：“支票限于见票即付，不得另行记载付款日期。另行记载付款日期的记载无效。”本题中，支票注明“见票一个月内付款”属于另行记载付款日期，因此该记载无效。因此，A 项正确。

BCD 项：《票据法》第 85 条规定：“支票上的金额可以由出票人授权补记，未补记前的支票，不得使用。”第 86 条第 1 款规定：“支票上未记载收款人名称的，经出票人授权，可以补记。”本题中，在出票时未记载金额、收款人可以由出票人授权补记，张三系甲公司的业务员，在甲公司的授权下使用支票，因此其填写金额和收款人属于出票人的授权补记。而针对甲公司解除合同的主张，则属于原因行为争议，基于票据的无因性，张三并未超出甲公司对其的补记授权，因此补记有效。因此，BCD 项错误。

综上所述，本题答案为 A 项。

2 2002126

参考答案：A

解析：A 项：《票据法》第 83 条第 2 款规定：“支票中专门用于支取现金的，可以另行制作现金支票，现金支票只能用于支取现金。”因此，A 项正确。

B 项：《票据法》第 87 条第 1 款规定：“支票的出票人所签发的支票金额不得超过其付款时在付款人处实有的存款金额。”本题中，李四能否签发空头支票与其信誉好坏无关。因此，B 项错误。

C 项：《票据法》第 90 条规定：“支票限于见票即付，不得另行记载付款日期。另行记载付款日期的，该记载无效。”本题中，另行记载付款日期的，记载无效，而非支票无效。因此，C 项错误。

D 项：《票据法》第 86 条第 1 款规定：“支票上未记载收款人名称的，经出票人授权，可以补记。”本题中，未记载收款人名称的，可以补记，而非支票无效。因此，D 项错误。

综上所述，本题答案为 A 项。

【多选】

3 2102001

参考答案：A,B,C,D

解析：ACD 项：《票据法》第 85 条规定：“支票上

的金额可以由出票人授权补记，未补记前的支票，不得使用。但是支票不会因此无效。”第 86 条第 1 款规定：“支票上未记载收款人名称的，经出票人授权，可以补记。”本题中，支票上的金额和收款人名称可以由出票人授权补记，即支票并不会因张某无权填写而当然无效。因此，ACD 项错误，当选。

B 项：《票据法》第 90 条规定：“支票限于见票即付，不得另行记载付款日期。另行记载付款日期的，该记载无效。”本题中，当支票另行记载付款日期的，该记载无效，并不导致支票无效。因此，B 项错误，当选。

综上所述，本题为选非题，答案为 ABCD 项。

4 1703074

参考答案：C,D

解析：A 项：《票据法》第 8 条规定：“票据金额以中文大写和数码同时记载，二者必须一致，二者不一致的，票据无效。”本题中，只是忘记写中文大写，不属于大小写不一致的情况，可以在使用中补上，故票据仍然有效。因此，A 项错误。

BC 项：票据有效，持票人自始享有票据权利，票据行为人需要承担票据责任。因此，B 项错误，C 项正确。

D 项：《票据法》第 85 条规定：“支票上的金额可以由出票人授权补记，未补记前的支票，不得使用。”本题中，经出票人授权，对于票据的金额可以进行补记，在补记之后就可以正常使用。因此，D 项正确。

综上所述，本题答案为 CD 项。

5 1503074

参考答案：B,C

解析：A 项：《票据法》第 83 条规定：“……现金支票只能用于支取现金。支票中专门用于转账的，可以另行制作转账支票……”本题中，现金支票只能用于支取现金，而不能用于转账。因此，A 项错误。

B 项：《票据法》第 87 条第 1 款规定：“支票的出票人所签发的支票金额不得超过其付款时在付款人处实有的存款金额。”因此，B 项正确。

C 项：《票据法》第 90 条规定：“支票限于见票即付，不得另行记载付款日期。另行记载付款日期的，该记载无效。”本题中，支票另行记载付款日期的，记载无效。因此，C 项正确。

D 项：《票据法》第 86 条规定：“支票上未记载收款人名称的，经出票人授权，可以补记。……”本题中，支票未记载收款人名称的，经出票人授权后可以补记，并不是无效。因此，D 项错误。

综上所述，本题答案为 BC 项。

（二）汇票

【单选】

6 1902029

参考答案：D

解析：[命题陷阱] 1. 万公司和梓公司之间存在买卖钢材的合同关系，梓公司交货质量不合格，构成对此合同的实质违约，万公司据此可向直接后手梓公司提出对人抗辩；2. 票据保证未表明被保证人名称的，不影响保证行为成立，推定为票据的第一责任人，即承兑后的汇票推定承兑人为被保证人，未被承兑的汇票，推定出票人为被保证人。

A 项：《票据法》第 68 条第 2 款规定：“持票人可以不按照汇票债务人的先后顺序，对其中任何一人、数人或者全体行使追索权。”据此，持票人在被拒绝承兑后可对其前手行使追索权，追索对象并不限于直接前手。本题中，宏公司可向包含仟公司在内的前手们主张责任。因此，A 项错误。

B 项：《票据法》第 13 条规定：“票据债务人不得以自己与出票人或者与持票人的前手之间的抗辩事由，对抗持票人。但是，持票人明知存在抗辩事由而取得票据的除外。票据债务人可以对不履行约定义务的与自己有直接债权债务关系的持票人，进行抗辩。本法所称抗辩，是指票据债务人根据本法规定对票据债权人拒绝履行义务的行为。”本题中，梓公司交付给万公司的钢材质量不合格，此关系仅存在与买卖合同相对方的万公司和梓公司之间，万公司可据此对梓公司的追索提出抗辩，基于票据无因性，此原因与其他主体无关，所以万公司不能据此对宏公司的追索进行抗辩。因此，B 项错误。

C 项：《票据法》第 46 条第 3 项规定："保证人必须在汇票或者粘单上记载下列事项：……（三）被保证人的名称；……"第 47 条第 1 款规定："保证人在汇票或者粘单上未记载前条第（三）项的，已承兑的汇票，承兑人为被保证人；未承兑的汇票，出票人为被保证人。"第 50 条规定："被保证的汇票，保证人应当与被保证人对持票人承担连带责任。汇票到期后得不到付款的，持票人有权向保证人请求付款，保证人应当足额付款。"本题中，甲公司作出保证行为时，未记载被保证人名称，因为票据未被承兑，应视出票人万公司为被保证人，且保证人甲公司与被保证人万公司应对后手承担连带责任。因此，C 项错误。

D 项：梓公司行使再追索权，甲公司作为汇票债务的保证人，应对其承担被追索的付款责任。因此，D 项正确。

综上所述，本题答案为 D 项。

7 1802024

参考答案：A

解析：A 项：《票据法》第 4 条第 1、2、3 款规定："票据出票人制作票据，应当按照法定条件在票据上签章，并按照所记载的事项承担票据责任。持票人行使票据权利，应当按照法定程序在票据上签章，并出示票据。其他票据债务人在票据上签章的，按照票据所记载的事项承担票据责任。"票据是设权证券和要式证券，票据的制作必须严格符合国家法律的规定。票据权利人行使票据权利，应当出示合法有效的票据。《票据法》第 15 条规定："票据丧失，失票人可以及时通知票据的付款人挂失止付，但是，未记载付款人或者无法确定付款人及其代理付款人的票据除外。收到挂失止付通知的付款人，应当暂停支付。失票人应当在通知挂失止付后三日内，也可以在票据丧失后，依法向人民法院申请公示催告，或者向人民法院提起诉讼。"据此，票据在灭失之后，可以通过挂失止付、公示催告或提起民事诉讼来实现救济。本题中，在丁未挂失止付、向人民法院申请公示催告之前，仅凭借票据的复印件要求丙银行承担票据责任的，丙银行可以拒绝。因此，A 项正确。

BCD 项：票据原件烧毁，票据复印件并不具有票据效力，丁公司无法依该复印件行使票据权利，故 BCD 项均认为票据复印件具有票据效力，都是错误的说法。因此，BCD 项错误。

综上所述，本题答案为 A 项。

8 1603032

参考答案：D

解析：A 项：《票据法》第 22 条规定："汇票必须记载下列事项：（一）表明"汇票"的字样；（二）无条件支付的委托；（三）确定的金额；（四）付款人名称；（五）收款人名称；（六）出票日期；（七）出票人签章。汇票上未记载前款规定事项之一的，汇票无效。"本题中没有出现汇票无效的情形，且票据行为具有无因性和独立性，票据本身是有效的。因此，A 项错误。

B 项：《票据法》第 13 条第 2 款规定："票据债务人可以对不履行约定义务的与自己有直接债权债务关系的持票人，进行抗辩。"本题中，乙公司的箱包为假冒伪劣产品，甲公司作为合同的相对人可以对不履行约定义务的乙公司进行抗辩，可以拒绝乙公司的票据权利请求。因此，B 项错误。

C 项：《票据法》第 10 条规定："票据的签发、取得和转让，应当遵循诚实信用的原则，具有真实的交易关系和债权债务关系。票据的取得，必须给付对价，即应当给付票据双方当事人认可的相对应的代价。"第 11 条规定："因税收、继承、赠与可以依法无偿取得票据的，不受给付对价的限制。但是，所享有的票据权利不得优于其前手的权利。前手是指在票据签章人或者持票人之前签章的其他票据债务人。"故持票人取得票据未给付对价或未给付相当对价的，票据债务人可以以与持票人前手之间的抗辩事由，对抗持票人。本题中，甲公司可以以其对乙公司的抗辩事由对抗丙，丙享有不优于前手的票据权利，丙不享有对甲公司的追索权，所享有的票据权利是有瑕疵的。因此，C 项错误。

D 项：《票据法》第 4 条第 5 款规定："本法所称票据责任，是指票据债务人向持票人支付票据金额的义务。"第 44 条规定："付款人承兑汇票后，应当承担到期付款的责任。"本题中，银行对汇票予以承兑，故要承担到期付款的票据责任。因此，D

项正确。

综上所述，本题答案为 D 项。

9 1503032

参考答案：B

解析：A 项：《票据法》第 48 条规定："保证不得附有条件；附有条件的，不影响对汇票的保证责任。"本题中，丁采取附条件保证方式，违反了票据法。因此，A 项错误。

B 项：《票据法》第 46 条规定："保证人必须在汇票或者粘单上记载下列事项：……（四）保证日期……"第 47 条规定："……保证人在汇票或者粘单上未记载前条第（四）项的，出票日期为保证日期。"本题中，若丁在其保证中未记载保证日期，则以出票日期为保证日期。因此，B 项正确。

C 项：《票据法》第 50 条规定："被保证的汇票，保证人应当与被保证人对持票人承担连带责任。汇票到期后得不到付款的，持票人有权向保证人请求付款，保证人应当足额付款。"本题中，保证人与被保证人对持票人承担连带责任。保证人并不享有先诉抗辩权，戊可以直接向前手丁请求付款。因此，C 项错误。

D 项：《票据法》第 52 条规定："保证人清偿汇票债务后，可以行使持票人对被保证人及其前手的追索权。"本题中，丁作为保证人，在清偿汇票债务后，依法可行使对丙及其前手的追索权。因此，D 项错误。

综上所述，本题答案为 B 项。

10 1003029

参考答案：B

解析：AC 项：《票据法》第 61 条规定："汇票到期被拒绝付款的，持票人可以对背书人、出票人以及汇票的其他债务人行使追索权。汇票到期日前，有下列情形之一的，持票人也可以行使追索权：（一）汇票被拒绝承兑的；（二）承兑人或者付款人死亡、逃匿的；（三）承兑人或者付款人被依法宣告破产的或者因违法被责令终止业务活动的。"由此可知，当持票人被拒绝付款的，其可以行使追索权，请求出票人、保证人等承担票据责任，且其行使追索权不受顺序的限制。本题中，丁系连带保证人，因此追偿没有顺序限制，可以不向债务人请求而直接要求保证人承担保证责任。因此，AC 项错误。

B 项：《票据法》第 54 条规定："持票人依照前条规定提示付款的，付款人必须在当日足额付款。"第 13 条第 1 款规定："票据债务人不得以自己与出票人或者与持票人的前手之间的抗辩事由，对抗持票人。但是，持票人明知存在抗辩事由而取得票据的除外。"承兑汇票应该先行提示承兑，再行请求付款。本题中，乙公司已经可以向丙银行请求付款，可以推定该票据已经被丙银行承兑，丙银行应当付款，因票据无因性，丙银行不能以"信誉"问题拒绝。因此，B 项正确。

D 项：《票据法》第 46 条规定："保证人必须在汇票或者粘单上记载下列事项：（一）表明'保证'的字样；……"票据法律关系的非基本当事人指在票据发出后通过各种票据行为而加入票据关系中成为票据当事人的人，如背书人、保证人、参加付款人、预备付款人等。本题中，丁的行为不是在票据上签章的票据行为，不属于票据保证，不是票据法律关系的当事人，故丁只承担民法上的保证责任。因此，D 项错误。

综上所述，本题答案为 B 项。

【多选】

11 2002072

参考答案：B,C

解析：ACD 项：《票据法》第 36 条规定："汇票被拒绝承兑、被拒绝付款或者超过付款提示期限的，不得背书转让；背书转让的，背书人应当承担汇票责任。"本题中，乙公司被拒绝付款后，不应将该汇票背书转让给丙公司。因此，C 项正确。且乙公司被拒绝付款后，将该汇票背书转让给丙公司，此背书被称为"期后背书"，不能发生《票据法》上的效力，乙公司依据需要对丙公司承担汇票责任，而不能因交付票据终结乙公司和丙公司之间的债务。因此，A 项错误。丙公司只可向乙公司主张票据责任，而甲公司和银行对丙公司没有票据责任。因此，D 项错误。

B 项：《票据法》第 62 条第 2 款规定："持票人提示承兑或者提示付款被拒绝的，承兑人或者付款人必须出具拒绝证明，或者出具退票理由书。未出具拒绝证明或者退票理由书的，应当承担由此产生的民事责任。”本题中，银行拒绝付款，必须出具证明或退票理由书，否则持票人行使追索权未能提供相关证明的，将丧失对其前手的追索权。银行口头拒付，导致乙公司无法行使追索权，银行应对乙公司承担民事责任。因此，B项正确。

综上所述，本题答案为BC项。

12 1303075

参考答案：B,C,D

解析：A项：《票据法》第35条第2款规定：“汇票可以设定质押；质押时应当以背书记载‘质押’字样。被背书人依法实现其质权时，可以行使汇票权利。”《票据法解释》第54条规定：“依照票据法第三十五条第二款的规定，以汇票设定质押时，出质人在汇票上只记载了‘质押’字样未在票据上签章的，或者出质人未在汇票、粘单上记载‘质押’字样而另行签订质押合同、质押条款的，不构成票据质押。”据此可知，汇票可以质押，但是质权并非自汇票交付给债权人时生效。故A项错误。

B项：《票据法》第26条规定：“出票人签发汇票后，即承担保证该汇票承兑和付款的责任。出票人在汇票得不到承兑或者付款时，应当向持票人清偿本法第70条、第71条规定的金额和费用。”出票行为一经完成，对出票人来说，就产生了一定的票据债务关系。首先，出票人要担保所签发的汇票能够在到期前获得承兑，在汇票上所载付款人拒绝承兑或因汇票上所载付款人下落不明、破产等原因无从承兑时，出票人必须承担汇票付款的责任。其次，汇票的出票人还要承担担保付款的义务，不管付款人对汇票承兑与否，在汇票到期不获付款的情况下，出票人必须承担付款责任。故B项正确。

C项：《票据法》第19条第2款规定：“汇票分为银行汇票和商业汇票。”《票据实施管理办法》第8条第1款规定：“商业汇票的出票人，为银行以外的企业和其他组织。”因此，自然人一般不是汇票的出票人，但是司法部公布的答案有C，认为自然人是可以的，所以建议按照司法部的观点来掌握。自然人可以是汇票的出票人。故C项正确。

D项：《票据法》第22条规定：“汇票必须记载下列事项：（一）表明‘汇票’的字样；（二）无条件支付的委托；（三）确定的金额；（四）付款人名称；（五）收款人名称；（六）出票日期；（七）出票人签章。汇票上未记载前款规定事项之一的，汇票无效。”因此，汇票上没有记载出票日期的，应视为无效。故D项正确。

综上所述，本题答案为BCD项。

（三）综合知识点

【单选】

13 2202074

参考答案：A

解析：ABCD项：《票据法》第84条规定：“支票必须记载下列事项：（一）表明“支票”的字样；（二）无条件支付的委托；（三）确定的金额；（四）付款人名称；（五）出票日期；（六）出票人签章。支票上未记载前款规定事项之一的，支票无效。”本案中，该支票未加盖出票人达隆公司的印章，故支票无效，持票人蒋三不享有任何票据权利（包括付款请求权与追索权）。因此，A项正确，BCD项错误。

综上所述，本题答案为A项。

14 2002063

参考答案：C

解析：A项：票据属于文义证券，主张票据权利或承担票据责任都必须基于票据上的相关记载。本题中，刘某没有在票据上签章，不是票据当事人，无需承担票据责任。但是刘某和红酒公司之间存在买卖合同，所以刘某需就此合同承担合同义务和责任，故刘某不承担“任何”法律责任的表述是错误的。因此，A项错误。

BD项：《票据法》第61条第1款规定：“汇票到期被拒绝付款的，持票人可以对背书人、出票人以及汇票的其他债务人行使追索权。”第68条规定：“汇票的出票人、背书人、承兑人和保证人对持票人承担连带责任。持票人可以不按照汇票债务人的先后顺序，对其中任何一人、数人或者全体行使追索权。持票人对汇票债务人中的一人或者数人已经进行追索的，对其他汇票债务人仍可以行使追索权。被追索人清偿债务后，与持票人享有同一权利。”本题中，追索权是二次性的救济权利，红酒公司行使付款请求权被甲银行拒绝，就可以向其他票据义务人主张追索权，追索对象不包括甲银行。红酒公司有权对诚建公司行使追索权。因此，BD 项错误。

C 项:《票据法》第 46 条第 3 项规定:“保证人必须在汇票或者粘单上记载下列事项:……（三）被保证人的名称;……”第 47 条第 1 款规定:“保证人在汇票或者粘单上未记载前条第（三）项的，已承兑的汇票，承兑人为被保证人；未承兑的汇票，出票人为被保证人。”据此，实施票据保证时，如果没写明被保证人不影响保证的成立，法律推定票据的第一责任人为被保证人，即已经承兑的汇票，推定承兑人为被保证人，未经承兑的汇票，推定出票人为被保证人。本题中，张某实施保证行为时，虽然没写明被保证人，保证行为依旧成立，张某应承担保证责任。因此，C 项正确。

综上所述，本题答案为 C 项。

15 **1802026**

参考答案: D

解析: AB 项:《票据法》第 46 条第 3、4 项规定:“保证人必须在汇票或者粘单上记载下列事项:……（三）被保证人的名称;（四）保证日期;……”第 47 条规定:“保证人在汇票或者粘单上未记载前条第（三）项的，已承兑的汇票，承兑人为被保证人；未承兑的汇票，出票人为被保证人。保证人在汇票或者粘单上未记载前条第（四）项的，出票日期为保证日期。”本题中，未记载被保证人名称的，且未被承兑时，以出票人甲公司为被保证人，丙公司仍需承担保证责任。未记载保证日期的以出票日期为保证日期，保证仍然有效。因此，AB 项错误。

C 项:《票据法》第 48 条规定:“保证不得附有条件；附有条件的，不影响对汇票的保证责任。”本题中，保证不得附条件。即便附条件，保证依然有效，所附条件视为无记载。因此，C 项错误。

D 项:《票据法》第 50 条规定:“被保证的汇票，保证人应当与被保证人对持票人承担连带责任。汇票到期后得不到付款的，持票人有权向保证人请求付款，保证人应当足额付款。”本题中，保证人与被保证人之间以及保证人之间就票据债务负连带责任。因此，D 项正确。

综上所述，本题答案为 D 项。

【多选】

16 **2202075**

参考答案: B,D

解析: AB 项：丁虽然与红辣椒公司有债权债务关系，但票据具有文义性，票据背书记载的被背书人是小辣椒而非红辣椒公司，则小辣椒才是票据权利人，享有票据权利。因此，A 项错误，B 项正确。

C 项:《票据法》第 33 条第 1 款规定:“背书不得附有条件。背书时附有条件的，所附条件不具有汇票上的效力。”本题中，即使乙在背书时附有条件，也只是条件无效，并不会导致票据无效。因此，C 项错误。

D 项:《票据法》第 34 条规定:“背书人在汇票上记载‘不得转让’字样，其后手再背书转让的，原背书人对后手的被背书人不承担保证责任。”本题中，乙的行为应当被评价为禁转背书，因此，票据权利人小辣椒不能向乙行使追索权。因此，D 项正确。

综上所述，本题答案为 BD 项。

17 **2002073**

参考答案: C,D

解析: A 项:《票据法》第 11 条第 1 款规定:“因税收、继承、赠与可以依法无偿取得票据的，不受给付对价的限制。但是，所享有的票据权利不得优于其前手的权利。”本题中，天神公司将汇票赠与给雷电公司，不违反法律规定，只是取得的票据权利不得优于前手。因此，A 项错误。

B 项:《票据法》第 57 条第 1 款规定:“付款人及其代理付款人付款时，应当审查汇票背书的连续，并审查提示付款人的合法身份证明或者有效证件。”本题中，银行作为付款人，只需要对票据进行形式审查，虽然该票据中存在张某伪造签章的情形，但此情形并非银行审查的范畴和能力所及，故银行根据票面的记载履行付款义务，并无过错。

因此，B 项错误。

C 项：《票据法》第 68 条第 2 款规定："持票人可以不按照汇票债务人的先后顺序，对其中任何一人、数人或者全体行使追索权。"本题中，若雷电公司持票的时候被拒绝付款，其可以不按先后顺序向快活公司、醉仙公司、天神公司行使票据追索权。因此，C 项正确。

D 项：《票据法》第 14 条第 1 款规定："票据上的记载事项应当真实，不得伪造、变造。伪造、变造票据上的签章和其他记载事项的，应当承担法律责任。"本题中，张某通过伪造雷电公司签字的行为进行背书，伪造签字无效，所以该背书行为也无效。因此，D 项正确。

综上所述，本题答案为 CD 项。

【不定项】

18 2202127

参考答案：B,C,D

解析：A 项：《票据法》第 14 条第 3 款规定："票据上其他记载事项被变造的，在变造之前签章的人，对原记载事项负责；在变造之后签章的人，对变造之后的记载事项负责；不能辨别是在票据被变造之前或者之后签章的，视同在变造之前签章。"本题中，丙无权修改支票金额，其修改行为构成变造，变造行为只会影响票据责任的承担，而不会影响票据效力。因此，A 项错误。

B 项：《票据法》第 27 条第 1 款规定："持票人可以将汇票权利转让给他人或者将一定的汇票权利授予他人行使。"第 93 条第 1 款规定："支票的背书、付款行为和追索权的行使，除本章规定外，适用本法第二章有关汇票的规定。"本题中，乙可以将支票背书转让给丙，转让行为有效。因此，B 项正确。

C 项：《票据法》第 90 条规定："支票限于见票即付，不得另行记载付款日期。另行记载付款日期的，该记载无效。"本题中，支票另行记载付款日期的，仅记载无效，票据仍然有效。因此，C 项正确。

D 项：《票据法》第 86 条规定："支票上的金额可以由出票人授权补记，未补记前的支票，不得使用。"本题中，经出票人甲授权，乙填写金额的行为有效。因此，D 项正确。

综上所述，本题答案为 BCD 项。

二、模拟训练

19 62206185

参考答案：A

解析：A 项：《票据法》第 47 条第 1 款规定，保证人在汇票或者粘单上未记载被保证人名称的，已承兑的汇票，承兑人为被保证人；未承兑的汇票，出票人为被保证人。本题中，若汇票上未写明被保证人名称，则在该汇票已经承兑的情况下，被保证人推定为建峰银行。因此，A 项正确。

B 项：《票据法》第 48 条规定："保证不得附有条件；附有条件的，不影响对汇票的保证责任。"本题中，保证附条件只是所附条件视为未记载，保证仍有效。因此，B 项错误。

C 项：《票据法》第 50 条规定："被保证的汇票，保证人应当与被保证人对持票人承担连带责任。汇票到期后得不到付款的，持票人有权向保证人请求付款，保证人应当足额付款。"本题中，茵茵也可以直接向保证人丁请求付款。因此，C 项错误。

D 项：《票据法》第 49 条规定："保证人对合法取得汇票的持票人所享有的汇票权利，承担保证责任。但是，被保证人的债务因汇票记载事项欠缺而无效的除外。"本题中，汇票记载形式要件欠缺的情况下保证无效，而丙是无民事行为能力人为实质要件，不存在汇票记载事项欠缺的情况，所以丁不能免除保证责任。因此，D 项错误。

综上所述，本题答案为 A 项。

20 62206186

参考答案：A,B,C,D

解析：ABC 项：《票据法》第 36 条规定："汇票被拒绝承兑、被拒绝付款或者超过付款提示期限的，不得背书转让；背书转让的，背书人应当承担汇票责任。"本题中，张某在向银行主张承兑时，被拒绝后将票据转让给王某，属于典型的期后背书。因此，A 项正确。汇票被拒绝承兑后张某背书的行为无效。因此，B 项正确。期后背书的效力仅期后背书人承担责任，故王某只能向张某主张票据责任。因此，C 项正确。

D 项：《票据法解释》第 3 条规定："依照票据法第

三十六条的规定，票据被拒绝承兑、被拒绝付款或者汇票、支票超过提示付款期限后，票据持有人背书转让的，被背书人以背书人为被告行使追索权而提起诉讼的，人民法院应当依法受理。”本题中，如果王某以张某为被告向法院提起诉讼，法院应当受理。因此，D 项正确。
综上所述，本题答案为 ABCD 项。

21 62206187

参考答案：B,C
解析：A 项：《票据法》第 84 条规定：“支票必须记载下列事项：（一）表明“支票”的字样；（二）无条件支付的委托；（三）确定的金额；（四）付款人名称；（五）出票日期；（六）出票人签章。支票上未记载前款规定事项之一的，支票无效。”第 86 条第 1 款规定：“支票上未记载收款人名称的，经出票人授权，可以补记。”本题中，收款人姓名并非支票的绝对记载事项，不必然导致无效。因此，A 项错误。
B 项：《票据法》第 87 条规定：“支票的出票人所签发的支票金额不得超过其付款时在付款人处实有的存款金额。出票人签发的支票金额超过其付款时在付款人处实有的存款金额的，为空头支票。禁止签发空头支票。”本题中，如果甲签发的支票超过其在建业银行账户上的存款，则为空头支票，付款人建业银行得以此对持票人丙公司的付款请求进行抗辩。因此，B 项正确。
C 项：《票据法》第 90 条规定：“支票限于见票即付，不得另行规定付款日期。”第 91 条规定：“支票的持票人应当自出票日起 10 日内提示付款；异地使用的支票，其提示付款的期限由中国人民银行另行规定。超过提示付款期限的，付款人可以不予付款；付款人不予付款的，出票人仍应当对持票人承担票据责任。”本题中，甲于 2021 年 10 月 10 日签发同城支票，应在自出票日起 10 日以内即 2021 年 10 月 20 日以前提示付款，而持票人丙公司于 2021 年 10 月 27 日提示付款，已经超过了该期限，付款人建业银行可以拒绝付款。因此，C 项正确。
D 项：《票据法》第 91 条第 2 款规定：“超过提示付款期限的，付款人可以不予付款；付款人不予付款的，出票人仍应当对持票人承担票据责任。”第 87 条规定：“支票的出票人所签发的支票金额不得超过其付款时在付款人处实有的存款金额。出票人签发的支票金额超过其付款时在付款人处实有的存款金额的，为空头支票。禁止签发空头支票。”本题中，存在空头支票以及支票的持有未按期提示付款等情形时，付款人建业银行可以拒绝。因此，D 项错误。
综上所述，本题答案为 BC 项。

证券法

参考答案

[1] D	[2] ABCD	[3] D	[4] D	[5] C
[6] D	[7] C	[8] BD	[9] BC	[10] ABC
[11] C	[12] C	[13] ABCD	[14] BCD	[15] ACD
[16] B	[17] C	[18] ABCD	[19] ABD	[20] BCD
[21] B	[22] ABD	[23] B	[24] AD	[25] AD
[26] BCD				

一、历年真题及仿真题

（一）证券法概述

【单选】

1 1103033

参考答案：D
解析：A 项：《公司法》第 142 条第 1 款规定：“公司的资本划分为股份。公司的全部股份，根据公司章程的规定择一采用面额股或者无面额股。采用面额股的，每一股的金额相等。”第 147 条第 1 款规定：“公司的股份采取股票的形式。股票是公司签发的证明股东所持股份的凭证。”前述两条规定均隶属于《公司法》第六章“股份有限公司的股份发行和转让”。《证券法》第 11 条规定：“设立股份有限公司公开发行股票，应当符合……”第 15 条第 1 款规定：“公开发行公司债券，应当符合下列条件：（一）具备健全且运行良好的组织机构；（二）最近三年平均可分配利润足以支付公司债券一年的利息；（三）国务院规定的其他条件。”由此可知，有限责任公司和股份有限公司只要具备健全且运行良好的组织机构等条件就都可以发行债券，而股票则只能是股份有限公司才可以发行。因此，A 项错误。

B 项：债券到期还本付息，而股票价格一直波动，可能暴涨暴跌，股票的风险性明显大于债券。因此，B 项错误。

C 项：由于股票是永久性投资，股东不能退股，故只能通过在股票交易市场中买卖转让才能收回投资，加之股票投资的风险性很大，使得股票的流通性较强，相应地其交易价格也就受供求关系的影响而有较大幅度的变化，股东在转让股票时收回的金额与股票市场的波动直接相关。相比之下，公司债券作为有期限的债权凭证，可以定期收取本金，投资风险较小，其流通范围和流通频率均小于股票，交易价格的变动较为平缓。因此，C 项错误。

D 项：股票和债券代表的权利性质不同，股票代表股东对公司的股权，债券代表持券人对公司的债权。因此，D 项正确。

综上所述，本题答案为 D 项。

【多选】

2 1802119

参考答案：A,B,C,D

解析：AC 项：证券均具有流通性、均具有风险性。因此，AC 项正确。

B 项：证券是证明持券人拥有某种财产权利的凭证，股票代表股权，债券体现的是债权。因此，B 项正确。

D 项：《证券法》第 3 条规定：“证券的发行、交易活动，必须遵循公开、公平、公正的原则。”因此，D 项正确。

综上所述，本题答案为 ABCD 项。

（二）证券机构

【单选】

3 2102014

参考答案：D

解析：ABCD 项：《证券法》第 123 条第 2 款规定：“证券公司除依照规定为其客户提供融资融券外，不得为其股东或者股东的关联人提供融资或者担保。”第 205 条规定：“证券公司违反本法第一百二十三条第二款的规定，为其股东或者股东的关联人提供融资或者担保的，责令改正，给予警告，并处以五十万元以上五百万元以下的罚款。对直接负责的主管人员和其他直接责任人员给予警告，并处以十万元以上一百万元以下的罚款。股东有过错的，在按照要求改正前，国务院证券监督管理机构可以限制其股东权利；拒不改正的，可以责令其转让所持证券公司股权。”本题中，佳运公司可能被警告，但不会被责令关闭。张某不是直接责任人员，也没有过错，不会被警告。A 公司和 B 公司有过错，在按照要求改正前，国务院证券监督管理机构可以限制其股东权利，而不会直接责令停业。因此，ABC 项错误，D 项正确。

综上所述，本题答案为 D 项。

4 1802117

参考答案：D

解析：A 项：《证券法》第 101 条第 2 款规定：“实行会员制的证券交易所的财产积累归会员所有，其权益由会员共同享有，在其存续期间，不得将其财产积累分配给会员。”因此，A 项错误。

B 项：《证券法》第 102 条第 2 款规定：“证券交易所设总经理一人，由国务院证券监督管理机构任免。”本题中，证券交易所总经理由证监会“任免”产生，而不是理事会选举产生。因此，B 项错误。

C 项：《证券法》第 115 条第 1 款规定：“证券交易所依照法律、行政法规和国务院证券监督管理机构的规定，制定上市规则、交易规则会员管理规则和其他有关业务规则，并报国务院证券监督管理机构批准。”本题中，应报国务院证券监督管理机构“批准”，而非“备案”。因此，C 项错误。

D 项：《证券法》第 105 条规定：“进入实行会员制的证券交易所参与集中交易的，必须是证券交易所的会员。证券交易所不得允许非会员直接参与股票的集中交易。”因此，D 项正确。

综上所述，本题答案为 D 项。

（三）证券发行

【单选】

5 2202132

参考答案：C

解析：A 项：《证券法》第 31 条第 2 款规定："证券公司在代销、包销期内，对所代销、包销的证券应当保证先行出售给认购人，证券公司不得为本公司预留所代销的证券和预先购入并留存所包销的证券。"本题中，甲证券公司不得为本公司预留所包销的证券，甲和乙的约定因违反法律规定而无效。因此，A 项错误。

B 项：《证券法》第 33 条规定："股票发行采用代销方式，代销期限届满，向投资者出售的股票数量未达到拟公开发行股票数量百分之七十的，为发行失败。……"本题中，甲证券公司出售的股票数量未达到拟公开发行股票数量的 70% 的，为发行失败。因此，B 项错误。

C 项：《证券法》第 34 条规定："公开发行股票，代销、包销期限届满，发行人应当在规定的期限内将股票发行情况报国务院证券监督管理机构备案。"本题中，甲证券公司应在包销期限届满后将发行情况报国务院证券监督管理机构备案。因此，C 项正确。

D 项：《证券法》第 31 条第 1 款规定："证券的代销、包销期限最长不得超过九十日。"本题中，甲乙公司约定的承销起始时间为 2022 年 10 月 1 日，法定期限最长为九十日，即最晚应不超过 12 月 30 日。因此，D 项错误。

综上所述，本题答案为 C 项。

6 1303032

参考答案：D

解析：A 项：《证券法》第 9 条第 1、3 款规定："公开发行证券，必须符合法律、行政法规规定的条件，并依法报经国务院证券监督管理机构或者国务院授权的部门注册；……非公开发行证券，不得采用广告、公开劝诱和变相公开方式。"由此可见，证券发行既可以公开发行，也可以非公开发行。因此，A 项错误。

B 项：《证券法》第 26 条第 1 款规定："发行人向不特定对象发行的证券，法律、行政法规规定应当由证券公司承销的，发行人应当同证券公司签订承销协议。证券承销业务采取代销或者包销方式。"由此可知，如果法律、行政法规规定应当由证券公司承销的，则发行人必须采取证券承销的方式发行证券；反之，如果法律、行政法规没有强制性规定，则发行人可以直接发行。故 B 项笼统地说"发行人可通过证券承销方式发行，也可由发行人直接向投资者发行"是错误的，不是所有发行人都可以采取证券承销方式，也不是所有发行人都可以直接向投资者发行。因此，B 项错误。

C 项：《公司法》第 91 条第 3 款规定："募集设立，是指由发起人认购设立公司时应发行股份的一部分，其余股份向特定对象募集或者向社会公开募集而设立公司。"由此可知，采取募集方式设立的股份公司可以发行股票，此时公司尚处于设立阶段，还未正式成立。因此，C 项错误。

D 项：《证券法》第 15 条第 1、2 款规定："公开发行公司债券，应当符合下列条件：（一）具备健全且运行良好的组织机构；（二）最近三年平均可分配利润足以支付公司债券一年的利息；（三）国务院规定的其他条件。公开发行公司债券筹集的资金，必须按照公司债券募集办法所列资金用途使用；改变资金用途，必须经债券持有人会议作出决议。公开发行公司债券筹集的资金，不得用于弥补亏损和非生产性支出。"由此可知，国有独资公司均可申请发行公司债券。因此，D 项正确。

综上所述，本题答案为 D 项。

7 1203034

参考答案：C

解析：AB 项：《证券法》第 13 条第 1 款规定："公司公开发行新股，应当报送募股申请和下列文件：……（三）股东大会决议；……"第 9 条第 1、2 款规定："公开发行证券，必须符合法律、行政法规规定的条件，并依法报经国务院证券监督管理机构或者国务院授权的部门注册。未经依法注册，任何单位和个人不得公开发行证券。证券发行注册制的具体范围、实施步骤，由国务院规定。有下列情形之一的，为公开发行：（一）向不特定对象发行证券；（二）向特定对象发行证券累计超过二百人，但依法实施员工持股计划的员工人数不计算在内；（三）法律、行政法规规定的其他发行行为。”由此可知，公开发行主要有两种方式：一是向不特定对象公开发行，二是向特定对象发行累计超过 200 人（依法实施员工持股计划的员工人数不计算在内）。A 项表述“向特定对象公开发行”不够严谨，且股份公司发行股票，内部需要股东会决议，外部需要证监会注册，不能“根据需要”发行，也不能由董事会决定后直接发行。因此，AB 项错误。（《公司法》已将股东大会修改为股东会）

C 项：《证券法》第 32 条规定：“股票发行采取溢价发行的，其发行价格由发行人与承销的证券公司协商确定。”由此可知，股票可以溢价发行。因此，C 项正确。

D 项：《证券法》第 34 条规定：“公开发行股票，代销、包销期限届满，发行人应当在规定的期限内将股票发行情况报国务院证券监督管理机构备案。”因此，D 项错误。

综上所述，本题答案为 C 项。

（四）上市公司收购制度

【多选】

8 1703075

参考答案：B,D

解析：A 项：《证券法》第 63 条第 1 款规定：“通过证券交易所的证券交易，投资者持有或者通过协议、其他安排与他人共同持有一个上市公司已发行的有表决权股份达到百分之五时，应当在该事实发生之日起三日内，向国务院证券监督管理机构、证券交易所作出书面报告，通知该上市公司，并予公告，在上述期限内不得再行买卖该上市公司的股票。但国务院证券监督管理机构规定的情形除外。”第 196 条规定：“收购人未按照本法规定履行上市公司收购的公告、发出收购要约义务的，责令改正，给予警告，并处以五十万元以上五百万元以下的罚款。对直接负责的主管人员和其他直接责任人员给予警告，并处以二十万元以上二百万元以下的罚款。收购人及其控股股东、实际控制人利用上市公司收购，给被收购公司及其股东造成损失的，应当依法承担赔偿责任。”本题中，甲在证券市场上买入力扬股份公司的股票，持股达 6% 时才公告，违反了《证券法》关于信息披露的相关规定，证监会可以责令改正，给予警告，并处以五十万元以上五百万元以下的罚款。但法律并未禁止甲的再次收购，所以在甲改正其行为，按照规定进行报告和公告后仍然可以继续收购力扬股份公司的股票。因此，A 项错误。

B 项：《证券法》第 62 条规定：“投资者可以采取要约收购、协议收购及其他合法方式收购上市公司。”本题中，乙可邀请其他公司对力扬公司展开要约收购。因此，B 项正确。

C 项：《证券法》第 117 条规定：“按照依法制定的交易规则进行的交易，不得改变其交易结果，但本法第一百一十一条第二款规定的除外。对交易中违规交易者应负的民事责任不得免除；在违规交易中所获利益，依照有关规定处理。”本题中，除非发生突发性事件，证券交易发生之后是不可逆转的，丙不可主张撤销甲先前购买股票的行为。因此，C 项错误。

D 项：《公司法》第 157 条规定：“股份有限公司的股东持有的股份可以向其他股东转让，也可以向股东以外的人转让；公司章程对股份转让有限制的，其转让按照公司章程的规定进行。”本题中，未提及章程作出过限制，丁可以与甲签订股权转让协议，将自己所持全部股份以协议转让方式卖给甲。因此，D 项正确。

综上所述，本题答案为 BD 项。

9 1603075

参考答案：B,C

解析：A 项：《证券法》第 74 条规定：“收购期限届满，被收购公司股权分布不符合证券交易所规定的上市交易要求的，该上市公司的股票应当由证券交易所依法终止上市交易；其余仍持有被收购公司股票的股东，有权向收购人以收购要约的同等条件出售其股票，收购人应当收购。收购行为完成后，被收购公司不再具备股份有限公司条件的，应当依法变更企业形式。”本题中，收购之后，吉达公司并不一定丧失上市资格，只有当吉达公司被收购后，股份分布不再符合上市条件的，应当由证券交易所依法终止上市交易，如果被收购后仍符合上市条件，并不发生退市后果。因此，A 项错误。

B 项：《股票发行与交易管理暂行条例》第 51 条第 1 款规定："收购要约期满，收购要约人持有的普通股未达到该公司发行在外的普通股总数的百分之五十的，为收购失败；收购要约人除发出新的收购要约外，其以后每年购买该公司发行在外的普通股，不得超过该公司发行在外的普通股总数的百分之五。"本题中，在收购失败的情形下，收购人对被收购公司有购买比例限制，但是仍然可以继续收购。因此，B 项正确。

C 项：《证券法》第 70 条规定："采取要约收购方式的，收购人在收购期限内，不得卖出被收购公司的股票，也不得采取要约规定以外的形式和超出要约的条件买入被收购公司的股票。"本题中，嘉豪公司若采用要约收购，则不能采取规定以外的形式买入股票。因此，C 项正确。

D 项：《证券法》第 65 条第 1 款规定："通过证券交易所的证券交易，投资者持有或者通过协议、其他安排与他人共同持有一个上市公司已发行的有表决权股份达到百分之三十时，继续进行收购的，应当依法向该上市公司所有股东发出收购上市公司全部或者部分股份的要约。"第 68 条规定："在收购要约确定的承诺期限内，收购人不得撤销其收购要约。收购人需要变更收购要约的，应当及时公告，载明具体变更事项，且不得存在下列情形：(一)降低收购价格；(二)减少预定收购股份数额；(三)缩短收购期限；(四)国务院证券监督管理机构规定的其他情形。"本题中，嘉豪公司持有吉达公司已发行股份 30% 时，继续收购应当向所有股东发出要约，在收购要约确定的承诺期限内不得撤销，若要变更收购要约，应当及时公告。因此，D 项错误。

综上所述，本题答案为 BC 项。

【多选】

10 **1802118**

参考答案：A,B,C

解析：ABCD 项：《证券法》第 44 条规定："上市公司、股票在国务院批准的其他全国性证券交易场所交易的公司持有百分之五以上股份的股东、董事、监事、高级管理人员，将其持有的该公司的股票或者其他具有股权性质的证券在买入后六个月内卖出，或者在卖出后六个月内又买入，由此所得收益归该公司所有，公司董事会应当收回其所得收益。但是，证券公司因购入包销售后剩余股票而持有百分之五以上股份，以及有国务院证券监督管理机构规定的其他情形的除外。……公司董事会不按照第一款规定执行的，股东有权要求董事会在三十日内执行。公司董事会未在上述期限内执行的，股东有权为了公司的利益以自己的名义直接向人民法院提起诉讼。"本题中，公司高管违反规定所获收益归公司所有，该收益原则上由公司董事会负责收回，董事会不收回该收益的，股东有权要求董事会限期收回。并且，股东有权为了公司的利益以自己的名义直接向法院起诉，而不是"以公司名义"直接向法院提起收回该收益的诉讼。因此，ABC 项正确，D 项错误。

综上所述，本题答案为 ABC 项。

（五）信息公开制度

【单选】

11 **1503033**

参考答案：C

解析：ABCD 项：《上市公司信息披露管理办法》第 14 条规定："年度报告应当记载以下内容：……(三)公司股票、债券发行及变动情况，报告期末股票、债券总额、股东总数，公司前十大股东持股情况；(四)持股百分之五以上股东、控股股东及实际控制人情况；(五)董事、监事、高级管理人员的任职情况、持股变动情况、年度报酬情况……(九)财务会计报告和审计报告全文；……"本题中，ABD 项符合上述规定，C 项应为公司前十大股东持股情况，而非前二十名股东。因此，ABD 项正确，不当选；C 项错误，当选。

综上所述，本题为选非题，答案为 C 项。

12 **1003030**

参考答案：C

解析：ABCD 项：《证券法》第 85 条规定："信息披露义务人未按照规定披露信息，或者公告的证券发行文件、定期报告、临时报告及其他信息披露资料存在虚假记载、误导性陈述或者重大遗漏，致使投资者在证券交易中遭受损失的，信息披露义务人应当承担赔偿责任；发行人的控股股东、实际控制人、董事、监事、高级管理人员和其他直接责任人员以及保荐人、承销的证券公司及其直接责任人员，应当与发行人承担连带赔偿责任，但是能够证明自己没有过错的除外。"由此可知，上市公司披露虚假信息的责任主体包括：第一，上市公司的董事、监事、高级管理人员和其他直接责任人员；第二，保荐人、承销的证券公司；第三，上市公司的控股股东、实际控制人。故 A 项中的监事、B 项中的实际控制人以及 D 项中的证券承销商，都应当对上市公司披露虚假信息导致的投资者损失承担赔偿责任。因此，ABD 项正确，不当选。上市公司财务报告的刊登媒体对上市公司财务报告的真实性不具有审查义务，而且也没有审查的权利和能力，因此，刊登媒体对上市公司披露虚假信息导致的投资者损失不承担赔偿责任。因此，C 项错误，当选。

综上所述，本题为选非题，答案为 C 项。

【多选】

13 2102021

参考答案：A,B,C,D

解析：AD 项：《证券法》第 81 条规定："发生可能对上市交易公司债券的交易价格产生较大影响的重大事件，投资者尚未得知时，公司应当立即将有关该重大事件的情况向国务院证券监督管理机构和证券交易场所报送临时报告，并予公告，说明事件的起因、目前的状态和可能产生的法律后果。前款所称重大事件包括：……（二）公司债券信用评级发生变化；……"本题中，证券公司发行的债券评级下降，符合报送临时报告的条件，需向国务院证券监督管理机构和证券交易场所报送。因此，AD 项正确。

BC 项：《证券法》第 197 条规定："信息披露义务人未按照本法规定报送有关报告或者履行信息披露义务的，责令改正，给予警告，并处以五十万元以上五百万元以下的罚款；对直接负责的主管人员和其他直接责任人员给予警告，并处以二十万元以上二百万元以下的罚款。……"本题中，若负责人刘某不按规定履行信息披露义务，可以给予警告，并处以二十万元以上二百万元以下的罚款。证券公司未按要求披露，可以责令改正，给予警告，并处以五十万元以上五百万元以下的罚款。因此，BC 项正确。

综上所述，本题答案为 ABCD 项。

（六）投资者保护

【多选】

14 2002053

参考答案：B,C,D

解析：ABC 项：《证券法》第 88 条第 1 款规定："证券公司向投资者销售证券、提供服务时，应当按照规定充分了解投资者的基本情况、财产状况、金融资产状况、投资知识和经验、专业能力等相关信息；如实说明证券、服务的重要内容，充分揭示投资风险；销售、提供与投资者上述状况相匹配的证券、服务。"依据投资者适当性管理制度，甲证券公司在向张三销售原油期货产品时，需要了解张三风险承担能力，如实说明投资风险，并且提供与张三风险承担能力相匹配的产品。第 89 条第 2 款规定："普通投资者与证券公司发生纠纷的，证券公司应当证明其行为符合法律、行政法规以及国务院证券监督管理机构的规定，不存在误导、欺诈等情形。证券公司不能证明的，应当承担相应的赔偿责任。"本题中，张三是普通投资者，实行举证责任倒置，证券公司需要对张三是否知晓投资风险、是否有能力承担风险承担证明责任。因此，A 项错误，BC 项正确。

D 项：《证券法》第 94 条第 1 款规定："……普通投资者与证券公司发生证券业务纠纷，普通投资者提出调解请求的，证券公司不得拒绝。"本题中，张三是普通投资者，实行调解强制，证券公司必须接受。因此，D 项正确。

综上所述，本题答案为 BCD 项。

15 2002074

参考答案：A,C,D

解析：A 项：《证券法》第 86 条规定："证券公司向投资者销售证券、提供服务时，应当按照规定充分了解投资者的基本情况、财产状况、金融资产状况、投资知识和经验、专业能力等相关信息；如实说明证券、服务的重要内容，充分揭示投资风险；销售、提供与投资者上述状况相匹配的证券、服务。"因此，A 项正确。

BC 项：《证券法》第 89 条第 2 款规定："普通投资者与证券公司发生纠纷的，证券公司应当证明其行为符合法律、行政法规以及国务院证券监督管理机构的规定，不存在误导、欺诈等情形。证券公司不能证明的，应当承担相应的赔偿责任。"据此，普通投资者在风起云涌的资本市场中处于弱势地位，所以《证券法》作出了保护普通投资者倾斜性的规定：普通投资者与证券公司发生争议的，"举证责任倒置"。本题中，李奶奶作为普通投资者与证券公司甲公司的争议，应当由甲公司证明其行为不存在误导、欺诈等情形。因此，B 项错误，C 项正确。

D 项：《证券法》第 94 条第 1 款规定："投资者与发行人、证券公司等发生纠纷的，双方可以向投资者保护机构申请调解。普通投资者与证券公司发生证券业务纠纷，普通投资者提出调解请求的，证券公司不得拒绝。"本题中，如果李奶奶提出请投保机构调解，甲公司不得拒绝。因此，D 项正确。

综上所述，本题答案为 ACD 项。

（七）证券基金法律制度

【单选】

16 1703033

参考答案：B

解析：AC 项：《证券投资基金法》第 86 条第 3、4 款规定："基金份额持有人大会就审议事项作出决定，应当经参加大会的基金份额持有人所持表决权的二分之一以上通过；但是，转换基金的运作方式、更换基金管理人或者基金托管人、提前终止基金合同、与其他基金合并，应当经参加大会的基金份额持有人所持表决权的三分之二以上通过。基金份额持有人大会决定的事项，应当依法报国务院证券监督管理机构备案，并予以公告。"由此可知，基金运作方式由封闭式转变为开放式需要经参加大会的基金份额持有人所持表决权的 2/3 以上通过，并且报国务院证券监督管理机构备案，而非核准。因此，AC 项错误。

B 项：《证券投资基金法》第 68 条规定："开放式基金应当保持足够的现金或者政府债券，以备支付基金份额持有人的赎回款项，基金财产中应当保持的现金或者政府债券的具体比例，由国务院证券监督管理机构规定。"由此可知，开放式基金应当保持足够的现金或者政府债券。因此，B 项正确。

D 项：《证券投资基金法》第 46 条第 2 款规定："公开募集基金的基金份额持有人有权查阅或者复制公开披露的基金信息资料；非公开募集基金的基金份额持有人对涉及自身利益的情况，有权查阅基金的财务会计账簿等财务资料。"由此可知，转换为开放式基金后，基金份额持有人有权查阅或者复制公开披露的基金信息资料，但无权查阅或复制该基金的相关会计账簿等财务资料。因此，D 项错误。

综上所述，本题答案为 B 项。

17 1603033

参考答案：C

解析：A 项：《证券投资基金法》第 87 条第 1 款规定："非公开募集基金应当向合格投资者募集，合格投资者累计不得超过 200 人。"本题中，赢鑫公司开展非公开募集基金业务，投资者人数不能超过 200 人。因此，A 项错误。

B 项：《证券投资基金法》第 91 条规定："非公开募集基金，不得向合格投资者之外的单位和个人募集资金，不得通过报刊、电台、电视台、互联网等公众传播媒体或者讲座、报告会、分析会等方式向不特定对象宣传推介。"本题中，赢鑫公司开展非公开募集基金业务，不可以在全国性报纸上推介其业绩及拟募集的基金。因此，B 项错误。

C 项：《证券投资基金法》第 94 条第 2 款规定："非公开募集基金财产的证券投资，包括买卖公开发行的股份有限公司股票、债券、基金份额，以及国务院证券监督管理机构规定的其他证券及其衍生品种。”本题中，赢鑫公司开展非公开募集基金业务，可以用其募集的基金再购买其他的基金份额来投资。因此，C项正确。

D项：《证券投资基金法》第94条第1款规定：“非公开募集基金募集完毕，基金管理人应当向基金行业协会备案。对募集的资金总额或者基金份额持有人的人数达到规定标准的基金，基金行业协会应当向国务院证券监督管理机构报告。”本题中，赢鑫公司开展非公开募集基金业务，应当向基金行业协会备案，不是向中国证监会备案。因此，D项错误。

综上所述，本题答案为C项。

【多选】

18　1802120

参考答案：A,B,C,D

解析：AB项：《证券投资基金法》第72条规定：“基金财产应当用于下列投资：（一）上市交易的股票、债券；（二）国务院证券监督管理机构规定的其他证券及其衍生品种。”因此，AB项正确。

CD项：《证券投资基金法》第73条规定：“基金财产不得用于下列投资或者活动：（一）承销证券；……（三）从事承担无限责任的投资；……”因此，CD项正确。

综上所述，本题答案为ABCD项。

19　1503075

参考答案：A,B,D

解析：ABC项：《证券投资基金法》第46条第1款规定：“基金份额持有人享有下列权利：（一）分享基金财产收益；（二）参与分配清算后的剩余基金财产；（三）依法转让或者申请赎回其持有的基金份额……”本题中，AB项符合第1、2项的规定，C项不符合第3项的规定，张某既可以申请赎回也可以转让其所持有的基金份额。因此，AB项正确，C项错误。

D项：《证券投资基金法》第47条第1款规定：“基金份额持有人大会由全体基金份额持有人组成，行使下列职权：……（三）决定更换基金管理人、基金托管人……”本题中，张某可以通过基金份额持有人大会来决定更换基金管理人。因此，D项正确。

综上所述，本题答案为ABD项。

20　1203073

参考答案：B,C,D

解析：A项：《证券投资基金法》第5条第2款规定：“基金财产独立于基金管理人、基金托管人的固有财产。基金管理人、基金托管人不得将基金财产归入其固有财产。”因此，A项正确，不当选。

B项：《证券投资基金法》第73条第1款规定：“基金财产不得用于下列投资或者活动：……（二）违反规定向他人贷款或者提供担保……”可知B项不符合法律规定。因此，B项错误，当选。

C项：《证券投资基金法》第20条第1款规定：“公开募集基金的基金管理人及其董事、监事、高级管理人员和其他从业人员不得有下列行为：……（二）不公平地对待其管理的不同基金财产……”C项表述不符合公平管理的原则。因此，C项错误，当选。

D项：《证券投资基金法》第77条规定：“公开披露基金信息，不得有下列行为：……（三）违规承诺收益或者承担损失……”D项违规承诺了收益。因此，D项错误，当选。

综上所述，本题为选非题，答案为BCD项。

（八）综合知识点

【单选】

21　2002064

参考答案：B

解析：A项：《证券法》第92条第2款规定：“公开发行公司债券的，发行人应当为债券持有人聘请债券受托管理人，并订立债券受托管理协议。受托管理人应当由本次发行的承销机构或者其他经国务院证券监督管理机构认可的机构担任，债券持有人会议可以决议变更债券受托管理人。债券受托管理人应当勤勉尽责，公正履行受托管理职责，不得损害债券持有人利益。”本题中，如果债券持有人会议发现受托管理人不能履行对债券持有人忠诚、勤勉义务的，可以决议变更债券受托管理人。因此，A项错误。

B项：《证券法》第92条第3款规定：“债券发行

人未能按期兑付债券本息的，债券受托管理人可以接受全部或者部分债券持有人的委托，以自己名义代表债券持有人提起、参加民事诉讼或者清算程序。”本题中，若航顺公司到期不能兑付债券本息，直接损害了债券持有人的利益，债券受托管理人作为为全体债券持有人服务的机构，有权受全体或部分债券持有人的委托，以自己的名义提起代位诉讼。因此，B 项正确。

C 项：《证券法》第 185 条规定：“发行人违反本法第十四条、第十五条的规定擅自改变公开发行证券所募集资金的用途的，责令改正，处以五十万元以上五百万元以下的罚款；对直接负责的主管人员和其他直接责任人员给予警告，并处以十万元以上一百万元以下的罚款。发行人的控股股东、实际控制人从事或者组织、指使从事前款违法行为的，给予警告，并处以五十万元以上五百万元以下的罚款；对直接负责的主管人员和其他直接责任人员，处以十万元以上一百万元以下的罚款。”债券持有人购买债券时对所募集的资金用途和风险进行了评估，如果发行人改变募集资金的用途，则需要债券持有人会议重新评估，需要经过债券持有人会议作出决议。本题中，若航顺公司改变所募集资金的用途，可责令改正并罚款；对负责人可警告并罚款，所以对改变资金用途主要通过行政责任来追究，且恢复原状后对债券持有人没有实质损害，债券持有人无需提起诉讼，也不用债券受托管理人提起代位诉讼。因此，C 项错误。

D 项：《证券法》第 15 条第 2 款规定：“公开发行公司债券筹集的资金，必须按照公司债券募集办法所列资金用途使用；改变资金用途，必须经债券持有人会议作出决议。公开发行公司债券筹集的资金，不得用于弥补亏损和非生产性支出。”本题中，航顺公司募集的资金，主要用于企业运营的需要，不得用于弥补亏损和非生产性支出。否则会出现发行人“拆东墙补西墙”的现象，容易诱发系统性风险，损害债券持有人的利益。因此，D 项错误。

综上所述，本题答案为 B 项。

【多选】

22 1802068

参考答案：A,B,D

解析：AB 项：《证券法》第 63 条第 1 款规定：“通过证券交易所的证券交易，投资者持有或者通过协议、其他安排与他人共同持有一个上市公司已发行的有表决权股份达到百分之五时，应当在该事实发生之日起三日内，向国务院证券监督管理机构、证券交易所作出书面报告，通知该上市公司，并予公告，在上述期限内不得再行买卖该上市公司的股票，但国务院证券监督管理机构规定的情形除外。”本题中，甲公司减持套现 2.9% 乙公司股份后，甲公司仍持有 3.5% 乙公司股份，3 个月后，甲公司又增持了 1.9% 的乙公司股份，持股比例达到 5.4%，超过 5% 的标准，应当进行信息披露，应当向国务院证券监督管理机构、证券交易所作出书面报告，通知该上市公司，并予公告；在增持后的 3 日内，不得再行买卖乙公司的股票。因此，AB 项正确。

C 项：《证券法》第 63 条第 2、3 款规定：“投资者持有或者通过协议、其他安排与他人共同持有一个上市公司已发行的有表决权股份达到百分之五后，其所持该上市公司已发行的有表决权股份比例每增加或者减少百分之五，应当依照前款规定进行报告和公告，在该事实发生之日起至公告后三日内，不得再行买卖该上市公司的股票，但国务院证券监督管理机构规定的情形除外。投资者持有或者通过协议、其他安排与他人共同持有一个上市公司已发行的有表决权股份达到百分之五后，其所持该上市公司已发行的有表决权股份比例每增加或者减少百分之一，应当在该事实发生的次日通知该上市公司，并予公告。”本题中，甲公司在持有乙公司股份达到 5% 后，减持了 2.9%，达到了每减少 1% 的要求，但未达到每减少 5% 的要求。故甲公司应当在减持后的次日通知乙公司，并予公告，但无需向证券监管机构和证券交易所作出书面报告。因此，C 项错误。

D 项：《证券法》第 80 条第 1 款规定：“发生可能对上市公司、股票在国务院批准的其他全国性证券交易场所交易的公司的股票交易价格产生较大影响的重大事件，投资者尚未得知时，公司应当立即将有关该重大事件的情况向国务院证券监督管理机构和证券交易场所报送临时报告，并予公告，说明事件的起因、目前的状态和可能产生的法律后果。”第80条第2款第8项规定：“前款所称重大事件包括：……（八）持有公司5%以上股份的股东或者实际控制人持有股份或者控制公司的情况发生较大变化，公司的实际控制人及其控制的其他企业从事与公司相同或者相似业务的情况发生较大变化；……”本题中，持有6.4%股份的甲公司减持2.9%，不能再列为大股东范围，乙公司股权结构发生很大变化，乙公司应当立即向国务院证券监督管理机构和证券交易所报送临时报告，并予公告。因此，D项正确。

综上所述，本题答案为ABD项。

二、模拟训练

23 62006016

参考答案：B

解析：A项：《证券法》第106条规定：“投资者应当与证券公司签订证券交易委托协议，并在证券公司实名开立账户，以书面、电话、自助终端、网络等方式，委托该证券公司代其买卖证券。”本题中，五湖证券公司应当与投资者签订书面投资协议，而不得口头协议。因此，A项错误。

B项：《证券法》第43条规定：“证券交易的收费必须合理，并公开收费项目、收费标准和管理办法。”本题中，五湖公司可以收费，但应当公开、合理。因此，B项正确。

C项：《证券法》第123条第2款规定：“证券公司除依照规定为其客户提供融资融券外，不得为其股东或者股东的关联人提供融资或者担保。”本题中，五湖证券公司为王某提供融资融券服务是符合法律规定的。因此，C项错误。

D项：《证券法》第135条规定：“证券公司不得对客户证券买卖的收益或者赔偿证券买卖的损失作出承诺。”本题中，五湖公司对王某进行承诺的行为不符合法律规定。因此，D项错误。

综上所述，本题答案为B项。

24 62006156

参考答案：A,D

解析：A项：《公司法》第114条第2款规定：“董事会不能履行或者不履行召集股东会会议职责的，监事会应当及时召集和主持；监事会不召集和主持的，连续九十日以上单独或者合计持有公司百分之十以上股份的股东可以自行召集和主持。”本题中，青团公司的董事会、监事会怠于履行职责，不召开年度股东会，故连续90日以上持有青团公司10%以上股份的股东，就可以自行召集与主持青团公司的年度股东会，而无需连续持股180日以上。因此，A项错误，当选。

B项：《证券法》第85条规定：“信息披露义务人未按照规定披露信息，或者公告的证券发行文件、定期报告、临时报告及其他信息披露资料存在虚假记载、误导性陈述或者重大遗漏，致使投资者在证券交易中遭受损失的，信息披露义务人应当承担赔偿责任；发行人的控股股东、实际控制人、董事、监事、高级管理人员和其他直接责任人员以及保荐人、承销的证券公司及其直接责任人员，应当与发行人承担连带赔偿责任，但是能够证明自己没有过错的除外。”本题中，青团公司与兴茂证券公司恶意串通，故意隐瞒青团公司持续亏损的事实，致使众多投资者作出错误决策进而遭受损失。就该损失，兴茂证券公司应当与青团公司对投资者承担连带责任。因此，B项正确，不当选。

C项：《公司法》第113条规定：“股东会应当每年召开一次年会。有下列情形之一的，应当在两个月内召开临时股东会：……（二）公司未弥补的亏损达实收股本总额三分之一时……”本题中，青团股份有限公司未弥补亏损已经达到实收股本的1/3，故青团股份有限公司应当在2个月内召开临时股东会。因此，C项正确，不当选。

D项：《证券法》第120条第4款规定：“除证券公司外，任何单位和个人不得从事证券承销、证券保荐、证券经纪和证券融资融券业务。”本题中，青团公司与个人投资者达成融券协议，系法律禁止事项。因此，D项错误，当选。

综上所述，本题为选非题，答案为AD项。

25 **62106072**

参考答案：A,D

解析：A 项：证券发行的价格可以采取平价发行，也可以采取溢价发行，但是不可以折价发行。因此，A 项错误，当选。

B 项：《证券法》第 33 条规定："股票发行采用代销方式，代销期限届满，向投资者出售的股票数量未达到拟公开发行股票数量百分之七十的，为发行失败。发行人应当按照发行价并加算银行同期存款利息返还股票认购人。"此处需要注意代销与包销的区别，代销存在发行失败，包销不存在发行失败。因此，B 项正确，不当选。

C 项：《证券法》第 63 条第 2 款规定："投资者持有或者通过协议、其他安排与他人共同持有一个上市公司已发行的有表决权股份达到百分之五后，其所持该上市公司已发行的有表决权股份比例每增加或者减少百分之五，应当依照前款规定进行报告和公告，在该事实发生之日起至公告后三日内，不得再行买卖该上市公司的股票，但国务院证券监督管理机构规定的情形除外。"本题中，贵全公司持有表决权 10% 的股份，且再次增持 5%，需要按照法律规定进行书面报告并公告。因此，C 项正确，不当选。

D 项：《证券法》第 65 条第 1 款规定："通过证券交易所的证券交易，投资者持有或者通过协议、其他安排与他人共同持有一个上市公司已发行的有表决权股份达到百分之三十时，继续进行收购的，应当依法向该上市公司所有股东发出收购上市公司全部或者部分股份的要约。"本题中，贵全公司持有表决权股份达 30% 后，拟再收购的需要发出收购要约，但是其可以就全部股份发出，也可以就部分股份发出。因此，D 项错误，当选。

综上所示，本题为选非题，答案为 AD 项。

26 **62006161**

参考答案：B,C,D

解析：AC 项：《证券法》第 63 条第 1、2 款规定："通过证券交易所的证券交易，投资者持有或者通过协议、其他安排与他人共同持有一个上市公司已发行的有表决权股份达到百分之五时，应当在该事实发生之日起三日内，向国务院证券监督管理机构、证券交易所作出书面报告，通知该上市公司，并予公告，在上述期限内不得再行买卖该上市公司的股票，但国务院证券监督管理机构规定的情形除外。投资者持有或者通过协议、其他安排与他人共同持有一个上市公司已发行的有表决权股份达到百分之五后，其所持该上市公司已发行的有表决权股份比例每增加或者减少百分之五，应当依照前款规定进行报告和公告，在该事实发生之日起至公告后三日内，不得再行买卖该上市公司的股票，但国务院证券监督管理机构规定的情形除外。"本题中，2013 年 8 月 19 日，"李宁"账户组的持股比例达到 5.25%，已经超过 5%，其应当自该日起 3 日内进行书面报告，并通知元气公司，而非 3 个月。因此，A 项错误。在"李宁"账户组的持股比例达到 5% 以后，"李宁"账户组又继续买入元气公司 5% 的股份的，其需要再次进行报告和公告。因此，C 项正确。

B 项：《证券法》第 44 条第 1 款规定："上市公司、股票在国务院批准的其他全国性证券交易场所交易的公司持有百分之五以上股份的股东、董事、监事、高级管理人员，将其持有的该公司的股票或者其他具有股权性质的证券在买入后六个月内卖出，或者在卖出后六个月内又买入，由此所得收益归该公司所有，公司董事会应当收回其所得收益。"本题中，2013 年 8 月 20 日至 2013 年 12 月 25 日，不足六个月。在此期间，持股 5% 以上的股东"李宁"账户组累计买入卖出元气公司股份的，构成短线交易。就短线交易所获收益，应当归元气公司所有。因此，B 项正确。

D 项：《证券法》第 189 条规定："上市公司、股票在国务院批准的其他全国性证券交易场所交易的公司的董事、监事、高级管理人员、持有该公司百分之五以上股份的股东，违反本法第四十四条的规定，买卖该公司股票或者其他具有股权性质的证券的，给予警告，并处以十万元以上一百万元以下的罚款。"本题中，就"李宁"账户组的短线交易行为，中国证监会可对其实际控制人李某给予处罚。因此，D 项正确。

综上所述，本题答案为 BCD 项。

保险法

第一章 保险合同总论

参考答案

[1] AD	[2] B	[3] AC	[4] C	[5] C
[6] C	[7] C	[8] B	[9] C	[10] AB
[11] AD	[12] AB	[13] BCD	[14] BD	[15] D
[16] C	[17] C	[18] C	[19] C	[20] AD
[21] CD	[22] AB	[23] ABD	[24] B	

一、历年真题及仿真题

（一）最大诚信原则

【多选】

1 1403076

参考答案：A,D

解析：ABC项：《保险法解释（二）》第6条规定："投保人的告知义务限于保险人询问的范围和内容。当事人对询问范围及内容有争议的，保险人负举证责任。保险人以投保人违反了对投保单询问表中所列概括性条款的如实告知义务为由请求解除合同的，人民法院不予支持。但该概括性条款有具体内容的除外。"因此，A项正确，BC项错误。

D项：《保险法解释（二）》第7条规定："保险人在保险合同成立后知道或者应当知道投保人未履行如实告知义务，仍然收取保险费，又依照保险法第十六条第二款的规定主张解除合同的，人民法院不予支持。"因此，D项正确。

综上所述，本题答案为AD项。

【单选】

2 1503034

参考答案：B

解析：《保险法》第16条规定："订立保险合同，保险人就保险标的或者被保险人的有关情况提出询问的，投保人应当如实告知。投保人故意或者因重大过失未履行前款规定的如实告知义务，足以影响保险人决定是否同意承保或者提高保险费率的，保险人有权解除合同。前款规定的合同解除权，自保险人知道有解除事由之日起，超过三十日不行使而消灭。自合同成立之日起超过二年的，保险人不得解除合同；发生保险事故的，保险人应当承担赔偿或者给付保险金的责任。投保人故意不履行如实告知义务的，保险人对于合同解除前发生的保险事故，不承担赔偿或者给付保险金的责任，并不退还保险费。投保人因重大过失未履行如实告知义务，对保险事故的发生有严重影响的，保险人对于合同解除前发生的保险事故，不承担赔偿或者给付保险金的责任，但应当退还保险费。保险人在合同订立时已经知道投保人未如实告知的情况的，保险人不得解除合同；发生保险事故的，保险人应当承担赔偿或者给付保险金的责任。保险事故是指保险合同约定的保险责任范围内的事故。"

A项：《保险法》第16条并未规定投保人的违约责任，因此，A项错误。

B项：本题中，甲未如实告知其做过心脏搭桥手术这一足以影响保险人决定的事实，所以保险公司有权解除合同。因此，B项正确。

CD项：保险公司选择解除保险合同的，才有权拒绝承担给付保险金的责任，并有权不退还保险费。若保险公司选择不解除保险合同的话，则应按照保险合同的约定向乙给付保险金。因此，CD项错误。

综上所述，本题答案为B项。

【多选】

3 2002133

参考答案：A,C

解析：AB项：《保险法解释（四）》第2条规定："保险人已向投保人履行了《保险法》规定的提示和明确说明义务，保险标的的受让人以保险标的的转让后保险人未向其提示或者明确说明为由，主张免除保险人责任的条款不成为合同内容的，人民法院不予支持。"因此，A项正确，B项错误。

CD项：《保险法解释（四）》第3条规定："被保险

人死亡，继承保险标的的当事人主张承继被保险人的权利和义务的，人民法院应予支持。”因此，C 项正确，D 项错误。
综上所述，本题答案为 AC 项。

（二）保险利益原则

【单选】

4 1003031

参考答案：C

解析：《保险法》第 31 条规定：“投保人对下列人员具有保险利益：（一）本人；（二）配偶、子女、父母；（三）前项以外与投保人有抚养、赡养或者扶养关系的家庭其他成员、近亲属；（四）与投保人有劳动关系的劳动者。除前款规定外，被保险人同意投保人为其订立合同的，视为投保人对被保险人具有保险利益。订立合同时，投保人对被保险人不具有保险利益的，合同无效。”

A 项：除《保险法》第 31 条规定的 4 类人，其他身份的人除非同意，否则不具有保险利益，选项中“关系密切的邻居”并未表明其同意投保人为其订立合同。因此，A 项错误。

B 项：“与投保人已经离婚但仍一起生活的前妻”在法律上已经不是投保人的配偶，根据第（二）项的规定，不具有保险利益。因此，B 项错误。

C 项：根据第（四）项规定，与投保人有劳动关系的劳动者属于投保人对被保险人具有保险利益的情形。因此，C 项正确。

D 项：“与投保人合伙经营的合伙人”，如合伙人不同意则不具有保险利益。因此，D 项错误。

综上所述，本题答案为 C 项。

（三）保险合同的订立

【单选】

5 1303034

参考答案：C

解析：ACD 项：《保险法》第 13 条第 1 款规定：“投保人提出保险要求，经保险人同意承保，保险合同成立。保险人应当及时向投保人签发保险单或者其他保险凭证。”第 14 条规定：“保险合同成立后，投保人按照约定交付保险费，保险人按照约定的时间开始承担保险责任。”据此，保险合同的成立以保险公司同意承保时为准，与保险单是否送达以及是否上缴保费无关。因此，AD 项错误，C 项正确。

B 项：《保险法解释（二）》第 14 条规定：“保险合同中记载的内容不一致的，按照下列规则认定：（一）投保单与保险单或者其他保险凭证不一致的，以投保单为准。但不一致的情形系经保险人说明并经投保人同意的，以投保人签收的保险单或者其他保险凭证载明的内容为准；……”本项过于绝对，并未考虑到不一致的例外情形，不一致的情形系经保险人说明并经投保人同意的，以投保人签收的保险单或者其他保险凭证载明的内容为准。因此，B 项错误。

综上所述，本题答案为 C 项。

（四）保险合同的解除

【单选】

6 2302031

参考答案：C

解析：ABCD 项：《保险法》第 52 条规定：“在合同有效期内，保险标的的危险程度显著增加的，被保险人应当按照合同约定及时通知保险人，保险人可以按照合同约定增加保险费或者解除合同。保险人解除合同的，应当将已收取的保险费，按照合同约定扣除自保险责任开始之日起至合同解除之日止应收的部分后，退还投保人。被保险人未履行前款规定的通知义务的，因保险标的的危险程度显著增加而发生的保险事故，保险人不承担赔偿保险金的责任。”《保险法解释（四）》第 4 条规定：“人民法院认定保险标的是否构成保险法第四十九条、第五十二条规定的‘危险程度显著增加’时，应当综合考虑以下因素：（一）保险标的用途的改变；（二）保险标的使用范围的改变；（三）保险标的所处环境的变化；（四）保险标的因改装等原因引起的变化；（五）保险标的使用人或者管理人的改变；（六）危险程度增加持续的时间；（七）其他可能导致危险程度显著增加的因素。保险标的危险程度虽然增加，但增加的危险属于保险合同订立时保险人预见或者应当预见的保险合同承保范围的，不构成危险程度显著增加。”本题中，甲的改装行为会使摩托车危险程度显著增加，对此，甲应当及时通知保险公司，保险公司有权解除保险合同，但需返还剩余（而非全部）保费。因此，B项错误。其次，甲未履行通知义务，但本案中交通事故并非因为摩托车改装提速导致，而是由于其他车辆全责导致，因此保险公司仍然需要承担赔偿责任，A项错误。

CD项：《保险法》第55条规定：“投保人和保险人约定保险标的的保险价值并在合同中载明的，保险标的发生损失时，以约定的保险价值为赔偿计算标准。投保人和保险人未约定保险标的的保险价值的，保险标的发生损失时，以保险事故发生时保险标的的实际价值为赔偿计算标准。保险金额不得超过保险价值。超过保险价值的，超过部分无效，保险人应当退还相应的保险费。保险金额低于保险价值的，除合同另有约定外，保险人按照保险金额与保险价值的比例承担赔偿保险金的责任。”本题中，保险公司应当按照合同约定的保险价值50万元赔偿投保人。因此，C项正确，D项错误。

综上所述，本题答案为C项。

7 2102022

参考答案：C

解析：AB项：《保险法》第15条规定：“除本法另有规定或者保险合同另有约定外，保险合同成立后，投保人可以解除合同，保险人不得解除合同。”《保险法解释（三）》第17条规定：“投保人解除保险合同，当事人以其解除合同未经被保险人或者受益人同意为由主张解除行为无效的，人民法院不予支持，但被保险人或者受益人已向投保人支付相当于保险单现金价值的款项并通知保险人的除外。”本题中，陈某作为投保人，拥有法定解除权，无需经过被保险人宋某和受益人小陈的同意即可解除合同。因此，AB项错误。

CD项：《保险法》第47条规定：“投保人解除合同的，保险人应当自收到解除合同通知之日起三十日内，按照合同约定退还保险单的现金价值。”据此，投保人解除合同的，现金价值应退还给投保人。本题中，投保人为陈某，陈某有权领取现金价值，被保险人宋某无权领取。因此，C项正确，D项错误。

综上所述，本题答案为C项。

8 1902028

参考答案：B

解析：［命题陷阱］1.受益人约定为“法定”或“法定继承人”，是有效的约定。按照《民法典》继承编的规范将被保险人的法定继承人确定为平等的受益人，没有约定受益顺序或份额时，各受益人平均受益；2.投保人未如实告知，保险公司的代理人知情的视为保险公司知情，保险公司知情时依然承保视为放弃了解除权，发生保险事故时不得以投保人未告知为由主张解除合同。

A项：《保险法解释（三）》第9条第2款第1项规定：“当事人对保险合同约定的受益人存在争议，除投保人、被保险人在保险合同之外另有约定外，按以下情形分别处理：（一）受益人约定为‘法定’或者‘法定继承人’的，以民法典规定的法定继承人为受益人；”本题中，受益人栏目中注明“法定”，甲只有妻子和儿子两个亲属。受益人约定为“法定”并非无效，而是按照《民法典》继承编规定的法定继承人确定为受益人，故甲的妻子和儿子均为受益人。因此，A项错误。

B项：《保险法解释（三）》第12条规定：“……保险合同没有约定或者约定不明的，该受益人应得的受益份额按照以下情形分别处理：（一）未约定受益顺序及受益份额的，由其他受益人平均享有……”本题中，甲的妻子和儿子均为受益人，且其受益顺序和份额没有约定，故各受益人平均享有。因此，B项正确。

CD项：《保险法》第16条第6款规定：“保险人在合同订立时已经知道投保人未如实告知的情况的，保险人不得解除合同；发生保险事故的，保险人应当承担赔偿或者给付保险金的责任。”本题中，保险公司业务员乙属于保险公司代理人，甲隐瞒病情的事宜，乙知情等同于保险公司知情，发生保险事故时保险公司不能主张甲未如实告知而解除合同或不予赔偿，而是应依合同约定给付赔偿金。因此，CD项错误。

综上所述，本题答案为B项。

9 1802027

参考答案：C

解析：A 项：《保险法》第 36 条规定："合同约定分期支付保险费，投保人支付首期保险费后，除合同另有约定外，投保人自保险人催告之日起超过 30 日未支付当期保险费，或者超过约定的期限 60 日未支付当期保险费的，合同效力中止，或者由保险人按照合同约定的条件减少保险金额。被保险人在前款规定期限内发生保险事故的，保险人应当按照合同约定给付保险金，但可以扣减欠交的保险费。"第 37 条第 1 款规定："合同效力依照本法第三十六条规定中止的，经保险人与投保人协商并达成协议，在投保人补交保险费后，合同效力恢复。但是，自合同效力中止之日起满 2 年双方未达成协议的，保险人有权解除合同。"本题中，显然在 A 选项中合同效力中止已满 2 年，在双方未达成协议的情况下，保险人有权解除合同。因此，A 项错误。

B 项：《保险法》第 52 条第 1 款规定："在合同有效期内，保险标的的危险程度显著增加的，被保险人应当按照合同约定及时通知保险人，保险人可以按照合同约定增加保险费或者解除合同。保险人解除合同的，应当将已收取的保险费，按照合同约定扣除自保险责任开始之日起至合同解除之日止应收的部分后，退还投保人。"在选项 B 的情形下，保险公司也享有解除权。因此，B 项错误。

C 项：《保险法》第 57 条规定："保险事故发生时，被保险人应当尽力采取必要的措施，防止或者减少损失。保险事故发生后，被保险人为防止或者减少保险标的的损失所支付的必要的、合理的费用，由保险人承担；保险人所承担的数额在保险标的损失赔偿金额以外另行计算，最高不超过保险金额的数额。"可见，法律虽然要求保险事故发生时被保险人尽力采取必要的措施防止或者减少损失，但是在这种情况下并未给予保险人解除合同的权利。因此，C 项正确。

D 项：《保险法》第 32 条第 1 款规定："投保人申报的被保险人年龄不真实，并且其真实年龄不符合合同约定的年龄限制的，保险人可以解除合同，并按照合同约定退还保险单的现金价值。保险人行使合同解除权，适用本法第十六条第三款、第六款的规定。"第 16 条第 3 款规定："前款规定的合同解除权，自保险人知道有解除事由之日起，超过三十日不行使而消灭。自合同成立之日起超过二年的，保险人不得解除合同；发生保险事故的，保险人应当承担赔偿或者给付保险金的责任。"选项 D 中，保险公司发现杨某虚报其母亲真实年龄，并且其母亲真实年龄不符合合同约定的年龄限制的情形下，自保险公司发现之日起 30 日内，且在合同成立之日起二年内，保险公司都有解除合同的权利。因此，D 项错误。

综上所述，本题答案为 C 项。

【多选】

10 2202079

参考答案：A,B

解析：ABD 项：《保险法》第 52 条规定："在合同有效期内，保险标的的危险程度显著增加的，被保险人应当按照合同约定及时通知保险人，保险人可以按照合同约定增加保险费或者解除合同。保险人解除合同的，应当将已收取的保险费，按照合同约定扣除自保险责任开始之日起至合同解除之日止应收的部分后，退还投保人。被保险人未履行前款规定的通知义务的，因保险标的的危险程度显著增加而发生的保险事故，保险人不承担赔偿保险金的责任。"本案中，涉案机动车由个人使用转为网约车营运，其危险程度显著增加。据此，保险公司可要求解除合同，并将已收取的保险费，按照合同约定扣除自保险责任开始之日起至合同解除之日止应收的部分后退还投保人，而非退还全部保险费用。因此，B 项正确，D 项错误。且在甲未履行通知义务的情况下，该车因危险程度显著增加而发生的保险事故，保险公司可主张不承担保险金赔偿责任。因此，A 项正确。

C 项：《民法典》第 566 条规定："合同解除后，尚未履行的，终止履行；已经履行的，根据履行情况和合同性质，当事人可以请求恢复原状或者采取其他补救措施，并有权请求赔偿损失。合同因违约解除的，解除权人可以请求违约方承担违约责任，但是当事人另有约定的除外。"本案中，在保险公司行使解除权之前，该保险合同仍然有效，且保险公司解除合同后法律关系才归于消灭，而解除前已经履行的部分仍然有效，并非自甲将车借给乙用于营运之日，该保险合同就直接、自始归于无效。因此，C 项错误。

综上所述，本题答案为 AB 项。

11 1902058

参考答案：A,D

解析：ABCD 项：《保险法解释（三）》第 17 条规定："投保人解除保险合同，当事人以其解除合同未经被保险人或者受益人同意为由主张解除行为无效的，人民法院不予支持，但被保险人或者受益人已向投保人支付相当于保险单现金价值的款项并通知保险人的除外。"保险合同的双方当事人是投保人和保险公司，基于自愿原则，投保人享有解除合同的法定权利，被保险人或受益人仅为保险合同的关系人，无法阻止当事人解除合同。但人身保险合同对被保险人或受益人意义很大，如果被保险人或受益人已经向投保人支付了相当于保单现金价值的款项并通知了保险公司，则保全了投保人想解除保险合同的经济利益，为了交易秩序的稳定及对被保险人或受益人的权益保障，此时保险合同不得解除。因此，AD 项正确，BC 项错误。

综上所述，本题答案为 AD 项。

12 1802069

参考答案：A,B

解析：A 项：《保险法解释（三）》第 5 条第 2 款规定："保险人知道被保险人的体检结果，仍以投保人未就相关情况履行如实告知义务为由要求解除合同的，人民法院不予支持。"本题中，若张某投保时提交给保险公司的体检报告明确显示其患有乙肝，保险公司已经知道该情况仍然承保订立合同，相当于保险公司已经放弃了解除权，在事故发生后甲保险公司不能主张解除合同而拒赔。因此，A 项正确。

B 项：《保险法》第 16 条第 2 款、第 3 款规定："投保人故意或者因重大过失未履行前款规定的如实告知义务，足以影响保险人决定是否同意承保或者提高保险费率的，保险人有权解除合同。前款规定的合同解除权，自保险人知道有解除事由之日起，超过三十日不行使而消灭。自合同成立之日起超过二年的，保险人不得解除合同；发生保险事故的，保险人应当承担赔偿或给付保险金的责任。"由此可知，解除合同必须在规定的时间内解除。本题中，甲保险公司在发现张某隐瞒事实一个月后无权再解除保险合同。因此，B 项正确。

C 项：《保险法解释（二）》第 8 条规定："保险人未行使解除权，直接以存在保险法第十六条第四款、第五款规定的情形（故意或重大过失未履行如实告知义务）为由拒绝赔偿的，人民法院不予支持。但当事人就拒绝赔偿事宜及保险合同存续另行达成一致的情况除外。"故如果不解除保险合同，则保险合同仍然是有效的，保险公司仍然应当进行赔付。本题中，甲保险公司不可以在不解除保险合同的情况下，拒绝赔付。因此，C 项错误。

D 项：《保险法》第 16 条第 4 款、第 5 款规定："投保人故意不履行如实告知义务的，保险人对于合同解除前发生的保险事故，不承担赔偿或者给付保险金的责任，并不退还保险费。投保人因重大过失未履行如实告知义务，对保险事故的发生有严重影响的，保险人对于合同解除前发生的事故，不承担赔偿或者给付保险金的责任，但应当退还保险费。"本题中，张某属于投保时故意隐瞒自己患乙肝的事实，因此保险人有权解除合同，并且不承担赔偿责任，不退还保险费。因此，D 项错误。

综上所述，本题答案为 AB 项。

13 1103075

参考答案：B,C,D

解析：A 项：《保险法》第 36 条规定："合同约定分期支付保险费，投保人支付首期保险费后，除合同另有约定外，投保人自保险人催告之日起超过三十日未支付当期保险费，或者超过约定的期限六十日未支付当期保险费的，合同效力中止，或者由保险人按照合同约定的条件减少保险金额。被保险人在前款规定期限内发生保险事故的，保险人应当按照合同约定给付保险金，但可以扣减欠交的保险费。"第 37 条规定："合同效力依照本法第36条规定中止的，经保险人与投保人协商并达成协议，在投保人补交保险费后，合同效力恢复。但是，自合同效力中止之日起满2年双方未达成协议的，保险人有权解除合同。保险人依照前款规定解除合同的，应当按照合同约定退还保险单的现金价值。”据此可知，A项并不直接导致解除合同。因此，A项错误。

B项:《保险法》第32条第1款规定:“投保人申报的被保险人年龄不真实，并且其真实年龄不符合合同约定的年龄限制的，保险人可以解除合同，并按照合同约定退还保险单的现金价值。保险人行使合同解除权，适用本法第十六条第三款、第六款的规定。”第16条第3款规定:“前款规定的合同解除权，自保险人知道有解除事由之日起，超过三十日不行使而消灭。自合同成立之日起超过二年的，保险人不得解除合同；发生保险事故的，保险人应当承担赔偿或者给付保险金的责任。”本题中，B项保险合同成立未超过2年，可以解除。因此，B项正确。

C项:《保险法》第16条第2款规定:“投保人故意或者因重大过失未履行前款规定的如实告知义务，足以影响保险人决定是否同意承保或者提高保险费率的，保险人有权解除合同。”C项中投保人未履行如实告知的义务，保险人可以解除合同。因此，C项正确。

D项:《保险法》第51条第3款规定:“投保人、被保险人未按照约定履行其对保险标的的安全应尽责任的，保险人有权要求增加保险费或者解除合同。”因此，D项正确。

综上所述，本题答案为BCD项。

14 1003077

参考答案：B,D

解析：AB项:《保险法》第32条第1款规定:“投保人申报的被保险人年龄不真实，并且其真实年龄不符合合同约定的年龄限制的，保险人可以解除合同，并按照合同约定退还保险单的现金价值。保险人行使合同解除权，适用本法第十六条第三款、第六款的规定。”第16条第3款、第6款规定:“前款规定的合同解除权，自保险人知道有解除事由之日起，超过三十日不行使而消灭。自合同成立之日起超过二年的，保险人不得解除合同；发生保险事故的，保险人应当承担赔偿或者给付保险金的责任。……保险人在合同订立时已经知道投保人未如实告知的情况的，保险人不得解除合同；发生保险事故的，保险人应当承担赔偿或者给付保险金的责任。……”由此可知，本题中，合同成立已超过两年，保险人不得解除合同。因此，A项错误，B项正确。

C项:《保险法》第16条第3款规定:“前款规定的合同解除权，自保险人知道有解除事由之日起，超过三十日不行使而消灭。自合同成立之日起超过二年的，保险人不得解除合同；发生保险事故的，保险人应当承担赔偿或者给付保险金的责任。”本题中，保险公司已不得解除合同，因而此时发生保险事故，保险公司应当承担给付保险金的责任。因此，C项错误。

D项:《保险法》第32条第1款和第2款规定:“投保人申报的被保险人年龄不真实，并且其真实年龄不符合合同约定的年龄限制的，保险人可以解除合同，并按照合同约定退还保险单的现金价值。保险人行使合同解除权，适用本法第十六条第三款、第六款的规定。投保人申报的被保险人年龄不真实，致使投保人支付的保险费少于应付保险费的，保险人有权更正并要求投保人补交保险费，或者在给付保险金时按照实付保险费与应付保险费的比例支付。”本题中，保险公司有权要求投保人补交保险费。因此，D项正确。

综上所述，本题答案为BD项。

（五）综合知识点

【单选】

15 2202076

参考答案：D

解析：ABCD项:《保险法》第16条规定:“订立保险合同，保险人就保险标的或者被保险人的有关情况提出询问的，投保人应当如实告知。投保人故意或者因重大过失未履行前款规定的如实告知义务，足以影响保险人决定是否同意承保或者提高保险费率的，保险人有权解除合同……投保人因重大过失未履行如实告知义务，对保险事故的发生有严重影响的，保险人对于合同解除前发生的保险事故，不承担赔偿或者给付保险金的责任，但应当退还保险费……”本案中，在刘某疑似患有结节并被医生建议复查的情况下，针对保险公司提出的“被保险人是否有息肉、肿瘤、结节等疾病？”问题，汪某仍填写了“否”，其主观上存在重大过失而未履行如实告知义务，故保险公司有权据此主张解除保险合同，而非基于重大误解撤销合同。解除合同后，保险公司可以拒绝赔付保险金，但需退还保险费。因此，ABC项错误，D项正确。

综上所述，本题答案为D项。

16 2002065

参考答案：C

解析：A项：《保险法》第16条第3款规定：“前款规定的合同解除权，自保险人知道有解除事由之日起，超过三十日不行使而消灭。自合同成立之日起超过二年的，保险人不得解除合同；发生保险事故的，保险人应当承担赔偿或者给付保险金的责任。”本题中，陈某虽然虚报了保险年龄，但该合同成立于2018年2月，2021年保险事故发生，已经超过2年，保险公司已经不能因投保人虚报年龄而解除该保险合同。因此，A项错误。

B项：即使陈某未将其与甲、乙两公司的保险关系告知丙公司，也不影响丙公司决定是否承保及保险责任承担，丙公司不能因此解除保险合同。且就算陈某未履行如实告知义务导致保险公司解除保险合同，也应该在合同成立2年内，本案中的保险合同已经超过2年，丙公司也不能再解除保险合同。因此，B项错误。

C项：在意外险、寿险、重大疾病保险等人身保险中，保险标的为人的生命和健康，人的生命健康是无法用金钱和货币衡量的，一旦发生损失也无法用货币进行评价。所以，如果投保人为同一个被保险人购买了多份意外险、寿险、重大疾病保险，在被保险人发生保险事故以后，可以获得多份保险的保险金。值得注意的是，保险公司可能会问及个人投保情况，投保人应按照要求如实告知。但是各家保险公司单独理赔，彼此不会相互干扰。因此，C项正确。

D项：《保险法》第56条规定：“重复保险的投保人应当将重复保险的有关情况通知各保险人。重复保险的各保险人赔偿保险金的总和不得超过保险价值。除合同另有约定外，各保险人按照其保险金额与保险金额总和的比例承担赔偿保险金的责任。重复保险的投保人可以就保险金额总和超过保险价值的部分，请求各保险人按比例返还保险费。重复保险是指投保人对同一保险标的、同一保险利益、同一保险事故分别与两个以上保险人订立保险合同，且保险金额总和超过保险价值的保险。”据此，财产保险中，才有真正的重复保险。本题中，D项混淆了人身保险和财产保险的理赔规则。人身保险的原则是“多买多赔”，财产保险的原则是“损失填平”。因此，D项错误。

综上所述，本题答案为C项。

17 2002127

参考答案：C

解析：A项：《保险法》第11条规定：“订立保险合同，应当协商一致，遵循公平原则确定各方的权利和义务。除法律、行政法规规定必须保险的外，保险合同自愿订立。”本题中，姜某与保险公司是在自愿且协商一致的基础上订立的保险合同，该合同有效。因此，A项错误。

BCD项：《保险法》第52条规定：“在合同有效期内，保险标的的危险程度显著增加的，被保险人应当按照合同约定及时通知保险人，保险人可以按照合同约定增加保险费或者解除合同。保险人解除合同的，应当将已收取的保险费，按照合同约定扣除自保险责任开始之日起至合同解除之日止应收的部分后，退还投保人。被保险人未履行前款规定的通知义务的，因保险标的的危险程度显著增加而发生的保险事故，保险人不承担赔偿保险金的责任。”本题中，姜某将私家车用于网约车并于夜晚载客，使得保险标的危险程度显著增加，保险公司据此解除合同的，应当将已收取的保险费，按照合同约定扣除自保险责任开始之日起至合同解除之日止应收的部分后，退还给姜某。姜某未履行通知义务，由此而发生的保险事故，保险公司不承担赔偿保险金的责任。因此，BD项错误，C项正确。

综上所述，本题答案为 C 项。

18 1703034

参考答案：C

解析：A 项：《保险法》第 13 条第 1 款、第 3 款规定："投保人提出保险要求，经保险人同意承保，保险合同成立。保险人应当及时向投保人签发保险单或者其他保险凭证。……依法成立的保险合同，自成立时生效。投保人和保险人可以对合同的效力约定附条件或者附期限。"由此可知，保险合同是非要式合同、诺成合同。投保人提出保险要求，经保险人同意承保，保险合同成立。据此，保险合同的成立取决于投保人与保险人之间的合意，而无须采用或履行特定方式。本题中，姜某与保险公司之间的保险合同依法成立，且不具备合同无效事由，故该保险合同自成立时生效，故涉案合同有效。因此，A 项错误。

BCD 项：《保险法》第 52 条规定："在合同有效期内保险标的的危险程度显著增加的，被保险人应当按照合同约定及时通知保险人，保险人可以按照合同约定增加保险费或者解除合同。保险人解除合同的，应当将已收取的保险费，按照合同约定扣除自保险责任开始之日起至合同解除之日止应收的部分后，退还投保人。被保险人未履行前款规定的通知义务的，因保险标的的危险程度显著增加而发生的保险事故，保险人不承担赔偿保险金的责任。"由此可知，危险程度增加时，被保险人有通知义务，保险人有两个权利：（1）要求增加保费；（2）解除合同。被保险人未履行通知义务的，保险事故发生后保险人免责。本题中，蒋某将私家车用于接单载客，该私家车改为网约车后，风险大大提高，但投保人姜某却未告知保险公司，且该保险事故是于载客途中发生，故保险事故发生之后，保险公司不承担赔偿保险金的责任，姜某无权主张约定的保险金；针对该情形，保险人有权解除合同，但其解除合同的，应将已收取的保险费，按照合同约定扣除自保险责任开始之日起至合同解除之日止应收的部分后，退还投保人。因此，BD 项错误，C 项正确。

综上所述，本题答案为 C 项。

19 1403034

参考答案：C

解析：ABCD 项：《保险法解释（二）》第 3 条第 1 款规定："投保人或者投保人的代理人订立保险合同时没有亲自签字或者盖章，而由保险人或者保险人的代理人代为签字或者盖章的，对投保人不生效。但投保人已经交纳保险费的，视为其对代签字或者盖章行为的追认。"本题中，何某虽未亲自签字，但何某缴纳保险费的行为，应视为其对该代签行为的追认，保险合同成立，甲公司应当承担保险责任。因此，ABD 项错误，C 项正确。

综上所述，本题答案为 C 项。

【多选】

20 2202077

参考答案：A,D

解析：A 项：《保险法》第 13 条第 1 款规定："投保人提出保险要求，经保险人同意承保，保险合同成立。"第 14 条规定："保险合同成立后，投保人按照约定交付保险费，保险人按照约定的时间开始承担保险责任。"本案中，保险合同已经成立且生效，故此时发生保险事故的，保险公司需要承担赔付责任。因此，A 项正确。

B 项：《保险法》第 16 条规定："订立保险合同，保险人就保险标的或者被保险人的有关情况提出询问的，投保人应当如实告知。"《保险法解释（三）》第 5 条第 1 款规定："保险人在合同订立时指定医疗机构对被保险人体检，当事人主张投保人如实告知义务免除的，人民法院不予支持。"本案中，虽然保险公司明确指定了体检机构，但这并不会免除投保人的如实告知义务。因此，B 项错误。

CD 项：《保险法解释（三）》第 5 条第 2 款规定："保险人知道被保险人的体检结果，仍以投保人未就相关情况履行如实告知义务为由要求解除合同的，人民法院不予支持。"本案中，体检报告已经明确提示甲疑似患有肺部结节且保险公司已经获取了体检报告，可推知保险公司已经明知被保险人的体检结果，因此保险公司不得以投保人甲未履行如实告知义务为由要求解除合同。因此，D

项正确。注意，保险公司不得解除保险合同的原因并非其已经收取了保费。因此，C 项错误。

综上所述，本题答案为 AD 项。

二、模拟训练

21 62006106

参考答案：C,D

解析：A 项：《保险法》第 17 条第 2 款规定："对保险合同中免除保险人责任的条款，保险人在订立合同时应当在投保单、保险单或者其他保险凭证上作出足以引起投保人注意的提示，并对该条款的内容以书面或者口头形式向投保人作出明确说明；未作提示或者明确说明的，该条款不产生效力。"本题中，保险单右下角的较小字体不足以引起投保人的注意，且人寿公司未向投保人作出明确说明，故中国人寿保险公司的免责条款不生效。因此，A 项正确，不当选。

B 项：《保险法解释（二）》第 3 条第 1 款规定："投保人或者投保人的代理人订立保险合同时没有亲自签字或者盖章，而由保险人或者保险人的代理人代为签字或者盖章的，对投保人不生效。但投保人已经交纳保险费的，视为其对代签字或者盖章行为的追认。"本题中，张猛的追认行为有效，该保险有效。因此，B 项正确，不当选。

C 项：《保险法解释（二）》第 14 条第 1 项规定："保险合同中记载的内容不一致的，按照下列规则认定：（一）投保单与保险单或者其他保险凭证不一致的，以投保单为准。但不一致的情形系经保险人说明并经投保人同意的，以投保人签收的保险单或者其他保险凭证载明的内容为准；……"本题中，投保单与保险单不一致时，原则上以投保单为准；但在一定情况下，以投保人签收的保险单或者其他保险凭证载明的内容为准，并非一律以投保单为准。因此，C 项错误，当选。

D 项：《保险法解释（三）》第 5 条第 1 款规定："保险人在合同订立时指定医疗机构对被保险人体检，当事人主张投保人如实告知义务免除的，人民法院不予支持。"本题中，虽然张猛在订立保险合同时，带其父亲张国华在保险公司指定的定点医院进行了体检，但不可以此主张免除其如实告知义务。因此，D 项错误，当选。

综上所述，本题为选非题，答案为 CD 项。

22 62006105

参考答案：A,B

解析：A 项：《保险法》第 31 条第 2 款规定："除前款规定外，被保险人同意投保人为其订立合同的，视为投保人对被保险人具有保险利益。"本题中，经孙芳华本人同意，其邻居李飞为其订立该人身保险合同的行为有效，符合保险利益原则。因此，A 项正确。

BC 项：《保险法》第 16 条第 2、3 款规定："投保人故意或者因重大过失未履行前款规定的如实告知义务，足以影响保险人决定是否同意承保或者提高保险费率的，保险人有权解除合同。前款规定的合同解除权，自保险人知道有解除事由之日起，超过三十日不行使而消灭。自合同成立之日起超过二年的，保险人不得解除合同；发生保险事故的，保险人应当承担赔偿或者给付保险金的责任。"本题中，若孙芳华在订立保险合同时，隐瞒其苯丙酮尿症史，则违反了最大诚信原则，泰康人寿保险公司有权行使解除权。因此，B 项正确。泰康人寿保险公司自 2019 年 4 月 8 日知道解除事由起至 2019 年 5 月 16 日作出《理赔结果通知书》的期间，已超过法定除斥期间，其解除权消灭，泰康人寿保险公司无权解除保险合同。因此，C 项错误。

D 项：《保险法》第 13 条第 2 款规定："保险单或者其他保险凭证应当载明当事人双方约定的合同内容。当事人也可以约定采用其他书面形式载明合同内容。"要式合同，是指法律要求合同的成立必须采用特定方式的合同，非要式合同则是指不要求采用特定方式即可成立的合同。保险合同为非要式合同。因此，D 项错误。

综上所述，本题答案为 AB 项。

23 61806116

参考答案：A,B,D

解析：A 项：《保险法解释（二）》第 11 条第 2 款规定："保险人对保险合同中有关免除保险人责任条款的概念、内容及其法律后果以书面或者口头形式向投保人作出常人能够理解的解释说明的，人民法院应当认定保险人履行了保险法第十七条第二款规定的明确说明义务。”因此，A项正确。

B项:《保险法解释（二）》第12条规定:“通过网络、电话等方式订立的保险合同，保险人以网页、音频、视频等形式对免除保险人责任条款予以提示和明确说明的，人民法院可以认定其履行了提示和明确说明义务。”因此，B项正确。

C项:《保险法解释（二）》第9条第2款规定:“保险人因投保人、被保险人违反法定或者约定义务，享有解除合同权利的条款，可以认定为保险法第十七条第2款规定的‘免除保险人责任的条款’。”因此，C项错误。

D项:《保险法解释（二）》第10条规定:“保险人将法律、行政法规中的禁止性规定情形作为保险合同免责条款的免责事由，保险人对该条款作出提示后，投保人、被保险人或者受益人以保险人未履行明确说明义务为由主张该条款不成为合同内容的，人民法院不予支持。”据此，就法律、行政法规中的禁止性规定情形，保险人仅负提示义务，不负明确说明义务。提示之后，相关条款即可约束投保人和被保险人。因此，D项正确。

综上所述，本题答案为ABD项。

24 61906065

参考答案:B

解析:AD项:《保险法》第31条规定:“投保人对下列人员具有保险利益:（一）本人;（二）配偶、子女、父母;（三）前项以外与投保人有抚养、赡养或者扶养关系的家庭其他成员、近亲属;（四）与投保人有劳动关系的劳动者。除前款规定外，被保险人同意投保人为其订立合同的，视为投保人对被保险人具有保险利益。订立合同时，投保人对被保险人不具有保险利益的，合同无效。”本题中，经女友同意，甲可以为其投保。因此，A项有效，不当选。用人单位对劳动者具有保险利益，可以为其投保。因此，D项有效，不当选。

B项：人身保险的保险标的是人的寿命和身体，财产保险的保险标的是财产及其有关利益，而婚姻关系不属于前述任何一种保险标的。因此，不可为婚姻关系投保。因此，B项无效，当选。

C项:《保险法》第33条规定:“投保人不得为无民事行为能力人投保以死亡为给付保险金条件的人身保险，保险人也不得承保。父母为其未成年子女投保的人身保险，不受前款规定限制。但是，因被保险人死亡给付的保险金总和不得超过国务院保险监督管理机构规定的限额。”本题中，丙可以为未成年女儿投保人寿险。因此，C项有效，不当选。

综上所述，本题答案为B项。

第二章 人身保险合同

参考答案

[1]B	[2]A	[3]B	[4]BCD	[5]ACD
[6]BD	[7]C	[8]ABD	[9]C	[10]D
[11]A	[12]ACD	[13]AB	[14]ABCD	[15]ACD

一、历年真题及仿真题

（一）受益人制度

【单选】

1 2302033

参考答案:B

解析:ABD项:《保险法》第42条第1款规定:“被保险人死亡后，有下列情形之一的，保险金作为被保险人的遗产，由保险人依照《中华人民共和国继承法》的规定履行给付保险金的义务:……（二）受益人先于被保险人死亡，没有其他受益人的;……”本题中，原定受益人丙先于乙死亡，且没有其他受益人，故在乙去世后，保险金应作为乙的遗产，由乙的法定继承人继承。因此，AD项错误，B项正确。

C项:《保险法》第41条第2款规定:“投保人变更受益人时须经被保险人同意。”本题中，甲在乙去世后变更受益人，显然无法经过被保险人乙的同意，所以变更无效，其不能以此为由主张自己是受益人进而领取赔偿金。因此，C项错误。

综上所述，本题答案为B项。

（二）保险合同的中止与复效

【单选】

2 2102005

参考答案：A

解析：A 项：《保险法》第 36 条第 1 款规定："合同约定分期支付保险费，投保人支付首期保险费后，除合同另有约定外，投保人自保险人催告之日起超过三十日未支付当期保险费，或者超过约定的期限六十日未支付当期保险费的，合同效力中止，或者由保险人按照合同约定的条件减少保险金额。"本题中，2020 年 8 月 15 日甲未缴纳保费，2020 年 9 月 1 日经催告后仍未缴纳保费，因此经催告后 30 日后也即 2020 年 10 月 1 日，保险合同效力即中止。因此，A 项正确。

B 项：《保险法》第 36 条第 2 款规定："被保险人在前款规定期限内发生保险事故的，保险人应当按照合同约定给付保险金，但可以扣减欠交的保险费。"据此，保险合同中止前发生保险事故的，保险人需要承担赔付义务。本题中，保险事故发生在保险合同效力中止之后，此时保险公司没有赔付义务。因此，B 项错误。

C 项：《保险法》第 37 条第 1 款规定："合同效力依照本法第三十六条规定中止的，经保险人与投保人协商并达成协议，在投保人补交保险费后，合同效力恢复。但是，自合同效力中止之日起满二年双方未达成协议的，保险人有权解除合同。"本题中，2020 年 10 月 1 日起效力中止，2021 年 3 月时尚未达到合同效力中止之日起满二年的要求，保险公司不得解除合同。因此，C 项错误。

D 项：《保险法解释（三）》第 8 条第 1 款规定："保险合同效力依照保险法第三十六条规定中止，投保人提出恢复效力申请并同意补交保险费的，除被保险人的危险程度在中止期间显著增加外，保险人拒绝恢复效力的，人民法院不予支持。"本题中，乙在保险合同中止期间罹患肝癌，则甲提出保险合同效力恢复申请时，保险人可以"被保险人的危险程度在中止期间显著增加"为由拒绝恢复效力。因此，D 项错误。

综上所述，本题答案为 A 项。

（三）死亡险

【单选】

3 1603034

参考答案：B

解析：A 项：《保险法》第 44 条第 1 款规定："以被保险人死亡为给付保险金条件的合同，自合同成立或者合同效力恢复之日起二年内，被保险人自杀的，保险人不承担给付保险金的责任，但被保险人自杀时为无民事行为能力人的除外。"本题中，若合同成立 2 年之后王某才自杀，保险公司要承担给付保险金的责任。因此，A 项错误。

B 项：《保险法》第 34 条第 1 款规定："以死亡为给付保险金条件的合同，未经被保险人同意并认可保险金额的，合同无效。"《保险法解释（三）》第 1 条第 2 款规定："有下列情形之一的，应认定为被保险人同意投保人为其订立保险合同并认可保险金额：（一）被保险人明知他人代其签名同意而未表示异议的；（二）被保险人同意投保人指定的受益人的；（三）有证据足以认定被保险人同意投保人为其投保的其他情形。"本题中，被保险人王某既可以自己签字认可，也可以授权他人签字认可。故王某让杨某代其在被保险人同意处签字，可认定为经过王某本人同意并认可保险金额。因此，B 项正确。

C 项：《保险法》第 34 条第 2 款规定："按照以死亡为给付保险金条件的合同所签发的保险单，未经被保险人书面同意，不得转让或者质押。"本题中，杨某为其妻子王某购买了以死亡为给付条件的保险合同，欲将该保险单质押必须经过被保险人王某的书面同意，而非口头同意。因此，C 项错误。

D 项：《保险法》第 33 条规定："投保人不得为无民事行为能力人投保以死亡为给付保险金条件的人身保险，保险人也不得承保。父母为其未成年子女投保的人身保险，不受前款规定限制。但是，因被保险人死亡给付的保险金总和不得超过国务院保险监督管理机构规定的限额。"本题中，王某如果是无民事行为能力人，杨某作为其丈夫不能为其投保以死亡为给付保险金条件的人身保险。因此，D 项错误。

综上所述，本题答案为 B 项。

【多选】

4 2002075

参考答案：B,C,D

解析：AB 项：《保险法》第 41 条第 2 款规定："投保人变更受益人时须经被保险人同意。"《保险法解释（三）》第 10 条第 3 款规定："投保人变更受益人未经被保险人同意，人民法院应认定变更行为无效。"本题中，乙作为被保险人，有权决定受益人的人选，投保人指定或变更受益人时需要被保险人同意，否则该受益人的指定或变更是无效的，甲变更受益人为自己的母亲，需要乙的同意。甲作为投保人，未经被保险人乙同意，擅自变更受益人是无效的，所以甲母并非本保险合同中的受益人，无权向保险公司主张赔偿金。因此，A 项错误，B 项正确。

C 项：《保险法》第 34 条第 2 款规定："按照以死亡为给付保险金条件的合同所签发的保险单，未经被保险人书面同意，不得转让或者质押。"本题中，死亡险的保单中承载的经济价值是由被保险人的生命换来的保险金，所以甲如果欲转让此保单，需由被保险人书面同意。因此，C 项正确。

D 项：《保险法》第 34 条第 1 款规定："以死亡为给付保险金条件的合同，未经被保险人同意并认可保险金额的，合同无效。"据此，死亡险涉及被保险人的生命，对于被保险人至关重要，故在订立死亡险的保险合同时，被保险人对是否订立及保险金额有权作出自己的衡量或判断，订立死亡险保险合同需要被保险人同意并认可保险金额。因此，D 项正确。

综上所述，本题答案为 BCD 项。

5 2002136

参考答案：A,C,D

解析：《保险法》第 41 条，《保险法解释（三）》第 10 条、第 11 条规定，投保人变更受益人未经被保险人同意的，人民法院应认定变更行为无效。据此可知：

AD 项：《保险法解释（三）》第 10 条第 3 款规定："投保人变更受益人未经被保险人同意，人民法院应认定变更行为无效。"本题中，在保险事故发生后（甲妻死亡），投保人甲变更受益人，因无法得到被保险人（甲妻）同意，所以该变更行为无效。变更后的受益人（甲母）请求保险人给付保险金的，人民法院不予支持。因此，AD 项错误，当选。

B 项：《保险法》第 34 条第 1 款规定："以死亡为给付保险金条件的合同，未经被保险人同意并认可保险金额的，合同无效。"本题中，因为甲是订立以死亡为给付保险金条件的合同，需要被保险人同意并认可保险金额。因此，B 项正确，不当选。

C 项：《保险法》第 43 条第 2 款规定："受益人故意造成被保险人死亡、伤残、疾病的，或者故意杀害被保险人未遂的，该受益人丧失受益权。"本题中，甲因为故意杀害被保险人未遂，丧失受益权。因此，C 项错误，当选。

综上所述，本题为选非题，答案为 ACD 项。

6 1703076

参考答案：B,D

解析：A 项：《保险法》第 13 条规定："投保人提出保险要求，经保险人同意承保，保险合同成立。保险人应当及时向投保人签发保险单或者其他保险凭证。保险单或者其他保险凭证应当载明当事人双方约定的合同内容。当事人也可以约定采用其他书面形式载明合同内容。依法成立的保险合同，自成立时生效。投保人和保险人可以对合同的效力约定附条件或者附期限。"第 31 条规定："投保人对下列人员具有保险利益：（一）本人；（二）配偶、子女、父母；（三）前项以外与投保人有抚养、赡养或者扶养关系的家庭其他成员、近亲属；（四）与投保人有劳动关系的劳动者。除前款规定外，被保险人同意投保人为其订立合同的，视为投保人对被保险人具有保险利益。订立合同时，投保人对被保险人不具有保险利益的，合同无效。"第 39 条规定："人身保险的受益人由被保险人或者投保人指定。投保人指定受益人时须经被保险人同意。……"本题中，李某作为投保人对自己本人具有保险利益，可以以自己为投保人，为自己投保死亡保险，作为被保险人有权指定自己的妻子王某为受益人。另外，所谓无效保险合同，是指当事人订立的，但不具有法律效力，国家不予保护的保险合同。表现为违反了法律和行政法规的强制性规定和社会公共利益，存在主体不合格，内容和形式不合法等情形。保险合同主体合格，内容、形式均合法，不存在无效事由，因此该保险合同自成立时起即生效。因此，A 项错误。

BCD 项：《保险法解释（三）》第 24 条规定："投保人为被保险人订立以死亡为给付保险金条件的保险合同，被保险人被宣告死亡后，当事人要求保险人按照保险合同约定给付保险金的，人民法院应予支持。被保险人被宣告死亡之日在保险责任期间之外，但有证据证明下落不明之日在保险责任期间之内，当事人要求保险人按照保险合同约定给付保险金的，人民法院应予支持。"本题中，李某于 2000 年为自己投保，保险期间为 10 年，2009 年 9 月 1 日起李某下落不明，由此可知，王某作为合法指定的受益人在李某身故后有权向保险公司主张保险金。因此，BD 项正确，C 项错误。

综上所述，本题答案为 BD 项。

（四）人身保险合同责任

【单选】

 1802025

参考答案：C

解析：ABC 项：《保险法》第 42 条规定："被保险人死亡后，有下列情形之一的，保险金作为被保险人的遗产，由保险人依照《中华人民共和国继承法》的规定履行给付保险金的义务：……（二）受益人先于被保险人死亡，没有其他受益人的……受益人与被保险人在同一事件中死亡，且不能确定死亡先后顺序的，推定受益人死亡在先。"本题中，在这次交通事故中，被保险人乙与受益人小甲均死亡，且不能确定死亡先后顺序，则应推测受益人小甲先死亡，保险金由被保险人乙的继承人依法继承。因此，AB 项错误，C 项正确。

D 项：《保险法》第 34 条第 1 款规定："以死亡为给付保险金条件的合同，未经被保险人同意并认可保险金额的，合同无效。"《保险法解释（三）》第 1 条第 1 款规定："当事人订立以死亡为给付保险金条件的合同，根据保险法第三十四条的规定，'被保险人同意并认可保险金额'可以采取书面形式、口头形式或者其他形式；可以在合同订立时作出，也可以在合同订立后追认。"本题中，乙作为被保险人，在保险公司回访时承认对于保险合同的内容已知情且对保险金额予以认可，可以视为对死亡险合同在订立后进行追认，保险合同有效，保险公司有责任给付保险金。因此，D 项错误。

综上所述，本题答案为 C 项。

【多选】

 1303076

参考答案：A,B,D

解析：A 项：《保险法解释（二）》第 3 条第 1 款规定："投保人或者投保人的代理人订立保险合同时没有亲自签字或者盖章，而由保险人或者保险人的代理人代为签字或者盖章的，对投保人不生效。但投保人已经交纳保险费的，视为其对代签字或者盖章行为的追认。"本题中，虽然投保人甲公司未亲自签章，而是由保险代理人代为签字，但是甲公司已经交纳保费，视为对保险合同的追认，保险合同成立并生效。因此，A 项正确。

BD 项：《保险法》第 45 条规定："因被保险人故意犯罪或者抗拒依法采取的刑事强制措施导致其伤残或者死亡的，保险人不承担给付保险金的责任……"本题中，张某代替公司去找李某收租金，是正常履行职务的行为，尽管其收取租金的方式可能不是很合理，但是没有犯罪。B 项表述"张某的行为不构成犯罪"是正确的，保险公司不得适用《保险法》第 45 条的规定免责。因此，B 项正确。D 项中张某的死亡是由于第三人李某的故意杀害行为所致，跟张某的行为没有直接因果关系，从而也不得适用《保险法》第 45 条的规定。因此，D 项正确。

C 项：自助行为是指权利人受到不法侵害之后，为保全或者恢复自己的权利，在情势紧迫而不能及时请求国家机关予以救助的情况下，所采取相应措施的行为。本题中，张某本身没有受到不法侵害，C 项表述其"行为属于合法的自助行为"

是不正确的。因此，C 项错误。

综上所述，本题答案为 ABD 项。

（五）综合知识点

【单选】

9 2202078

参考答案：C

解析：A 项：《保险法》第 31 条规定："投保人对下列人员具有保险利益：（一）本人；（二）配偶、子女、父母；（三）前项以外与投保人有抚养、赡养或者扶养关系的家庭其他成员、近亲属；（四）与投保人有劳动关系的劳动者。"本案中，甲基于与被保险人乙之间的劳动关系而具有保险利益，并非因其是乙的表弟而具有保险利益。因此，A 项错误。

B 项：《保险法》第 12 条规定："人身保险的投保人在保险合同订立时，对被保险人应当具有保险利益。"《保险法解释（三）》第 4 条规定："保险合同订立后，因投保人丧失对被保险人的保险利益，当事人主张保险合同无效的，人民法院不予支持。"本案中，人身保险合同仅要求在订立时投保人对被保险人有保险利益，之后该保险利益丧失并不会影响合同的效力，因此该保险合同已成立且生效，保险公司应根据合同的约定进行赔付。因此，B 项错误。

C 项：《保险法》第 15 条规定："除本法另有规定或者保险合同另有约定外，保险合同成立后，投保人可以解除合同，保险人不得解除合同。"本案中，出于倾斜保护投保人的立法价值取向，保险合同中只有投保人才享有任意解除权，保险公司在无法定情形或约定情形的情况下，不可单方解除合同。因此，C 项正确。

D 项：《保险法》第 39 条规定："人身保险的受益人由被保险人或者投保人指定。投保人指定受益人时须经被保险人同意。投保人为与其有劳动关系的劳动者投保人身保险，不得指定被保险人及其近亲属以外的人为受益人。"本案中，甲并非被保险人乙的近亲属，因此甲为与其有劳动关系的乙投保时，不得指定自己为受益人。因此，D 项错误。

综上所述，本题答案为 C 项。

10 2202130

参考答案：D

解析：A 项：《保险法》第 14 条规定："保险合同成立后，投保人按照约定交付保险费，保险人按照约定的时间开始承担保险责任。"本题中，保险事故已发生，即甲因酒精过敏意外去世，故保险公司应当根据保险合同进行赔付，其赔付责任与投保时间长短无关。因此，A 项错误。

B 项：《保险法》第 43 条规定："……受益人故意造成被保险人死亡、伤残、疾病的，或者故意杀害被保险人未遂的，该受益人丧失受益权。"本题中，受益人乙明知甲酒精过敏而未加劝阻且在甲酒精过敏时未予救助，造成甲死亡，故受益人乙丧失受益权，保险公司不用向其赔付。因此，B 项错误。

CD 项：《保险法》第 42 条第 1 款规定："被保险人死亡后，有下列情形之一的，保险金作为被保险人的遗产，由保险人依照《中华人民共和国继承法》的规定履行给付保险金的义务：……（三）受益人依法丧失受益权或者放弃受益权，没有其他受益人的。"本题中，即使乙丧失受益权，保险公司依然应当承担赔偿责任，向甲的继承人赔付保险金。因此，C 项错误，D 项正确。

综上所述，本题答案为 D 项。

11 1203033

参考答案：A

解析：ABC 项：《保险法》第 42 条规定："被保险人死亡后，有下列情形之一的，保险金作为被保险人的遗产，由保险人依照《中华人民共和国继承法》（现为《民法典》继承编）的规定履行给付保险金的义务：（一）没有指定受益人，或者受益人指定不明无法确定的；（二）受益人先于被保险人死亡，没有其他受益人的；（三）受益人依法丧失受益权或者放弃受益权，没有其他受益人的。受益人与被保险人在同一事件中死亡，且不能确定死亡先后顺序的，推定受益人死亡在先。"本案中，被保险人甲、受益人乙在同一事件中死亡，且不能确定死亡事件的先后，故推定乙先死亡。受益人乙先于被保险人甲死亡，又没有其他受益人，故保险金应作为被保险人甲的遗产，由甲的继承人继承。因此，A 项正确，BC 项错误。

D 项：《保险法》第 46 条规定："被保险人因第三者的行为而发生死亡、伤残或者疾病等保险事故的，保险人向被保险人或者受益人给付保险金后，不享有向第三者追偿的权利，但被保险人或者受益人仍有权向第三者请求赔偿。"本案中，被保险人甲因第三人丙而死亡，保险人承担保险责任后无权向第三人丙追偿。因此，D 项错误。

综上所述，本题答案为 A 项。

【多选】

12 1003078

参考答案：A,C,D

解析：A 项：《保险法》第 39 条第 1、2 款规定："人身保险的受益人由被保险人或者投保人指定。投保人指定受益人时须经被保险人同意。投保人为与其有劳动关系的劳动者投保人身保险，不得指定被保险人及其近亲属以外的人为受益人。"本题中，甲指定受益人时须经乙同意。因此，A 项正确。

B 项：《保险法》第 46 条规定："被保险人因第三者的行为而发生死亡、伤残或者疾病等保险事故的，保险人向被保险人或者受益人给付保险金后，不享有向第三者追偿的权利，但被保险人或者受益人仍有权向第三者请求赔偿。"本题中，如因第三人导致乙死亡，保险公司承担保险金赔付责任后无权向该第三人代位求偿。因此，B 项错误。

C 项：《保险法》第 41 条规定："被保险人或者投保人可以变更受益人并书面通知保险人。保险人收到变更受益人的书面通知后，应当在保险单或者其他保险凭证上批注或者附贴批单。投保人变更受益人时须经被保险人同意。"由此可知，法律并未规定被保险人变更受益人时要经投保人同意。因此，C 项正确。

D 项：《保险法》第 42 条第 1 款第 2 项规定："被保险人死亡后，有下列情形之一的，保险金作为被保险人的遗产，由保险人依照《中华人民共和国继承法》的规定履行给付保险金的义务：（二）受益人先于被保险人死亡，没有其他受益人的；"本题中，若丙先于乙死亡，则出现保险事故时保险赔偿金作为乙的遗产由甲继承。因此，D 项正确。

综上所述，本题答案为 ACD 项。

二、模拟训练

13 62006126

参考答案：A,B

解析：A 项：《保险法解释（二）》第 3 条第 1 款规定："投保人或者投保人的代理人订立保险合同时没有亲自签字或者盖章，而由保险人或者保险人的代理人代为签字或者盖章的，对投保人不生效。但投保人已经交纳保险费的，视为其对代签字或者盖章行为的追认。"本题中，王某虽未在保险合同上签字盖章，但已经交纳保险费，视为对张某代签字行为的追认，故保险合同依法成立。因此，A 项正确。

B 项：《保险法》第 39 条第 1 款规定："人身保险的受益人由被保险人或者投保人指定。投保人指定受益人时须经被保险人同意。"本题中，王某妻子为被保险人，投保人王某指定受益人时须经其妻子同意。因此，B 项正确。

C 项：《保险法》第 41 条第 2 款规定："投保人变更受益人时须经被保险人同意。"本题中，变更受益人的，须经被保险人（王某的妻子）同意，而非经投保人（王某）同意。因此，C 项错误。

D 项：《保险法》第 42 条第 1 款规定："被保险人死亡后，有下列情形之一的，保险金作为被保险人的遗产，由保险人依照《中华人民共和国继承法》的规定履行给付保险金的义务：（一）没有指定受益人的；（二）受益人先于被保险人死亡，没有其他受益人的；（三）受益人依法丧失受益权或者放弃受益权，没有其他受益人的。"本题中，在被保险人王某妻子死亡时，受益人王某之子尚存，故保险金应由受益人王某之子直接获得，而非用于继承。因此，D 项错误。

综上所述，本题答案为 AB 项。

14 61906063

参考答案：A,B,C,D

解析：A 项：《保险法》第 43 条第 1 款规定："投保人故意造成被保险人死亡、伤残或者疾病的，保险人不承担给付保险金的责任。投保人已交足二年以上保险费的，保险人应当按照合同约定向其他权利人退还保险单的现金价值。”因此，A 项正确。

B 项:《保险法解释（三）》第 13 条规定:“保险事故发生后，受益人将与本次保险事故相对应的全部或者部分保险金请求权转让给第三人，当事人主张该转让行为有效的，人民法院应予支持，但根据合同性质、当事人约定或者法律规定不得转让的除外。”因此，B 项正确。

C 项:《保险法》第 42 条第 2 款规定:“受益人与被保险人在同一事件中死亡，且不能确定死亡先后顺序的，推定受益人死亡在先。”第 42 条第 1 款第 2 项规定:“被保险人死亡后，有下列情形之一的，保险金作为被保险人的遗产，由保险人依照《中华人民共和国继承法》的规定履行给付保险金的义务:……（二）受益人先于被保险人死亡，没有其他受益人的……”因此，C 项正确。

D 项:《保险法解释（三）》第 24 条第 2 款规定:“被保险人被宣告死亡之日在保险责任期间之外，但有证据证明下落不明之日在保险责任期间之内，当事人要求保险人按照保险合同约定给付保险金的，人民法院应予支持。”因此，D 项正确。

综上所述，本题答案为 ABCD 项。

15 62006129

参考答案: A,C,D

解析: A 项:《保险法》第 46 条规定:“被保险人因第三者的行为而发生死亡、伤残或者疾病等保险事故的，保险人向被保险人或者受益人给付保险金后，不享有向第三者追偿的权利，但被保险人或者受益人仍有权向第三者请求赔偿。”本题中，在人身保险合同中，保险人不享有代位求偿权，即泰华保险公司赔付李某后不得向张某追偿。因此，A 项错误，当选。

B 项: 人身保险，是可以重复投保的，但能否得到重复理赔，得区分不同情况。若是“定额给付型”人身保险，如定期寿险、确诊即赔付型重大疾病险等，是可以获得重复赔偿的；若是“费用补偿型”人身保险，如意外伤害医疗保险，所获保险金是不得超过被保险人实际发生的医疗、康复费用金额的，也即保险公司无需重复理赔。本题中，西成人保公司与泰华保险公司的保险均属于“费用补偿型”人身保险，故在泰华保险公司已经赔付的情况下，西成人保公司无需重复理赔。因此，B 项正确，不当选。

C 项:《保险法》第 43 条第 1 款规定:“投保人故意造成被保险人死亡、伤残或者疾病的，保险人不承担给付保险金的责任。投保人已交足二年以上保险费的，保险人应当按照合同约定向其他权利人退还保险单的现金价值。”本题中，若李某故意造成女儿李小某伤残，西成人保公司可以拒绝赔付保险金，且由于保险期间仅为 1 年，也即投保人仅缴纳了 1 年的保险费，西成人保公司也无需退还保险单的现金价值。因此，C 项错误，当选。

D 项:《保险法》第 32 条第 1 款规定:“投保人申报的被保险人年龄不真实，并且其真实年龄不符合合同约定的年龄限制的，保险人可以解除合同，并按照合同约定退还保险单的现金价值。保险人行使合同解除权，适用本法第十六条第三款、第六款的规定。”据此，只有被保险人的真实年龄不可保时，保险人才可以解除合同。本题中，李某女儿 7 岁，真实年龄可保，故泰华保险公司不得解除保险合同，因此，D 项错误，当选。

综上所述，本题为选非题，答案为 ACD 项。

第三章 财产保险合同

参考答案

[1] AD	[2] C	[3] CD	[4] BC	[5] BD
[6] AB	[7] A	[8] B	[9] BC	[10] ABCD
[11] AB	[12] A	[13] A	[14] BD	[15] ABCD
[16] B	[17] CD	[18] CD		

一、历年真题及仿真题

（一）保险标的的转让

【多选】

1 1902059

参考答案: A,D

解析：［命题陷阱］本题中保险标的在陈某和黄某之间流转，陈某是原保险合同的投保人和被保险人，当保险标的转移后，对应的保险合同的权利和义务也应一并转移给黄某。保险公司对陈某履行过告知义务，则没有义务再向黄某履行。陈某有责任将原保险合同中的免责内容向黄某如实告知。

AB项：《保险法解释（四）》第2条规定："保险人已向投保人履行了保险法规定的提示和明确说明义务，保险标的受让人以保险标的转让后保险人未向其提示或者明确说明为由，主张免除保险人责任的条款不成为合同内容的，人民法院不予支持。"本题中，保险公司已经向陈某履行了告知义务，不再承担对受让人黄某的告知义务，陈某与黄某建立自卸车的买卖合同，随着自卸车的所有权转移给黄某，以自卸车为保险标的的保险合同的权利义务一并转移给黄某，故黄某不可主张此免责条款对自己不生效，保险公司有权据此免责条款拒绝向黄某履行赔偿责任。因此，A项正确，B项错误。

C项：《保险法解释（二）》第13条第2款规定："投保人对保险人履行了符合本解释第十一条第二款要求的明确说明义务在相关文书上签字、盖章或者以其他形式予以确认的，应当认定保险人履行了该项义务。但另有证据证明保险人未履行明确说明义务的除外。"本题中，陈某对保险公司针对免责条款履行了告知义务进行了签字确认，应认定保险公司尽到了如实告知的义务，免责条款对陈某生效。因此，C项错误。

D项：本题中，陈某与黄某产生自卸车的交易，基于诚信原则，应将自卸车有关的保险事宜包括保险合同的免责条款告知黄某。因此，D项正确。

综上所述，本题答案为AD项。

（二）财产保险合同责任

【单选】

2 2002052

参考答案：C

解析：A项：乙在造成交通事故后及时将丙送医，只是在丙的家属到来后因害怕躲起来，并未耽误丙的治疗，也无逃避责任，所以乙不属于肇事逃逸。因此，A项错误。

B项：《机动车交通事故责任强制保险条例》第21条第1款规定："被保险机动车发生道路交通事故造成本车人员、被保险人以外的受害人人身伤亡、财产损失的，由保险公司依法在机动车交通事故责任强制保险责任限额范围内予以赔偿。"本题中，投保人在保险架构中所起到的主要作用是缴纳保费和退还保费，真正享有保险利益的是被保险人，故保险公司不能以乙并非投保人为由而拒绝赔偿。因此，B项错误。

C项：《保险法解释（四）》第19条第2款规定："被保险人与第三者就被保险人的赔偿责任达成和解协议，未经保险人认可，保险人主张对保险责任范围以及赔偿数额重新予以核定的，人民法院应予支持。"本题中，甲与丙的家属达成的100万赔偿未经保险公司认可，故保险公司有权重新核定赔偿金额。因此，C项正确。

D项：《保险法解释（二）》第10条规定："保险人将法律、行政法规中的禁止性规定情形作为保险合同免责条款的免责事由，保险人对该条款作出提示后，投保人、被保险人或者受益人以保险人未履行明确说明义务为由主张该条款不成为合同内容的，人民法院不予支持。"本题中，肇事逃逸属于法律的禁止性规定，如果约定肇事逃逸保险公司免责，保险公司对此可以不说明。因此，D项错误。

综上所述，本题答案为C项。

【多选】

3 2102006

参考答案：C,D

解析：A项：《机动车交通事故责任强制保险条例》第3条规定："本条例所称机动车交通事故责任强制保险，是指由保险公司对被保险机动车发生道路交通事故造成本车人员、被保险人以外的受害人的人身伤亡、财产损失，在责任限额内予以赔偿的强制性责任保险。"据此，交强险不赔付本车人员及被保险人的人身伤亡、财产损失。本题中，该车由郑某驾驶，交强险不赔偿郑某受伤的费用。因此，A项错误。

BCD 项：第三者责任商业险是指被保险人或其允许的驾驶人员在使用保险车辆过程中发生意外事故，致使第三者遭受人身伤亡或财产直接损毁，依法应当由被保险人承担的经济责任，保险公司负责赔偿。据此，第三者责任商业险不赔付第三人的间接财产损失。车上乘客受伤不属于第三者责任商业险的赔付范围。本题中，乘客价值 100 万元的合同损失属于间接损失，商业险不予赔偿；护栏损坏属于本车人员、被保险人以外的直接财产损失，交强险和第三者责任商业险均应予以赔偿。因此，B 项错误，CD 项正确。
综上所述，本题答案为 CD 项。

4 2102097

参考答案：B,C
解析：AB 项：《机动车交通事故责任强制保险条例》第 21 条第 1 款规定：“被保险机动车发生道路交通事故造成本车人员、被保险人以外的受害人人身伤亡、财产损失的，由保险公司依法在机动车交通事故责任强制保险责任限额范围内予以赔偿。”本题中，司机张三系被保险人，乘客李四属于车内人员，二者的人身损害均不是交强险的赔偿范围。因此，A 项错误，B 项正确。
C 项：《保险法》第 65 条规定：“保险人对责任保险的被保险人给第三者造成的损害，可以依照法律的规定或者合同的约定，直接向该第三者赔偿保险金。责任保险的被保险人给第三者造成损害，被保险人对第三者应负的赔偿责任确定的，根据被保险人的请求，保险人应当直接向该第三者赔偿保险金。被保险人怠于请求的，第三者有权就其应获赔偿部分直接向保险人请求赔偿保险金。责任保险的被保险人给第三者造成损害，被保险人未向该第三者赔偿的，保险人不得向被保险人赔偿保险金。责任保险是指以被保险人对第三者依法应负的赔偿责任为保险标的的保险。”本题中，护栏的损失作为因交通事故造成的第三方的财产损失，属于交强险的赔偿范围。因此，C 项正确。
D 项：商业险是指被保险人或其允许的驾驶人员在使用保险车辆过程中发生意外事故，致使第三者遭受人身伤亡或财产直接损毁，依法应当由被保险人承担的经济责任，保险公司负责赔偿。据此，商业险不赔付第三人的间接财产损失。本题中，李四因为交通事故遭受的未能签约的 100 万元的损失，并非张三未能依法安全驾驶导致的直接损失，故商业险不赔。因此，D 项错误。
综上所述，本题答案为 BC 项。

5 2002076

参考答案：B,D
解析：AB 项：《保险法》第 65 条第 1 款规定：“保险人对责任保险的被保险人给第三者造成的损害，可以依照法律的规定或者合同的约定，直接向该第三者赔偿保险金。”据此，在机动车辆第三者责任保险中，被保险人或其允许的驾驶人员在使用保险车辆过程中发生意外事故，致使第三者遭受人身伤亡或财产直接损毁，依法应当由被保险人承担的经济责任，保险公司负责赔偿。第三者责任险的核心法律关系是被保险人给第三者造成损害，赔偿责任确定后，保险公司直接对第三者赔偿保险金，即“你犯错，保险公司替你赔”。本题中，保险标的是张某的宝马汽车，无论是张某还是张某允许的其他驾驶人员驾驶此车辆损害第三人利益，保险公司均应承担赔偿责任。因此，A 项错误，B 项正确。
CD 项：《保险法解释（四）》第 19 条规定：“责任保险的被保险人与第三者就被保险人的赔偿责任达成和解协议且经保险人认可，被保险人主张保险人在保险合同范围内依据和解协议承担保险责任的，人民法院应予支持。被保险人与第三者就被保险人的赔偿责任达成和解协议，未经保险人认可，保险人主张对保险责任范围以及赔偿数额重新予以核定的，人民法院应予支持。”本题中，和解协议是侵权方和被害方达成的协议，按照合同相对性原则，该和解协议仅约束协议双方，对保险公司没有直接的约束力，保险公司“应当”按照和解协议赔偿保险金的表述是错误的。另外，结合法律规定，如果保险公司对该和解协议认可的，按和解协议赔偿保险金，否则有权对保险责任范围以及赔偿数额重新予以核定。因此，C 项错误，D 项正确。
综上所述，本题答案为 BD 项。

6　1603076

参考答案：A,B

解析：ABCD 项：《保险法》第 27 条第 3 款、4 款规定："保险事故发生后，投保人、被保险人或者受益人以伪造、变造的有关证明、资料或者其他证据，编造虚假的事故原因或者夸大损失程度的，保险人对其虚报的部分不承担赔偿或者给付保险金的责任。投保人、被保险人或者受益人有前三款规定行为之一，致使保险人支付保险金或者支出费用的，应当退回或者赔偿。"本题中，投保人甲公司伪造证明夸大损失，保险人只对虚报的部分不承担给付保险金的责任，但是对实际的损失应当按照约定给付保险金，保险人不享有解除保险合同的权利，保险公司由于投保人甲公司夸大损失而为查清事实所花费的 5 万元，应当由投保人甲公司承担。因此，AB 项正确，CD 项错误。

综上所述，本题答案为 AB 项。

（三）财产保险下的代位求偿权

【单选】

7　1902026

参考答案：A

解析：［命题陷阱］1. 订立保险合同前，被保险人放弃对第三人的求偿权的行为有效，第三人因此免责，在弃权范围内无需对被保险人赔偿，也无需受保险公司追偿；2. 保险公司只有在订立保险合同时就是否弃权做过询问，投保人隐瞒弃权事实的情况下，才能向被保险人主张返还保险金。

AB 项：《保险法解释（四）》第 9 条规定："在保险人以第三者为被告提起的代位求偿权之诉中，第三者以被保险人在保险合同订立前已放弃对其请求赔偿的权利为由进行抗辩，人民法院认定上述放弃行为合法有效，保险人就相应部分主张行使代位求偿权的，人民法院不予支持。保险合同订立时，保险人就是否存在上述放弃情形提出询问，投保人未如实告知，导致保险人不能代位行使请求赔偿的权利，保险人请求返还相应保险金的，人民法院应予支持，但保险人知道或者应当知道上述情形仍同意承保的除外。"本题中，中天公司在投保前对作为投保标的的机器设备豁免了张三 90% 的赔偿责任，该放弃合法有效，故张三只承担 10% 的赔偿责任；此外，在订立保险合同时，保险公司并未询问针对此设备有无免责约定，故保险公司赔偿后，向第三人张三追偿时，也只能向其追偿 10% 的赔偿，即仅可向张三追偿一万。因此，A 项正确，B 项错误。

C 项：《保险法解释（四）》第 12 条规定："保险人以造成保险事故的第三者为被告提起代位求偿权之诉的，以被保险人与第三者之间的法律关系确定管辖法院。"本题中，代位求偿诉讼的双方当事人是保险公司和张三，保险公司的权利承继自被保险人，所以诉讼争议应按照被保险人和第三者之间的关系确定管辖法院。因此，C 项错误。

D 项：《保险法》第 16 条第 1 款规定："订立保险合同，保险人就保险标的或者被保险人的有关情况提出询问的，投保人应当如实告知。"《保险法解释（二）》第 6 条第 1 款规定："投保人的告知义务限于保险人询问的范围和内容……"本题中，投保人告知的义务限于保险公司询问的范围和内容。保险公司在投保时未就免责事宜询问，中天公司没有告知的责任，所以不存在保险公司"被骗"的情形，保险公司不能主张中天公司返还已经支付的保险赔偿金。因此，D 项错误。

综上所述，本题答案为 A 项。

8　1103034

参考答案：B

解析：ABCD 项：《保险法》第 61 条规定："保险事故发生后、保险人未赔偿保险金之前，被保险人放弃对第三者请求赔偿的权利的，保险人不承担赔偿保险金的责任。保险人向被保险人赔偿保险金后，被保险人未经保险人同意放弃对第三者请求赔偿的权利的，该行为无效。被保险人故意或者因重大过失致使保险人不能行使代位请求赔偿的权利的，保险人可以扣减或者要求返还相应的保险金。"第 60 条规定："因第三者对保险标的的损害而造成保险事故的，保险人自向被保险人赔偿保险金之日起，在赔偿金额范围内代位行使被保险人对第三者请求赔偿的权利。前款规定的保险事故发生后，被保险人已经从第三者取得损害赔偿的，保险人赔偿保险金时，可以相应扣减被保险人从第三者已取得的赔偿金额。保险人依照本条第一款规定行使代位请求赔偿的权利，不影响被保险人就未取得赔偿的部分向第三者请求赔偿的权利。”本题中，张三在保险人赔偿保险金之前，免除了李四修理费 1000 元，故保险公司也应当免除 1000 元的赔偿责任，仅应当承担剩下的 4000 元保险金的赔付责任。保险公司自向被保险人张三赔偿保险金之日起，有权在赔偿金额范围内代位行使张三对李四请求赔偿的权利，即有权对这 4000 元向李四求偿。因此，B 项正确，ACD 项错误。

综上所述，本题答案为 B 项。

【多选】

9 2302037

参考答案：B,C

解析：ABC 项：《保险法》第 60 条第 1 款规定：“因第三者对保险标的的损害而造成保险事故的，保险人自向被保险人赔偿保险金之日起，在赔偿金额范围内代位行使被保险人对第三者请求赔偿的权利。”本题中，甲车因丙超速驾驶而遭受严重损失，甲可向丙或戊保险公司主张赔偿责任。因此，B 项正确。若甲的保险公司已向甲先行赔付，其可向丙或戊保险公司主张代位求偿权。注意，代位求偿权的行使主体应是甲的保险公司，而非被保险人甲。因此，A 项错误，C 项正确。

D 项：甲乙之间的约定不影响丙法律责任的承担。因此，D 项错误。

综上所述，本题答案为 BC 项。

10 2002128

参考答案：A,B,C,D

解析：AB 项：《保险法》第 61 条第 1、2 款规定：“保险事故发生后，保险人未赔偿保险金之前，被保险人放弃对第三者请求赔偿的权利的，保险人不承担赔偿保险金的责任。保险人向被保险人赔偿保险金后，被保险人未经保险人同意放弃对第三者请求赔偿的权利的，该行为无效。”因此，AB 项正确。

C 项：《保险法》第 60 条第 3 款规定：“保险人依照本条第一款规定行使代位请求赔偿的权利，不影响被保险人就未取得赔偿的部分向第三者请求赔偿的权利。”本题中，齐某可以就未取得赔偿的部分向常某请求赔偿。因此，C 项正确。

D 项：《保险法》第 62 条规定：“除被保险人的家庭成员或者其组成人员故意造成本法第六十条第一款规定的保险事故外，保险人不得对被保险人的家庭成员或者其组成人员行使代位请求赔偿的权利。”本题中，若常某系齐某的家庭成员，且根据题干常某系非故意造成保险事故，因此保险人不得对常某行使代位求偿权。因此，D 项正确。

综上所述，本题答案为 ABCD 项。

（四）特殊保险制度

【多选】

11 1203075

参考答案：A,B

解析：ABCD 项：《保险法》第 65 条第 1、2 款规定：“保险人对责任保险的被保险人给第三者造成的损害，可以依照法律的规定或者合同的约定，直接向该第三者赔偿保险金。责任保险的被保险人给第三者造成损害，被保险人对第三者应负的赔偿责任确定的，根据被保险人的请求，保险人应当直接向该第三者赔偿保险金。被保险人怠于请求的，第三者有权就其应获赔偿部分直接向保险人请求赔偿保险金。”本题中，在责任险中，被保险人乙旅行社和丙公司有权要求保险公司直接向丁支付保险金；而丁只有在被保险人怠于请求时，才有权就其应获赔偿部分直接向保险人请求赔偿保险金。因此，AB 项正确，CD 项错误。

综上所述，本题答案为 AB 项。

（五）综合知识点

【单选】

12 2102016

参考答案：A

解析：A 项：《保险法》第 12 条第 2 款规定：“财产保险的被保险人在保险事故发生时，对保险标的应当具有保险利益。”第 48 条规定：“保险事故发生时，被保险人对保险标的不具有保险利益的，不得向保险人请求赔偿保险金。”第 49 条第 1 款规定："保险标的转让的，保险标的的受让人承继被保险人的权利和义务。"本题中，保险事故发生时，甲运输公司已将汽车转让给蔚蓝公司，其对保险标的汽车不再具有保险利益，故保险公司可拒绝向甲运输公司赔偿损失。因此，A 项正确。

BCD 项：《保险法》第 49 条规定："保险标的转让的，被保险人或者受让人应当及时通知保险人，但货物运输保险合同和另有约定的合同除外。因保险标的转让导致危险程度显著增加的，保险人自收到前款规定的通知之日起三十日内，可以按照合同约定增加保险费或者解除合同。保险人解除合同的，应当将已收取的保险费，按照合同约定扣除自保险责任开始之日起至合同解除之日止应收的部分后，退还投保人。被保险人、受让人未履行本条第二款规定的通知义务的，因转让导致保险标的危险程度显著增加而发生的保险事故，保险人不承担赔偿保险金的责任。"本题中，该汽车转让给蔚蓝公司，从营运车辆转为非营运车辆，风险并未增加，蔚蓝公司承继甲运输公司的权利和义务，保险公司没有解除合同的权利。因此，BD 项错误。根据上述规定，危险程度显著增加的，保险人可要求增加保险费，但并未规定危险程度降低能够减少保险费。因此，C 项错误。

综上所述，本题答案为 A 项。

13 2002066

参考答案：A

解析：A 项：《保险法》第 26 条第 1 款规定："人寿保险以外的其他保险的被保险人或者受益人，向保险人请求赔偿或者给付保险金的诉讼时效期间为二年，自其知道或者应当知道保险事故发生之日起计算。"由于诉讼时效期间应与《民法典》规定的一般诉讼时效统一，故其诉讼时效为自其知道或者应当知道保险事故发生之日起 3 年。本题中，被保险人知道事故发生的时间是 2017 年，提出理赔的时间是 2021 年，超过了 3 年的诉讼时效，保险公司可以拒绝赔付。因此，A 项正确。

B 项：附加险"平安出行"双方约定的是"赠送"，即投保人无需为此缴纳保费，合同生效期间发生保险事故的，保险公司应该依法理赔，不能因投保人未缴费而拒赔。因此，B 项错误。

C 项：《保险法》第 27 条第 2 款规定："投保人、被保险人故意制造保险事故的，保险人有权解除合同，不承担赔偿或者给付保险金的责任；除本法第四十三条规定外，不退还保险费。"本题中，张某并非投保人或被保险人，且车祸并非张某"故意"造成，不符合保险公司免责的适用情形，所以保险公司的拒赔理由不合法。因此，C 项错误。

D 项：附加险带有"附加"两字，说明其是依托主险而存在的，不能脱离主险而单独购买。但是生效后的主险和附加险在履行过程中是独立的，发生对应的保险事故理赔也是独立的，发生附加险的保险事故，按附加险的合同约定单独理赔，D 项抹杀了附加险的价值和存在的必要。因此，D 项错误。

综上所述，本题答案为 A 项。

【多选】

14 1503076

参考答案：B,D

解析：A 项：《保险法》第 55 条第 4 款规定："保险金额低于保险价值的，除合同另有约定外，保险人按照保险金额与保险价值的比例承担赔偿保险金的责任。"本题中，甲保险公司应该按照保险金额与该古玩实际价值的比例承担保险责任。因此，A 项错误。

B 项：《保险法》第 60 条规定："因第三者对保险标的的损害而造成保险事故的……被保险人已经从第三者取得损害赔偿的，保险人赔偿保险金时，可以相应扣减被保险人从第三者已取得的赔偿金额……"本题中，若刘某已经进行全部赔偿，则甲公司无需进行赔偿。因此，B 项正确。

C 项：《保险法解释（二）》第 16 条第 1 款规定："保险人应以自己的名义行使保险代位求偿权。"本题中，甲公司只能以自己的名义而不能以潘某的名义行使保险代位求偿权。因此，C 项错误。

D 项：《保险法》第 60 条第 3 款规定："保险人依照本条第一款规定行使代位请求赔偿的权利，不影响被保险人就未取得赔偿的部分向第三者请求赔偿的权利。"本题中，甲公司以自己的名义向刘某追偿后，并不影响潘某就不足部分向刘某追偿。

因此，D 项正确。
综上所述，本题答案为 BD 项。

15 1303054

参考答案：A,B,C,D

解析：A 项：《民法典》第 195 条规定：“有下列情形之一的，诉讼时效中断，从中断、有关程序终结时起，诉讼时效期间重新计算：（一）权利人向义务人提出履行请求；（二）义务人同意履行义务；（三）权利人提起诉讼或者申请仲裁；（四）与提起诉讼或者申请仲裁具有同等效力的其他情形。”本题中，事故发生后，由于丙不断向甲索赔，将导致丙对甲的侵权债权的诉讼时效数次中断的法律效果。所以，至事故后第 3 年，甲同意赔款的时候，诉讼时效并未届满。“事故后第 3 年，甲同意赔款”这一事实，再次导致债权诉讼时效中断，重新起算，故丙对甲享有的侵权债权的诉讼时效期间未经过。因此，A 项错误，当选。

B 项：《诉讼时效规定》第 18 条第 1 款规定：“主债务诉讼时效期间届满，保证人享有主债务人的诉讼时效抗辩权。”本题中，甲同意赔款，甲友丁为此提供保证。因为甲对丙的债务诉讼时效期间未届满，丁无权以侵权之债诉讼时效已过为由不承担保证责任。因此，B 项错误，当选。

C 项：《保险法司法解释（四）》第 18 条规定：“商业责任险的被保险人向保险人请求赔偿保险金的诉讼时效期间，自被保险人对第三者应负的赔偿责任确定之日起计算。”本题中，甲向乙公司主张侵权之债的诉讼时效自乙公司对甲或丁应负的赔偿责任确定之日起计算。甲同意赔款时间未超过一年，乙公司确认甲或丁的赔偿责任确认之日不会超过一年，因此侵权之债的诉讼时效尚未经过。因此，C 项错误，当选。

D 项：《保险法》第 26 条第 1 款规定：“人寿保险以外的其他保险的被保险人或者受益人，向保险人请求赔偿或者给付保险金的诉讼时效期间为二年，自其知道或者应当知道保险事故发生之日起计算。”第 16 条第 7 款规定：“保险事故是指保险合同约定的保险责任范围内的事故。”责任保险，是指以被保险人对第三者依法应负的赔偿责任为保险标的的保险。本题中，丙对乙请求支付保险金的诉讼时效期间为 2 年，自丙知道或者应当知道保险事故发生之日起开始计算。责任保险的保险事故发生之日，指被保险人对第三人所负责任性质及赔偿数额确定之日，即“甲同意赔款之日”。而自“甲同意赔款之日”才过了一年，丙请求乙支付保险金的时效尚未经过。因此，D 项错误，当选。

综上所述，本题为选非题，本题答案为 ABCD 项。

二、模拟训练

16 62106063

参考答案：B

解析：A 项：在财产保险中，如果被保险财产的损害是由第三者造成的，那么投保人既可以向保险公司索赔，也可以向第三者索赔，无先后顺序要求。故李某可以向杨某索赔，也可以直接找保险公司索赔，无先后顺序的限制。因此，A 项错误。

B 项：《保险法》第 52 条规定：“在合同有效期内，保险标的的危险程度显著增加的，被保险人应当按照合同约定及时通知保险人，保险人可以按照合同约定增加保险费或者解除合同……被保险人未履行前款规定的履行义务的，因保险标的危险程度显著增加而发生的保险事故，保险人不承担赔偿保险金的责任。”本题中，李某以非营运性质车辆向保险公司投保，又将该车挂靠在汽车租赁公司名下从事汽车租赁服务，车辆性质已转化为营运性质，保险标的的危险程度已显著增加，李某未向保险公司履行告知义务，所以发生保险事故保险公司不予赔偿。因此，B 项正确。

C 项：《保险法》第 61 条第 1 款规定：“保险事故发生后，保险人未赔偿保险金之前，被保险人放弃对第三者请求赔偿的权利的，保险人不承担赔偿保险金的责任。”本题中，李某在发生保险事故后、保险公司未赔偿保险金前就已经放弃对第三者杨某的索赔，此时保险公司是不承担赔偿保险金的责任的。因此，C 项错误。

D 项：《保险法解释（四）》第 10 条规定：“因第三者对保险标的的损害而造成保险事故，保险人获得代位请求赔偿的权利的情况未通知第三者或者通知到达第三者前，第三者在被保险人已经从保险人处获赔的范围内又向被保险人作出赔偿，保险人主张代位行使被保险人对第三者请求赔偿的权利的，人民法院不予支持。保险人就相应赔偿金主张被保险人返还的，人民法院应予支持。”本题中，保险公司仍然可以向杨某追偿，且杨某有权要求李某返还。因此，D 项错误。

综上所述，本题答案为 B 项。

17 62206175

参考答案：C,D

解析：A 项：《保险法》第 49 条第 2 款规定：“保险标的转让的，被保险人或者受让人应当及时通知保险人，但货物运输保险合同和另有约定的合同除外。”本题中，保险标的为在途货物，属于例外情形可以不通知。因此，A 项错误。

B 项：《保险法》第 21 条规定：“投保人、被保险人或者受益人知道保险事故发生后，应当及时通知保险人。故意或者因重大过失未及时通知，致使保险事故的性质、原因、损失程度等难以确定的，保险人对无法确定的部分，不承担赔偿或者给付保险金的责任，但保险人通过其他途径已经及时知道或者应当及时知道保险事故发生的除外。”本题中，投保人、被保险人或者受益人存在故意或者重大过失才适用此条款，江夏的过失尚未达到“重大”的程度。因此，B 项错误。

CD 项：《保险法解释（二）》第 19 条规定：“保险事故发生后，被保险人或者受益人起诉保险人，保险人以被保险人或者受益人未要求第三者承担责任为由抗辩不承担保险责任的，人民法院不予支持。财产保险事故发生后，被保险人就其所受损失从第三者取得赔偿后的不足部分提起诉讼，请求保险人赔偿的，人民法院应予依法受理。”本题中，若为第三人导致事故发生，江夏起诉辉耀保险公司，则保险公司不能以被保险人或者受益人未要求第三人承担责任为由抗辩，主张不承担保险责任。此外，江夏有权就其所受损失从第三人处取得赔偿后的不足部分提起诉讼，请求保险人赔偿。因此，CD 项正确。

综上所述，本题答案为 CD 项。

18 62006127

参考答案：C,D

解析：AD 项：《保险法》第 60 条规定：“因第三者对保险标的的损害而造成保险事故的，保险人自向被保险人赔偿保险金之日起，在赔偿金额范围内代位行使被保险人对第三者请求赔偿的权利。前款规定的保险事故发生后，被保险人已经从第三者取得损害赔偿的，保险人赔偿保险金时，可以相应扣减被保险人从第三者已取得的赔偿金额。保险人依照本条第一款规定行使代位请求赔偿的权利，不影响被保险人就未取得赔偿的部分向第三者请求赔偿的权利。”本题中，消防部门认定：火灾事故是仓库内电气线路及设施原因引起的，白林公司未履行保障对外出租的仓库设施安全的义务，对火灾发生存在过错。太平洋保险公司依据保险合同约定实际赔付了投保人鸿兴公司的火灾损失后，依法取得了代位求偿权，有权向第三者白林公司主张权利。鸿兴公司从保险公司得到的赔偿不足 20 万元时，可以就未取得赔偿的部分向存在过错的侵权人白林公司索赔，而宝南公司非本案侵权人，无须承担责任。因此，A 项正确，不当选；D 项错误，当选。

B 项：《保险法》第 16 条第 1、2 款规定：“订立保险合同，保险人就保险标的或者被保险人的有关情况提出询问的，投保人应当如实告知。投保人故意或者因重大过失未履行前款规定的如实告知义务，足以影响保险人决定是否同意承保或者提高保险费率的，保险人有权解除合同。”本题中，仓库未办理消防验收手续，将足以影响保险人决定是否同意承保或者提高保险费率，投保人鸿兴公司若未如实告知，太平洋保险公司有权解除保险合同。因此，B 项正确，不当选。

C 项：《保险法》第 61 条第 1 款规定：“保险事故发生后、保险人未赔偿保险金之前，被保险人放弃对第三者的请求赔偿的权利的，保险人不承担赔偿保险金的责任。”本题中，涉案事故系财产保险事故，鸿兴公司可以放弃对白林公司的赔偿请求权，但其放弃赔偿请求权后，太平洋保险公司便无须对鸿兴公司承担赔偿保险金的责任。因此，C 项错误，当选。

综上所述，本题为选非题，本题答案为 CD 项。

信托法

参考答案

[1]A　[2]CD　[3]BCD　[4]BD　[5]ACD
[6]AD

一、历年真题及仿真题

（一）信托财产

【单选】

1　2202072

参考答案：A

解析：ABCD 项：《信托法》第 14 条规定："受托人因承诺信托而取得的财产是信托财产，受托人因信托财产的管理运用、处分或者其他情形而取得的财产，也归入信托财产。"本案中，乙信托公司以信托合同方式承诺信托，依据信托合同，信托财产是 300 万元，因此甲有权主张 300 万元的本金。但由于乙信托公司并未将 300 万元的信托财产全部用于购买信托产品，而仅购买了 200 万元的信托产品，也即仅 200 万元的信托财产实际产生了信托收益，剩余的 100 万元信托财产并未产生实际的信托收益，因此甲只能主张 200 万元所对应的信托收益。最后，由于乙信托公司并未依据信托合同履行信托义务，构成违约，委托人甲可据此要求对方向自己承担违约责任，也即能够主张 100 万元信托财产所对应的预期利益。因此，A 项正确，BCD 项均错误。

综上所述，本题答案为 A 项。

（二）信托变更与终止

【多选】

2　2302029

参考答案：C,D

解析：提示：本题考查的是集合信托（即委托人 ＞ 1 人），甲乙丙既是委托人又是受益人，扬帆公司是受托人。

A 项：《信托法》第 16 条第 1 款："信托财产与属于受托人所有的财产（以下简称固有财产）相区别，不得归入受托人的固有财产或者成为固有财产的一部分。"本题中，委托人甲乙丙三公司与受托人扬帆公司之间系信托法律关系，这是一种财产管理法律关系，而非债权债务法律关系，受益人甲乙丙并非扬帆公司的债权人，在扬帆公司破产时，不能申报债权。因此，A 项错误。

BC 项：《信托法》第 16 条第 2 款规定："受托人死亡或者依法解散、被依法撤销、被宣告破产而终止，信托财产不属于其遗产或者清算财产。"第 52 条规定："信托不因委托人或者受托人的死亡、丧失民事行为能力、依法解散、被依法撤销或者被宣告破产而终止，也不因受托人的辞任而终止。"本题中，受托人扬帆公司破产时，信托存续，信托财产不属于其清算财产。因此，B 项错误，C 项正确。

D 项：《信托法》第 39 条规定："受托人有下列情形之一的，其职责终止：……（三）被依法撤销或者被宣告破产；……受托人职责终止时，其继承人或者遗产管理人、监护人、清算人应当妥善保管信托财产，协助新受托人接管信托事务。"第 40 条第 1 款规定："受托人职责终止的，依照信托文件规定选任新受托人；信托文件未规定的，由委托人选任；委托人不指定或者无能力指定的，由受益人选任；受益人为无民事行为能力人或者限制民事行为能力人的，依法由其监护人代行选任。"本题中，未提及信托文件另有规定，甲乙丙可重新选任受托人。因此，D 项正确。

综上所述，本题答案为 CD 项。

（三）综合知识点

【不定项】

3　2202073

参考答案：B,C,D

解析：A 项：《信托法》第 35 条规定："受托人有权依照信托文件的约定取得报酬。信托文件未作事先约定的，经信托当事人协商同意，可以作出补充约定；未作事先约定和补充约定的，不得收取报酬。约定的报酬经信托当事人协商同意，可以增减其数额。"本案中，信托合同未就报酬事项进行约定，故受托人无权请求支付报酬。不过注意，双方可以在事后达成补充约定。因此，A项正确，不当选。

B项：《信托法》第11条规定："有下列情形之一的，信托无效：（一）信托目的违反法律、行政法规或者损害社会公共利益；（二）信托财产不能确定；（三）委托人以非法财产或者本法规定不得设立信托的财产设立信托；（四）专以诉讼或者讨债为目的设立信托；（五）受益人或者受益人范围不能确定；（六）法律、行政法规规定的其他情形。"因此，未约定报酬并不会导致信托无效，B项错误，当选。

C项：《信托法》第2条规定："本法所称信托，是指委托人基于对受托人的信任，将其财产权委托给受托人，由受托人按委托人的意愿以自己的名义，为受益人的利益或者特定目的，进行管理或者处分的行为。"本案中，信托公司根据甲的指令处分财产，属于依据委托人意愿，为受益人利益或特定目的处分和管理财产的行为，符合法律规定，应当认定信托公司为受托人。因此，C项错误，当选。

D项：《信托法》第26条规定："受托人除依照本法规定取得报酬外，不得利用信托财产为自己谋取利益。受托人违反前款规定，利用信托财产为自己谋取利益的，所得利益归入信托财产。"本案中，乙信托公司不得随意出借信托财产，且所获收益应归于信托财产而非抵作报酬。因此，D项错误，当选。

综上所述，本题为选非题，本题答案为BCD项。

二、模拟训练

4 62206006

参考答案：B,D

解析：A项：《信托法》第8条第3款规定："采取信托合同形式设立信托的，信托合同签订时，信托成立。采取其他书面形式设立信托的，受托人承诺信托时，信托成立。"本题中，蒋大与信托公司签订信托合同时，信托成立，并非信托公司承诺时。因此，A项错误。

B项：《信托法》第12条第1款规定："委托人设立信托损害其债权人利益的，债权人有权申请人民法院撤销该信托。"本题中，蒋大将自己全部的财产设立了信托，损害了债权人李四的利益，李四有权撤销该信托。因此，B项正确。

C项：《信托法》第43条第3款规定："受托人可以是受益人，但不得是同一信托的唯一受益人。"本题中，蒋大可以将信托公司作为受益人。因此，C项错误。

D项：《信托法》第46条规定："受益人可以放弃信托受益权。全体受益人放弃信托受益权的，信托终止。部分受益人放弃信托受益权的，被放弃的信托受益权按下列顺序确定归属：（一）信托文件规定的人；（二）其他受益人；（三）委托人或者其继承人。"本题中，信托文件无特别规定，当蒋一放弃受益权时，其受益权由其他受益人即蒋二享有。因此，D项正确。

综上所述，本题答案为BD项。

5 62206085

参考答案：A,C,D

解析：A项：《信托法》第52条规定："信托不因委托人或者受托人的死亡、丧失民事行为能力、依法解散、被依法撤销或者被宣告破产而终止，也不因受托人的辞任而终止。但本法或者信托文件另有规定的除外。"本题中，委托人张三死亡不会导致信托终止。因此，A项错误，当选。

BC项：《信托法》第51条规定："设立信托后，有下列情形之一的，委托人可以变更受益人或者处分受益人的信托受益权：……（二）受益人对其他共同受益人有重大侵权行为；……有前款第（一）项、第（三）项、第（四）项所列情形之一的，委托人可以解除信托。"本题中，受益人张小三殴打共同受益人张小五，构成对其他受益人的重大侵权，委托人张三可以变更受益人，但不能解除信托。因此，B项正确，不当选；C项错误，当选。

D项：《信托法》第53条规定："有下列情形之一的，信托终止：（一）信托文件规定的终止事由发生；（二）信托的存续违反信托目的；（三）信托目的已经实现或者不能实现；（四）信托当事人协商同意；（五）信托被撤销；（六）信托被解除。"据此可知，受益人被判处刑罚并非信托终止事项。本题中，张小五死亡后，仍有受益人张小三，且信托不因张小三被判处刑罚而终止。因此，D 项错误，当选。

综上，本题为选非题，答案为 ACD 项。

6 62206007

参考答案：A,D

解析：A 项：《信托法》第 37 条第 1 款规定："受托人因处理信托事务所支出的费用、对第三人所负债务，以信托财产承担。"本题中，信托公司因管理信托财产支出了保管费，故可用信托财产进行清偿。因此，A 项正确。

B 项：《信托法》第 17 条规定："除因下列情形之一外，对信托财产不得强制执行：（一）设立信托前债权人已对该信托财产享有优先受偿的权利，并依法行使该权利的；（二）受托人处理信托事务所产生债务，债权人要求清偿该债务的；（三）信托财产本身应担负的税款；（四）法律规定的其他情形。对于违反前款规定而强制执行信托财产，委托人、受托人或者受益人有权向人民法院提出异议。"本题中，蒋四需承担的合伙企业债务，不属于以上任何一种情形，故债权人无权申请强制执行该信托财产。因此，B 项错误。

C 项：《信托法》第 18 条第 1 款规定："受托人管理运用、处分信托财产所产生的债权，不得与其固有财产产生的债务相抵销。"本题中，信托财产是为信托目的而独立存在的财产，其独立于受托人的固有财产，因此信托公司利用信托财产进行投资活动所获得的收益，不得与其之前投资失败所欠下的债务相抵销。因此，C 项错误。

D 项：《信托法》第 47 条规定："受益人不能清偿到期债务的，其信托受益权可以用于清偿债务，但法律、行政法规以及信托文件有限制性规定的除外。"本题中，蒋小五作为受益人，在其不能清偿到期债务时，可用信托受益权清偿。因此，D 项正确。

综上所述，本题答案为 AD 项。

「刷够好题」阶段——觉晓必刷题系列

法考必刷题

——商法核心真题+模拟

题集

商法

2024版

觉晓法考组　编著

中国政法大学出版社

2024・北京

图书在版编目（CIP）数据

法考必刷题. 商法核心真题+模拟/觉晓法考组编著. —北京：中国政法大学出版社，2024.4
ISBN 978-7-5764-1157-7

Ⅰ. ①法… Ⅱ. ①觉… Ⅲ. ①商法－中国－资格考试－习题集 Ⅳ. ①D920.4

中国国家版本馆 CIP 数据核字(2023)第 214326 号

出 版 者　中国政法大学出版社

地　　址　北京市海淀区西土城路 25 号

邮寄地址　北京 100088 信箱 8034 分箱　邮编 100088

网　　址　http://www.cuplpress.com (网络实名：中国政法大学出版社)

电　　话　010-58908285(总编室) 58908433（编辑部）58908334(邮购部)

承　　印　重庆天旭印务有限责任公司

开　　本　787mm×1092mm　1/16

印　　张　17.5

字　　数　445 千字

版　　次　2024 年 4 月第 1 版

印　　次　2024 年 4 月第 1 次印刷

定　　价　62.00 元（全两册）

KEEP AWAKE

CSER 高效学习模型

觉晓坚持每年组建"名师 + 高分学霸"教学团队，按照 Comprehend（讲考点→理解）→ System（搭体系→不散）→ Exercise（刷够题→会用）→ Review（多轮背→记住）学习模型设计教学产品，让你不断提高学习效果。

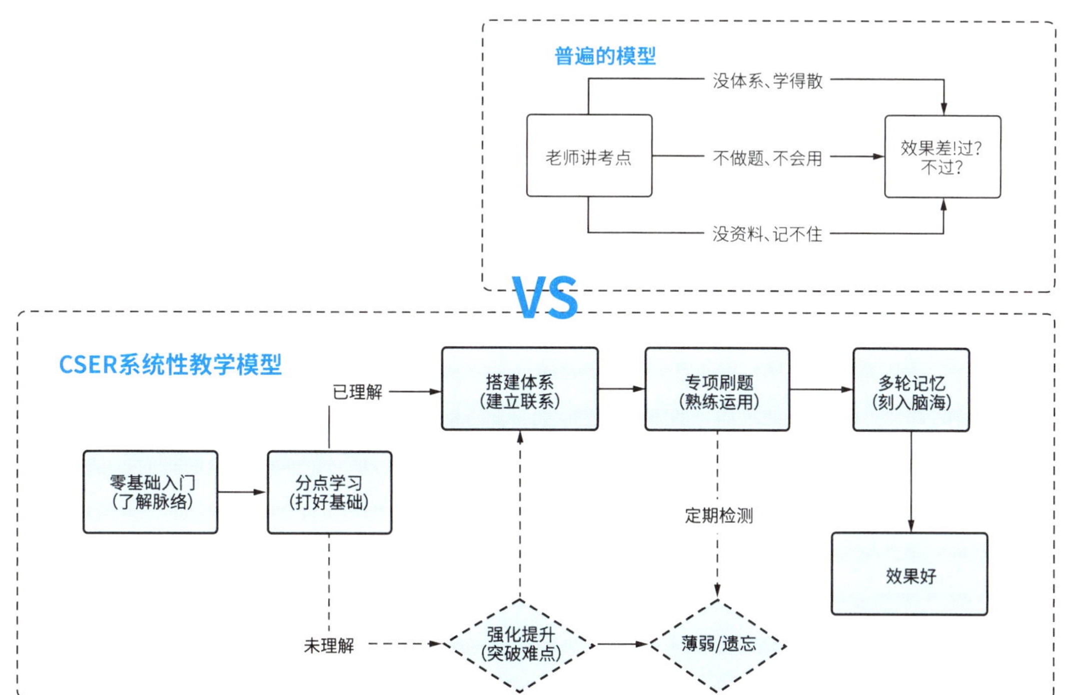

前面理解阶段跟名师，但后面记忆应试阶段，"高分学霸"更擅长，这样搭配既能保证理解，又能应试；时间少的在职考生可以直接跟"学霸"学习高效应试。

同时，知识要成体系性，后期才能记住，否则学完就忘！因此，觉晓有推理背诵图（推背图）、诉讼流程图等产品，辅助你建立知识框架体系，后期可以高效复习！

KEEP AWAKE

坚持数据化学习

觉晓已经实现听课、刷题、模考、记忆全程线上化学习。在学习期间，觉晓会进行数据记录，自2018年APP上线，觉晓已经积累了上百万条数据，并有十多万过线考生的精准学习数据。

觉晓有来自百度、腾讯、京东等大厂的AI算法团队，建模分析过线考生与没过线考生的数据差异，建立**“过考模型”**，其应用层包括：

1. **精准的数据指标**，让你知道过线**每日**需要消耗的“热量、卡路里”，有标准，过线才稳！

2. **按照数据优化教学产品**，一些对过线影响不大的科目就减少知识点，重要的就加强；**课时控制，留够做题时间**，因为中后期做题比听课更重要！

3. **精准预测分数**，实时检测你的数据，对比往年相似考生数据模型，让你知道，你这样学下去，最后会考多少分！

4. **AI智能推送**，根据**过线数据模型**推送二轮课程和题目，精准且有效地查漏补缺，让你的时间花得更有价值！

注：觉晓每年都会分析当年考生数据，出具一份完整的通过率数据分析报告，包括“客观题版”“主客一体版”“主观题二战版”，可以在微信订阅号“sikao411”，或通过“蒋四金法考”“觉晓法考”微博获取。

KEEP AWAKE

目录

Contents

公司法

第一章　公司法概述......001

第二章　公司的设立......004

第三章　公司的股东......011

第四章　公司的董事、监事、高管......014

第五章　公司的财务、会计制度......016

第六章　公司的变更、合并与分立......019

第七章　有限责任公司......021

第八章　股份有限公司......030

第九章　公司的解散与清算......033

合伙企业法

第一章　普通合伙企业......037

第二章　有限合伙企业......045

第三章　合伙企业的解散与清算......049

外商投资与个人投资......050

企业破产法

第一章　破产法概述......053

第二章　债务人财产......057

第三章　债权申报......060

第四章　破产程序......062

票据法

第一章　票据法概述......064

第二章　票据权利......065

第三章　票据抗辩与补救......067

第四章　票据的类型......068

证券法......072

保险法

第一章　保险合同总论......076

第二章　人身保险合同......081

第三章　财产保险合同......084

信托法......088

公司法

第一章 公司法概述

一、历年真题及仿真题*

（一）公司独立人格与股东有限责任

【多选】

1 2202122

甲是丙公司的参股股东，甲欠乙钱，现丙公司欲帮甲还钱。下列选项正确的是?

A．丙公司可以直接以公司财产偿还甲的债务

B．丙公司只有在作出有效股东会决议后，才能以公司财产偿还甲的债务

C．丙公司可以向甲提供无偿借款，帮其偿还债务

D．丙公司可以向甲提供有偿借款，帮其偿还债务

【不定项】

2 2002079

区某是原阳公司的法定代表人及董事长。公司章程规定，公司对外提供担保应由董事会提交股东会并经代表2/3以上表决权的股东同意作出决议。但该章程未作商事登记。德祥公司找到区某，就其欠天香公司的货款请求原阳公司提供担保。下列说法正确的是?

A．该公司章程虽未经登记仍有效

B．区某有权自行决定以原阳公司的名义为德祥公司提供担保

C．如果区某自行决定并以原阳公司的名义为德祥公司提供担保，该担保合同无效

D．应当依原阳公司章程规定，由股东会作出有效决议

* 注：下列题号对应觉晓APP的题号规则。本书中以18~23开头的题号均为2018年~2023年的仿真题。

（二）法人人格否认制度

【单选】

3 1603027

零盛公司的两个股东是甲公司和乙公司。甲公司持股70%并派员担任董事长，乙公司持股30%。后甲公司将零盛公司的资产全部用于甲公司的一个大型投资项目，待债权人丙公司要求零盛公司偿还货款时，发现零盛公司的资产不足以清偿。关于本案，下列哪一选项是正确的?

A．甲公司对丙公司应承担清偿责任

B．甲公司和乙公司按出资比例对丙公司承担清偿责任

C．甲公司和乙公司对丙公司承担连带清偿责任

D．丙公司只能通过零盛公司的破产程序来受偿

【单选】

4 2002056

张某独资设立甲公司，甲公司经营状况不好，张某还雪上加霜，将甲公司的全部资产投入张某妻子的一个项目中。甲公司对乙公司的200万元货款债权无力清偿。乙公司发现张某的所作所为后，将张某告上法庭，关于本案，法院的下列做法正确的是?

A．法院应当依职权变更甲公司为被告

B．法院应当依职权把甲公司列为第三人

C．法院应当依职权把甲公司追加为共同被告

D．法院应当向乙公司释明，告知其追加甲公司为共同被告

（三）公司的分类

【单选】

5 1703025

植根农业是北方省份一家从事农产品加工的公司。为拓宽市场，该公司在南方某省分别设立甲分公司与乙分公司。关于分公司的法律地位与责任，下列哪一选项是错误的?

A．甲分公司的负责人在分公司经营范围内，当然享有以植根公司名义对外签订合同的权利

解析页码 001—002

B. 植根公司的债权人在植根公司直接管理的财产不能清偿债务时，可主张强制执行各分公司的财产

C. 甲分公司的债权人在甲分公司直接管理的财产不能清偿债务时，可主张强制执行植根公司的财产

D. 乙分公司的债权人在乙分公司直接管理的财产不能清偿债务时，不得主张强制执行甲分公司直接管理的财产

6 1403025

玮平公司是一家从事家具贸易的有限责任公司，注册地在北京，股东为张某、刘某、姜某、方某四人。公司成立两年后，拟设立分公司或子公司以开拓市场。对此，下列哪一表述是正确的？

A. 在北京市设立分公司，不必申领分公司营业执照

B. 在北京市以外设立分公司，须经登记并领取营业执照，且须独立承担民事责任

C. 在北京市以外设立分公司，其负责人只能由张某、刘某、姜某、方某中的一人担任

D. 在北京市以外设立子公司，即使是全资子公司，亦须独立承担民事责任

【不定项】

7 1003096

甲公司欲单独出资设立一家子公司。甲公司的法律顾问就此向公司管理层提供了一份法律意见书，涉及到子公司的设立、组织机构、经营管理、法律责任等方面的问题。关于子公司的财产性质、法律地位、法律责任等问题，下列说法正确的是？

A. 子公司的财产所有权属于甲公司，但由子公司独立使用

B. 当子公司财产不足清偿债务时，甲公司仅对子公司的债务承担补充清偿责任

C. 子公司具有独立法人资格

D. 子公司进行诉讼活动时以自己的名义进行

（四）公司的投资与担保

【多选】

8 2202064

A有限责任公司有甲、乙、丙三个股东，甲为法定代表人。公司章程规定，公司对内担保需经董事会过半数表决通过。后来甲私自代表A公司为A公司的全资子公司担保。乙想让公司为自己的个人独资企业担保。下列说法错误的是？

A. 公司可以通过章程规定对内担保由董事会表决通过

B. 为全资子公司担保需经股东会决议

C. 为乙的个人独资企业担保需经股东会决议

D. 为乙的个人独资企业担保进行决议时，乙须回避

9 2102019

A公司法定代表人岳某未经授权，以公司名义为大地公司向银行申请的贷款提供担保，并与银行签订了《保证合同》。后银行与A公司就该保证合同的效力产生争议。对此，下列说法错误的是？

A. 因岳某行为属越权行为，故担保无效，A公司无需承担保证责任

B. 若大地公司系A公司股东，银行提交了同意A公司担保的董事会决议，则应认定担保有效

C. 若大地公司系A公司股东，银行提交了同意A公司担保且由除大地公司外的全体股东签字同意的股东会决议，则应认定担保有效

D. 银行提交了同意A公司担保的股东会决议，但A公司称该决议上所有股东签字均为岳某伪造，则可推定银行非善意，担保无效

【不定项】

10 2202121

甲公司因业务需要向银行借钱，为此：甲公司以其名下一厂房设立抵押担保；乙担保机构出具担保函；丙公司（甲为其全资子公司）提供连带保证；丁公司以其生产设备、原材料、半成品设立浮动抵押担保。在所有公司均未召开董事会或股东会的情况下，哪些公司的担保有效？

解析页码
002—004

A．甲

B．乙

C．丙

D．丁

（五）综合知识点

【多选】

11 2102025

2019年12月，甲公司在A市设立A分公司，办理了营业执照，赵某为A分公司的负责人。2020年12月，赵某以A分公司的名义与乙公司订立设备购买合同，约定A分公司半年后付款，该项交易未经甲公司内部决议，乙公司知情。后A分公司无力支付到期价款。2021年5月，应乙公司的请求，赵某以A分公司的名义为乙公司对丙公司的债务提供担保，该担保未经甲公司内部决议，丙公司知情。后乙公司未对丙公司履行到期债务。对此，下列表述正确的是？

A．2020年12月订立的买卖合同，乙公司有权请求甲公司支付价款

B．2020年12月订立的买卖合同，乙公司无权请求甲公司支付价款

C．2021年5月订立的担保合同，丙公司有权请求甲公司承担担保责任

D．2021年5月订立的担保合同，丙公司无权请求甲公司承担担保责任

12 2102092

江河公司设立了两家分公司大江分公司和大河分公司。在经营过程中，大江分公司为业务伙伴大华公司向大金公司提供担保，即自行以自己的名义签订了担保协议；大河分公司以自己的名义与海涛公司签订了货物买卖协议。据此，下列哪些说法是正确的？

A．大江分公司以自己的名义签订的担保协议无效

B．大华公司无法偿债时，大金公司可要求江河公司承担担保责任

C．大河分公司签订的买卖协议对江河公司具有法律效力

D．海涛公司可以先向大河分公司主张合同责任再向江河公司主张

13 1902139

甲为某集团公司分公司的负责人。甲以私人名义向乙借款100万元，乙要求甲在借款合同保证人处加盖分公司的公章并签字提供担保，甲告诉乙，集团公司规定分公司提供担保应由董事会同意，但乙仍执意坚持，于是甲未经董事会同意就按乙的要求在保证人处签字盖章。到期甲不能偿还借款，乙请求分公司承担保证责任。对此，下列表述正确的是？

A．分公司应承担担保责任

B．分公司应承担赔偿责任

C．分公司无财产的，某集团公司应承担担保责任

D．分公司无财产的，某集团公司应承担赔偿责任

二、模拟训练

14 62106019

张三、李四、王五共同出资设立蓝天公司，三人持股比例分别为60%、30%、10%，由张三担任公司的董事长。后张三因赌博欠下巨款急需用钱，便操纵蓝天公司从白云公司处高价购入一批原材料，张三本人从白云公司处获得一笔不小的报酬以偿还赌债，导致蓝天公司资金周转出现问题，无力清偿黑土公司的到期债权。下列说法错误的是？（单选）

A．黑土公司有权要求张三、李四、王五对其承担连带清偿责任

B．黑土公司有权要求张三对其承担清偿责任

C．蓝天公司有权要求白云公司承担相应的责任

D．张三对蓝天公司2年前的债务无须承担连带责任

15 62206088

甲、乙出资设立渝庆公司，于2020年5月1日签发营业执照，法定代表人为甲。渝庆公司的经营范围为壁纸零售，但生意一直不景气。2021年2月20日，甲为了获得更多收益，决定从事二手车辆买卖，与丙签署车辆买卖合同。2022年1月6日，由于甲过于贪心实施多宗欺诈买卖行为，渝庆公司被吊销营业执照。下列说法正确的是？（多选）

解析页码
004—006

A. 甲与丙的车辆买卖合同无效
B. 渝庆公司于2020年5月1日取得权利能力
C. 渝庆公司对外行为应当由甲代为实施
D. 2022年1月6日，渝庆公司同时丧失权利能力与行为能力

16 62106105

乐某、付某、周某共同出资设立新茂有限公司，乐某担任法定代表人和总经理，下设分支机构新茂二处。公司章程约定，公司对外提供担保应经股东会持2/3以上表决权的股东同意。但因公司事务繁忙，该章程并未进行首次登记。虹泓有限公司找到乐某，希望新茂公司可以为其向银行的经营贷款提供保证。下列说法正确的是？（多选）

A. 新茂公司章程未经登记，虽然生效但是不能对抗善意第三人
B. 若乐某擅自以新茂公司名义加入虹泓公司对银行的债务，而银行未见新茂公司相关决议文件，则不发生债务加入效力
C. 若虹泓公司系新茂公司全资子公司，因未经股东会决议，不产生担保效力
D. 若新茂二处未经公司股东会决议即为虹泓公司提供担保，则新茂公司一律不承担担保责任

17 62406006

亿诚公司章程规定，法定代表人由公司董事长担任。现董事长花花因出国读博不适合继续担此重任，遂决定辞去董事长职务退居幕后，并推荐董事鲁一思为新的法定代表人。对此，以下说法正确的是？（多选）

A. 自花花通知公司之日起，辞任生效
B. 花花辞任董事长职务的，视为同时辞去法定代表人
C. 亿诚公司应当在花花辞任之日起三十日内确定新的董事长
D. 鲁一思不能担任亿诚公司的法定代表人

18 62406007

亿诚公司注册资本1000万元，其中鲁一思出资600万元，花花出资400万元，鲁一思同时为非诚公司、特城公司的控股股东。在鲁一思的个人操控下，三家公司之间频繁发生大额转账，致使三家公司账目十分混乱。后亿诚公司与非诚公司在外负债，无力偿还。对此，以下说法正确的是？（单选）

A. 亿诚公司的债务应由鲁一思与花花承担连带责任
B. 亿诚公司的债务应由鲁一思单独承担责任
C. 亿诚公司的债务应由非诚公司与特城公司承担连带责任
D. 非诚公司的债务应由鲁一思、亿诚公司与特城公司承担连带责任

参考答案

[1] CD	[2] AD	[3] A	[4] D	[5] D
[6] D	[7] CD	[8] AB	[9] ABD	[10] ABC
[11] AD	[12] ACD	[13] BD	[14] A	[15] BC
[16] AB	[17] BD	[18] D		

第二章 公司的设立

一、历年真题及仿真题

（一）公司设立概述

【单选】

1 1503025

张某与潘某欲共同设立一家有限责任公司。关于公司的设立，下列哪一说法是错误的？

A. 张某、潘某签订公司设立书面协议可代替制定公司章程
B. 公司的注册资本可约定为50元人民币
C. 公司可以张某姓名作为公司名称
D. 张某、潘某二人可约定以潘某住所作为公司住所

（二）发起人

【单选】

2 1603025

李某和王某正在磋商物流公司的设立之事。通大

解析页码 006—008

公司出卖一批大货车，李某认为物流公司需要，便以自己的名义与通大公司签订了购买合同，通大公司交付了货车，但尚有150万元车款未收到。后物流公司未能设立。关于本案，下列哪一说法是正确的？

A. 通大公司可以向王某提出付款请求

B. 通大公司只能请求李某支付车款

C. 李某、王某对通大公司的请求各承担50%的责任

D. 李某、王某按拟定的出资比例向通大公司承担责任

【多选】

3 1703053

黄逢、黄现和金耘共同出资，拟设立名为“黄金黄研究会”的社会团体法人。设立过程中，黄逢等3人以黄金黄研究会名义与某科技园签署了为期3年的商铺租赁协议，月租金5万元，押3付1。此外，金耘为设立黄金黄研究会，以个人名义向某印刷厂租赁了一台高级印刷机。关于某科技园和某印刷厂的债权，下列哪些选项是正确的？

A. 如黄金黄研究会未成立，则某科技园的租赁债权消灭

B. 即便黄金黄研究会未成立，某科技园就租赁债权，仍可向黄逢等3人主张

C. 如黄金黄研究会未成立，则就某科技园的租赁债务，由黄逢等3人承担连带责任

D. 黄金黄研究会成立后，某印刷厂就租赁债权，既可向黄金黄研究会主张，也可向金耘主张

4 1103068

甲、乙、丙、丁拟设立一家商贸公司，就设立事宜分工负责，其中丙负责租赁公司运营所需仓库。因公司尚未成立，丙为方便签订合同，遂以自己名义与戊签订仓库租赁合同。关于该租金债务及其责任，下列哪些表述是正确的？

A. 无论商贸公司是否成立，戊均可请求丙承担清偿责任

B. 商贸公司成立后，只有其使用该仓库，戊才能请求其承担清偿责任

C. 商贸公司成立后，戊即可请求商贸公司承担清偿责任

D. 商贸公司成立后，戊即可请求丙和商贸公司承担连带清偿责任

（三）股东出资

【单选】

5 1902017

2017年甲与乙出资设立了格罗姆公司，甲的持股比例是75%，担任公司的法定代表人。公司章程约定两股东应于2039年前缴足出资，后格罗姆公司欲吸纳丙入股，甲代表公司与丙签订入股协议，约定：甲和乙应于2019年前缴足出资，此条件是丙入股格罗姆公司的必要条件。双方签字盖章，丙履行了出资义务，但格罗姆公司未修改公司章程。甲、乙应于什么时间缴足出资？

A. 甲、乙应于2039年前缴足出资

B. 甲应于2019年前缴足出资，乙于2039年前缴足出资

C. 甲应于2039年前缴足出资，乙于2019年前缴足出资

D. 甲应于2019年前缴足出资

6 1902016

2022年，张某、林某共同出资注册一家公司，张某认缴40万，林某认缴60万，出资期限为2024年，林某为公司的执行董事。2年后因为项目需要，林某催促张某尽快实缴出资，张某问林某需要多少资金，林某回复需要1000万，张某即向林某的账户汇款了400万，林某以公司的名义向张某出具了股款收据。后林某将400万全部投入公司的项目运营，全部亏损。下列哪个说法正确？

A. 林某未完全履行出资义务

B. 张某未完全履行出资义务

C. 林某应当向张某返还400万

D. 张某转款中仅360万是公司的资产

7 1703027

甲有限责任公司成立于2014年4月，注册资本为1000万元，文某是股东之一，持有40%的股权。文某已实缴其出资的30%，剩余出资按公司章程

解析页码
008—009

规定，应在2017年5月缴足。2015年12月，文某以其所持甲公司股权的60%作为出资，评估作价为200万元，与唐某共同设立乙公司。对此，下列哪一选项是正确的？

A．因实际出资尚未缴纳完毕，故文某对乙公司的股权出资存在权利瑕疵

B．如甲公司经营不善，使得文某用来出资的股权在1年后仅值100万元，则文某应补足差额

C．如至2017年5月文某不缴纳其对甲公司的剩余出资，则甲公司有权要求其履行

D．如至2017年5月文某不缴纳其对甲公司的剩余出资，则乙公司有权要求其履行

8 1403029

2014年5月，甲、乙、丙三人共同出资设立一家有限责任公司。甲的下列哪一行为不属于抽逃出资行为？

A．将出资款项转入公司账户验资后又转出去

B．虚构债权债务关系将其出资转出去

C．利用关联交易将其出资转出去

D．制作虚假财务会计报表虚增利润进行分配

9 1003026

甲乙丙三人拟成立一家小规模商贸有限责任公司，注册资本为八万元，甲以一辆面包车出资，乙以货币出资，丙以实用新型专利出资。对此，下列哪一表述是正确的？

A．甲出资的面包车无需移转所有权，但须交公司管理和使用

B．乙的货币出资不能少于两万元

C．丙的专利出资作价可达到四万元

D．公司首期出资不得低于注册资本的30%

10 1003025

甲乙丙丁戊五人共同组建一有限公司。出资协议约定甲以现金十万元出资，甲已缴纳六万元出资，尚有四万元未缴纳。某次公司股东会上，甲请求免除其四万元的出资义务。股东会五名股东，其中四名表示同意，投反对票的股东丙向法院起诉，请求确认该股东会决议无效。对此，下列哪一表述是正确的？

A．该决议无效，甲的债务未免除

B．该决议有效，甲的债务已经免除

C．该决议需经全体股东同意才能有效

D．该决议属于可撤销，除甲以外的任一股东均享有撤销权

【多选】

11 2102096

金星公司成立于2020年1月，登记股东为甲、乙、丙、丁4人。甲认缴1000万元，以其名下商业用地使用权出资（剩余使用年限20年）。乙认缴300万元，以其名下一处房屋出资。丙认缴300万元，以其对银泰公司的一项一年后到期价值300万元的债权出资。丁以30万元现金出资，且已实缴。甲为公司执行董事，乙为总经理，丙为监事。现查明，乙出资的房屋虽已过户给金星公司，但系其伪造遗嘱所得，合法继承人为程某。此事只有丁知道。2020年12月，银泰公司破产清算，丙的债权实际清偿30万元。据此，以下说法正确的有？

A．因为丁知道乙伪造遗嘱一事，所以乙的出资不成立

B．丙应补足270万元出资

C．甲可以土地使用权出资

D．丙可以300万元债权出资

12 2002048

甲、乙、丙、丁四人出资设立了蓝天有限公司。其中，甲认缴出资1000万元，以厂房20年的使用权出资；乙认缴出资300万元，以其对白云公司持有的债权作为出资；丙认缴200万元，以继承的一套房产作为出资；丁认缴出资30万元，以货币出资。后经查实，乙用作出资的债权，后因白云公司经营不善破产，蓝天公司最终只获得30万元清偿；丙作为出资的房屋系伪造其父遗嘱获得，实际应由丙的姐姐继承。基于以上事实，下列哪些说法是错误的？

A．甲的出资无效

B．乙的出资无效

C．丙的姐姐有权要求蓝天公司返还房屋

D．蓝天公司有权要求乙补缴270万元出资

解析页码
009—011

13 2002067

乙与丙是亲兄弟，其父甲过世后，留有房屋一套。乙伪造遗嘱，将本该归丙继承的房屋登记在自己名下。2021 年 1 月，乙创办某教育科技有限公司，以该房屋出资，于 2021 年 2 月 1 日将该房屋交付给该公司，2021 年 4 月 1 日办理了变更登记手续。丙发现后，要求该公司返还房屋。对此，下列说法正确的是？

A. 该公司应当向丙返还该房屋

B. 该公司无须向丙返还该房屋

C. 如果该房屋原归乙所有，乙有权主张自 2021 年 2 月 1 日享有相应股东权利

D. 如果该房屋原归乙所有，2021 年 4 月 1 日前乙不能享有相应股东权利

14 2002129

如梦公司成立于 2015 年，股东是常记公司以及张溪亭、王日暮，章程规定公司的注册资本是 1000 万元，三个股东的持股比例是 5∶3∶2；各股东应当在公司成立时一次性缴清全部出资。常记公司将之前归其所有的某公司的净资产经会计师事务所评估后作价 500 万元用于出资，这部分资产实际交付给如梦公司使用，张溪亭和王日暮以货币出资，公司成立时张溪亭实际支付了 100 万元，王日暮实际支付了 50 万元，关于各位股东的出资，下列说法正确的是？

A. 常记公司履行了自己的出资义务

B. 张溪亭和王日暮没有完全履行自己的出资义务

C. 张溪亭和王日暮应当继续履行出资义务及承担违约责任

D. 如张溪亭和王日暮没有完全履行自己的出资义务，常记公司无须承担连带责任

15 1703070

榴风公司章程规定：股东夏某应于 2016 年 6 月 1 日前缴清货币出资 100 万元。夏某认为公司刚成立，业务尚未展开，不需要这么多现金，便在出资后通过银行的熟人马某将这笔钱转入其妻的理财账户，用于购买基金。对此，下列哪些说法是正确的？

A. 榴风公司可要求夏某补足出资

B. 榴风公司可要求马某承担连带责任

C. 榴风公司的其他股东可要求夏某补足出资

D. 榴风公司的债权人得知此事后可要求夏某补足出资

16 1103069

甲、乙、丙、丁计划设立一家从事技术开发的天际有限责任公司，按照公司设立协议，甲以其持有的君则房地产开发有限公司 20% 的股权作为其出资。下列哪些情形会导致甲无法全面履行其出资义务？

A. 君则公司章程中对该公司股权是否可用作对其他公司的出资形式没有明确规定

B. 甲对君则公司尚未履行完毕其出资义务

C. 甲已将其股权出质给其债权人戊

D. 甲以其股权作为出资转让给天际公司时，君则公司的另一股东已主张行使优先购买权

17 1103070

张三、李四、王五成立天问投资咨询有限公司，张三、李四各以现金 50 万元出资，王五以价值 20 万元的办公设备出资。张三任公司董事长，李四任公司总经理。公司成立后，股东的下列哪些行为可构成股东抽逃出资的行为？

A. 张三与自己所代表的公司签订一份虚假购货合同，以支付货款的名义，由天问公司支付给自己 50 万元

B. 李四以公司总经理身份，与自己所控制的另一公司签订设备购置合同，将 15 万元的设备款虚报成 65 万元，并已由天问公司实际转账支付

C. 王五擅自将天问公司若干贵重设备拿回家

D. 3 人决议制作虚假财务会计报表虚增利润，并进行分配

18 1003072

甲乙丙三人共同组建一有限责任公司。公司成立后，甲将其 20% 股权中的 5% 转让给第三人丁，丁通过受让股权成为公司股东。甲、乙均按期足额缴纳出资，但发现由丙出资的机器设备的实际价值明显低于公司章程所确定的数额。对此，下

解析页码

011—013

列哪些表述是错误的?

A. 由丙补交其差额，甲、乙和丁对其承担连带责任

B. 丙应当向甲、乙和丁承担违约责任

C. 由丙补交其差额，甲、乙对其承担连带责任

D. 丙应当向甲、乙承担违约责任

【不定项】

19 2002078

甲、乙、丙、丁出资设立荣汇公司，甲认缴出资800万元，以其名下房产的20年使用权出资；乙认缴出资200万元，以其对西横公司的债权，估值定价为200万元，履行出资义务，该债权于1年后到期；丙认缴出资300万元，以其继承的房屋所有权出资；丁认缴出资50万元，以现金实缴出资。公司成立后，甲担任执行董事，乙担任总经理，丙担任监事。后查明：①丙用以出资的房屋系由丙伪造遗嘱获得，该房屋实际归继承人陈某所有，对此股东乙知情。②丁出资的现金系其挪用资金犯罪所得。对此，下列说法正确的是?

A. 甲的出资合法有效

B. 乙的出资不合法

C. 荣汇公司可以取得股东丙用以出资的房屋所有权

D. 丁的出资合法有效

20 1603093

源圣公司有甲、乙、丙三位股东。2015年10月，源圣公司考察发现某环保项目发展前景可观，为解决资金不足问题，经人推荐，霓美公司出资1亿元现金入股源圣公司，并办理了股权登记。增资后，霓美公司总经理陈某兼任源圣公司董事长。2015年12月，霓美公司在陈某授意下将当时出资的1亿元现金全部转入霓美旗下的天富公司账户用于投资房地产。后因源圣公司现金不足，最终未能获得该环保项目，前期投入的500万元也无法收回。后源圣公司召开股东会，关于该次股东会决议的内容，根据有关规定，下列选项正确的是?

A. 陈某连带承担返还1亿元的出资义务

B. 霓美公司承担1亿元的利息损失

C. 限制霓美公司的利润分配请求权

D. 解除霓美公司的股东资格

21 1303089

材料①：2012年2月，甲公司与其全资子公司乙公司签订了《协议一》，约定甲公司将其建设用地使用权用于抵偿其欠乙公司的2000万元债务，并约定了仲裁条款。但甲公司未依约将该用地使用权过户到乙公司名下，而是将之抵押给不知情的银行以获贷款，办理了抵押登记。

材料②：同年4月，甲公司、丙公司与丁公司签订了《协议二》，约定甲公司欠丁公司的5000万元债务由丙公司承担，且甲公司法定代表人张某为该笔债务提供保证，但未约定保证方式和期间。曾为该5000万元负债提供房产抵押担保的李某对《协议二》并不知情。同年5月，丁公司债权到期。

材料③：同年6月，丙公司丧失偿债能力。丁公司查知乙公司作为丙公司的股东（非发起人），对丙公司出资违约，尚有3000万元未注入丙公司。同年8月，乙公司既不承担出资不实的赔偿责任，又怠于向甲公司主张权利。

材料④：同年10月，甲公司股东戊公司与己公司签订了《协议三》，约定戊公司将其对甲公司享有的60%股权低价转让给己公司，戊公司承担甲公司此前的所有负债。

根据材料②和材料③，关于乙公司、丙公司与丁公司的法律关系，下列表述正确的是?

A. 乙公司应对丙公司对丁公司的债务承担无限责任

B. 乙公司应对丙公司对丁公司的债务承担连带责任

C. 乙公司应对丙公司对丁公司的债务承担全部责任

D. 乙公司应对丙公司对丁公司的债务在未出资本息范围内承担补充责任

22 1203092

高才、李一、曾平各出资40万元，拟设立“鄂汉食品有限公司”。高才手头只有30万元的现金，

解析页码
013—014

就让朋友艾瑟为其垫付10万元，并许诺一旦公司成立，就将该10万元从公司中抽回偿还给艾瑟。而李一与其妻闻菲正在闹离婚，为避免可能的纠纷，遂与其弟李三商定，由李三出面与高、曾设立公司，但出资与相应的投资权益均归李一。公司于2012年5月成立，在公司登记机关登记的股东为高才、李三、曾平，高才为董事长兼法定代表人，曾平为总经理。公司成立后，高才以公司名义，与艾瑟签订一份买卖合同，约定公司向艾瑟购买10万元的食材。合同订立后第2天，高才就指示公司财务转账付款，而实际上艾瑟从未经营过食材，也未打算履行该合同。对此，下列表述正确的是?

A．高才与艾瑟间垫付出资的约定，属于抽逃出资行为，应为无效

B．该食材买卖合同属于恶意串通行为，应为无效

C．高才通过该食材买卖合同而转移10万元的行为构成抽逃出资行为

D．在公司不能偿还债务时，公司债权人可以在10万元的本息范围内，要求高才承担补充赔偿责任

23 1103088

甲公司与乙公司约定，由甲公司向乙公司交付1吨药材，乙公司付款100万元。乙公司将药材转卖给丙公司，并约定由甲公司向丙公司交付，丙公司收货后3日内应向乙支付价款120万元。张某以自有汽车为乙公司的债权提供抵押担保，未办理抵押登记。抵押合同约定："在丙公司不付款时，乙公司有权就出卖该汽车的价款清偿自己的债权。"李某为这笔货款出具担保函："在丙公司不付款时，由李某承担保证责任"。丙公司收到药材后未依约向乙公司支付120万元，乙公司向张某主张实现抵押权，同时要求李某承担保证责任。张某见状，便将其汽车赠与刘某。刘某将该汽车作为出资，与钱某设立丁酒店有限责任公司，并办理完出资手续。丁公司员工方某驾驶该车接送酒店客人时，为躲避一辆逆行摩托车，将行人赵某撞伤。方某自行决定以丁公司名义将该车放在戊公司维修，为获得维修费的八折优惠，方某以其名义在与戊公司相关的庚公司为该车购买一套全新座垫。汽车修好后，方某将车取走交丁公司投入运营。戊公司要求丁公司支付维修费，否则对汽车行使留置权，丁公司回函请宽限一周。庚公司要求丁公司支付座垫费，丁公司拒绝。在刘某办理出资手续后，关于汽车所有权人，下列选项正确的是?

A．乙公司

B．张某

C．刘某

D．丁公司

（四）公司章程

【单选】

24 1902018

甲、乙、丙、丁四人共同出资成立翰林公司，协商制定公司章程时甲未出席，乙、丙、丁一致同意且于章程中签字，乙伪造了甲的签字。公司成立后，四股东协商一致共同签署一协议，就股东之间的权利义务等事宜进行了约定，下列说法正确的是?

A．四股东签署的协议是公司章程的一部分

B．公司章程经过四分之三的股东通过，已经生效

C．四股东协商一致签署的协议具有与公司章程相同的法律效力

D．公司章程不能对抗第三人

【多选】

25 1303070

李方为平昌公司董事长、法定代表人。债务人姜呈向平昌公司偿还40万元时，李方要其将该款打到自己指定的个人账户。随即李方又将该款借给刘黎，借期一年，年息12%。下列哪些表述是正确的?

A．该40万元的所有权，应归属于平昌公司

B．李方因其行为已不再具有担任董事长的资格

C．在姜呈为善意时，其履行行为有效

D．平昌公司可要求李方返还利息

解析页码
015

（五）综合知识点

【多选】

26 2202131

某有限公司向甲公司借款100万元，一直未偿还。后该公司变更形式为股份有限公司，新引入股东戊，戊认缴出资100万元，目前尚有20万元超过出资期限未缴纳。对此，下列说法正确的是？

A．股份公司直接继承原有限公司的债务

B．该有限责任公司变更为股份有限公司时，折合的实收股本总额不得低于公司净资产额

C．股份公司不能还款的，戊须在未出资的20万元范围内承担责任

D．公司可决议取消戊在未缴清全部出资前的分红资格

27 1403068

2014年5月，甲乙丙丁四人拟设立一家有限责任公司。关于该公司的注册资本与出资，下列哪些表述是正确的？

A．公司注册资本可以登记为1元人民币

B．公司章程应载明其注册资本

C．公司营业执照不必载明其注册资本

D．公司章程可以要求股东出资须经验资机构验资

二、模拟训练

28 62206090

欧阳和上官欲共同设立某科技股份有限公司。在筹备过程中，欧阳从张某处购买了一批电脑作为公司的办公设备，合同价款为100万元，尚未支付。后欧阳提出引入几名外国人加入公司的想法被上官拒绝，两人为此产生严重分歧，导致公司最终未能成立。对此，下列说法正确的是？（单选）

A．该公司的发起人数量可任意设定，不受限制

B．张某可以选择由欧阳或上官承担合同未支付的价款

C．欧阳若先行支付了电脑价款，可直接向上官主张由两人平均承担

D．欧阳可以引进外国人才加入公司，但是人数不能超过全体发起人人数的一半

29 62106027

花某与刘某拟共同出资设立一家有限责任公司，在制定公司章程时，出现困惑，下列说法正确的是？（单选）

A．股东出资方式可以不记载在公司章程中

B．公司机构及其产生办法必须载明

C．公司设立时，章程经登记后生效

D．该章程对公司股东、董事、监事、高管及公司债权人具有约束力

30 62206093

2021年8月，赵某、维华公司与双华公司共同签署《山东双华奶制品有限公司增资协议书》。其中，赵某实际缴纳出资300万元，加入公司成为新股东；维华公司以300平米的厂房出资，但尚未办理房产过户登记。2021年10月，双华奶制品公司新厂正式投入运营。2021年12月，赵某因涉嫌贪污罪被有关机关查处，经调查，其用作出资的300万元系贪污所得。对此，下列说法错误的是？（多选）

A．上述厂房需经作价评估和验资无误后，维华公司的股东身份方可确认

B．维华公司后于合理期限内办理了权属变更手续的，应认定其履行了出资义务

C．维华公司自依法办理厂房的权属变更手续时实际享有相应股东权利

D．查办机关有权将赵某用作出资的300万元赃款从公司中追回

31 62206096

王某认为直播行业未来发展前景无限，便托好友陈某将导演李某（常年混迹演艺圈，拥有一定的人脉资源）介绍给自己认识。王某碍于公务员身份，于是与陈某约定，由王某实际出资并享有投资权益，陈某代王某成为股东。陈某与李某共同设立天寻网络科技有限公司。对此，下列说法正确的是？（单选）

A．李某可以其人脉资源作价出资

B．李某不能以其债权作价出资

C．陈某与王某的约定无效

D．若王某出资不实，陈某对公司债务不能清偿的部分承担补充责任后，可向王某追偿

解析页码 016—017

32 62406008

落魄山有限责任公司章程规定，各股东应于公司成立之日起两年内完成出资。现公司已成立两年有余，但股东裴钱、崔东山仍有部分出资未缴足。1月4日，公司发出催缴通知，限二人于3月15日前缴足出资，但二人仗着与董事长李二的亲戚关系，在期满之际，仍百般推辞，拒绝出资。对此，以下说法正确的是？（单选）

A. 若催缴通知中并未限定出资时间，则发出催缴通知后，公司可以要求股东裴钱、崔东山立即出资

B. 经股东会决议，公司可向二人发出失权通知

C. 自裴崔二人接到失权通知之日起，二人即丧失股东资格

D. 若因此给公司造成损失，董事长李二需对公司承担赔偿责任

33 62406009

落魄山有限责任公司因经营不善陷入困境，债权人张三提起诉讼得到生效判决，并申请执行。执行中发现:（1）所欠张三的50万元货款，已于去年12月到期;（2）因公司章程规定的出资期限未至，股东裴钱尚有50万元出资未缴纳。（3）公司对外有多起案件终本执行。对此，以下说法正确的是？（多选）

A. 张三有权要求裴钱以50万元为限向其偿还货款

B. 待出资期限届满后，张三方能要求裴钱在其未出资的范围内对公司债务不能清偿的部分承担补充赔偿责任

C. 张三有权要求裴钱立即向公司补足50万元出资

D. 裴钱需向公司承担赔偿责任

参考答案

[1] A	[2] A	[3] BCD	[4] AC	[5] D
[6] A	[7] C	[8] A	[9] C	[10] A
[11] CD	[12] BCD	[13] AC	[14] AB	[15] ABC
[16] BCD	[17] ABD	[18] ABD	[19] D	[20] ABC
[21] D	[22] BCD	[23] D	[24] D	[25] CD
[26] AC	[27] ABD	[28] B	[29] B	[30] ACD
[31] D	[32] A	[33] BC		

第三章 公司的股东

一、历年真题及仿真题

（一）股东资格

【单选】

1 2002124

李玉、商印共同出资成立春花秋月有限公司，关于有限责任公司的出资证明书、股东名册，下列表述错误的是？

A. 有限责任公司成立后，应当向股东签发出资证明书

B. 出资证明书应当载明出资证明书的编号

C. 股东名册应当记载出资证明书编号

D. 未记载于工商登记的股东，不得依股东名册主张行使股东权利

2 1902019

甲公司于2018年3月设立登记，工商登记中载明吴太是甲公司股东之一。但因为甲公司财务人员的疏忽，公司章程中未记载吴太，且甲公司没有置备股东名册。据查，吴太履行了出资义务，且甲公司向其出具了股款收据。下列说法正确的是？

A. 应该综合各种要素来判断吴太是否具有股东资格

B. 只需工商登记即能证明吴太具有股东资格

C. 没有股东名册记载，吴太没有股东资格

D. 没有公司章程记载，吴太没有股东资格

3 1403027

严某为鑫佳有限责任公司股东。关于公司对严某签发出资证明书，下列哪一选项是正确的？

A. 在严某认缴公司章程所规定的出资后，公司即须签发出资证明书

B. 若严某遗失出资证明书，其股东资格并不因此丧失

C. 出资证明书须载明严某以及其他股东的姓名、

解析页码
018—019

各自所缴纳的出资额

D．出资证明书在法律性质上属于有价证券

4 1203026

甲、乙、丙拟共同出资 50 万元设立一有限公司。公司成立后，在其设置的股东名册中记载了甲乙丙 3 人的姓名与出资额等事项，但在办理公司登记时遗漏了丙，使得公司登记的文件中股东只有甲乙 2 人。下列哪一说法是正确的？

A．丙不能取得股东资格

B．丙取得股东资格，但不能参与当年的分红

C．丙取得股东资格，但不能对抗第三人

D．丙不能取得股东资格，但可以参与当年的分红

【多选】

5 1403069

关于有限责任公司股东名册制度，下列哪些表述是正确的？

A．公司负有置备股东名册的法定义务

B．股东名册须提交于公司登记机关

C．股东可依据股东名册的记载，向公司主张行使股东权利

D．就股东事项，股东名册记载与公司登记之间不一致时，以公司登记为准

（二）实际出资人与名义股东、冒名股东

【单选】

6 2202062

觉大有限责任公司的股东名册、公司章程及工商登记显示的股东为华某、方某、杨某。华某为执行董事，杨某实际上是为其妻陈某代持股权，华某、方某都知情。后出资期限届至，华某请求各股东履行出资义务，杨某随即与方某签订协议将其股权转让给方某。以下选项正确的是？

A．华某可以请求杨某履行出资义务

B．杨某转让股权给方某为无权处分

C．杨某转让股权给方某的行为有效

D．华某可以请求陈某履行出资义务

7 1103026

某市房地产主管部门领导王大伟退休后，与其友张三、李四共同出资设立一家房地产中介公司。王大伟不想让自己的名字出现在公司股东名册上，在未告知其弟王小伟的情况下，直接持王小伟的身份证等证件，将王小伟登记为公司股东。下列哪一表述是正确的？

A．公司股东应是王大伟

B．公司股东应是王小伟

C．王大伟和王小伟均为公司股东

D．公司债权人有权请求王小伟对公司债务承担相应的责任

【多选】

8 2102003

张某捡到段某遗失的身份证，并用该身份证将段某注册为 A 公司的股东。下列说法正确的是？

A．段某应承担股东责任

B．张某应承担相应责任

C．段某可以向 A 公司申请注销其股东身份

D．段某可以参与公司事务的决策

9 2102093

张三和其他数人发起设立诚盛有限公司，张三认缴出资 100 万元，约定于公司成立后 2 个月内缴纳完毕。在设立中，张三利用自己捡到的李四的身份证，冒用李四的名义，将自己的出资登记在李四名下。2020 年 10 月，诚盛有限公司设立。到 2021 年 2 月，李四名下的股权仍有 70 万元出资未缴纳。2021 年 8 月，诚盛有限公司拖欠阳光大厦租金 30 万元，但公司已经无力清偿。据此，下列说法正确的是？

A．阳光大厦有权请求李四清偿诚盛有限公司拖欠的租金 30 万元

B．阳光大厦有权请求张三清偿诚盛有限公司拖欠的租金 30 万元

C．李四如获知后有权对外转让股权

D．李四有权请求公司登记机关撤销其股东资格的登记

10 1703069

胡铭是从事进出口贸易的茂福公司的总经理，姚

解析页码 020—021

顺曾短期任职于该公司，2016年初离职。2016年12月，姚顺发现自己被登记为贝达公司的股东。经查，贝达公司实际上是胡铭与其友张莉、王威共同设立的，也从事进出口贸易。胡铭为防止茂福公司发现自己的行为，用姚顺留存的身份信息等材料，将自己的股权登记在姚顺名下。就本案，下列哪些选项是错误的？

A. 姚顺可向贝达公司主张利润分配请求权

B. 姚顺有权参与贝达公司股东会并进行表决

C. 在姚顺名下股权的出资尚未缴纳时，贝达公司的债权人可向姚顺主张补充赔偿责任

D. 在姚顺名下股权的出资尚未缴纳时，张莉、王威只能要求胡铭履行出资义务

【不定项】

11 1203093

高才、李一、曾平各出资40万元，拟设立“鄂汉食品有限公司”。高才手头只有30万元的现金，就让朋友艾瑟为其垫付10万元，并许诺一旦公司成立，就将该10万元从公司中抽回偿还给艾瑟。而李一与其妻闻菲正在闹离婚，为避免可能的纠纷，遂与其弟李三商定，由李三出面与高、曾设立公司，但出资与相应的投资权益均归李一。公司于2012年5月成立，在公司登记机关登记的股东为高才、李三、曾平，高才为董事长兼法定代表人，曾平为总经理。关于李一与李三的约定以及股东资格，下列表述正确的是？

A. 二人间的约定有效

B. 对公司来说，李三具有股东资格

C. 在与李一的离婚诉讼中，闻菲可以要求分割李一实际享有的股权

D. 李一可以实际履行出资义务为由，要求公司变更自己为股东

12 1203094

高才、李一、曾平各出资40万元，拟设立“鄂汉食品有限公司”。高才手头只有30万元的现金，就让朋友艾瑟为其垫付10万元，并许诺一旦公司成立，就将该10万元从公司中抽回偿还给艾瑟。而李一与其妻闻菲正在闹离婚，为避免可能的纠纷，遂与其弟李三商定，由李三出面与高、曾设立公司，但出资与相应的投资权益均归李一。公司于2012年5月成立，在公司登记机关登记的股东为高才、李三、曾平，高才为董事长兼法定代表人，曾平为总经理。2012年7月，李三买房缺钱，遂在征得其他股东同意后将其名下的公司股权以42万元的价格，出卖给王二，并在公司登记机关办理了变更登记等手续。下列表述正确的是：

A. 李三的股权转让行为属于无权处分行为

B. 李三与王二之间的股权买卖合同为有效合同

C. 王二可以取得该股权

D. 就因股权转让所导致的李一投资权益损失，李一可以要求李三承担赔偿责任

（三）综合知识点

【多选】

13 2202057

蒋某是翔天股份公司的法定代表人及大股东。为尽快促进公司上市融资，蒋某未经授权分别以个人名义和翔天公司名义与明月基金签订增资协议。该协议约定，翔天公司全体股东放弃对此次增资的优先认购权，明月基金投资2亿元以增加公司资本。蒋某向明月基金承诺，明月基金增资后3年内公司完成上市，若未完成该目标，蒋某以市场价格收购明月基金持有的公司股份，且翔天公司以当年公司全部利润为蒋某收购股份提供担保。下列说法正确的是？

A. 翔天公司以当年公司全部利润为蒋某收购股份提供担保，因违反利润分配原则无效

B. 翔天公司以当年公司全部利润为蒋某收购股份提供担保，因违反资本维持原则无效

C. 该协议涉及其他股东放弃优先认购权的约定，其他股东可主张无效

D. 翔天公司为蒋某收购股份提供担保，须经股东会决议通过，且蒋某无表决权

二、模拟训练

14 62106089

大红袍有限责任公司于2020年成立。钱多多与周琦达成代持股协议，约定由周琦出面设立公司，

解析页码
022—023

而实际由钱多多出资并决策。后周琦将股权质押给不知情的孙海，并办理了登记手续。后经查明钱多多并未完全履行出资义务。受经济下行形势影响，大红袍公司经营暂时陷入困境。至2021年5月底，公司已拖欠日升公司设备债务2000万元。对此，下列说法正确的是？（多选）

A. 孙海经过有效的登记后即可取得股权质权

B. 当公司对外负债且无法清偿时，日升公司可要求周琦在未出资范围内对公司债务承担补充赔偿责任

C. 若钱多多要求将自己确认为公司股东，须征得其他股东半数以上同意

D. 按照章程规定，股东张某应在2024年缴足出资，为保护债权人利益，可以准用股东出资加速到期

15 62006063

2017年8月23日，姚文钦、蔡可信、王飞出资设立欣荣公司。姚文钦任公司监事（未设监事会），蔡可信任公司董事兼总经理并担任公司法定代表人。公司章程规定，蔡可信认缴出资比例51%，姚文钦认缴出资比例46%。2019年，蔡可信通过虚构债权债务关系、关联交易等手段将公司的五千万资金转入个人账户，该行为被王飞发现。下列说法正确的是？（多选）

A. 王飞书面请求姚文钦提起诉讼被拒绝后，可以蔡可信为被告，公司为第三人提起诉讼

B. 在王飞提起诉讼后，其与蔡可信达成调解协议，法院应审查该协议是否为公司的意思，并且经股东会决议通过后，才能出具调解书予以确认

C. 若蔡可信以违约为由对公司提起反诉，法院应裁定不予受理

D. 若蔡可信以该交易已经股东会审议通过为由抗辩，法院不予支持

16 62206011

甲、乙、丙是中茶有限责任公司的股东，认缴的出资分别为10%、40%、50%。2021年12月，中茶公司拟增加注册资本200万元，此时甲、乙、丙实缴的出资分别为10%、20%、30%。下列说法正确的是？（不定项）

A. 股东有权按照1∶4∶5的比例认缴新增资本

B. 股东有权按照1∶2∶3的比例认缴新增资本

C. 股东无权另行约定比例认缴新增资本

D. 若中茶公司为股份有限公司，甲可主张新股优先认购权

参考答案

[1] D	[2] A	[3] B	[4] C	[5] AC
[6] A	[7] A	[8] BC	[9] BD	[10] ABC
[11] AB	[12] BCD	[13] BD	[14] ABC	[15] ABCD
[16] B				

第四章 公司的董事、监事、高管

一、历年真题及仿真题

（一）股东代表诉讼

【单选】

1 1203027

郑贺为甲有限公司的经理，利用职务之便为其妻吴悠经营的乙公司谋取本来属于甲公司的商业机会，致甲公司损失50万元。甲公司小股东付冰欲通过诉讼维护公司利益。关于付冰的做法，下列哪一选项是正确的？

A. 必须先书面请求甲公司董事会对郑贺提起诉讼

B. 必须先书面请求甲公司监事会对郑贺提起诉讼

C. 只有在董事会拒绝起诉情况下，才能请求监事会对郑贺提起诉讼

D. 只有在其股权达到1%时，才能请求甲公司有关部门对郑贺提起诉讼

【多选】

2 1902049

泰旭公司经营良好，但近几年没有给股东分配利润，小股东张某非常不满。现查明：泰旭公司董事长郭某和与泰旭公司有重要且经常生意往来的

解析页码 023—025

幻境公司董事长黄某是夫妻，泰旭公司与幻境公司存在巨额的业务往来，对幻境公司存在利益输送。张某要求监事会维护公司权益，监事会不置可否。关于张某的维权事宜下列说法正确的是？

A．张某的维权诉讼，泰旭公司应为第三人

B．张某的维权诉讼，应以郭某和监事会为共同被告

C．张某的维权诉讼，应以公司为被告

D．张某的维权诉讼中，公司其他股东以相同诉讼请求申请参加诉讼的，应列为共同原告

【不定项】

3 2202061

觉大公司是一家股份公司，成立于2021年1月，股东甲、乙、丙分别持股49%、1%和50%，其中，甲担任公司董事长。公司章程规定：公司对他人提供担保，应当经全体董事一致同意。2021年2月，甲未经过董事会，擅自决定为巴赫公司提供担保。2021年3月，丙将其持有的公司股权转让给丁。2022年4月，巴赫公司未能按约定偿还本息，债权人要求觉大公司承担担保责任，为此觉大公司遭受重大损失。2022年5月，乙欲通过代表诉讼维护公司利益。对此，下列说法错误的是？

A．乙应当以公司的名义提起股东代表诉讼

B．若乙提起代表诉讼，应把公司列为共同原告，诉讼所得利益归公司所有

C．在紧急情况下丙有权提出股东代表诉讼

D．乙必须以书面形式请求董事会对甲提起诉讼

4 1603094

源圣公司为股份公司，有甲、乙、丙三位股东。2015年10月，源圣公司考察发现某环保项目发展前景可观，为解决资金不足问题，经人推荐，霓美公司出资1亿元现金入股源圣公司，并办理了股权登记。增资后，霓美公司持股60%，甲持股25%，乙持股8%，丙持股7%，霓美公司总经理陈某兼任源圣公司董事长。2015年12月，霓美公司在陈某授意下将当时出资的1亿元现金全部转入霓美旗下的天富公司账户用于投资房地产。后因源圣公司现金不足，最终未能获得该环保项目，前期投入的500万元也无法收回。陈某忙于天富公司的房地产投资事宜，对此事并不关心。就源圣公司前期投入到环保项目500万元的损失问题，甲、乙、丙认为应当向霓美公司索赔，多次书面请求监事会无果。下列说法正确的是？

A．甲可以起诉霓美公司

B．乙、丙不能起诉霓美公司

C．若甲起诉并胜诉获赔，则赔偿款归甲

D．若甲起诉并胜诉获赔，则赔偿款归源圣公司

二、模拟训练

5 62206103

诺丁股份有限公司招聘一名副经理，现有四名候选人。根据《公司法》的相关规定，有可能担任副经理职位的是？（多选）

A．甲曾任香山公司总经理，后因挪用财产入狱，3年前执行期满释放

B．乙曾任华山公司副经理，后因犯罪被剥夺政治权利，5年前执行期满

C．丙曾任某制衣厂厂长，工厂5年前破产解散，对工厂的破产清算负有一定个人责任

D．丁现任某股份公司部门经理，因身负大额到期未偿债务被人民法院列为失信被执行人，另谋高薪岗位以偿还债务

6 62406010

以下情形，不存在问题的是？（多选）

A．董事长甲欲将其二手宝马车租给公司使用，已就车辆信息、租金等情况向董事会报告

B．因公司不具备建设资质，总经理乙未经股东会同意，即将公司已经承接的建设工程项目转包予另一建设公司

C．控股股东丙未向公司报告，投资另外一家企业，该企业与公司所营业务完全相同

D．实际控制人戊指示员工戌挪用公司资金，给公司造成严重损失，则戊戌需对公司承担连带责任

7 62406011

嗨嗨、花花、塔塔是寻梦公司的股东，三人分别持股80%、10%、10%。寻梦公司有一全资子公司造梦公司，尼尼系其董事长。过去两年间，尼

解析页码
026—027

尼曾多次挪用造梦公司资金，造成造梦公司损失。对此，下列说法错误的是？（多选）

A. 造梦公司不起诉时，寻梦公司可直接对尼尼提起诉讼

B. 寻梦公司和造梦公司均不起诉时，嗨嗨须书面请求寻梦公司的监事会对尼尼提起诉讼

C. 寻梦公司和造梦公司均不起诉时，花花可以直接对尼尼提起诉讼

D. 寻梦公司和造梦公司均不起诉时，塔塔须书面请求造梦公司的监事会对尼尼提起诉讼

参考答案

［1］B ［2］AD ［3］ABCD ［4］AD ［5］BC
［6］ABC ［7］ABC

第五章 公司的财务、会计制度

一、历年真题及仿真题

（一）知情权

【单选】

1 2102013

甲有限公司股东张某是乙公司的实际控制人，甲、乙两公司的经营范围都是生产口罩。因甲公司三年未分红，张某要求查阅公司的财务会计报告、会计账簿和其他文件。下列说法正确的是？

A. 甲公司可以两公司存在实质竞争关系为由拒绝张某查阅、复制财务会计报告

B. 甲公司可以两公司存在实质竞争关系为由拒绝张某查阅会计账簿

C. 甲公司可以在章程中规定限制张某查阅、复制财务会计报告、会计账簿和其他文件的权利

D. 甲公司可以拒绝张某查阅、复制其他文件的要求

2 2002045

甲公司章程规定，查阅公司会计账簿须为持有公司 20% 以上股权的股东，乙持有该公司 10% 的股权，于 2020 年 10 月 1 日书面通知公司要求查阅 2019 年会计账簿。对此，下列说法正确的是？

A. 公司可依据章程的规定拒绝乙的请求

B. 乙可全权委托律师并由律师单独查阅

C. 乙因查账的费用应由公司承担

D. 如公司拒绝，乙可请求法院确认章程条款无效

3 2002059

甲持有乙公司 5% 的股权，丙是乙公司的股东同时担任公司董事。乙公司章程规定股东不能查阅公司会计账簿，但公司章程未登记。2019 年 1 月，甲将股权转让给丙后，公司经营立即变好，觉察异样，甲担心自己作为股东期间被丙“套路”，欲查阅公司会计账簿，下列有关说法正确的是？

A. 甲有权向乙公司书面申请查阅其作为股东期间的公司账簿

B. 甲有权向乙公司书面申请查阅并复制公司的会计账簿

C. 乙公司可根据公司章程的规定拒绝甲的查阅请求

D. 甲不再是乙公司股东，无权查阅公司的会计账簿

4 1802020

甲、乙、丙、丁、戊五人是昌盛有限责任公司股东，其中甲持有公司股权比例为 1%；乙持有公司股权比例为 2%；丙持有公司股权比例为 17%，但丙与好友赵某签订了股权代持协议，约定由好友赵某实际出资、享受投资收益；丁持有公司股权比例为 30%；戊持有公司股权比例为 50%，且担任公司董事长。公司章程规定，持股比例低于 5% 的股东不得查阅公司会计账簿。对此，下列说法正确的是？

A. 甲无权查阅公司会计账簿

B. 丙无权查阅公司会计账簿

C. 赵某无权查阅公司会计账簿

D. 丁有权查阅并复制公司会计账簿

5 1603026

张某是红叶有限公司的小股东，持股 5%；同时，

解析页码
028—029

张某还在枫林有限公司任董事，而红叶公司与枫林公司均从事保险经纪业务。红叶公司多年没有给张某分红，张某一直对其会计账簿存有疑惑。关于本案，下列哪一选项是正确的?

A. 张某可以用口头或书面形式提出查账请求

B. 张某可以提议召开临时股东会表决查账事宜

C. 红叶公司有权要求张某先向监事会提出查账请求

D. 红叶公司有权以张某的查账目的不具正当性为由拒绝其查账请求

【多选】

6 1303027

关于股东或合伙人知情权的表述，下列哪一选项是正确的?

A. 有限公司股东有权查阅并复制公司会计账簿

B. 股份公司股东有权查阅并复制董事会会议记录

C. 有限公司股东可以知情权受到侵害为由提起解散公司之诉

D. 普通合伙人有权查阅合伙企业会计账簿等财务资料

7 2202063

张三持有甲有限公司3%的股权，入股时与甲公司书面约定：不过问任何公司事务，放弃一切其他股东权利，但固定分红为10%的利润。后公司持续三年不分红，张三想查看公司的会计账簿，便直接向法院提起了知情权之诉，随后甲公司的其他股东提出了张三在其他同类型公司持股5%的证据。以下说法正确的是?

A. 股东张三放弃自己的知情权属于无效约定

B. 股东应当先向公司申请查阅，被拒绝后方可向法院起诉

C. 股东用知情权换取高额分红权，符合意思自治，法院应当驳回张三的起诉

D. 基于张三对外参股的事实，公司可以拒绝张三的查阅请求

8 1902085

A公司作为B公司的股东，根据公司章程，B公司应每月向股东按时报告销售分析、人事支出等财务资料，但B公司没有按章程报告。A公司向法院起诉要求B公司报告这些资料，B公司主张这是财务账簿数据，根据公司章程规定，需要总经理审批才能向A公司报告。但又因为A公司的阻挠，B公司还没有总经理。下列有关说法正确的是?

A. 因为公司章程的规定，未经总经理审批，B公司有权拒绝向A公司报告相关财务数据

B. A公司应先向B公司书面申请查阅相关财务账簿数据，被拒绝后，才能向法院起诉

C. A公司应先推动B公司聘任总经理，经其审批后方能查阅相关财务资料

D. 未经总经理审批，B公司也应向A公司报告相关财务资料

（二）利润分配请求权

【单选】

9 2302024

甲、乙共同成立一有限公司，甲持股70%，乙持股30%。公司成立后前五年均分红，并且都有会议记录。但自第六年起，甲召开股东会会议，提出开拓新领域，为保证资金链完整，暂不分红。对此，乙不同意，并向法院提起诉讼。下列说法正确的是?

A. 乙可主张公司回购股权进而退出公司

B. 乙需对公司可以分红的情况进行举证

C. 应以甲和公司作为共同被告

D. 只能以甲为被告

10 2002055

天泰公司成立于2018年8月，主要经营范围为服装生产。公司有股东5人，其中周某以现金出资200万元，持股40%，已缴纳40万元，余款160万元，按章程约定于2023年8月份之前缴清。谢某出资20万元，持股4%。2019年12月，经5位股东一致同意约定：谢某任设计部总监，年薪90万元，但自愿不参加公司分红。到2020年底，公司共有300万元可分配利润，关于本案下列说法正确的是?

解析页码
030—031

A. 股东们的约定剥夺了谢某的分红权，故应无效
B. 谢某可向公司主张 2019 年的 90 万元薪酬
C. 就该 300 万元利润周某可向公司主张分取 120 万元
D. 就该 300 万元利润谢某可向公司主张分取 12 万元

11 1203025

甲、乙、丙成立一家科贸有限公司，约定公司注册资本 100 万元，甲、乙、丙各按 20%、30%、50% 的比例出资。甲、乙缴足了出资，丙仅实缴 30 万元。公司章程对于红利分配没有特别约定。当年年底公司进行分红。下列哪一说法是正确的？

A. 丙只能按 30% 的比例分红
B. 应按实缴注册资本 80 万元，由甲、乙、丙按各自的实际出资比例分红
C. 由于丙违反出资义务，其他股东可通过决议取消其当年分红资格
D. 丙有权按 50% 的比例分红，但应当承担未足额出资的违约责任

（三）收益分配制度

【多选】

12 2202058

渝青公司成立于 2020 年初。2020 年 8 月，渝青公司股本溢价 0.5 亿元，2020 年末，渝青公司未弥补亏损为 0.4 亿元。2021 年渝青公司盈利状况良好，利润总额为 0.8 亿元。关于 2021 年渝青公司的财务处理，下列说法错误的是？

A. 渝青公司可提取法定公积金 800 万元
B. 渝青公司董事会可决定提取一定比例的任意公积金
C. 渝青公司可以股本溢价的 0.5 亿元弥补亏损
D. 渝青公司应当先用 0.8 亿元利润弥补亏损

13 1403071

关于公司的财务行为，下列哪些选项是正确的？

A. 在会计年度终了时，公司须编制财务会计报告，并自行审计
B. 公司的法定公积金不足以弥补以前年度亏损时，则在提取本年度法定公积金之前，应先用当年利润弥补亏损
C. 公司可用其资本公积金来弥补公司的亏损
D. 公司可将法定公积金转为增加公司注册资本，但所留存的该项公积金不得少于转增前公司注册资本的百分之二十五

【不定项】

14 1703092

紫霞股份有限公司是一家从事游戏开发的非上市公司，注册资本 5000 万元，已发行股份总额为 1000 万股。公司成立后经营状况一直不佳，至 2015 年底公司账面亏损 3000 万元。2016 年初，公司开发出一款游戏，备受玩家追捧，市场异常火爆，年底即扭亏为盈，税后利润达 7000 万元。2016 年底，为回馈股东多年的付出，紫霞公司决定分配利润。此时公司的法定公积金余额仅为 5 万元。就此次利润分配行为，下列选项正确的是？

A. 公司应提取的法定公积金数额为 400 万元
B. 公司可提取法定公积金的上限为税后利润的一半，即 3500 万元
C. 经股东会决议，公司可提取任意公积金 1000 万元
D. 公司向股东可分配利润的上限为 3605 万元

15 1703093

紫霞股份有限公司是一家从事游戏开发的非上市公司，注册资本 5000 万元，已发行股份总额为 1000 万股。公司成立后经营状况一直不佳，至 2015 年底公司账面亏损 3000 万元。2016 年初，公司开发出一款游戏，备受玩家追捧，市场异常火爆，年底即扭亏为盈，税后利润达 7000 万元。如紫霞公司在 2016 年底的分配利润中，最后所提取的各项公积金数额总计为 2800 万元，关于该公积金的用途，下列选项正确的是？

A. 可用于弥补公司 2016 年度的实际亏损
B. 可将其中的 1500 万元用于新款游戏软件的研发
C. 可将其中 1000 万元的任意公积金全部用于公司资本的增加

解析页码 032—033

D. 可将其中 1000 万元的法定公积金用于公司资本的增加

二、模拟训练

16 62206104

张某、王某、李某、赵某共同成立一家科技有限公司。公司注册资本为 400 万元，张某、王某、李某、赵某的出资比例分别为 50%、20%、20%、10%。其中张某、王某实缴了出资，按章程规定，李某和赵某的出资到期时间为 2023 年的 10 月 1 日。公司成立后一直飞速发展，在经繁星会计师事务所审计后发现公司税后利润达 3000 万元，为激励股东，公司于 2021 年年底召开股东会作出分红决议，但是公司的法定公积金余额仅为 100 万元。下列说法正确的是？（多选）

A. 分配利润之前应先弥补公司亏损、提取法定公积金

B. 公司章程可以约定不按照实缴出资比例分配公司利润

C. 公司应当自决议作出之日起六个月内完成利润分配

D. 张某和王某有权决定解聘繁星会计师事务所

17 62106095

普陀公司现有注册资本 5000 万元，公司成立后经营状况一直不佳，至 2018 年底公司账面亏损 2000 万元，2019 年年底扭亏为盈，税后利润达 8000 万元。公司现有法定公积金 1000 万元，任意公积金 500 万元。为回馈股东，2019 年底普陀公司决定分配利润。2020 年初普陀公司为激励员工，决定收购本公司的部分股份，用于职工奖励。下列说法正确的是？（不定项）

A. 公司可提取法定公积金至当年税后利润的一半时，就可以不再提取

B. 2019 年底，公司应提取法定公积金 600 万元

C. 公司可动用任意公积金作为此次股份收购的资金

D. 若在 2020 年底公司仍持有所收购股份，则在利润分配时不得对该股份进行利润分配

18 62406012

关于股东知情权的表述，以下说法正确的是？（多选）

A. 有限责任公司的股东有权查阅原始会计凭证

B. 股东可以委托会计师事务所进行查阅财务会计报告，但股东本人必须在场

C. 股份公司持股 1% 以下的股东有权查阅并复制股东名册

D. 股份公司持股 3% 以上的股东有权查阅会计账簿

参考答案

[1] B	[2] D	[3] A	[4] C	[5] D
[6] BD	[7] ABD	[8] BD	[9] B	[10] B
[11] B	[12] AB	[13] BCD	[14] C	[15] BC
[16] ABC	[17] D	[18] AC		

第六章 公司的变更、合并与分立

一、历年真题及仿真题

（一）公司的增资、减资

【单选】

1 1303026

泰昌有限公司共有 6 个股东，公司成立两年后，决定增加注册资本 500 万元。下列哪一表述是正确的？

A. 股东会关于新增注册资本的决议，须经三分之二以上股东同意

B. 股东认缴的新增出资额可分期缴纳

C. 股东有权要求按照认缴出资比例来认缴新增注册资本的出资

D. 股东未履行其新增注册资本出资义务时，公司董事长须承担连带责任

【不定项】

2 1802091

甲、乙、丙共同出资 1 亿元设立某有限责任公司，后公司收益颇丰，净资产达到 1.7 亿元，三人欲

解析页码
033—035

将公司转为股份公司为将来公司上市做准备，下列说法正确的是？

A. 如变更后股份公司注册资本为2亿元，则所增加的注册资本可以由甲、乙、丙三人认购

B. 如变更后股份公司注册资本为2亿元，则所增加的注册资本可向社会公开募集，但不能定向募集

C. 如变更后股份公司注册资本为1.7亿元，则公司不必另行办理增资程序

D. 如变更后股份公司注册资本为1.7亿元，变更后发现原公司净资产计算有误，漏记了一笔1000万元的对外债务，则此差额的补足责任由甲、乙、丙三人连带承担

【多选】

3 2202059

甲、乙两人于2021年投资设立觉嘉公司，各认缴1亿元注册资本，公司章程规定股东应于2025年之前缴足出资。2022年该公司与晓嘉公司签订了《专利实施许可权合同》，双方约定觉嘉公司获得专利实施许可，并向晓嘉公司支付专利许可费5000万元。双方办理专利许可登记后，甲、乙未通知晓嘉公司即将觉嘉公司注册资本变更为2000万元，出资日期仍为2025年。2022年8月，觉嘉公司经营陷入困境，无力向晓嘉公司支付专利许可费。对此，下列说法正确的是？

A. 因公司减少注册资本未通知债权人，不得对抗债权人

B. 因公司减少注册资本没有通知债权人，减资行为无效

C. 就债权问题，晓嘉公司可以向甲、乙主张连带赔偿责任

D. 就债权问题，晓嘉公司可以向甲、乙主张补充赔偿责任

4 1703068

湘星公司成立于2012年，甲、乙、丙三人是其股东，出资比例为7:2:1，公司经营状况良好。2017年初，为拓展业务，甲提议公司注册资本增资1000万元。关于该增资程序的有效完成，下列哪些说法是正确的？

A. 三位股东不必按原出资比例增资

B. 三位股东不必一次性实际缴足增资

C. 公司不必修改公司章程

D. 公司不必办理变更登记

（二）公司的合并、分立

【单选】

5 1103025

白阳有限公司分立为阳春有限公司与白雪有限公司时，在对原债权人甲的关系上，下列哪一说法是错误的？

A. 白阳公司应在作出分立决议之日起10日内通知甲

B. 甲在接到分立通知书后30日内，可要求白阳公司清偿债务或提供相应的担保

C. 甲可向分立后的阳春公司与白雪公司主张连带清偿责任

D. 白阳公司在分立前可与甲就债务偿还问题签订书面协议

【多选】

6 1503069

张某、李某为甲公司的股东，分别持股65%与35%，张某为公司董事长。为谋求更大的市场空间，张某提出吸收合并乙公司的发展战略。关于甲公司的合并行为，下列哪些表述是正确的？

A. 只有取得李某的同意，甲公司内部的合并决议才能有效

B. 在合并决议作出之日起15日内，甲公司须通知其债权人

C. 债权人自接到通知之日起30日内，有权对甲公司的合并行为提出异议

D. 合并乙公司后，甲公司须对原乙公司的债权人负责

二、模拟训练

7 62006068

金阳公司成立于1994年，注册资本一千万元。其中，股东赖莹持股74%，股东邵玲持股26%，公

解析页码
036—037

司章程规定表决权表现为公司持股比例。2017 年金阳公司召开股东会会议，赖莹独自通过将公司减资为 750 万元的决议。2018 年金阳公司经决议分立为金象公司和阳泰公司，金象公司与金阳公司的债权人李晨达成书面协议，金象公司承担 40% 的债务，阳泰公司的股东邵玲将其出资的 60 万元在账面上处理为其公司的债权 60 万元，后阳泰公司归还邵玲 60 万元借款，从而实现阳泰公司的减资。下列说法错误的是？（多选）

A. 金阳公司减资决议的表决方式不合法

B. 金阳公司应当在工商行政管理部门变更登记

C. 因李晨与金象公司已达成书面协议，阳泰公司仅限承担李晨剩余 60% 债务

D. 若李晨的债权不能获得全部清偿，李晨有权要求邵玲在 60 万元本息范围内对公司债务不能清偿的部分承担补充赔偿责任

8 62406013

华天公司因经营不善亏损严重，现欲动用以前年份累积的公积金进行弥补。对此，下列说法正确的是？（单选）

A. 华天公司可直接动用资本公积金弥补亏损

B. 若华天公司动用资本公积金后，仍不能弥补全部亏损的，可以进行减资

C. 华天公司通过减资弥补亏损的，就所减部分，股东不再负出资义务

D. 华天公司通过减资弥补亏损的，在减资完成以后，法定公积金、任意公积金均达到公司注册资本 50% 以前，不得向股东分配利润

9 62406014

华天公司持有惊天公司 90% 的股权，现两家公司欲以合并，合并之后惊天公司注销。就合并事项，下列说法正确的是？（多选）

A. 惊天公司须经其股东会决议

B. 惊天公司的其他股东有权请求华天公司按照合理的价格收购其股权

C. 华天公司无须经其股东会决议

D. 对华天公司股东会合并决议持有异议的股东，有权请求华天公司按照合理的价格收购其股权

参考答案

[1] B　[2] AD　[3] AD　[4] AB　[5] B
[6] AD　[7] ABC　[8] B　[9] CD

第七章 有限责任公司

一、历年真题及仿真题

（一）股权转让

【单选】

1 2302034

2023 年 1 月，甲公司成立。股东张某实际系为李某代持股权，大股东刘某对此知情。6 月，经全体股东同意，股东王某将其股权转让给了赵某，但尚未变更股东名册及工商登记。对此，下列说法正确的是？

A. 李某有权向公司主张分红权

B. 张某有权在股东会上针对公司事务行使表决权

C. 赵某自股权转让合同生效之日起取得股权

D. 赵某自实际参与公司经营管理时起取得股东资格

2 1703028

汪某为兴荣有限责任公司的股东，持股 34%。2017 年 5 月，汪某因不能偿还永平公司的货款，永平公司向法院申请强制执行汪某在兴荣公司的股权。关于本案，下列哪一选项是正确的？

A. 永平公司在申请强制执行汪某的股权时，应通知兴荣公司的其他股东

B. 兴荣公司的其他股东自通知之日起 1 个月内，可主张行使优先购买权

C. 如汪某所持股权的 50% 在价值上即可清偿债务，则永平公司不得强制执行其全部股权

D. 如在股权强制拍卖中由丁某拍定，则丁某取得

解析页码
038—039

汪某股权的时间为变更登记办理完毕时

3 1403026

甲与乙为一有限责任公司股东，甲为董事长。2014年4月，一次出差途中遭遇车祸，甲与乙同时遇难。关于甲、乙股东资格的继承，下列哪一表述是错误的？

A. 在公司章程未特别规定时，甲、乙的继承人均可主张股东资格继承

B. 在公司章程未特别规定时，甲的继承人可以主张继承股东资格与董事长职位

C. 公司章程可以规定甲、乙的继承人继承股东资格的条件

D. 公司章程可以规定甲、乙的继承人不得继承股东资格

【多选】

4 2102091

博达公司系张某出资设立的一人有限公司。1年后博达公司与海涛公司共同出资设立了博海有限公司。随后，张某将其持有的博达公司的全部股权转让给了杨某并办理了变更登记。2020年博达公司为杨某向李某的借款提供担保，与李某签订了担保协议，杨某直接在担保协议上签字并加盖公章。2021年借款到期后，杨某无力偿还借款。对此，下列哪些说法是正确的？

A. 公司应对借款承担担保责任

B. 该担保协议因未经股东会决议，故担保无效

C. 杨某如无法证明财产独立，则须就公司其他债务承担连带责任

D. 博海有限公司就张某和杨某的股权转让有权主张优先购买

5 2002077

张某、陈某、黄某欲共同出资设立三君子公司，黄某因诸多不便，在张某和陈某的参谋下，黄某与杨某签署代持股协议，约定由黄某出资并享有实际的投资收益，由杨某出名设立三君子公司，黄某每年向杨某支付10万元费用。2020年4月，三君子公司成立，登记股东为张某、陈某、杨某，杨某持股45%。黄某参加三君子公司的股东会并行使表决权，对此各股东均未提出异议。2021年11月，杨某将名下的股权转让给陈某，并办理了变更登记手续。黄某知情后，愤怒不已，下列有关说法正确的是？

A. 杨某转让股权给陈某，同等条件下，张某有权主张优先购买权

B. 黄某有权要求市场监督管理部门承担赔偿责任

C. 黄某有权主张杨某和陈某的股权转让行为无效

D. 黄某有权要求杨某返还股权，请求公司将其登记为公司股东

6 1802064

甲、乙是某有限责任公司股东，甲、乙分别持有公司51%和49%的股权，公司章程约定股权对外转让必须经所有股东一致同意方有效。2018年10月甲想把持有的公司51%的股权转让给外部的第三人丙，但乙不同意，于是，甲提出只转让0.1%的股权给丙，乙便同意了甲的请求。在丙成为公司的股东后，甲于2018年12月把自己持有的剩下50.9%的公司股权也转给了丙，并且办理了股权登记证明，这时候乙出来反对。关于两次股权转让是否有效，下列说法正确的是？

A. 甲的第一次股权转让有效

B. 甲的第一次股权转让无效

C. 甲的第二次股权转让有效

D. 甲的第二次股权转让无效

7 1503070

甲持有硕昌有限公司69%的股权，任该公司董事长；乙、丙为公司另外两个股东。因打算移居海外，甲拟出让其全部股权。对此，下列哪些说法是错误的？

A. 甲对外转让自己的股权，不必征得乙、丙同意

B. 若公司章程限制甲转让其股权，则甲可直接修改章程中的限制性规定，以使其股权转让行为合法

C. 甲可将其股权分割为两部分，分别转让给乙、丙

D. 甲对外转让其全部股权时，乙或丙均可就甲所转让股权的一部分主张优先购买权

解析页码
039—041

（二）组织机构会议制度

【不定项】

8 1603092

源圣公司有甲、乙、丙三位股东。2015 年 10 月，源圣公司考察发现某环保项目发展前景可观，为解决资金不足问题，经人推荐，霓美公司出资 1 亿元现金入股源圣公司，并办理了股权登记。增资后，霓美公司持股 60%，甲持股 25%，乙持股 8%，丙持股 7%，霓美公司总经理陈某兼任源圣公司董事长。2015 年 12 月，霓美公司在陈某授意下将当时出资的 1 亿元现金全部转入霓美旗下的天富公司账户用于投资房地产。后因源圣公司现金不足，最终未能获得该环保项目，前期投入的 500 万元也无法收回。陈某忙于天富公司的房地产投资事宜，对此事并不关心。针对公司现状，甲、乙、丙认为应当召开源圣公司股东会，但陈某拒绝召开，而公司监事会对此事保持沉默。下列说法正确的是？

A．甲可召集和主持股东会

B．乙可召集和主持股东会

C．丙可召集和主持股东会

D．甲、乙、丙可共同召集和主持股东会

（三）组织机构组成及职权

【单选】

9 2102095

大华有限公司董事会有成员三人，分别为甲、乙和丙，任期均自 2019 年至 2021 年。2019 年 12 月，甲因家中变故向公司递交辞呈，辞去董事职位。尽管公司并未批准，但甲再未继续在公司履职。2020 年因丙能力不足，大华有限公司股东会决议罢免丙的董事职务。据此，下列哪一说法是正确的？

A．无论大华有限公司是否批准甲的辞呈，均不会改变甲辞职的法律效力

B．因为甲的辞职导致董事会人数不足法定人数，因此辞职不发生法律效力

C．大华有限公司股东会决议罢免丙的董事职务并不必然导致丙丧失董事资格

D．即使丙被罢免了董事职务，依然有权向公司要求支付剩余任期的薪资

10 1902021

安云公司是由蓝月公司和张三、李四共同出资设立的有限公司，蓝月公司派赵祥和王琳担任安云公司的董事。在安云公司运营期间，赵祥以王琳在安云公司决策时总不为蓝月公司的利益着想为由，向蓝月公司报告。蓝月公司未经安云公司其他董事同意，将王琳召回，派驻胡丽作为安云公司的董事，下列说法正确的是？

A．王琳一经召回就丧失了安云公司的董事身份

B．胡丽取得了安云公司的董事身份

C．赵祥和王琳应对蓝月公司尽忠实、勤勉义务

D．赵祥和王琳应对安云公司尽忠实、勤勉义务

11 1503026

荣吉有限公司是一家商贸公司，刘壮任董事长，马姝任公司总经理。关于马姝所担任的总经理职位，下列哪一选项是正确的？

A．担任公司总经理须经刘壮的聘任

B．享有以公司名义对外签订合同的法定代理权

C．经董事会授权，制定公司的劳动纪律制度

D．有权聘任公司的财务经理

12 1303025

新余有限公司共有股东 4 人，没有设立董事会，股东刘某为公司董事。在公司章程无特别规定的情形下，刘某可以行使下列哪一职权？

A．决定公司的投资计划

B．否决其他股东对外转让股权行为的效力

C．决定聘任公司经理

D．决定公司的利润分配方案

【多选】

13 1503068

钱某为益扬有限公司的董事，赵某为公司的职工代表监事。公司为钱某、赵某支出的下列哪些费用须经公司股东会批准？

A．钱某的年薪

B．钱某的董事责任保险费

解析页码
042—043

C. 赵某的差旅费

D. 赵某的社会保险费

14 2102010

觉晓公司有甲、乙、丙三个董事，任期均为三年。乙因家中发生变故，于任期内提出辞职并要求退股，但股东会会议并未通过该项决议，后乙一直未上班。丙因管理能力不足，公司召开股东会会议并通过解聘丙董事职务的决议。对此，下列说法正确的是？

A. 股东会的决议结果不影响乙辞职行为的法律效力

B. 若因乙辞职导致董事会成员不符合法定人数，则乙辞职无效

C. 即使被辞退，丙仍可以要求公司支付剩余年限的薪资

D. 股东会辞退丙的决议作出即生效

15 1603069

紫云有限公司设有股东会、董事会和监事会。近期公司的几次投标均失败，董事会对此的解释是市场竞争激烈，对手强大。但监事会认为是因为董事狄某将紫云公司的标底暗中透露给其好友的公司。对此，监事会有权采取下列哪些处理措施？

A. 提议召开董事会

B. 提议召开临时股东会

C. 提议解任狄某

D. 聘请律师协助调查

（四）公司决议效力

【单选】

16 1902024

成顺公司的股东胡某是公司的大股东和法定代表人，2018 年 12 月，胡某召集股东会商议收购力耀公司的股权事宜，此次股东会没有通知持有公司百分之一股权的小股东郑某。胡某提议转让成顺公司的一块土地使用权给力耀公司作为受让股权的对价，在胡某操作下，股东会通过该决议并让秘书代替郑某签字，郑某知道后坚决不同意，诉至法院，该股东会决议效力如何？

A. 该股东会决议无效

B. 该股东会决议可撤销

C. 该股东会决议有效

D. 该股东会决议不成立

【多选】

17 2102094

关于公司决议效力，下列说法错误的是？

A. 张三于 2021 年 3 月 5 日通过受让股权加入甲有限公司，张三发现该公司同年 2 月 5 日曾召开股东会会议，通过增加注册资本的决议，但会议没有按照公司法规定提前通知。张三有权请求法院撤销该决议

B. 当股东提起撤销公司决议诉讼时，法院可以应公司的请求，要求股东提供相应的担保

C. 甲有限公司经董事会决议，与乙公司签订了《战略合作协议》。后该董事会决议被撤销，因此该《战略合作协议》也应当被撤销

D. 甲有限公司 2020 年利润总额 2000 万元，该公司持股 80% 股权的股东李四直接作出决议：公司不缴纳所得税、不提取法定公积金，直接将全部利润总额向股东进行分配。李四的决议无效

18 2002130

南方有限公司有 9 个股东。2019 年 5 月，公司经股东会决议，决定变更为南方股份公司，下列选项错误的是？

A. 该股东会决议应由 6 个以上股东同意

B. 该股东会决议应由出席会议 2/3 以上表决权的股东同意

C. 南方股份公司董事长由全体董事的过半数选举产生

D. 南方股份公司副董事长由出席董事的过半数选举产生

（五）综合知识点

【单选】

19 2202123

ABC 三人共同设立觉大公司，A 持股 66%，B、C 各持股 17%，A 担任觉大公司执行董事和法定代

解析页码 043—045

表人。觉大公司章程约定，处分公司重要财产须经全体股东一致同意。A擅自把重要设备卖给不知情的D，B和C得知此事后要求召开股东会。下列选项正确的是？

A．该设备转让合同对觉大公司产生效力

B．该设备转让合同对觉大公司不产生效力

C．BC二人可向法院起诉要求召开股东会

D．BC二人可要求公司回购其股份

20 2202134

A股份公司有9名董事，一日，甲、乙、丙、丁4名董事参加董事会，其中，甲获得董事戊的全权委托授权。会上，董事长临时决定表决劳动用工制度，与会人员均同意通过。下列说法正确的是？

A．董事戊应书面委托甲代为出席，并在委托书中载明授权范围

B．因董事出席人数不足法定标准，该董事会会议不得召开

C．该表决因通过比例不足而无效

D．该表决因越权而无效

21 2102015

王某设立的成功公司为一人有限责任公司，成功公司和明希公司一起出资设立了成明公司。后王某将其持有的成功公司股权全部转让给了潘某，潘某以成功公司的名义为好友金某提供担保，金某到期未能偿还债务。后债权人要求成功公司承担担保责任，发现成功公司的资产也不足以清偿，后诉至法院。法院查明：成功公司内部并未依法建立完备的财务制度，多笔公司交易款未走公账而被潘某转入其在银行开立的私人账户。此时担保责任该由谁承担？

A．由成功公司承担担保责任

B．潘某与成功公司承担连带责任

C．成明公司与成功公司承担连带责任

D．该担保没有经过公司股东会决议，因此无效

22 2002057

黄某是可嘉公司的股东，持股20%。2018年10月，黄某向陈某借款30万元，借期三个月，为担保还款，黄某与陈某签订协议，约定将黄某在可嘉公司的股权转让给陈某，但双方并未办理股权变更手续。2019年1月，黄某又将股权卖给了不知情的顾某并办理了变更登记，但顾某仅支付了第一期转让款10万元，余款尚未支付。此时，黄某欠陈某的债务已逾期。关于本案，下列说法正确的是？

A．顾某自付清全部股权转让款之日，即可取得可嘉公司的股东资格

B．黄某与陈某之间关于以股权转让担保借款的约定有效

C．顾某自股权变更登记完成时，即可取得可嘉公司的股东资格

D．陈某自借款到期日起有权要求可嘉公司将其登记为股东

23 2002061

华美公司由9个股东出资组成，其中甲持股5%，乙持股45%，乙担任公司的董事长。公司章程规定，公司增资需全体股东一致同意。2021年9月，华美公司召开股东会讨论增资事宜，没有通知甲。股东会决议中由乙代甲签字，最终以持股95%表决权的股东同意作出增资决议。甲知道后愤怒不已，且坚决反对增资。下列有关说法正确的是？

A．该股东会决议可撤销

B．该股东会决议不成立

C．公司章程规定的有关增资的表决事项无效

D．甲有权主张公司以合理的价格回购其股权

24 1902020

雷某独资设立大米公司，雷某担任公司的执行董事和法定代表人。因公司的经营需要向罗某筹措资金200万，并约定罗某因此占大米公司5%的股权，大米公司为此向罗某出具了股权凭证。据查，罗某是大麦公司的法定代表人，大麦公司与大米公司的经营范围基本相同。因为罗某该笔资金的引入，大米公司经营渐有起色，终于扭亏为盈。但大米公司未向罗某分红，罗某提出查阅大米公司的账簿并主张分红，下列说法正确的是？

A．雷某可以罗某查账目的不正当为由拒绝其查账请求

解析页码
046—047

B. 如果罗某委托律师代为查账，雷某不得拒绝
C. 罗某可向法院提起诉讼请求大米公司分红
D. 罗某可自行召集并主持股东会决议分红

25 1802019

2018年5月，甲有限责任公司成立，张某持有公司80%的股权，并担任公司董事长；李某持有公司7%的股权。公司章程规定，公司召开股东会应当提前十天以书面形式通知全体股东。为了扩大公司规模，张某认为甲公司应当与乙公司合并，遂提议召开公司股东会会议，但因准备匆忙，在会议召开前五天才通知李某。股东会会议中持有公司90%表决权的股东同意合并，3%表决权的股东反对，最终通过了与乙公司合并的决议，李某拒绝在决议上签字。下列说法正确的是？

A. 该次股东会会议的召集程序违反法律规定，李某可以主张该决议无效
B. 李某有权要求公司以合理价款回购其所持有的甲公司股权
C. 该次股东会会议的召集程序违反法律规定，李某可以要求撤销该决议
D. 如果李某针对股东会决议效力提起相关诉讼，应当以公司为被告，其他股东列为第三人

26 1603028

烽源有限公司的章程规定，金额超过10万元的合同由董事会批准。蔡某是烽源公司的总经理。因公司业务需要车辆，蔡某便将自己的轿车租给烽源公司，并约定年租金15万元。后蔡某要求公司支付租金，股东们获知此事，一致认为租金太高，不同意支付。关于本案，下列哪一选项是正确的？

A. 该租赁合同无效
B. 股东会可以解聘蔡某
C. 该章程规定对蔡某没有约束力
D. 烽源公司有权拒绝支付租金

【多选】

27 2102020

A成立了明月有限公司（一人公司）。2019年，为了拓展业务，明月有限公司设立了北京市海淀区分公司，由B担任负责人。2020年，A邀请C出资入股明月有限公司。对此，下列说法正确的是？

A. 2019年，明月公司决定全资设立天明有限公司，符合法律规定
B. 2019年，明月公司决定设立海淀区分公司，不符合法律规定
C. C入股加入明月公司，需要经A、B一致同意
D. C入股加入明月公司，需要经A同意

28 2202126

甲持有A公司51%的股权。18年11月4日，乙以600万购买甲在A公司的股权收益，双方约定，该股权仍由甲持有，但甲在A公司表决需经乙同意，若甲违反约定，则需要将股权转让给乙。19年3月15日，A公司召开利润分配股东会，甲未经乙同意投了反对票。乙得知后要求甲转让股权，并要求A公司重新开会。以下选项正确的是？

A. A公司的利润分配股东会决议有效
B. 甲构成违约
C. 乙有权要求A公司重新召开股东会
D. 乙有权要求甲转让股权

29 2202128

甲、乙和丙是觉大有限公司的董事股东，且公司章程规定召开董事会需提前7日通知所有董事。某日，觉大公司召开董事会并通过了聘请齐某为总经理的决议。后，齐某擅自抵押公司资产，虽没有给公司造成损失，但公司仍决定召开董事会，并全员通过了免除齐某职务的决议。此次会议，丙于开会前一天才接到通知。对此，下列选项错误的是？

A. 聘请齐某的董事会决议因违反法律规定而无效
B. 丙可以复制董事会会议记录
C. 齐某有权以程序违反章程为由申请撤销免除其职务的董事会决议
D. 齐某没有造成损失，公司不能开除

30 2102008

觉晓有限公司的章程规定：公司成立后的前三年不分红。因该公司在后续经营的五年期间里一直

解析页码 048—050

盈利却未曾分红，而股东张三近来手头紧缺，遂向公司请求进行分红，但遭到拒绝。后迫于众多股东抗议的压力，公司召开股东会会议，并通过利润分配方案的股东会决议。下列说法正确的是？

A. 对分红持异议的股东可以请求公司回购股权

B. 股东会通过利润分配决议后，股东可对外转让利润分配请求权

C. 章程规定公司成立后的前三年不分红是违法的

D. 股东有权查阅公司股东会会议记录

31 2102024

甲是A公司股东，丙是B公司股东，甲欲将A公司股权转让给丙，并要求丙将B公司股权作为对价支付给自己，丙同意。A公司股东乙要求行使优先购买权，甲拒绝。甲、丙二人变更了股东名册，但未进行工商登记。后甲将A公司股权质押给丁。下列说法错误的是？

A. 甲质押股权的行为属于有权处分

B. 丁取得质权需符合善意取得的要件

C. 丙可向甲请求损害赔偿

D. 乙因不符合同等条件而不能行使优先购买权

32 2002046

刘某与李某均为甲公司董事会成员，因就公司发展前景意见不一致而结下私怨，导致公司股东会长期无法正常召开，严重影响公司经营。王某系甲公司小股东，于2020年4月受让公司12%的股权，当年5月10日提议董事会罢免上述两位董事并召集股东会选任新董事。对此，下列哪些做法是正确的？

A. 董事会收到提议后应召集股东会

B. 如董事会不召集股东会，该股东可自行召集

C. 董事会以董事罢免须经股东会为由，认定提议无效

D. 董事会如召集股东会，应提前20天通知股东

33 1902084

甲是拉姆公司股东，经公司过半数股东同意后于2018年3月和乙签署股权转让合同，合同约定2018年1月1日开始计算股东收益。但拉姆公司的股东名册及相关文件2018年5月才变更完成。2018年4月，公司召开股东会决议向股东分红，但未分配给乙。下列说法正确的是？

A. 乙于2018年5月拉姆公司办完变更手续后取得股权

B. 乙有权申请法院确认该决议无效

C. 2018年4月决议作出后，拉姆公司有权依据章程向甲分配利润

D. 2018年4月决议作出后，乙可以向拉姆公司主张分红

34 1802065

2017年6月，李某、张某、汪某、赵某四人共同出资成立了某有限责任公司，公司章程约定李某认缴出资400万元，其他三人分别认缴出资200万元，出资期限为公司成立后3个月内。至2017年年末，经公司多次催告，李某仍未缴纳出资。2018年1月，公司召开股东会会议，李某未出席，经张某、汪某、赵某三股东同意，最终通过了对李某除名的决议。对此，下列说法正确的是？

A. 李某系该公司重要股东，其未出席此次股东会会议，该决议无效

B. 对李某除名的决议，李某有利害关系，没有表决权，该决议有效

C. 在李某被除名的相关登记事项变更完成之前，若公司有对外债务不能清偿，李某仍需承担补充赔偿责任

D. 公司对李某除名后，应当及时办理相应的减资程序，或安排其他主体缴纳相应的出资

35 1802066

2018年1月，甲、乙、丙三人共同发起设立了味道好面馆有限公司，甲持股比例为30%，乙持股比例为60%，丙持股比例为10%。其中，乙至今未按约定履行出资义务，并且由乙担任公司法定代表人，丙担任公司唯一的监事。2018年7月，乙违规决议味道好面馆公司为其本人提供担保，因此给公司造成损失100万元，而公司并未向其主张责任。下列说法正确的是？

A. 甲有权提议召开临时股东会会议变更法定代表人

B. 甲有权直接要求乙向公司履行出资义务

解析页码
051—052

C. 甲有权直接要求乙赔偿其股权价值下降的损失
D. 甲有权提起代表诉讼，要求乙向自己承担赔偿责任

36 1802067

2016年，陈某和周某共同创办了甲有限公司，其中陈某持有公司67%的股权，并担任董事长、法定代表人。公司章程规定，只要公司可分配利润超过10万元，即向周某分配10万元，剩余部分向陈某分配。2017年公司业务不佳，税后利润提取公积金后，公司可分配利润仅为11万元。当年股东会会议中，陈某以周某业务能力差、对公司贡献少为由，主张将可分配利润全部分配给自己，不向周某分配。最终陈某一个人同意通过了该项决议。据此，当年全部利润均分配给了陈某。对此，下列说法正确的是？
A. 周某可以主张该决议无效
B. 周某可以主张撤销该决议
C. 周某可以主张公司赔偿其损失
D. 周某可以主张陈某赔偿其损失

37 1603068

科鼎有限公司设立时，股东们围绕公司章程的制订进行讨论，并按公司的实际需求拟定条款规则。关于该章程条款，下列哪些说法是正确的？
A. 股东会会议召开7日前通知全体股东
B. 公司解散需全体股东同意
C. 董事表决权按所代表股东的出资比例行使
D. 全体监事均由不担任董事的股东出任

38 1303068

甲、乙、丙设立一有限公司，制定了公司章程。下列哪些约定是合法的？
A. 甲、乙、丙不按照出资比例分配红利
B. 由董事会直接决定公司的对外投资事宜
C. 甲、乙、丙不按照出资比例行使表决权
D. 由董事会直接决定其他人经投资而成为公司股东

39 1203068

方圆公司与富春机械厂合资设立富圆有限公司，出资比例为30%与70%。关于富圆有限公司董事会的组成，下列哪些说法是正确的？
A. 董事会成员中应当有公司职工代表
B. 董事张某任期内辞职，在新选出董事就任前，张某仍应履行董事职责
C. 富圆公司章程可约定董事长由小股东方圆公司派人担任
D. 方圆公司和富春机械厂可通过公司章程约定不按出资比例分红

40 1003071

甲乙等六位股东各出资30万元于2004年2月设立一有限责任公司，五年来公司效益一直不错，但为了扩大再生产一直未向股东分配利润。2009年股东会上，乙提议进行利润分配，但股东会仍然作出不分配利润的决议。对此，下列哪些表述是错误的？
A. 该股东会决议无效
B. 乙可请求法院撤销该股东会决议
C. 乙有权请求公司以合理价格收购其股权
D. 乙可不经其他股东同意而将其股份转让给第三人

【不定项】

41 1003094

甲公司欲单独出资设立一家子公司。甲公司的法律顾问就此向公司管理层提供了一份法律意见书，涉及到子公司的设立、组织机构、经营管理、法律责任等方面的问题。关于子公司设立的问题，下列说法正确的是？
A. 子公司的名称中应当体现甲公司的名称字样
B. 子公司的营业地可不同于甲公司的营业地
C. 甲公司对子公司的注册资本必须在子公司成立时一次足额缴清
D. 子公司的组织形式只能是有限责任公司

二、模拟训练

42 62206110

李艳、徐汇和王明三人为路路通有限公司的股东。其中，李艳出资350万，徐汇出资420万，王明出资230万。2021年10月20日，王明与惠达公

解析页码
053—056

司签订了一批货物采购合同，路路通公司在合同签订第二天就付清了230万的合同价款，但惠达公司未履行合同，后路路通公司查实该公司系王明的一人公司。2021年11月2日，因徐汇个人债务纠纷，其债权人请求法院强制执行其名下的股权，同日，法院通知了路路通公司及全体股东。下列说法正确的是？（单选）

A. 王明的行为构成抽逃出资

B. 法院强制执行徐汇名下的股份应及时通知路路通公司及全体股东，并征求同意

C. 由于此为法院强制执行，因此其他股东无优先购买权

D. 李艳可于2021年11月24日主张对徐汇的股权行使优先购买权

43 62206117

王二、张三、李四共同成立陀氏有限责任公司，分别占股8%，40%，52%，公司经营期间，王二认为张三利用其股东地位损害公司利益，要求召开临时股东会议。公司章程对股东会决议表决通过比例无特殊规定。以下说法正确的是？（单选）

A. 陀氏公司章程规定不设置定期会议，有事项需决议时召开临时会议

B. 王二不可以提议召开临时会议

C. 王二召开临时会议的要求被否定，请求法院判令公司开会，法院应当支持其诉求

D. 陀氏公司的董事会中必须有职工代表

44 62106107

华光有限公司于2021年4月成立，张珩、刘瑶、孙茜和赵辉分别持股34%、27%、30%和9%，法定代表人为赵辉。后公司召开股东会决议：(1)为公司稳定发展，提议将章程修改所需表决权定为1/3以上股东同意即可；(2)公司经营状况良好，决议新增资本1000万元。华光公司为发展经营设立了分支机构星华工作室。后股东张珩受让了孙茜的全部股权及刘瑶5%的股权。后华光公司为星耀公司向天惠公司货款提供担保，仅张珩一人同意。下列选项正确的是？（多选）

A. 第一项决议经全体股东一致同意即通过

B. 第二项决议若张珩和孙茜同意，赵辉反对，刘瑶未参与，则该决议不成立

C. 若星华工作室擅自为不知情的周某提供担保，该担保有效

D. 即使天惠公司未审查华光公司的担保决议，该担保有效

45 62106106

圣通公司于2021年3月1日成立，共有8名董事会成员，计某任公司董事长及法定代表人，盛运公司为圣通公司最大股东。公司章程规定，公司担保需董事会全体成员一致同意。2021年10月1日，计某以公司名义就盛运公司向银行的贷款提供了担保，银行对其提交的董事会决议进行了审查。圣通公司于2021年12月4日投资设立了兴聚一人有限公司。兴聚公司为圣通公司向银行贷款提供了担保，后兴聚公司因承担担保责任，导致对其债权人辉煌公司的债务无法清偿。下列说法正确的是？（多选）

A. 银行审查了圣通公司提供的董事会决议，该担保有效

B. 圣通公司承担的赔偿责任不超过盛运公司不能清偿部分的二分之一

C. 兴聚公司不能再投资设立新的一人有限责任公司

D. 若圣通公司不能证明公司财产独立于自己财产的，则需要对辉煌公司承担连带责任

46 62406015

赵钱孙李四人系乐天有限公司的股东，现李某欲出国深造，遂打算将其股权全部转让给周某。对此，下列说法正确的是？（单选）

A. 李某须经得其他股东二人以上同意，方可转让股权

B. 自李某发出书面通知之日起30日内，其余三人在同等条件下可主张优先购买

C. 若其余三人放弃优先购买权，则周某自股权协议生效之日起取得股东资格

D. 股权转让给周某后，股东信息发生变化的，无需修改公司章程

47 62406016

关于国有独资公司的组织机构，下列说法正确的

解析页码
056—058

是？（多选）

A．股东会可授权董事会行使部分职权

B．合并、分立、解散以及向股东分红的，必须经履行出资人职责的机构决定

C．过半数的董事必须为职工代表

D．在特殊情况下，可以不设监事会或者监事

参考答案

[1] B	[2] C	[3] B	[4] AC	[5] CD
[6] AC	[7] BD	[8] AD	[9] A	[10] D
[11] C	[12] C	[13] AB	[14] AD	[15] BCD
[16] B	[17] BCD	[18] ABD	[19] A	[20] A
[21] B	[22] B	[23] B	[24] A	[25] D
[26] D	[27] AD	[28] BD	[29] ABCD	[30] BD
[31] AD	[32] AC	[33] AC	[34] BCD	[35] AB
[36] BD	[37] AB	[38] ABC	[39] CD	[40] AB
[41] BD	[42] A	[43] B	[44] BCD	[45] BD
[46] B	[47] BD			

第八章 股份有限公司

一、历年真题及仿真题

（一）股份有限公司的设立

【多选】

1 1603070

甲、乙、丙等拟以募集方式设立厚亿股份公司。经过较长时间的筹备，公司设立的各项事务逐渐完成，现大股东甲准备组织召开公司成立大会。下列哪些表述是正确的？

A．厚亿公司的章程应在成立大会上通过

B．甲、乙、丙等出资的验资证明应由成立大会审核

C．厚亿公司的经营方针应在成立大会上决定

D．设立厚亿公司的各种费用应由成立大会审核

2 1403072

顺昌有限公司等五家公司作为发起人，拟以募集方式设立一家股份有限公司。关于公开募集程序，下列哪些表述是正确的？

A．公司应与依法设立的证券公司签订承销协议，由其承销公开募集的股份

B．证券公司应与银行签订协议，由该银行代收所发行股份的股款

C．发行股份的股款缴足后，须经依法设立的验资机构验资并出具证明

D．由发起人主持召开公司成立大会，选举董事会成员、监事会成员与公司总经理

（二）股份发行与转让

【单选】

3 1902025

甲上市公司拟与乙公司合并，但乙公司拥有甲上市公司 50 万股的股票，占发行股票总额的 1.5%。就此合并事宜，甲上市公司的股东张某、李某、戴某明确表示反对，并向公司主张回购其股份退出公司。下列有关说法正确的是？

A．甲上市公司可以由董事会决议与乙公司合并收购股份事宜

B．甲上市公司应当在和乙公司合并后 6 个月内转让或注销该股份

C．甲上市公司收购乙公司股份应当采用公开集中交易的方式进行

D．甲上市公司应当在回购张某、李某、戴某股份后 10 日内注销

4 1603029

唐宁是沃运股份有限公司的发起人和董事之一，持有公司 15% 的股份。因公司未能上市，唐宁对沃运公司的发展前景担忧，欲将所持股份转让。关于此事，下列哪一说法是正确的？

A．唐宁可要求沃运公司收购其股份

B．唐宁可以不经其他股东同意对外转让其股份

C．若章程禁止发起人转让股份，则唐宁的股份不得转让

D．若唐宁出让其股份，其他发起人可依法主张优先购买权

解析页码 058—059

【多选】

5 2102098

阿里九九股份有限公司是上市公司，2020 年 5 月公司上市满 6 个月，该公司召开股东会通过的下列决议中不符合法律规定的是?

A. 公司董事、监事、高级管理人员持有的本公司股份可以随时转让

B. 公司公开发行前已经发行的股份，即日起可公开转让

C. 公司收回本公司已发行股份的 11% 用于未来 2 年内奖励本公司职工

D. 决定与乙公司联合开发房地产，并要求乙公司以其持有的阿里九九公司股份作为履行合同的质押担保

6 1902087

某上市公司因售出产品发生质量问题，销售单位对顾客的处理方案不妥当，引发舆论的负面评价，因此股价不正常下跌。为了扭转股价下跌的趋势，公司拟用未分配利润回购公司股份，关于该公司的股份回购下列说法正确的是?

A. 该回购事项须通过股东会决议

B. 回购股份不能超过已经发行股份的 10%

C. 股份回购应通过公开集中交易进行

D. 公司回购的股份应当在半年内注销或转让

(三) 股份有限公司的组织机构

【多选】

7 1703071

茂森股份公司效益一直不错，为提升公司治理现代化，增强市场竞争力并顺利上市，公司决定重金聘请知名职业经理人王某担任总经理。对此，下列哪些选项是正确的?

A. 对王某的聘任以及具体的薪酬，由茂森公司董事会决定

B. 王某受聘总经理后，就其职权范围的事项，有权根据章程规定以茂森公司名义对外签订合同

C. 王某受聘总经理后，有权决定聘请其好友田某担任茂森公司的财务总监

D. 王某受聘总经理后，公司一旦发现其不称职，可通过股东会决议将其解聘

(四) 上市公司

【单选】

8 1503028

甲公司是一家上市公司。关于该公司的独立董事制度，下列哪一表述是正确的?

A. 甲公司董事会成员中应当至少包括 1/3 的独立董事

B. 任职独立董事的，至少包括一名会计专业人士和一名法律专业人士

C. 除在甲公司外，各独立董事在其他上市公司同时兼任独立董事的，不得超过 5 家

D. 各独立董事不得直接或间接持有甲公司已发行的股份

(五) 综合知识点

【单选】

9 1703026

彭兵是一家(非上市)股份有限公司的董事长，依公司章程规定，其任期于 2017 年 3 月届满。由于股东间的矛盾，公司未能按期改选出新一届董事会。此后对于公司内部管理，董事间彼此推诿，彭兵也无心公司事务，使得公司随后的一项投资失败，损失 100 万元。对此，下列哪一选项是正确的?

A. 因已届期，彭兵已不再是公司的董事长

B. 虽已届期，董事会成员仍须履行董事职务

C. 就公司 100 万元损失，彭兵应承担全部赔偿责任

D. 对彭兵的行为，公司股东有权提起股东代表诉讼

【多选】

10 2002047

李某、王某、张某与陈某四人于 2016 年共同出资设立了蓝天股份公司，持股比例分别为 60%、20%、10% 和 10%，李某为公司董事长、法定代

解析页码
060—062

表人。公司成立后，李某因公司运营等问题与王某不合，一直未召开股东会。2020 年 3 月，李某提议将公司业务范围进行调整，并将修改公司章程的股东会决议发给张某、陈某两人。张某、陈某在决议上签字同意，且张某还模仿了王某的签名。2020 年 4 月，王某发现此事，要求公司召开股东会确认上述决议无效，并罢免李某的职务，否则要求公司回购其股份。对此，下列说法正确的是?

A. 如召开临时股东会应提前 15 日通知股东

B. 公司应回购王某的股份

C. 王某可诉请法院确认决议不成立

D. 王某可请求法院裁判解散公司

11 1603071

星煌公司是一家上市公司。现董事长吴某就星煌公司向坤诚公司的投资之事准备召开董事会。因公司资金比较紧张，且其中一名董事梁某的妻子又在坤诚公司任副董事长，有部分董事对此投资事宜表示异议。关于本案，下列哪些选项是正确的?

A. 梁某不应参加董事会表决

B. 吴某可代梁某在董事会上表决

C. 若参加董事会人数不足，则应提交股东会审议

D. 星煌公司不能投资于坤诚公司

12 1303069

华昌有限公司有 8 个股东，麻某为董事长。2013 年 5 月，公司经股东会决议，决定变更为股份公司，由公司全体股东作为发起人，发起设立华昌股份公司。下列哪些选项是错误的?

A. 该股东会决议应由全体股东一致同意

B. 发起人所认购的股份，可以在股份公司成立后两年内缴足

C. 变更后股份公司的董事长，当然由麻某担任

D. 变更后的股份公司在其企业名称中，可继续使用“华昌”字号

13 1003073

关于股份有限公司的设立，下列哪些表述符合《公司法》规定?

A. 股份有限公司的发起人最多为 200 人

B. 发起人之间的关系性质属于合伙关系

C. 采取募集方式设立时，发起人不能分期缴纳出资

D. 发起人之间如发生纠纷，该纠纷的解决应当同时适用《民法典》和《公司法》

【不定项】

14 1703094

紫霞股份有限公司是一家从事游戏开发的非上市公司，注册资本 5000 万元，已发行股份总额为 1000 万股。公司成立后经营状况一直不佳，至 2015 年底公司账面亏损 3000 万元。2016 年初，公司开发出一款游戏，备受玩家追捧，市场异常火爆，年底即扭亏为盈，税后利润达 7000 万元。进入 2017 年，紫霞公司保持良好的发展势头。为进一步激励员工，公司于 8 月决定收购本公司的部分股份，用于职工奖励。关于此问题，下列选项正确的是?

A. 公司此次可收购的本公司股份的上限为 100 万股

B. 公司可动用任意公积金作为此次股份收购的资金

C. 收购本公司股份后，公司可在两年内完成实施对职工的股份奖励

D. 如在 2017 年底公司仍持有所收购的股份，则在利润分配时不得对该股份进行利润分配

二、模拟训练

15 62106128

榴水股份有限公司经募集设立成功，甲、乙、丙为发起人，甲任董事长。公司章程约定：新加入股东无权查阅加入前的会计账簿。2020年6月1日，丁加入榴水公司，持股 10%。后为适应公司发展需求，榴水公司想变更为有限责任公司。但董事会和监事会一直未履行召集股东会的职责，同年 10 月 10 日，丁自行召集股东会，会议通过了该决议，但甲对该决议持异议。次日，榴水公司办理了变更登记。对此，下列哪些选项说法是错误的?（多选）

解析页码 063—064

A. 榴水股份有限公司章程由股东共同制定、一致同意通过
B. 甲、乙、丙认购的股份不得低于公司股份总数的 20%
C. 若股东丁于 2020 年 10 月 15 日欲查阅其加入前的会计账簿，则因违反章程规定而无权查阅
D. 因甲对股东会决议持异议，故甲可以要求公司收购其股份

16 62006072

2016 年 12 月 10 日，蔡琦与杨秀发起成立非上市的高性能股份有限公司，注册资本五百万，已发行股份总额为 100 万股。蔡琦和杨秀在公司章程中各自认购公司 50% 的股份，出资时间为 2016 年 12 月 30 日。2017 年 7 月 21 日，蔡琦与胡亮签订《股份转让协议》，当即转让 25 万股给胡亮。2018 年以来公司经营状况持续转好，为进一步激励员工，公司于 2018 年 8 月 31 日决定收购本公司的部分股份，用于职工奖励。下列选项错误的是？（多选）

A. 高性能股份有限公司此次可收购的本公司股份的上限为 20 万股
B. 2017 年 7 月 31 日，高性能股份有限公司的股东为蔡琦、杨秀
C. 若收购本公司股份后，高性能公司必须在 2020 年 8 月 31 日前完成实施对职工的股份奖励
D. 如在 2018 年底高性能公司仍持有所收购的股份，则在利润分配时可以对该股份进行利润分配

17 62406017

股份公司欲发行新股，下列说法错误的是？（单选）

A. 授权资本制下，经公司章程授权，股东会可在 3 年内决定发行不超过已发行股份 50% 的股份
B. 股东会决定发行的，须经代表三分之二以上表决权的股东表决通过
C. 公司可以同时发行面额股和无面额股
D. 为维持控制权，公司可向控股股东发行多数表决权股

18 62406018

觉佳公司已于 2023 年在深圳交易所上市，已发行股本总额为 1 亿元。现其欲向相关人员提供财务资助，对此，下列做法符合公司法规定的是？（多选）

A. 张某欲以 100 万元的价格购买股东王某所持股份，觉佳公司为该笔债务提供担保
B. 觉佳公司欲实施员工持股计划，并向每名员工提供不超过 50 万元的借款
C. 为实现公司长远发展，觉佳公司拟引进战略投资人天天公司，现经股东会决议，觉佳公司可向天天公司提供 1000 万元的借款
D. 觉佳公司董事长违规提供财务资助，需向公司承担赔偿责任

参考答案

[1] AD	[2] AC	[3] B	[4] B	[5] ABCD
[6] BC	[7] AB	[8] A	[9] B	[10] ACD
[11] AC	[12] ABC	[13] ABCD	[14] ACD	[15] ABCD
[16] ACD	[17] D	[18] BCD		

第九章 公司的解散与清算

一、历年真题及仿真题

（一）公司的解散

【单选】

1 1503027

李桃是某股份公司发起人之一，持有 14% 的股份。在公司成立后的两年多时间里，各董事之间矛盾不断，不仅使公司原定上市计划难以实现，更导致公司经营管理出现严重困难。关于李桃可采取的法律措施，下列哪一说法是正确的？

A. 可起诉各董事履行对公司的忠实义务和勤勉义务

解析页码
065—066

B. 可同时提起解散公司的诉讼和对公司进行清算的诉讼
C. 在提起解散公司诉讼时，可直接要求法院采取财产保全措施
D. 在提起解散公司诉讼时，应以公司为被告

2 1403028

某经营高档餐饮的有限责任公司，成立于2004年。最近四年来，因受市场影响，公司业绩逐年下滑，各董事间又长期不和，公司经营管理几近瘫痪。股东张某提起解散公司诉讼。对此，下列哪一表述是正确的?

A. 可同时提起清算公司的诉讼
B. 可向法院申请财产保全
C. 可将其他股东列为共同被告
D. 如法院就解散公司诉讼作出判决，仅对公司具有法律拘束力

3 1103027

2009年，甲、乙、丙、丁共同设立A有限责任公司。丙以下列哪一理由提起解散公司的诉讼法院应予受理?

A. 以公司董事长甲严重侵害其股东知情权，其无法与甲合作为由
B. 以公司管理层严重侵害其利润分配请求权，其股东利益受重大损失为由
C. 以公司被吊销企业法人营业执照而未进行清算为由
D. 以公司经营管理发生严重困难，继续存续会使股东利益受到重大损失为由

【多选】

4 2102004

赵、朴、鲁三人共同投资经营一家商场，其中赵、朴（夫妻关系）各占商场49%的股份。但自2018年3月始，赵、朴二人关系不睦，导致商场再难召开股东会，长期处于无人打理的状态，并持续至今年5月。所幸，由于位于市区中心的繁华地段，商场因持续、稳定的客流量一直保持不错的业绩。对此，下列选项正确的是?

A. 赵有权向法院申请解散该商场
B. 因商场一直处于盈利状态，法院不能受理该商场的解散之诉
C. 朴有权以该商场为被告，向法院申请解散该商场
D. 鲁有权向法院申请解散该商场

【不定项】

5 1403095

甲县的葛某和乙县的许某分别拥有位于丙县的云峰公司50%的股份。后由于二人经营理念不合，已连续四年未召开股东会，无法形成股东会决议。许某遂向法院请求解散公司，并在法院受理后申请保全公司的主要资产（位于丁县的一块土地的使用权）。关于本案当事人的表述，下列说法正确的是?

A. 许某是原告
B. 葛某是被告
C. 云峰公司可以是无独立请求权第三人
D. 云峰公司可以是有独立请求权第三人

（二）公司的清算

【单选】

6 2002125

金发、牧田、杜青三人出资设立苍黄古月文化有限责任公司，后公司经营不善倒闭，下列与清算有关的法律责任，选项错误的是?

A. 如未在法定期限内成立清算组开始清算，导致公司财产贬值，债权人林庚有权主张金发、牧田、杜青对公司债务承担全部赔偿责任
B. 如该公司未经清算即办理注销登记，导致公司无法进行清算，债权人宝华有权主张金发、牧田、杜青对公司债务承担清偿责任
C. 如公司解散时金发尚有10万元出资未缴纳，应作为清算财产
D. 如公司财产不足以清偿债务，债权人冯志有权主张金发、牧田、杜青在未缴出资范围内对公司债务承连带清偿责任

7 1203028

2012年5月，东湖有限公司股东申请法院对公

解析页码
067—069

司进行司法清算，法院为其指定相关人员组成清算组。关于该清算组成员，下列哪一选项是错误的?

A. 公司债权人唐某

B. 公司董事长程某

C. 公司财务总监钱某

D. 公司聘请的某律师事务所

【多选】

8 2302039

某有限责任公司共有甲乙丙三个股东，持股比例分别为9:6:1。甲任董事长兼总经理，董事乙任副总经理，小股东丙不参与公司经营管理。今年6月，因经营不善，各股东决定停止经营，并开始财产清算。请问以下哪些主体负有组织清算的义务?

A. 甲

B. 乙

C. 丙

D. 债权人丁可以向法院申请加入清算组

9 1403070

因公司章程所规定的营业期限届满，蒙玛有限公司进入清算程序。关于该公司的清算，下列哪些选项是错误的?

A. 在公司逾期不成立清算组时，公司股东可直接申请法院指定组成清算组

B. 公司在清算期间，由清算组代表公司参加诉讼

C. 债权人未在规定期限内申报债权的，则不得补充申报

D. 法院组织清算的，清算方案报法院备案后，清算组即可执行

(三) 综合知识点

【单选】

10 2202060

甲、乙、丙三人分别出资50%、30%和20%设立鸿运有限公司。甲担任董事长，专断独权，乙丙对此颇有微词。2018年8月，因经营理念不合，公司再也没有召开股东会会议，公司经营管理活动陷入停滞状态。2021年10月，股东乙请求法院判决解散公司，得到法院支持。鸿运公司成立清算组后，开展清算工作，该公司章程规定清算组成员为股东。丁是公司的债权人，在进行债权登记时，发现因清算组的失误弄丢了公司账簿，导致无法进行清算。对此，以下正确的是?

A. 法院判决公司解散后，可以直接指定人员组成清算组开展清算

B. 丁有权要求清算组对公司债务承担连带清偿责任

C. 法院可以对清算组罚款

D. 乙持股比例不足三分之二，不得请求法院解散公司

11 2102017

某公司经营期限届满后，公司仍继续运行且没有办理续期手续。在此期间，研发人员研发出一款新科技产品，并因此签订了两个大订单，于是股东们决定修改公司章程使公司继续存续。持股3%的张某持反对意见，但其他股东仍依法变更了公司章程，将公司经营期限延长。下列说法正确的是?

A. 张某有权要求公司回购其股份

B. 张某有权要求其他股东购买其股份

C. 公司视为自动解散与清算

D. 由于公司经营期限已届满，两个订单无效

12 2002058

优典公司设立于2017年，股东甲向公司实缴出资1000万元，占注册资本的70%。甲投资设立了悠亚公司(自然人独资)，在甲将1000万元出资转入优典公司账户后的第三天，甲指令优典公司与悠亚公司签订了一份《建设工程承包合同》，将该1000万元以预付工程款的名义，汇入悠亚公司的账户。但悠亚公司并没有建设工程的相关业务或资质，该《建设工程承包合同》并未实际履行。2020年5月，优典公司被吊销营业执照，欠乙2000万元债务无力清偿。关于本案下列说法中正确的是?

A. 优典公司已解散，故无需再向乙承担责任

B. 甲应在1000万元本息范围内向乙承担责任

解析页码
069—071

C．甲应以其全部财产向乙承担责任

D．甲已经向优典公司实缴出资，故无需向乙承担责任

13 2002060

甲和乙共同出资设立了欣怡公司，甲出资80%，担任公司总经理，乙出资20%，担任监事（公司不设监事会）。甲的儿子小甲独资设立了鑫美公司。甲促成并代表欣怡公司与鑫美公司达成购销合同，高价购入一批过时原料，造成了欣怡公司巨额损失。乙看出其中的端倪，欲采取措施。下列有关乙采取的措施正确的是？

A．乙有权向法院主张强制解散欣怡公司

B．乙有权依法定程序向甲提起诉讼，要求其对欣怡公司履行赔偿责任

C．如果甲将与鑫美公司的关系向欣怡公司披露过，则无需承担赔偿责任

D．如果购销合同经过了欣怡公司的股东会决议，则甲无需承担赔偿责任

14 1303028

香根餐饮有限公司有股东甲、乙、丙三人，分别持股51%、14%与35%。经营数年后，公司又开设一家分店，由丙任其负责人。后因公司业绩不佳，甲提议召开股东会，决议将公司的分店转让。对该决议，丙不同意。下列哪一表述是正确的？

A．丙可以该决议程序违法为由，主张撤销

B．丙可以该决议损害其利益为由，提起解散公司之诉

C．丙可以要求公司按照合理的价格收购其股权

D．公司可以丙不履行股东义务为由，以股东会决议解除其股东资格

【多选】

15 1902086

合严公司由甲、乙、丙、丁四人出资设立，甲持股20%，公司章程规定公司的经营期限是5年。到期后，公司运营不好，甲主张按章程规定解散公司，但其他股东均不同意解散。公司召开股东会讨论此事，在甲反对、其他股东均同意的情况下，做出股东会决议修改公司章程、延长公司的经营期限至2030年。下列有关甲的维权措施说法正确的是？

A．甲可向公司主张以合理的价格收购其股权

B．甲可向法院起诉确认该股东会决议无效

C．甲可与乙协商转让其股权

D．甲可向法院起诉请求强制解散合严公司

16 1003075

关于商事登记，下列哪些说法是正确的？

A．公司的分支机构应办理营业登记

B．被吊销营业执照的企业即丧失主体资格

C．企业改变经营范围应办理变更登记

D．企业未经清算不能办理注销登记

二、模拟训练

17 62106129

汪某、马某、刘某、石某、顺水公司是顺风有限公司股东，汪某担任法定代表人，方某为公司经理。公司章程规定，方某仅能以公司名义提供300万元以内的担保。2021年7月7日，顺水公司向建设银行申请贷款1000万，汪某代表公司和建设银行签订了《连带保证合同》，并提供了顺风公司的董事会决议。贷款期限届满，建设银行要求顺风公司承担保证责任。顺风公司辩称，汪某系越权担保，其不应承担责任。2022年8月，因马某欠陈某10万元到期未归还，陈某起诉经法院判决后，向法院某申请强制执行马某名下的顺风公司股权。2022年10月，顺风公司董事长期冲突且无法调和，公司经营一度陷入瘫痪，股东石某提起解散公司之诉。顺风公司解散后开始自行清算，但清算组故意拖延清算。经查，顺风公司尚欠春雷公司20万元到期货款。对此，下列哪些说法是正确的？（多选）

A．顺风公司不应当向建设银行承担担保责任

B．股东石某提起解散之诉时可将其他股东列为共同被告

C．法院强制执行马某的股权时，其他股东应在法院通知之日起20日内行使优先购买权

D．春雷公司、刘某均可申请法院指定清算，并担任清算组的成员

解析页码
071—074

18 62106030

某经营服装的有限责任公司因受市场影响近五年来公司业绩不断下滑，公司董事间争吵不断，公司的经营管理长期处于瘫痪。对此，下列哪些行为符合我国法律的规定？（多选）

A. 股东甲提起解散公司之诉的同时，申请清算

B. 股东会决定解散公司并成立清算组，若清算组故意拖延清算，公司董事乙可直接申请法院指定清算

C. 公司解散后自行清算并制定清算方案但未经股东会确认，按照方案优先清偿小额债权人后造成职工损失，职工丙可以要求清算组成员承担赔偿责任

D. 公司解散并成立了清算组，公司在清算期间，由清算组代表公司参加诉讼

19 62006062

2017年8月，姚文钦、蔡可信、王康出资设立欣荣公司。公司章程规定，蔡可信认缴出资比例51%，姚文钦认缴出资比例46%。蔡可信认为该公司自成立至今已连续两年无法召开股东会，公司经营管理发生严重困难，继续存续会使股东利益受到重大损失，且通过其他途径已不能解决，遂请求法院依法判决公司解散。下列说法正确的是？（不定项）

A. 蔡可信应当以欣荣公司为被告提起诉讼

B. 若蔡可信以姚文钦、欣荣公司为被告，法院应当告知其将姚文钦作为第三人，其不予变更的，法院应驳回起诉

C. 若经法院调解公司收购蔡可信股份的，在股份转让之后，其可以以公司收购其股份为由对抗公司债权人

D. 若蔡可信提起解散公司诉讼时，向法院申请证据保全，即使没有担保，法院也可以在情况紧急时进行保全

20 62406019

4月15日，觉佳公司因非法经营被公司登记机关吊销营业执照、责令关闭，后进入清算阶段。关于其清算程序，下列说法正确的是？（单选）

A. 公司股东应当自解散事由出现之日起15日内组成清算组进行清算

B. 若至5月1日，公司仍未成立清算组进行清算，公司登记机关可请求法院指定清算

C. 若觉佳公司在经营过程中并未负债，经全体股东承诺情况属实后，可立即注销

D. 若三年后，觉佳公司仍未申请注销，公司登记机关可直接注销

参考答案

[1] D	[2] B	[3] D	[4] AC	[5] A
[6] A	[7] A	[8] AB	[9] BCD	[10] B
[11] A	[12] B	[13] B	[14] C	[15] AC
[16] AD	[17] AC	[18] BC	[19] AC	[20] B

合伙企业法

第一章 普通合伙企业

一、历年真题及仿真题

（一）普通合伙企业的设立

【单选】

1 1303030

关于合伙企业与个人独资企业的表述，下列哪一选项是正确的？

A. 二者的投资人都只能是自然人

B. 二者的投资人都一律承担无限责任

C. 个人独资企业可申请变更登记为普通合伙企业

D. 合伙企业不能申请变更登记为个人独资企业

2 1103029

甲、乙、丙、丁打算设立一家普通合伙企业。对此，下列哪一表述是正确的？

A. 各合伙人不得以劳务作为出资

B. 如乙仅以其房屋使用权作为出资，则不必办理房屋产权过户登记

解析页码
074—076

C. 该合伙企业名称中不得以任何一个合伙人的名字作为商号或字号

D. 合伙协议经全体合伙人签名、盖章并经登记后生效

（二）合伙事务的决议与执行

【单选】

3 1103030

赵、钱、孙、李设立一家普通合伙企业。经全体合伙人会议决定，委托赵与钱执行合伙事务，对外代表合伙企业。对此，下列哪一表述是错误的？

A. 孙、李仍享有执行合伙事务的权限

B. 孙、李有权监督赵、钱执行合伙事务的情况

C. 如赵单独执行某一合伙事务，钱可以对赵执行的事务提出异议

D. 如赵执行事务违反合伙协议，孙、李有权决定撤销对赵的委托

【多选】

4 2302040

甲乙丙成立了一家普通合伙企业，并约定由甲执行事务，乙丙不参与执行。之后，企业经营不善面临困境，为缓解困境，丙欲处置企业名下的一套房产给丁。乙觉得方法可行，遂表示同意，但甲坚决反对。对此，下列选项错误的是？

A. 乙丙可以解除甲的执行权

B. 处置房产，三人均得同意

C. 丁可取得房产

D. 甲可出钱购买该房产

5 2002131

欣欣贸易商行是甲和乙共同出资设立的普通合伙企业，于2020年4月完成设立登记并领取营业执照，合伙协议约定甲是合伙事务执行人。2020年3月，在合伙企业筹备阶段，甲以合伙企业名义和丙公司签了一份购买口罩的合同。2020年5月，乙了解到丁公司还有口罩存货，乙遂以合伙企业名义和丁公司签了购买合同。后来市场口罩需求大降，丙公司现在要求还款，丁公司现在要求履行合同。关于本案，下列说法正确的是？

A. 甲与丙公司签订合同时，企业未领取营业执照，甲不得以合伙企业名义签订合同

B. 丁公司无权要求乙承担责任

C. 丁公司可主张甲、乙对合伙企业债务承担连带责任

D. 乙无权以合伙企业的名义对外签订合同，故丁公司无权要求合伙企业履行合同

6 1902050

甲、乙、丙共同出资设立某普通合伙企业，分别出资50万、10万和40万。甲、乙、丙共同约定由甲执行合伙事务。合伙企业经营良好，于是甲找乙和丙协商增资事宜，合伙协议无特别约定，就该增资事宜合伙企业需如何做出决议？

A. 可以协商不按照出资比例进行增资缴纳

B. 决议需要甲乙通过即可

C. 决议需要甲乙丙共同通过

D. 决议需要甲丙通过即可

7 1902051

郭蓉和王倩设立火凤凰火锅店（普通合伙企业），出资比例分别是80%和20%，合伙协议约定郭蓉是合伙企业事务执行人。后郭蓉聘请国外留学回来的表妹小黄担任火锅店的经营管理人员，全权负责火锅店的运营事务。王倩后来得知此消息但未对此事表态。小黄大胆地更换了火锅店的大厨和服务员，火锅店生意日渐好转，终扭亏为盈。一年后，为扩大火锅店的规模，小黄以合伙企业名义向小李借款100万用于火锅店的经营，并以火锅店的店面做抵押。下列说法正确的是？

A. 小黄无权以火锅店店面做抵押

B. 小黄无权更换大厨和服务员

C. 小黄自王倩同意后正式成为火锅店的经营管理人员

D. 小黄无权以合伙企业名义向小李借款

8 1403073

通源商务中心为一家普通合伙企业，合伙人为赵某、钱某、孙某、李某、周某。就合伙事务的执行，合伙协议约定由赵某、钱某二人负责。下列哪些表述是正确的？

解析页码 076—078

A. 孙某仍有权以合伙企业的名义对外签订合同

B. 对赵某、钱某的业务执行行为，李某享有监督权

C. 对赵某、钱某的业务执行行为，周某享有异议权

D. 赵某以合伙企业名义对外签订合同时，钱某享有异议权

9 1303072

甲、乙、丙、丁以合伙企业形式开了一家餐馆。就该合伙企业事务的执行，下列哪些表述是正确的？

A. 如合伙协议未约定，则甲等四人均享有对外签约权

B. 甲等四人可决定任命丙为该企业的对外签约权人

C. 不享有合伙事务执行权的合伙人，以企业名义对外签订的合同一律无效

D. 不享有合伙事务执行权的合伙人，经其他合伙人一致同意，可担任企业的经营管理人

【不定项】

10 1802092

2015年，甲、乙、丙三人设立味道好面馆（普通合伙企业）。随着业务扩展，合伙企业拟聘任谭某担任经理。下列说法正确的是？

A. 聘任谭某需经全体合伙人一致同意

B. 合伙企业和经理的关系可以类推适用委托代理法律关系

C. 谭某可以在其职权范围内以合伙企业名义签订合同

D. 谭某有权决定在现有合伙企业营业范围外新增其他业务

11 1503092

甲、乙、丙三人共同商定出资设立一家普通合伙企业，其中约定乙以其所有房屋的使用权出资，企业的财务由甲负责。2015年4月，该合伙企业亏损巨大。5月，见股市大涨，在丙不知情的情况下，甲与乙直接将企业账户中的400万元资金，以企业名义委托给某投资机构来进行股市投资。同时，乙自己也将上述房屋以600万元变卖并过户给丁，房款全部用来炒股。至6月下旬，投入股市资金所剩无几。丙得知情况后突发脑溢血死亡。关于甲、乙将400万元资金委托投资股市的行为，下列说法正确的是？

A. 属于无权处分行为

B. 属于改变合伙企业经营范围的行为

C. 就委托投资失败，甲、乙应负连带赔偿责任

D. 就委托投资失败，该受托的投资机构须承担连带责任

12 1403092

王某、张某、田某、朱某共同出资180万元，于2012年8月成立绿园商贸中心（普通合伙）。其中王某、张某各出资40万元，田某、朱某各出资50万元；就合伙事务的执行，合伙协议未特别约定。2013年9月，鉴于王某、张某业务能力不足，经合伙人会议决定，王某不再享有对外签约权，而张某的对外签约权仅限于每笔交易额3万元以下。关于该合伙人决议，下列选项正确的是？

A. 因违反合伙人平等原则，剥夺王某对外签约权的决议应为无效

B. 王某可以此为由向其他合伙人主张赔偿其损失

C. 张某此后对外签约的标的额超过3万元时，须事先征得王某、田某、朱某的同意

D. 对张某的签约权限制，不得对抗善意相对人

13 1103094

张、王、李、赵各出资四分之一，设立通程酒吧（普通合伙企业）。合伙协议未约定合伙期限。现围绕合伙份额转让、酒吧管理等事项，回答以下问题。经全体合伙人同意，林某被聘任为酒吧经营管理人，在其受聘期间自主决定采取的下列管理措施符合《合伙企业法》规定的是？

A. 为改变经营结构扩大影响力，将经营范围扩展至法国红酒代理销售业务

B. 为改变资金流量不足情况，以酒吧不动产为抵押，向某银行借款50万元

C. 为营造气氛，以酒吧名义与某音乐师签约，约定音乐师每晚在酒吧表演二小时

解析页码
078—079

D. 为整顿员工工作纪律，开除 2 名经常被顾客投诉的员工，招聘 3 名新员工

14 1103093

张、王、李、赵各出资四分之一，设立通程酒吧（普通合伙企业）。合伙协议未约定合伙期限。酒吧开业 1 年后，经营环境急剧变化，全体合伙人开会，协商对策。按照《合伙企业法》规定，下列事项的表决属于有效表决的是？

A. 张某认为“通程”二字没有吸引力，提议改为“同升酒吧”。王某、赵某同意，但李某反对

B. 鉴于生意清淡，王某提议暂停营业 1 个月，装修整顿。张某、赵某同意，但李某反对

C. 鉴于酒吧之急需，赵某提议将其一批咖啡机卖给酒吧。张某、王某同意，但李某反对

D. 鉴于四人缺乏酒吧经营之道，李某提议聘任其友汪某为合伙经营管理人。张某、王某同意，但赵某反对

（三）财产与损益分配

【单选】

15 1003034

关于合伙企业的利润分配，如合伙协议未作约定且合伙人协商不成，下列哪一选项是正确的？

A. 应当由全体合伙人平均分配

B. 应当由全体合伙人按实缴出资比例分配

C. 应当由全体合伙人按合伙协议约定的出资比例分配

D. 应当按合伙人的贡献决定如何分配

【多选】

16 2202125

关于普通合伙企业的财产转让，下列说法正确的是？

A. 合伙人甲将一半份额转让给合伙人，须经过其他合伙人过半数同意

B. 合伙人甲将一半份额转让给合伙人，须经过其他合伙人一致同意

C. 合伙人甲将一半份额转让给合伙人以外的人，须经全体合伙人一致同意，否则无效

D. 合伙人甲将一半份额转让给合伙人以外的人，在同等条件下，其他合伙人有优先购买权

【不定项】

17 1503093

甲、乙、丙三人共同商定出资设立一家普通合伙企业，其中约定乙以其所有房屋的使用权出资，企业的财务由甲负责。2015 年 4 月，该合伙企业亏损巨大。5 月，见股市大涨，在丙不知情的情况下，甲与乙直接将企业账户中的 400 万元资金，以企业名义委托给某投资机构来进行股市投资。同时，乙自己也将上述房屋以 600 万元变卖并过户给丁，房款全部用来炒股。至 6 月下旬，投入股市资金所剩无几。丙得知情况后突发脑溢血死亡。关于乙将房屋出卖的行为，下列选项正确的是？

A. 构成无权处分行为

B. 丁取得该房屋所有权

C. 丁无权要求合伙企业搬出该房屋

D. 乙对合伙企业应承担违约责任

（四）普通合伙与第三人的关系

【单选】

18 2302025

甲乙丙丁戊五人签订合伙协议，成立一普通合伙企业，并约定企业事务须由甲乙共同处理。2023 年 5 月，甲背着乙与 A 公司签订材料购买合同；6 月，甲与乙共同代表企业与 B 公司签订产品开发合同；7 月，丙经甲乙同意，将所持份额出质予 C 公司。针对以上行为，下列说法正确的是？

A. C 公司取得质权

B. 合伙企业需要对 A 公司承担责任

C. 经其他合伙人同意，可以撤销甲的执行人资格

D. 与 B 公司签订合同，丙有权提出异议

19 1802022

甲、乙、丙共同成立了某普通合伙企业，2017 年甲向丁借款 100 万元，到期无法清偿。甲拟以其持有的合伙企业份额对丁进行清偿，其他合伙人均不同意。下列选项说法正确的是？

解析页码
079—081

A. 可以合伙企业盈利对丁进行清偿
B. 若丁向法院申请强制执行甲的合伙份额，应经其他合伙人一致同意
C. 为了避免债权人强制执行甲的合伙份额，其他合伙人可协商代为清偿
D. 若丁向法院申请强制执行甲的合伙份额，其他合伙人不行使优先购买权，也不同意对外转让份额的，则视为其他合伙人同意对外转让

【多选】

20 1503071

2015年6月，刘璋向顾谐借款50万元用来炒股，借期1个月，结果恰遇股市动荡，刘璋到期不能还款。经查明，刘璋为某普通合伙企业的合伙人，持有44%的合伙份额。对此，下列哪些说法是正确的?
A. 顾谐可主张以刘璋自该合伙企业中所分取的收益来清偿债务
B. 顾谐可主张对刘璋合伙份额进行强制执行
C. 对刘璋的合伙份额进行强制执行时，其他合伙人不享有优先购买权
D. 顾谐可直接向合伙企业要求对刘璋进行退伙处理，并以退伙结算所得来清偿债务

21 1203072

周橘、郑桃、吴柚设立一家普通合伙企业，从事服装贸易经营。郑桃因炒股欠下王椰巨额债务。下列哪些表述是正确的?
A. 王椰可以郑桃从合伙企业中分取的利益来受偿
B. 郑桃不必经其他人同意，即可将其合伙财产份额直接抵偿给王椰
C. 王椰可申请强制执行郑桃的合伙财产份额
D. 对郑桃的合伙财产份额的强制执行，周橘和吴柚享有优先购买权

【不定项】

22 1403094

王某、张某、田某、朱某共同出资180万元，于2012年8月成立绿园商贸中心（普通合伙）。其中王某、张某各出资40万元，田某、朱某各出资50万元；就合伙事务的执行，合伙协议未特别约定。2014年4月，朱某因抄底买房，向刘某借款50万元，约定借期四个月。四个月后，因房地产市场不景气，朱某亏损不能还债。关于刘某对朱某实现债权，下列选项正确的是?
A. 可代位行使朱某在合伙企业中的权利
B. 可就朱某在合伙企业中分得的收益主张清偿
C. 可申请对朱某的合伙财产份额进行强制执行
D. 就朱某的合伙份额享有优先受偿权

（五）入伙与退伙

【多选】

23 2102012

某合伙企业经营状况一直不太理想，合伙人想让于某加入合伙企业，共同经营。于某没有认真调查就签订了入伙协议，并登记成为普通合伙人。加入合伙企业后，于某发现该合伙企业经营不善，于是以重大误解为由要求撤销合伙协议，其他合伙人不同意。于是，于某又提出退伙。2021年6月1日，经决议，其他合伙人一致同意于某退伙，并于6月10日办理了退伙登记。下列选项错误的是?
A. 经入伙登记后，于某对该合伙企业之前的债务承担无限连带责任
B. 退伙从2021年6月1日起生效
C. 2021年6月10日后，于某仍需对合伙企业对外所负债务承担无限连带责任
D. 合伙协议因重大误解可撤销

24 1303071

甲、乙、丙于2010年成立一家普通合伙企业，三人均享有合伙事务执行权。2013年3月1日，甲被法院宣告为无民事行为能力人。3月5日，丁因不知情找到甲商谈一笔生意，甲以合伙人身份与丁签订合同。下列哪些选项是错误的?
A. 因丁不知情，故该合同有效，对合伙企业具有约束力
B. 乙与丙可以甲丧失行为能力为由，一致决议将其除名
C. 乙与丙可以甲丧失行为能力为由，一致决议将

解析页码
081—083

其转为有限合伙人

D. 如甲因丧失行为能力而退伙，其退伙时间为其无行为能力判决的生效时间

25 1103071

2009 年 3 月，周、吴、郑、王以普通合伙企业形式开办一家湘菜馆。2010 年 7 月，吴某因车祸死亡，其妻欧某为唯一继承人。在下列哪些情形中，欧某不能通过继承的方式取得该合伙企业的普通合伙人资格?

A. 吴某之父对欧某取得合伙人资格表示异议

B. 合伙协议规定合伙人须具有国家一级厨师资格证，欧某不具有

C. 郑某不愿意接纳欧某为合伙人

D. 欧某因夫亡突遭打击，精神失常，经法院宣告为无民事行为能力人

（六）特殊普通合伙企业

【多选】

26 1503072

君平昌成律师事务所是一家采取特殊普通合伙形式设立的律师事务所，曾君、郭昌是其中的两名合伙人。在一次由曾君主办、郭昌辅办的诉讼代理业务中，因二人的重大过失而泄露客户商业秘密，导致该所对客户应承担巨额赔偿责任。关于该客户的求偿，下列哪些说法是正确的?

A. 向该所主张全部赔偿责任

B. 向曾君主张无限连带赔偿责任

C. 向郭昌主张补充赔偿责任

D. 向该所其他合伙人主张连带赔偿责任

（七）综合知识点

【单选】

27 2202066

甲、乙、丙三人签订合作协议，共同出资开设一家网店，在二手平台出售图书。三人共同经营该网店，甲负责选书，乙负责网站设计，丙负责销售，且约定利润平分，成本、房租、风险、亏损等共同承担。对于甲、乙、丙三人的合作性质，以下说法正确的是?

A. 属于合伙企业，甲退伙必须征得其他合伙人一致同意

B. 该网店属于非法人组织，甲乙丙只能以个人名义对外从事活动

C. 甲、乙、丙签订的是合伙合同，因此无权要求领取报酬

D. 甲以其在网店中的权益设立质权的，需要征得乙、丙同意

28 2202068

某普通合伙企业共有甲、乙、丙、丁四个合伙人。2022 年 6 月 2 日，甲、乙、丙三人因丁一直不履行出资义务，一致同意除名丁，并于当日书面通知了丁，但未办理工商变更登记。2022 年 8 月 2 日，戊入伙成为普通合伙人，该企业合伙人变更登记为甲、乙、丙、戊。2021 年 9 月 1 日，该普通合伙企业曾向张三借款 100 万元用于企业经营，借期一年，现债务到期，合伙企业不能清偿。以下，说法正确的是?

A. 丁的退伙时间应当是 2022 年 8 月 2 日

B. 因缺少丁的意见，所以戊不能成为合伙人

C. 丁应当以其未履行的出资为限向张三承担责任

D. 戊应对张三的债务承担无限连带责任

29 2102018

航程投资企业（普通合伙）有甲、乙、丙、丁四个合伙人，全体合伙人约定合伙企业事务由甲、乙执行。某日，甲、乙共同决定由合伙企业为 A 公司对银行的 100 万元贷款债务提供连带保证，随即双方签订了《保证合同》。后 A 公司未能按期偿还贷款，银行要求航程投资企业承担保证责任。对此，下列说法正确的是?

A. 如甲、乙无权决定合伙企业担保事宜，则该《保证合同》无效

B. 合伙企业与甲、乙两个合伙人应对此承担连带责任

C. 若合伙企业因履行担保责任支出 80 万元，甲、乙应向合伙企业承担赔偿责任

D. 若合伙企业无力承担担保责任，则甲、乙应承担连带责任，丙、丁无需承担责任

解析页码 083—085

30 1703029

逐道茶业是一家生产销售野生茶叶的普通合伙企业，合伙人分别为赵、钱、孙。合伙协议约定如下：第一，赵、钱共同担任合伙事务执行人；第二，赵、钱共同以合伙企业名义对外签约时，单笔标的额不得超过 30 万元。对此，下列哪一选项是正确的？

A. 赵单独以合伙企业名义，与甲茶农达成协议，以 12 万元的价格收购其茶园的茶叶，该协议为有效约定

B. 孙单独以合伙企业名义，与乙茶农达成协议，以 10 万元的价格收购其茶园的茶叶，该协议为无效约定

C. 赵、钱共同以合伙企业名义，与丙茶叶公司签订价值 28 万元的明前茶销售合同，该合同为有效约定

D. 赵、钱共同以合伙企业名义，与丁茶叶公司签订价值 35 万元的明前茶销售合同，该合同为无效约定

31 1603030

兰艺咖啡店是罗飞、王曼设立的普通合伙企业，合伙协议约定罗飞是合伙事务执行人且承担全部亏损。为扭转经营亏损局面，王曼将兰艺咖啡店加盟某知名品牌，并以合伙企业的名义向陈阳借款 20 万元支付了加盟费。陈阳对约定事项不知情。陈阳现在要求还款。关于本案，下列哪一说法是正确的？

A. 王曼无权以合伙企业的名义向陈阳借款

B. 兰艺咖啡店应以全部财产对陈阳承担还款责任

C. 王曼不承担对陈阳的还款责任

D. 兰艺咖啡店、王曼和罗飞对陈阳的借款承担无限连带责任

32 1503029

某普通合伙企业为内部管理与拓展市场的需要，决定聘请陈东为企业经营管理人。对此，下列哪一表述是正确的？

A. 陈东可以同时具有合伙人身份

B. 对陈东的聘任须经全体合伙人的一致同意

C. 陈东作为经营管理人，有权以合伙企业的名义对外签订合同

D. 合伙企业对陈东对外代表合伙企业权利的限制，不得对抗第三人

【多选】

33 2202067

甲、乙、丙三人创办了鑫鑫合伙企业。甲、乙以货币出资，丙以 AB 两栋房屋出资，两栋房屋均已交付合伙企业使用，其中 A 房屋已经办理过户登记，B 房屋尚未办理。在企业经营过程中，丙私自以合伙企业的一家门店为其债务设置抵押，并将所借款项用于个人公司的经营。2022 年 1 月，丙将 AB 两栋房屋私自卖给了第三人并且办理了过户登记。下列说法正确的是？

A. 丙已经履行完毕出资义务

B. 第三人可以取得 B 房屋所有权

C. 第三人不可以取得 A 房屋所有权

D. 丙所签订的抵押合同无效

34 1003074

张某向陈某借款 50 万作为出资，与李某、王某成立一家普通合伙企业。二年后借款到期，张某无力还款。对此，下列哪些说法是正确的？

A. 经李某和王某同意，张某可将自己的财产份额作价转让给陈某，以抵销部分债务

B. 张某可不经李某和王某同意，将其在合伙中的份额进行出质，用获得的贷款偿还债务

C. 陈某可直接要求法院强制执行张某在合伙企业中的财产以实现自己的债权

D. 陈某可要求李某和王某对张某的债务承担连带责任

【不定项】

35 1503094

甲、乙、丙三人共同商定出资设立一家普通合伙企业，其中约定乙以其所有房屋的使用权出资，企业的财务由甲负责。2015 年 4 月，该合伙企业亏损巨大。5 月，见股市大涨，在丙不知情的情况下，甲与乙直接将企业账户中的 400 万元资金，以企业名义委托给某投资机构来进行股市投资。同时，乙自

解析页码
085—087

己也将上述房屋以600万元变卖并过户给丁，房款全部用来炒股。至6月下旬，投入股市资金所剩无几。丙得知情况后突发脑溢血死亡。假设丙有继承人戊，则就戊的权利，下列说法错误的是？

A. 自丙死亡之时起，戊即取得该合伙企业的合伙人资格

B. 因合伙企业账面上已处于亏损状态，戊可要求解散合伙企业并进行清算

C. 就甲委托投资股市而失败的行为，戊可直接向甲主张赔偿

D. 就乙出卖房屋而给企业造成的损失，戊可直接向乙主张赔偿

36 1403093

王某、张某、田某、朱某共同出资180万元，于2012年8月成立绿园商贸中心（普通合伙）。其中王某、张某各出资40万元，田某、朱某各出资50万元；就合伙事务的执行，合伙协议未特别约定。2014年1月，田某以合伙企业的名义，自京顺公司订购价值80万元的节日礼品，准备在春节前转销给某单位。但对这一礼品订购合同的签订，朱某提出异议。就此，下列选项正确的是？

A. 因对合伙企业来说，该合同标的额较大，故田某在签约前应取得朱某的同意

B. 朱某的异议不影响该合同的效力

C. 就田某的签约行为所产生的债务，王某无须承担无限连带责任

D. 就田某的签约行为所产生的债务，朱某须承担无限连带责任

37 1303092

高崎、田一、丁福三人共同出资200万元，于2011年4月设立“高田丁科技投资中心（普通合伙）”，从事软件科技的开发与投资。其中高崎出资160万元，田、丁分别出资20万元，由高崎担任合伙事务执行人。2012年6月，丁福为向钟冉借钱，作为担保方式，而将自己的合伙财产份额出质给钟冉。下列说法正确的是？

A. 就该出质行为，高、田二人均享有一票否决权

B. 该合伙财产份额质权，须经合伙协议记载与工商登记才能生效

C. 在丁福伪称已获高、田二人同意，而钟冉又是善意时，钟冉善意取得该质权

D. 在丁福未履行还款义务，如钟冉享有质权并主张以拍卖方式实现时，高、田二人享有优先购买权

38 1103092

张、王、李、赵各出资四分之一，设立通程酒吧（普通合伙企业）。合伙协议未约定合伙期限。酒吧开业半年后，张某在经营理念上与其他合伙人冲突，遂产生退出想法。下列说法正确的是？

A. 可将其份额转让给王某，且不必事先告知赵某、李某

B. 可经王某、赵某同意后，将其份额转让给李某的朋友刘某

C. 可主张发生其难以继续参加合伙的事由，向其他人要求立即退伙

D. 可在不给合伙事务造成不利影响的前提下，提前30日通知其他合伙人要求退伙

二、模拟训练

39 62106058

张某、黄某、陈某、杨某共同出资设立了一家普通合伙企业，合伙协议约定张某、黄某对外执行合伙事务。2020年，张某代表合伙企业与乐趣公司签订了一项货物买卖合同，黄某因交通事故受伤严重于7月8日被法院宣告为无民事行为能力人。2021年11月，合伙企业欠邱某100万元，杨某欠田某100万元。经查，邱某和田某的债权均已到期，但合伙企业财产仅有20万元，杨某个人财产仅有50万元。同年12月，方某加入合伙企业成为普通合伙人，且在合伙协议中约定方某对入伙前的企业债务不承担责任。对此，下列哪一项说法是正确的？（单选）

A. 陈某有权对张某与乐趣公司签订合同一事提出异议

B. 若黄某因丧失行为能力而退伙，则其退伙的时间为无民事行为能力判决生效之日

C. 杨某的50万元应全部用于偿还田某的债权

D. 若邱某要求方某承担责任，方某可以合伙协议的约定予以抗辩

解析页码
087—088

40 62006080

2014 年 9 月，侯正中、张大龙与陈刚共同设立普通合伙企业，经营木材生意，经全体合伙人协商，由张大龙和侯正中执行合伙事务。侯正中与何秀琴因感情不和，于 2017 年 6 月协议离婚，离婚协议约定，由何秀琴取得合伙财产。下列说法正确的是？（单选）

A. 陈刚可以对侯正中执行的合伙事务提出异议

B. 因陈刚没有合伙事务的执行权，故其也没有查阅合伙企业会计账簿的权利

C. 因陈刚不再执行合伙事务，其可以与合伙企业进行交易

D. 若张大龙、陈刚不同意转让，也不行使优先购买权，但同意侯正中退伙或者退还部分财产份额的，何秀琴与侯正中可对结算后的财产进行分割

41 62206021

2021 年 1 月，注册会计师熊大、熊二、光头强三人在上海成立一家会计师事务所，性质为特殊普通合伙企业。2021 年 4 月，熊大在某次审计业务中故意出具不实审计报告，人民法院判决会计师事务所赔偿当事人 60 万元。2021 年 8 月，会计师事务所因经营不善拖欠蒙达公司 300 万元，到期未偿还。对此，下列说法正确的是？（多选）

A. 对 60 万元的赔偿责任，熊大承担按份责任，熊二、光头强承担补充责任

B. 三个合伙人应当对会计事务所的 300 万元债务承担无限连带责任

C. 以合伙财产对外承担 60 万元赔偿责任后，熊大应当对给合伙企业造成的损失承担赔偿责任

D. 会计事务所应当办理执业保险

42 62206019

甲、乙、丙、丁共同设立一家普通合伙企业，2021 年度盈利 10 万元。甲欲退出合伙企业，决定将其在合伙企业的份额转让给乙。下列说法错误的是？（多选）

A. 对于 21 年度的盈利，甲、乙、丙、丁应当平均分配

B. 甲将其份额转让给乙，无需提前通知其他合伙人，其他合伙人也无优先购买权

C. 若丙不幸去世，其唯一继承人小丙（19 岁）可以直接成为合伙人

D. 经三分之二以上合伙人同意，可以增加对合伙企业的出资

参考答案

[1] C	[2] B	[3] A	[4] ACD	[5] AC
[6] AC	[7] AC	[8] BD	[9] AB	[10] ABC
[11] C	[12] CD	[13] CD	[14] B	[15] B
[16] CD	[17] BD	[18] C	[19] C	[20] AB
[21] ACD	[22] BC	[23] CD	[24] ABD	[25] BCD
[26] AB	[27] D	[28] D	[29] C	[30] C
[31] B	[32] B	[33] BC	[34] AC	[35] ABCD
[36] BD	[37] AD	[38] D	[39] C	[40] D
[41] BCD	[42] ABCD			

第二章 有限合伙企业

一、历年真题及仿真题

（一）有限合伙企业的事务执行

【单选】

1 2002135

甲是某有限合伙企业的有限合伙人，持有该企业 15% 的份额。在合伙协议无特别约定的情况下，甲在合伙期间未经其他合伙人同意实施了下列行为，其中违反《合伙企业法》规定的是？

A. 将自购的机器设备出租给合伙企业使用

B. 以合伙企业的名义购买汽车一辆归合伙企业使用

C. 以自己在合伙企业中的财产份额向银行提供质押担保

D. 提前 30 日通知其他合伙人将其部分合伙份额转让给合伙人以外的人

解析页码 089—090

2 1003033

根据《合伙企业法》规定，第三人有理由相信有限合伙人为普通合伙人并与其交易的，该有限合伙人对该笔交易承担与普通合伙人同样的责任。关于此规定在合伙法原理上的称谓，下列哪一选项是正确的？

A. 事实合伙

B. 表见普通合伙

C. 特殊普通合伙

D. 隐名合伙

【多选】

3 2002068

明辉投资是有限合伙企业，张某是有限合伙人，邹某是普通合伙人。成某具有财务专业背景被明辉投资聘请为财务总监兼任策划部总经理。张某以普通合伙人的名义代表明辉投资和甲公司签订合同。下列有关说法正确的是？

A. 明辉投资聘请成某需经全体合伙人一致同意

B. 明辉投资聘请成某需经全体合伙人过半数同意

C. 张某代表明辉投资与甲公司签订的合同有效

D. 明辉投资应对甲公司承担合同责任

（二）有限合伙与第三人的关系

【不定项】

4 2002080

飓风投资是一家有限合伙企业，谢某是普通合伙人，周某是有限合伙人。周某一直对外宣称自己是普通合伙人，谢某对此不置可否。某日周某与德云公司签订 80 万元的口罩订购合同。对于该合同下列说法正确的是？

A. 谢某和周某对该合同承担同样的责任

B. 周某对该合同不承担责任

C. 周某对该合同承担无限连带责任

D. 谢某对该合同不承担责任

（三）有限合伙人的入伙与退伙

【单选】

5 1503030

李军退休后于 2014 年 3 月，以 20 万元加入某有限合伙企业，成为有限合伙人。后该企业的另一名有限合伙人退出，李军便成为唯一的有限合伙人。2014 年 6 月，李军不幸发生车祸，虽经抢救保住性命，但已成为植物人。对此，下列哪一表述是正确的？

A. 就李军入伙前该合伙企业的债务，李军仅需以 20 万元为限承担责任

B. 如李军因负债累累而丧失偿债能力，该合伙企业有权要求其退伙

C. 因李军已成为植物人，故该合伙企业有权要求其退伙

D. 因唯一的有限合伙人已成为植物人，故该有限合伙企业应转为普通合伙企业

【多选】

6 2002134

万豪以 80 万元（实缴 20 万元）入伙喜来旅店（有限合伙企业），成为有限合伙人。后该企业的另一名有限合伙人退出，万豪便成为唯一的有限合伙人。2019 年 3 月，万豪不幸发生车祸，虽经抢救保住性命，但已成为植物人。对此，下列表述错误的是？

A. 就万豪入伙前该合伙企业的债务，其需以 20 万元为限承担责任

B. 就万豪入伙前该合伙企业的债务，其需以 80 万元为限承担责任

C. 因万豪已成为植物人，故该合伙企业有权要求其退伙

D. 因唯一的有限合伙人已成为植物人，故该有限合伙企业应转为普通合伙企业

（四）综合知识点

【单选】

7 2202120

张甲和张乙是某有限合伙企业的普通合伙人，张甲是该合伙企业的事务执行人，某日张甲变更自己为有限合伙人，没过多久，张甲去世。下列选项正确的是？

A. 张甲变更自己为有限合伙人，须经全体合伙人

解析页码 091—092

一致同意

B. 因为张甲是事务执行人，所以有权变更自己为有限合伙人

C. 张甲去世后，该合伙企业解散

D. 张甲去世后，张甲的继承人可以直接继承张甲在该合伙企业的资格

8 2002049

在甲合伙企业中，刘某为执行事务合伙人，李某为有限合伙人并兼任财务经理。后因发展需要，李某又被任命为策划经理。在企业运营中，李某以执行事务合伙人的名义与乙公司签订了业务合同，刘某对此知情，并未表示反对。后因企业发展不顺，甲企业对乙公司的业务合同处于违约状态。对此，下列哪一表述是正确的？

A. 李某被任命为财务经理须全体合伙人一致同意

B. 李某被任命为策划经理须半数以上合伙人同意

C. 甲合伙企业与乙公司的合同有效

D. 刘某与李某须对乙公司债务承担连带责任

【多选】

9 2102009

某有限合伙企业有30多个合伙人，其中只有甲是普通合伙人。众合伙人约定乙在公司以劳务出资成为有限合伙人，但未将乙的姓名与出资情况进行工商登记。之后，丙对外转让自己的合伙份额给戊，丁将自己在合伙企业中的份额出质给其债权人己。对此，下列说法错误的是？

A. 因未提前30日通知其他合伙人，故丙的转让行为无效

B. 丁的出质行为因没有得到合伙人一致同意而无效

C. 乙以劳务出资合法有效

D. 乙因未进行工商登记，因而不是该有限合伙企业的合伙人

10 1902052

杨某、段某、郭某、黄某、周某是某有限合伙企业的合伙人，其中杨某是普通合伙人，段某、郭某、黄某、周某是有限合伙人。合伙协议对合伙份额的转让、质押等处分行为未做约定。下列说法正确的是？

A. 杨某死亡后，其合法继承人有权继承杨某在该合伙企业中的资格

B. 段某的债权人申请法院执行段某的合伙份额还债，其他合伙人不能主张优先购买权

C. 郭某对外转让其合伙份额时，其他合伙人无权主张优先购买权

D. 黄某可随时转让其合伙份额给周某

11 1902053

甲公司是合伙企业乙的有限合伙人之一，乙运营良好但是一直没有向甲公司分配利润。后甲公司经营不善，法院裁定进行破产重整，根据重整计划，甲公司被注销，全部资产及权利义务关系归丙公司承接。下列说法正确的是？

A. 甲公司进入破产重整程序以后，立即丧失有限合伙人资格

B. 丙公司可继承甲公司的合伙人资格

C. 重整期间，管理人有权查阅、复制乙合伙企业的财务账簿等财务资料

D. 甲公司重整期间，管理人可以将其在乙合伙的份额设定质押

12 1703072

雀凰投资是有限合伙企业，从事私募股权投资活动。2017年3月，三江有限公司决定入伙雀凰投资，成为其有限合伙人。对此，下列哪些选项是错误的？

A. 如合伙协议无特别约定，则须经全体普通合伙人一致同意，三江公司才可成为新的有限合伙人

B. 对入伙前雀凰投资的对外负债，三江公司仅以实缴出资额为限承担责任

C. 三江公司入伙后，有权查阅雀凰投资的财务会计账簿

D. 如合伙协议无特别约定，则三江公司入伙后，原则上不得自营与雀凰投资相竞争的业务

13 1603072

灏德投资是一家有限合伙企业，专门从事新能源开发方面的风险投资。甲公司是灏德投资的有限

解析页码
093—095

合伙人，乙和丙是普通合伙人。关于合伙协议的约定，下列哪些选项是正确的？

A. 甲公司派驻灏德投资的员工不领取报酬，其劳务折抵 10% 的出资

B. 甲公司不得与其他公司合作从事新能源方面的风险投资

C. 甲公司不得将自己在灏德投资中的份额设定质权

D. 甲公司不得将自己在灏德投资中的份额转让给他人

【不定项】

14 1303093

高崎、田一、丁福三人，共同出资 200 万元，于 2011 年 4 月设立“高田丁科技投资中心（普通合伙）”，从事软件科技的开发与投资。其中高崎出资 160 万元，田、丁分别出资 20 万元，由高崎担任合伙事务执行人。2013 年 2 月，高崎为减少自己的风险，向田、丁二人提出转变为有限合伙人的要求。对此下列说法正确的是？

A. 须经田、丁二人的一致同意

B. 未经合伙企业登记机关登记，不得对抗善意相对人

C. 转变后，高崎可以出资最多为由，要求继续担任合伙事务执行人

D. 转变后，对于 2013 年 2 月以前的合伙企业债务，经各合伙人决议，高崎可不承担无限连带责任

15 1303094

高崎、田一、丁福三人共同出资 200 万元，于 2011 年 4 月设立“高田丁科技投资中心（普通合伙）”，从事软件科技的开发与投资。其中高崎出资 160 万元，田、丁分别出资 20 万元，由高崎担任合伙事务执行人。2013 年 2 月，高崎为减少自己的风险，向田、丁二人提出转变为有限合伙人的要求。2013 年 5 月，有限合伙人高崎将其一半合伙财产份额转让给贾骏。同年 6 月，高崎的债权人李耕向法院申请强制执行其另一半合伙财产份额。对此，下列选项正确的是？

A. 高崎向贾骏转让合伙财产份额，不必经田、丁的同意

B. 就高崎向贾骏转让的合伙财产份额，田、丁可主张优先购买权

C. 李耕申请法院强制执行高崎的合伙财产份额，不必经田、丁的同意

D. 就李耕申请法院强制执行高崎的合伙财产份额，田、丁可主张优先购买权

二、模拟训练

16 62206131

武宁有限合伙企业有章泽、黎明、翁虹三名合伙人。其中，翁虹为有限合伙人。得力公司因向该合伙企业购买原材料尚欠该合伙企业 20 万元货款。章泽和翁虹均向得力公司购买个人消费品，分别欠得力公司 10 万元无法清偿。对此，下列说法正确的是？（单选）

A. 得力公司可以主张以其对章泽、翁虹的债权抵销其对合伙企业的 20 万元债务

B. 得力公司可以主张代位行使章泽在合伙企业中的权利

C. 翁虹决定将其财产份额转让给得力公司，章泽、黎明表示反对，则应当给翁虹办理退伙

D. 得力公司申请法院强制执行章泽的合伙财产份额，黎明、翁虹有优先购买权

17 62206026

张赫、王亚、刘项、赵倩、黄鸣出资设立一家有限合伙企业，从事新能源开发方面的投资。张赫、王亚、刘项为普通合伙人，黄鸣和赵倩是有限合伙人。某日，王亚因做假账，给合伙企业造成重大损失，合伙企业对其作出除名决定。后由于合伙企业效益不好，负债 100 万元，经其他合伙人一致同意，张赫、赵倩退伙。黄鸣说服其弟黄默加入该合伙企业，经其他合伙人同意，黄默成为有限合伙人。对此，下列说法错误的是？（多选）

A. 王亚从全体合伙人向其发出除名通知之日起退伙

B. 张赫以退伙时取回的财产为限对未能清偿的 100 万元债务承担责任

C. 赵倩应当在其出资限额内对企业债务承担清偿

解析页码 095—096

责任

D. 黄默无须对企业的借款承担责任

18 62206025

顺达合伙企业为有限合伙企业，从事口罩生产。普通合伙人有王羊和李牛，有限合伙人有蓝天和白云。四人签订了书面的合伙协议，约定合伙企业前两年的利润归蓝天独自享有，亏损的分配比例为 2:1:1:1。后李牛因投资股票失败，向黄耳借款 30 万元，到期未偿还。经法院判决后，黄耳向法院申请执行李牛在该合伙企业中的份额。对此，下列说法错误的是？（多选）

A. 合伙协议中关于利润的分配比例不合法

B. 白云可以将其在顺达合伙企业的全部财产份额出质

C. 若法院强制执行李牛的财产份额，其他合伙人不享有优先购买权

D. 蓝天不得将自己在合伙企业中的份额转让给合伙人以外的第三人

19 62106068

甲、乙、丙、丁共同设立了一有限合伙企业，甲、乙为普通合伙人，丙、丁为有限合伙人。合伙协议约定：甲、乙共同执行合伙企业事务。8 月 1 日，丙未经其他合伙人同意，将自己在合伙企业中的财产份额为银行借款提供质押担保。10 月 1 日，戊决定加入合伙企业，成为有限合伙人。12 月 1 日，丙因突发脑溢血死亡，其有一子丙小草，年仅 10 岁。对此，下列哪些说法是错误的？（多选）

A. 甲、乙有权直接聘请王全担任本合伙企业的经营管理人员

B. 因未经其他合伙人同意，丙的出质行为无效

C. 如合伙协议无特别约定，须经全体普通合伙人一致同意，戊才能成为新的有限合伙人

D. 虽然丙小草是限制民事行为能力人，但其可以取得合伙人资格

参考答案

[1] B	[2] B	[3] ACD	[4] AC	[5] A
[6] ACD	[7] A	[8] C	[9] ABCD	[10] CD
[11] BD	[12] ABCD	[13] BC	[14] AB	[15] ACD
[16] D	[17] ABCD	[18] ACD	[19] ABC	

第三章 合伙企业的解散与清算

一、历年真题及仿真题

（一）合伙企业的解散与清算

【多选】

1 1902054

甲、乙共同经营一家普通合伙企业，甲和乙共同决定聘请丙担任合伙企业的经营管理人员。因经营管理不善该合伙企业面临破产，甲乙授权丙负责组织清算。在清算过程中，丙收受丁的好处若干，擅自免除了丁对合伙企业的 70 万元债务，并虚构了合伙企业对戊的一笔 50 万元债务。下列说法正确的是？

A. 丙不能担任合伙企业的清算人

B. 丙应对合伙企业的债权人承担赔偿责任

C. 丙应对该合伙企业承担赔偿责任

D. 合伙企业注销后，甲和乙对合伙企业债权人仍应承担无限连带责任

（二）综合知识点

【单选】

2 2302032

甲同时拥有一家一人公司和一家个人独资企业。后甲离世，其法定继承人乙和丙愿意继承两家企业。现两人想以公司的形式共同运营两家企业，下列选项正确的是？

A. 乙丙不能依法继承一人公司和独资企业

B. 针对一人公司，乙丙可以自己名义直接向公司登记机关申请股权变更

C. 需要先注销个人独资企业，再申请注册新的有限公司

D. 若乙丙打算以合伙企业的形式经营原个人独资企业，则需先注销原个人独资企业

解析页码 096—098

3　2102023

合伙人张某因合伙事务执行不当给普通合伙企业造成重大损失，其他合伙人一致同意将其除名，张某提出异议，后张某仍代表合伙企业对外签订合同。因合伙企业经营困难，其他合伙人一致决定解散合伙企业，张某再次提出异议。下列说法正确的是？

A. 除名决议一经送达张某，即对其发生效力
B. 除名决议需排除张某异议后，方才生效
C. 解散决议作出后，应由执行合伙人负责清算
D. 解散决议因张某提出异议，暂不生效

4　1403030

2010 年 5 月，贾某以一套房屋作为投资，与几位朋友设立一家普通合伙企业，从事软件开发。2014 年 6 月，贾某举家移民海外，故打算自合伙企业中退出。对此，下列哪一选项是正确的？

A. 在合伙协议未约定合伙期限时，贾某向其他合伙人发出退伙通知后，即发生退伙效力
B. 因贾某的退伙，合伙企业须进行清算
C. 退伙后贾某可向合伙企业要求返还该房屋
D. 贾某对退伙前合伙企业的债务仍须承担无限连带责任

二、模拟训练

5　61906240

关于合伙企业的解散与清算，下列哪些说法是正确的？（多选）

A. 清算结束后，清算人应当编制清算报告，经全体清算人签名、盖章后按程序报送
B. 清算期间，合伙企业不可以开展原有的经营业务
C. 合伙企业不能清偿到期债务的，债权人可向法院提出破产申请
D. 合伙期限虽未届满，但全体合伙人可以决定解散合伙企业

参考答案

[1] BCD　[2] C　[3] A　[4] D　[5] CD

外商投资与个人独资

一、历年真题及仿真题

（一）外商投资法

【多选】

1　2302030

外国投资者和我国某企业共同签订投资协议，所投资领域被纳入投资白名单。但随着外商投资法的颁布实施，该投资领域被移出投资白名单，并被划为负面清单限制投资类。之后，双方就合同效力发生纠纷。对此，下列说法正确的是？

A. 虽然该投资合同签订于外商投资法施行以前，但法院应适用新法的规定认定合同的效力
B. 被移出白名单后，会自动进入负面清单
C. 新法颁布后投资合同无效
D. 法院作出生效裁判前，若当事人采取了必要的补正措施，投资合同有效

2　2202065

甲国的 A 企业与其他投资者在中国境内共同投资设立了 B 企业。A 企业特别关注收益汇出、投资领域、技术要求及纳税问题。根据相关法律规定，以下说法正确的是？

A. A 企业在中国境内的出资、利润、收益等可依法自由汇入、汇出
B. A 企业从 B 企业获取的分红应依照中国法律缴纳企业所得税
C. 不得专门针对 B 企业适用高于强制性标准的技术要求
D. 负面清单之外领域形成的投资合同，因未经有关行政部门批准而无效

3　2002069

德国的 RB 公司到我国投资，参与某一项目的建设，为该项目成立了德顺公司。2020 年，我国爆发了大规模的新冠病毒疫情，需要将德顺公司的仓库改建为方舱医院集中收治轻症病人。下列有关说法正确的是？

解析页码
098—100

A. 德顺公司为外商投资企业，国家不能征用其仓库

B. 国家为了公共利益的需要，可以征用德顺公司仓库

C. 国家征用德顺公司的仓库应当依照法定程序进行，并应当及时给予赔偿

D. 国家征用德顺公司的仓库应当依照法定程序进行，并应当及时给予补偿

4 2002070

某外国投资者拟以股权转让的方式入股四金公司（业务领域在外商投资准入负面清单之外）。该外国投资者与四金公司原股东互海公司签订了股权转让合同，但互海公司心生悔意，认为该转让合同未经有关部门批准，是无效的合同，现诉诸法院。依有关规定及司法解释下列哪些选项是正确的？

A. 互海公司以股权转让投资合同未经有关部门批准为由主张合同无效的，人民法院不予支持

B. 如该股权转让投资合同签订于《外商投资法》施行前，不适用负面清单的规定

C. 国家对负面清单之外的外商投资，给予最惠国待遇

D. 该外商投资负面清单以外的领域，依内外资一致的原则实施管理

5 1103072

中国海天公司与某国小宇公司准备成立一家中外合资企业，并签署了合资合同与章程，但海天公司迟迟未向主管机关报批。数月后，小宇公司因报批无望准备退出，但其为此次投资事宜已经花费 70 万元。根据外商投资法律的相关规定，下列哪些表述是正确的？

A. 如最终未能获得审批机关的批准，则双方之间的合资合同为无效合同

B. 拟成立的合资企业的组织形式可以是有限责任公司

C. 小宇公司有权通过仲裁或者诉讼，请求海天公司按照合同约定履行报批义务

D. 小宇公司可以请求海天公司赔偿其 70 万元的损失

（二）个人独资企业法

【单选】

6 2302027

甲成立一个人独资企业，由于经营不善，甲决定解散企业。此时，甲发现企业账面财产只剩 15 万元，但企业尚欠员工工资及社保 10 万元、房租 8 万元、税款 5 万元、货款 20 万元。对此，下列说法正确的是？

A. 企业解散后，房东可申请法院指定清算

B. 房租优先于货款清偿

C. 清偿完职工债权和所欠税款之后，甲需以家庭共有财产继续清偿房租和货款

D. 若企业解散后5年，货款债权人一直未要求清偿，则该债权因超过诉讼时效，甲不再负清偿责任

7 1703030

“李老汉私房菜”是李甲投资开设的个人独资企业。关于该企业遇到的法律问题，下列哪一选项是正确的？

A. 如李甲在申请企业设立登记时，明确表示以其家庭共有财产作为出资，则该企业是以家庭成员为全体合伙人的普通合伙企业

B. 如李甲一直让其子李乙负责企业的事务管理，则应认定为以家庭共有财产作为企业的出资

C. 如李甲决定解散企业，则在解散后 5 年内，李甲对企业存续期间的债务，仍应承担偿还责任

D. 如李甲死后该企业由其子李乙与其女李丙共同继承，则该企业必须分立为两家个人独资企业

8 1203029

为开拓市场需要，个人独资企业主曾水决定在某市设立一个分支机构，委托朋友霍火为分支机构负责人。关于霍火的权利和义务，下列哪一表述是正确的？

A. 应承担该分支机构的民事责任

B. 可以从事与企业总部相竞争的业务

C. 可以将自己的货物直接出卖给分支机构

D. 经曾水同意可以分支机构财产为其弟提供抵押担保

解析页码
100—102

（三）综合知识点

【单选】

9 0303059

张某于2000年3月成立一家个人独资企业。同年5月，该企业与甲公司签订一份买卖合同，根据合同，该企业应于同年8月支付给甲公司货款15万元，后该企业一直未支付该款项。2001年1月该企业解散。2003年5月，甲公司起诉张某，要求张某偿还上述15万元债务。下列有关该案的表述哪些是错误的？

A. 因该企业已经解散，甲公司的债权已经消灭

B. 甲公司可以要求张某以其个人财产承担15万元的债务

C. 甲公司请求张某偿还债务已超过诉讼时效，其请求不能得到支持

D. 甲公司请求张某偿还债务的期限应于2003年1月届满

10 1603002

甲企业是由自然人安琚与乙企业（个人独资）各出资50%设立的普通合伙企业，欠丙企业货款50万元，由于经营不善，甲企业全部资产仅剩20万元。现所欠货款到期，相关各方因货款清偿发生纠纷。对此，下列哪一表述是正确的？

A. 丙企业只能要求安琚与乙企业各自承担15万元的清偿责任

B. 丙企业只能要求甲企业承担清偿责任

C. 欠款应先以甲企业的财产偿还，不足部分由安琚与乙企业承担无限连带责任

D. 就乙企业对丙企业的应偿债务，乙企业投资人不承担责任

11 1103028

张平以个人独资企业形式设立金地肉制品加工厂。2011年5月，因瘦肉精事件影响，张平为减少风险，打算将加工厂改换成一人有限公司形式。对此，下列哪一表述是错误的？

A. 因原投资人和现股东均为张平一人，故加工厂不必进行清算即可变更登记为一人有限公司

B. 新成立的一人有限公司仍可继续使用原商号“金地”

C. 张平为设立一人有限公司，不需足额缴纳其全部出资额

D. 如张平未将一人有限公司的财产独立于自己的财产，则应对公司债务承担连带责任

【多选】

12 1003027

张某为避免合作矛盾与问题，不想与人合伙或合股办企业，欲自己单干。朋友对此提出以下建议，其中哪些建议是错误的？

A. “可选择开办独资企业，也可选择开办一人有限公司”

B. “如选择开办一人公司，那么注册资本不能少于10万元”

C. “如选择开办独资企业，则必须自己进行经营管理”

D. “可同时设立一家一人公司和一家独资企业”

二、模拟训练

13 62106127

绿泽有限责任公司由M国RET公司与蓝天公司、辉耀公司共同设立，分别占股62%、25%和13%。其中，RET公司以资金和机器设备出资，蓝天公司以资金和写字楼出资，辉耀公司以土地出资。下列选项正确的是？（单选）

A. 绿泽公司与天华公司签订了负面清单外的投资合同，天华公司有权以合同未经相关部门批准为由主张合同无效

B. 因绿泽公司的特殊性质，其不能以发行股票和债券等方式进行融资

C. 绿泽公司应通过企业登记系统及企业信用信息公示系统向商务主管部门报送所有投资信息

D. 若RET公司投资了负面清单禁止投资领域的，应由主管部门责令停止投资活动，限期处分股权、资产或者采取其他必要措施，恢复到实施投资前的状态

14 62106022

根据《外商投资法》的相关规定，下列选项正确

解析页码 102—104

的是？（单选）

A．美国的 A 公司拟在北京投资一家餐饮店，无须审批，申请设立后由主管部门登记备案即可

B．德国的 B 公司拟在上海投资烟叶批发，无须审批，申请设立后由主管部门登记备案即可

C．英国的 C 公司拟投资一个限制项目，若违反限制性准入特别管理措施，合同无效，且不可补正

D．法国的 D 公司投资了一个负面清单外的项目，当事人可以合同未经批准登记为由主张合同无效

15 62006084

2016年5月30日，冯宝柱出资成立个人独资企业，因经营不善，于2018年7月23日解散。在经营过程中，共计赊欠常武海鲜款5万元，常武因此将冯宝柱诉至法院。下列说法正确的是？（多选）

A．若冯宝柱在申请企业设立登记时，明确以其家庭共有财产作为个人出资的，应当以家庭共有财产对企业债务承担无限责任

B．若2017年冯宝柱因病去世，无继承人其名下财产，个人独资企业应当解散

C．若常武2023年8月30日才向冯宝柱主张债务，冯宝柱的清偿责任已消灭

D．该个人独资企业解散后，应当先付清所欠员工的工资和所欠的税款，再对常武的债务进行清偿

参考答案

[1]AD	[2]ABC	[3]BD	[4]AD	[5]BCD
[6]A	[7]C	[8]D	[9]ACD	[10]C
[11]A	[12]BC	[13]D	[14]A	[15]ABCD

企业破产法

第一章 破产法概述

一、历年真题及仿真题

（一）适用范围及破产原因

【多选】

1 1203071

中南公司不能清偿到期债务，债权人天一公司向法院提出对其进行破产清算的申请，但中南公司以其账面资产大于负债为由表示异议。天一公司遂提出各种事由，以证明中南公司属于明显缺乏清偿能力的情形。下列哪些选项符合法律规定的关于债务人明显缺乏清偿能力、无法清偿债务的情形？

A．因房地产市场萎缩，中南公司核心资产的房地产无法变现

B．中南公司陷入管理混乱，法定代表人已潜逃至海外

C．天一公司已申请法院强制执行中南公司财产，仍无法获得清偿

D．中南公司已出售房屋质量纠纷多，市场信誉差

（二）破产的申请与受理

【单选】

2 1902004

住所位于青山县的甲公司依约将绿水县的仓库租借给住所位于金山县的乙公司使用，每年租金30万。双方还约定，因该租赁合同发生的纠纷均应由合同签订地银山县法院管辖。甲公司因经营不善申请破产，法院受理破产申请后，管理人为追索乙公司拖欠的租金向法院起诉。本案应当由哪个法院管辖？

A．青山县法院

解析页码
104—105

B. 绿水县法院
C. 金山县法院
D. 银山县法院

【多选】

3 1303073

2013年3月，债权人甲公司对债务人乙公司提出破产申请。下列哪些选项是正确的？
A. 甲公司应提交乙公司不能清偿到期债务的证据
B. 甲公司应提交乙公司资产不足以清偿全部债务的证据
C. 乙公司就甲公司的破产申请，在收到法院通知之日起七日内可向法院提出异议
D. 如乙公司对甲公司所负债务存在连带保证人，则其可以该保证人具有清偿能力为由，主张其不具备破产原因

（三）破产管理人

【单选】

4 2102086

甲公司因疫情原因于2020年8月被法院裁定破产。管理人接管财产后，通知甲公司门店的出租方乙地产公司，决定解除租赁协议。乙地产公司拒绝，表示该协议约定租期10年，目前尚有3年的租期，且按照租赁协议的约定，该协议须严格履行，任何一方无权提前解除协议，对协议履行存在争议的应提交北京仲裁委仲裁。据此，下列哪一表述是正确的？
A. 协议自管理人通知乙地产公司解除决定时自然解除
B. 协议应自管理人向北京仲裁委提交仲裁申请时解除
C. 如仲裁委裁定解除，应自裁定书送达债权人时解除
D. 协议应继续履行，除非双方一致合意解除

（四）债权人会议与债权人委员会

【单选】

5 1902022

甲商贸有限公司因管理混乱，经营陷入困境，于2019年3月经法院裁定进入破产程序，乙律所被指定为破产管理人。2019年5月底，经债权人会议决议，成立债权人委员会。丙公司与乙律所接洽，准备受让甲公司全部的库存和营业事务，关于本案，下列表述错误的是？
A. 债权人委员会应包含一名甲公司的职工代表或工会代表
B. 乙律所应将与丙公司的合作事宜事先制作财产管理或者变价方案并提交债权人会议通过
C. 乙律所的方案未被债权人会议通过的，其可以提交给债权人委员会进行表决
D. 乙律所在实施与丙公司的合作方案前，应报告债权人委员会

【多选】

6 2002132

古道西风有限公司被裁定进入破产程序，根据《破产法解释（三）》，下列选项正确的是？
A. 债权人会议的决议超出债权人会议的职权范围，损害债权人利益，债权人有权申请撤销
B. 债权人会议的决议内容违法，损害债权人利益，债权人有权申请撤销
C. 人民法院只能裁定撤销全部事项决议，责令债权人会议依法重新作出决议
D. 债权人申请撤销债权人会议决议的，可以提出口头或者书面申请

（五）破产费用和共益债务

【单选】

7 1203030

某公司经营不善，现进行破产清算。关于本案的诉讼费用，下列哪一说法是错误的？
A. 在破产申请人未预先交纳诉讼费用时，法院应裁定不予受理破产申请
B. 该诉讼费用可由债务人财产随时清偿
C. 债务人财产不足时，诉讼费用应先于共益费用受清偿
D. 债务人财产不足以清偿诉讼费用等破产费用的，破产管理人应提请法院终结破产程序

解析页码 105—107

【多选】

8 1902055

甲公司因经营不善被法院受理重整，法院指定A律所担任管理人。为了维持公司运营，A律所代表甲公司向股东张三借款50万。债权人会议推选甲公司总经理王某担任破产管理人，且经债权人会议全票通过甲公司向股东李四借款100万，并用甲公司的楼房设定抵押，下列相关说法正确的是?

A. 债权人会议有权选择公司经理王某担任破产管理人

B. 张三的借款优先于普通债权受偿

C. 张三的借款优先于李四的债权受偿

D. 李四的借款优先于普通债权受偿

（六）综合知识点

【单选】

9 2202069

2021年1月，甲公司以市场价自觉醒公司采购设备，并足额支付了设备价款1200万元。2021年8月1日，法院受理甲公司的破产申请。觉醒公司于2021年7月10日发货（由丙公司承运），设备预计将于8月13日送达。对此，下列说法正确的是?

A. 设备一经送达，管理人即可将其列为债务人财产

B. 管理人有权向法院申请撤销向觉醒公司支付的价款

C. 觉醒公司有权在破产财产变价方案提交债权人会议表决前取回该设备

D. 管理人有权解除该合同

10 2202071

甲公司是一家房地产开发公司，向乙公司借款500万，为保证债权实现，丙公司承担连带保证责任。后该借款到期，乙公司要求甲公司还款，甲公司以资金不足为由拒绝还款，丙公司以资金周转困难为由拒绝承担保证责任，后乙公司向法院申请甲公司破产。下列说法正确的是?

A. 乙公司可要求法院给予收到证据和申请的确认书

B. 甲公司可以丙公司还有还款能力抗辩其尚不具有破产原因

C. 法院可判决驳回乙公司的请求

D. 若法院不予受理破产申请，乙公司可以向上一级法院上诉，也可以向上一级法院提出破产申请

11 2102087

大恒公司的破产管理人为履行管理人职责，决定聘请财务管理人员负责公司破产事务的财务事项对此。下列哪一说法是正确的?

A. 破产管理人可以直接聘请财务管理人员

B. 聘任财务管理人员应向债权人委员会报告并获得债权人委员会的同意

C. 财务管理人员的薪酬应由债权人会议批准

D. 财务管理人员的报酬可由破产管理人随时支付

12 1603031

祺航公司向法院申请破产，法院受理并指定甲为管理人。债权人会议决定设立债权人委员会。现昊泰公司提出要受让祺航公司的全部业务与资产。甲的下列哪一做法是正确的?

A. 代表祺航公司决定是否向昊泰公司转让业务与资产

B. 将该转让事宜交由法院决定

C. 提议召开债权人会议决议该转让事宜

D. 作出是否转让的决定并将该转让事宜报告债权人委员会

【多选】

13 2102011

某公司申请破产，法院指定一律所为管理人。因账目复杂，律师财务知识有限难以胜任部分工作，管理人遂想聘请3位会计人员协助工作。对此，下列说法正确的是?

A. 管理人可自行决定聘用会计人员

B. 管理人须将提案提交债权人委员会讨论通过才可聘用

C. 可从该公司财务人员中进行选择

D. 管理人可从债务人财产中随时支付3位会计人员工资

解析页码
107—109

14　1603073

法院受理了利捷公司的破产申请。管理人甲发现，利捷公司与翰扬公司之间的债权债务关系较为复杂。下列哪些说法是正确的？

A．翰扬公司的某一项债权有房产抵押，可在破产受理后行使抵押权

B．翰扬公司与利捷公司有一合同未履行完毕，甲可解除该合同

C．翰扬公司曾租给利捷公司的一套设备被损毁，侵权人之前向利捷公司支付了赔偿金，翰扬公司不能主张取回该笔赔偿金

D．茹洁公司对利捷公司负有债务，在破产受理后茹洁公司受让了翰扬公司的一项债权，因此茹洁公司无需再向利捷公司履行等额的债务

二、模拟训练

15　62206143

锦尚公司向法院提出破产申请，法院受理后为其指定管理人。破产程序开始后，管理人发现锦尚公司和天华公司有一笔合同，双方尚未履行完毕，管理人认为这笔交易或许对公司有利，于是以300万的价格变卖公司所有的厂房，以继续履行该笔合同。但最终，锦尚公司因资不抵债难以为继而进入清算程序。对此，下列说法正确的是？（单选）

A．管理人处分公司厂房的行为需要经债权人会议同意

B．管理人执行职务的费用属于共益债务，应优先于普通破产债权清偿

C．对银行的借款属于共益债务，履行与天华公司之间的合同产生的债务属于普通破产债权

D．如果企业总资产不足以清偿破产费用，则优先清偿破产案件的诉讼费用

16　62206142

2021年1月10日，天华公司以锦尚公司不能清偿到期债务为由，向法院申请破产清算。法院收到申请后，于1月15日通知锦尚公司，锦尚公司当即提出异议。收到锦尚公司的异议后，法院经审查认为锦尚公司确实存在破产原因，于2月3日裁定受理，并指定了破产管理人。对此，下列说法错误的是？（多选）

A．天华公司可以锦尚公司不能偿还到期债务为由，向法院申请清算、和解或重整

B．法院作出的裁定需要经上一级法院批准

C．法院可指定天华公司作为破产管理人

D．如果破产管理人与债权人会议产生冲突，债权人会议可更换管理人

17　62206140

2021年1月，锦尚公司与天华公司签订建筑工程施工合同，预计2021年年底完工，锦尚公司尚未支付工程款300万元。2021年5月，锦尚公司由于资不抵债，法定代表人下落不明，公司资产无人管理，于是向法院申请破产清算。法院受理了锦尚公司的破产申请，为其指定管理人。在清算过程中，天华公司向法院起诉，主张锦尚公司拖欠的300万元工程款。对此，下列说法正确的是？（多选）

A．锦尚公司已经进入破产程序，故法院对天华公司提出的诉讼不再受理

B．锦尚公司和天华公司的建筑工程施工合同是在提出破产申请之前签订的，破产程序不影响该合同继续履行

C．指定管理人可自行决定继续履行建筑施工合同

D．如果受理破产后2个月内未向天华公司说明建筑工程施工合同是否继续履行，则合同不再履行

18　62006090

鑫磊公司在经营过程中，欠中航建工公司两千万元，逾期未还。2018年10月，中航建工公司以鑫磊公司不能清偿到期债务且明显缺乏清偿能力为由向法院申请鑫磊公司破产。下列说法正确的是？（多选）

A．鑫磊公司可以对其债务负有连带责任的人未丧失清偿能力为由，主张不具备破产原因

B．法院受理中航建工公司的破产申请后，有关鑫磊公司的执行程序应当终止

C．若法院作出不予受理破产申请的裁定，中航建工公司有权提起上诉

D．中航建工公司可以申请对鑫磊公司进行重整

解析页码
109—111

19 62206141

2021年5月10日，利达公司因不能清偿到期债务且资不抵债，向法院申请破产，法院裁定受理。法院受理破产申请后，管理人发现利达公司与几家公司有未完成的业务往来：在1月10日与通达公司订立的原料买卖合同中，通达公司在收到原料后尚未支付原料货款；在2月10日与明达公司订立的货物运输合同中，利达公司尚未支付运输货物的运费；在3月10日与飞达公司订立的原料加工合同中，两公司约定于年底飞达公司完成全部原料加工任务后，利达公司支付剩余费用。对此，下列说法正确的是？（多选）

A. 法院受理破产申请后，利达公司与通达公司的原料买卖合同效力不受影响

B. 法院受理破产申请后，明达公司可以直接申报债权

C. 法院受理破产申请后，明达公司可以向合同履行地法院主张债权

D. 法院受理破产申请后，若决定继续履行与飞达公司签订的合同，飞达公司可要求提供担保，管理人不提供担保的视为解除合同

参考答案

[1]ABC	[2]A	[3]AC	[4]A	[5]C
[6]AB	[7]A	[8]BD	[9]A	[10]A
[11]D	[12]C	[13]CD	[14]BC	[15]A
[16]ACD	[17]CD	[18]CD	[19]ABD	

第二章 债务人财产

一、历年真题及仿真题

（一）破产取回权

【单选】

1 2202070

2021年1月，甲公司向乙公司借款500万元，为担保乙公司债权的实现，甲公司将其持有的价值500万元的玉石质押给乙公司。2021年10月，甲公司破产申请被法院受理，环舟律师事务所担任管理人。在乙公司申报债权之前，环舟律所决定取回玉石，待加工后出售获利。此时，玉石市场价格下降为300万元。对此，下列说法正确的是？

A. 管理人须追加200万元作为担保措施

B. 管理人决定取回玉石，应当经法院许可

C. 管理人可与乙公司协商支付400万元取回玉石

D. 乙公司未获清偿部分只能作为普通债权申报

2 1403031

2014年6月经法院受理，甲公司进入破产程序。现查明，甲公司所占有的一台精密仪器，实为乙公司委托甲公司承运而交付给甲公司的。关于乙公司的取回权，下列哪一表述是错误的？

A. 取回权的行使，应在破产财产变价方案或和解协议、重整计划草案提交债权人会议表决之前

B. 乙公司未在规定期限内行使取回权，则其取回权即归于消灭

C. 管理人否认乙公司的取回权时，乙公司可以诉讼方式主张其权利

D. 乙公司未支付相关运输、保管等费用时，保管人可拒绝其取回该仪器

【多选】

3 1203070

甲公司依据买卖合同，在买受人乙公司尚未付清全部货款的情况下，将货物发运给乙公司。乙公司尚未收到该批货物时，向法院提出破产申请，且法院已裁定受理。对此，下列哪些选项是正确的？

A. 乙公司已经取得该批货物的所有权

B. 甲公司可以取回在运货物

C. 乙公司破产管理人在支付全部价款情况下，可以请求甲公司交付货物

D. 货物运到后，甲公司对乙公司的价款债权构成破产债权

解析页码 111—113

（二）破产撤销权

【单选】

4 1103031

2010年8月1日，某公司申请破产。8月10日，法院受理并指定了管理人。该公司出现的下列哪一行为属于《破产法》中的欺诈破产行为，管理人有权请求法院予以撤销？

A. 2009年7月5日，将市场价格100万元的仓库以30万元出售给母公司

B. 2009年10月15日，将公司一辆价值30万元的汽车赠与甲

C. 2010年5月5日，向乙银行偿还欠款50万元及利息4万元

D. 2010年6月10日，以协议方式与债务人丙相互抵销20万元债务

【多选】

5 2202124

2023年1月经法院受理，债务人进入破产程序，法院查明债务人在2022年5月将一批设备以市场价60%的价格卖给了供应商，同时向银行提前清偿了债务（银行债权在2022年8月到期），现管理人要撤销这两个行为，下列说法错误的是？

A. 债务人与供应商之间的设备交易是正常的商业买卖行为，管理人不得主张撤销

B. 若设备交易行为能被撤销，撤销后供应商可请求将其已支付的合同价款作为共益债务清偿

C. 债务人对银行的个别清偿，管理人可以主张撤销

D. 因银行的债权在破产受理前已到期，管理人不得主张撤销

6 1403074

甲公司因不能清偿到期债务且明显缺乏清偿能力，遂于2014年3月申请破产，且法院已受理。经查，在此前半年内，甲公司针对若干债务进行了个别清偿。关于管理人的撤销权，下列哪些表述是正确的？

A. 甲公司清偿对乙银行所负的且以自有房产设定抵押担保的贷款债务的，管理人可以主张撤销

B. 甲公司清偿对丙公司所负的且经法院判决所确定的货款债务的，管理人可以主张撤销

C. 甲公司清偿对丁公司所负的为维系基本生产所需的水电费债务的，管理人不得主张撤销

D. 甲公司清偿对戊所负的劳动报酬债务的，管理人不得主张撤销

（三）综合知识点

【单选】

7 1303029

甲公司于2012年12月申请破产。法院受理后查明：在2012年9月，因甲公司无法清偿欠乙公司100万元的货款，而甲公司董事长汪某却有150万元的出资未缴纳，乙公司要求汪某承担偿还责任，汪某随后确实支付给乙公司100万元。下列哪一表述是正确的？

A. 就汪某对乙公司的支付行为，管理人不得主张撤销

B. 汪某目前尚未缴纳的出资额应为150万元

C. 管理人有义务要求汪某履行出资义务

D. 汪某就其未履行的出资义务，可主张诉讼时效抗辩

【多选】

8 2002050

2019年5月10日，法院受理了甲公司的破产申请。同年底，经管理人查明，甲公司股东张三认缴出资100万元，认缴期限已届满但仍未缴纳；股东李四的出资期限为2020年10月1日。对此，下列哪些选项是正确的？

A. 管理人有权要求张三向公司缴纳出资

B. 管理人有权要求李四向公司缴纳出资

C. 李四有权以出资未到期为由抗辩

D. 如公司欠张三100万元货款，张三可主张抵销其应缴纳的出资

9 2002071

2021年2月1日，法院受理了甲公司的破产申请，股东张三认缴出资额期限已经届满，但仍未向公

解析页码 113—116

司缴纳出资 100 万元。根据公司章程规定，股东李四的出资期限为 2021 年 10 月 1 日。对此，下列说法正确的是？

A．管理人有权要求张三向公司缴纳出资

B．管理人有权要求李四向公司缴纳出资

C．公司欠张三 100 万元货款，张三可主张以其出资债务与公司对其负债抵销

D．公司欠李四 100 万元货款，李四可主张以其出资债务与公司对其负债抵销

二、模拟训练

10 62206147

2021 年 12 月，鑫诚公司难以清偿债务，现有资产不足，于是向法院提出破产申请。法院受理了鑫诚公司的破产申请后，为其指定管理人。在清算过程中，环舟公司提出：2021 年 1 月，鑫诚公司向环舟公司借款 300 万元，12 月到期，至今仍未归还。2021 年 9 月，环舟公司向鑫诚公司购买一批机械设备，尚未支付货款。现向管理人主张抵销这两笔债权。对此，下列说法正确的是？（单选）

A．如果环舟公司享有的债权未到期，则不能主张抵销

B．如果环舟公司未提出抵销，管理人也无权主张抵销

C．环舟公司购买设备的行为发生在受理破产申请前三个月，属于恶意负债

D．鑫诚公司的债务人得知鑫诚公司即将破产后，可以向环舟公司购买债权以抵销债权

11 62206146

2021 年 3 月，法院受理了利达公司的破产申请。明达公司、飞达公司在得知利达公司的破产情况后，提出以下主张：（一）明达公司向利达公司运输一批货物，利达公司未付款，货物也尚未抵达，为保证本公司财产不受损，现主张取回；（二）飞达公司 2020 年租借给利达公司一台精密测量仪器，现主张取回。利达公司对这两批货物做出回应：为尽快实现财产变现，对于第一批货物，已于 2021 年 2 月出售给通达公司；对于精密仪器，交付当天运输船侧翻，仪器进水，保险公司已经理赔。对此，下列说法正确的是？（单选）

A．在通达公司善意取得货物的前提下，明达公司不能主张取回，损失需通过共益债务的形式清偿

B．若通达公司明知利达公司存在破产原因，仍以低于市值的价格购买这批货物，明达公司可以取回，由此给通达公司造成的损失，需通过普通破产债权的形式清偿

C．飞达公司对保险公司的赔偿金可以主张取回

D．飞达公司的损失可以作为共益债务清偿

12 62106111

德高公司被法院受理破产申请后，管理人在整理公司财产、债权债务时，发现较为复杂。下列说法正确的是？（单选）

A．德高公司因所有权保留买卖而占有的鑫源公司的机器，虽尚未取得所有权，但可以认定为德高公司的财产，以保护公司债权人的利益

B．德高公司曾因向丽洁公司借款，以厂房做抵押，破产受理后，丽洁公司可主张行使抵押权

C．德高公司在破产受理前 8 个月的时候，清偿了一笔到期日在破产受理后的债务，该清偿可撤销

D．德高公司的股东龚某的出资期限还有 3 年才到期，法院受理破产后，因为股东享有期限利益，故不得要求龚某提前缴纳出资

参考答案

[1] D	[2] B	[3] BCD	[4] B	[5] AC
[6] CD	[7] C	[8] AB	[9] AB	[10] B
[11] B	[12] C			

解析页码
116—117

第三章 债权申报

一、历年真题及仿真题

（一）债权申报

【单选】

1 2302026

甲市法院受理了A公司的破产申请，并指定乙市某律师事务所作为破产管理人。现公司经理张某向管理人提出，公司尚有10万元绩效奖金未支付，欲起诉拿回。对此，下列说法正确的是？

A．张某可向乙市法院起诉

B．张某可向甲市法院起诉

C．张某应以律所为被告

D．张某可提起劳动仲裁

2 1003032

辽沈公司因不能清偿到期债务而申请破产清算。法院受理后，管理人开始受理债权人的债权申报。对此，下列哪一债权人申报的债权属于应当受偿的破产债权？

A．债权人甲的保证人，以其对辽沈公司的将来求偿权进行的债权申报

B．债权人乙，以其已超过诉讼时效的债权进行的债权申报

C．债权人丙，要求辽沈公司作为承揽人继续履行承揽合同进行的债权申报

D．某海关，以其对辽沈公司进行处罚尚未收取的罚款进行的债权申报

【多选】

3 2202129

甲公司对乙公司有1000万元的债务，由丙公司和丁公司提供连带共同保证。后甲公司被申请破产，管理人通知乙公司申报债权。但在债权申报期限内，乙公司既未申报债权，也未通知丙公司。下列选项正确的是？

A．丙公司无需再承担保证责任

B．丙公司可单独申报债权

C．丙公司可与丁公司共同申报债权

D．丙公司无权申报债权

4 2102007

甲公司向乙公司借款，丙公司为该笔借款提供一般保证。后，甲公司和丙公司因经营不善相继进入破产程序。下列说法正确的是？

A．对于乙公司的还款请求，丙公司享有先诉抗辩权

B．若乙公司已经向甲公司申报全部债权，则丙公司无须向甲公司申报债权

C．乙公司可以向甲公司和丙公司分别申报债权

D．若此时借款尚未到期，乙公司不能向丙公司主张保证责任

5 1902056

2018年12月，胜利房地产开发公司为开发东方家园小区，向建设银行贷款2000万，约定两年后清偿。全友公司对此贷款提供连带责任担保。2019年5月，胜利房地产公司开发的楼盘销售不利导致资金链断裂，不能清偿到期债务，被法院受理破产。2个月后，全友公司业务不景气也被法院受理破产，下列说法正确的是？

A．当胜利公司被受理破产时，全友公司应向建设银行清偿债务后再向胜利公司追偿

B．当胜利公司被受理破产时，全友公司可用其将来求偿权申报债权

C．当全友公司被受理破产后，建设银行可分别向胜利公司和全友公司申报全额债权

D．当全友公司对建设银行进行破产分配后，不可向胜利公司追偿

6 1503073

A公司因经营不善，资产已不足以清偿全部债务，经申请进入破产还债程序。关于破产债权的申报，下列哪些表述是正确的？

A．甲对A公司的债权虽未到期，仍可以申报

B．乙对A公司的债权因附有条件，故不能申报

C．丙对A公司的债权虽然诉讼未决，但丙仍可以申报

D．职工丁对A公司的伤残补助请求权，应予以

解析页码
118—119

申报

7 1103073

2011 年 9 月 1 日，某法院受理了湘江服装公司的破产申请并指定了管理人，管理人开始受理债权申报。下列哪些请求权属于可以申报的债权？

A. 甲公司的设备余款给付请求权，但根据约定该余款的支付时间为 2011 年 10 月 30 日

B. 乙公司请求湘江公司加工一批服装的合同履行请求权

C. 丙银行的借款偿还请求权，但该借款已经设定财产抵押担保

D. 当地税务机关对湘江公司作出的 8 万元行政处罚决定

（二）综合知识点

【单选】

8 1802023

甲是某有限公司的工人，2016 年 8 月 2 日，甲因工伤住院治疗，久治未愈，期间医疗费用、护理费等一直由该公司垫付。2017 年 9 月，该公司向甲支付 10 万元赔偿金后便不再垫付其后续的医疗费用。甲认为公司支付的赔偿金额过低，于 2017 年 10 月向法院提起诉讼，要求该公司支付医疗费、护理费、伤残补助金等共计 20 万元。2017 年 11 月，该公司经营不善，法院裁定受理其破产申请。对此，下列说法正确的是？

A. 管理人可以要求甲返还医疗费

B. 对于该公司向甲支付的赔偿金，管理人可向法院申请予以撤销

C. 甲经过申报债权后，有权参加债权人会议

D. 法院裁定受理某公司破产申请后，甲提起的诉讼应当中止审理

【多选】

9 1703073

舜泰公司因资产不足以清偿全部到期债务，法院裁定其重整。管理人为维持公司运行，向齐某借款 20 万元支付水电费和保安费，约定如 1 年内还清就不计利息。1 年后舜泰公司未还款，还因不能执行重整计划被法院宣告破产。关于齐某的债权，下列哪些选项是正确的？

A. 与舜泰公司的其他债权同等受偿

B. 应从舜泰公司的财产中随时清偿

C. 齐某只能主张返还借款本金 20 万元

D. 齐某可主张返还本金 20 万元和逾期还款的利息

二、模拟训练

10 62206151

黄金公司于 2020 年 5 月向白银公司借款 10 万元，还款期限为 1 年后，黄铜公司为此项借款提供保证。2020 年 8 月，黄金公司与黄铜公司签订了承揽合同，但黄金公司一直未完成工程任务。后黄金公司经营不善，申请破产清算，法院于 2021 年 3 月受理。对此，下列说法正确的是？（不定项）

A. 借款尚未到期，白银公司不能申报债权

B. 若白银公司已对该笔债权进行全额申报，黄铜公司仍可凭将来求偿权申报债权

C. 黄铜公司可要求黄金公司继续履行义务，同时申报该项债权

D. 破产程序终结后，白银公司未获清偿的部分由黄铜公司继续清偿

11 61906042

2016 年 4 月，甲公司向法院申请破产，法院受理并指定某律所为管理人，债权人会议决定设立债权人委员会。下列关于债权申报的说法正确的是？（不定项）

A. 按照约定，李某对甲公司的普通债权实现日期为 2016 年 11 月 10 日，但李某仍可以申报

B. 刘某对甲公司的债权因附有条件，处于不确定状态，所以不能申报

C. 赵某对甲公司的债权尚在法院审理阶段，处于不确定状态，但仍可以申报

D. 甲公司所欠职工钱某的伤残补助金应该参与破产分配，所以应予以申报

参考答案

[1]B	[2]A	[3]BC	[4]BC	[5]BCD
[6]AC	[7]AC	[8]D	[9]BC	[10]D
[11]AC				

解析页码
120—121

第四章 破产程序

历年真题及仿真题

（一）重整程序

【单选】

1 2102002

重整方案由债权人会议通过，并经法院批准以后，在执行重整方案的时候，对于企业是继续营业还是变卖资产抵债，管理人和原法定代表人产生分歧。对此，谁有权决定最终的方案？

A．管理人

B．债权人会议

C．法院

D．原法定代表人

2 2102088

奈斯有限公司因资产不足以清偿到期债务，被法院裁定破产重整。2021 年 5 月，奈斯有限公司重整计划草案经债权人会议通过，并得到法院裁定批准。在重整计划的执行中，公司董事长张三提出，由于房地产市场的环境变化，奈斯有限公司名下 A 地块应当出售以回笼资金，但破产管理人则认为按照现在市场情形，该地块依然可以继续开发经营。对于该事项，下列哪一主体有权决定？

A．管理人

B．债权人会议

C．破产管辖法院

D．奈斯有限公司

3 1703031

思瑞公司不能清偿到期债务，债权人向法院申请破产清算。法院受理并指定了管理人。在宣告破产前，持股 20% 的股东甲认为如引进战略投资者乙公司，思瑞公司仍有生机，于是向法院申请重整。关于重整，下列哪一选项是正确的？

A．如甲申请重整，必须附有乙公司的投资承诺

B．如债权人反对，则思瑞公司不能开始重整

C．如思瑞公司开始重整，则管理人应辞去职务

D．只要思瑞公司的重整计划草案获得法院批准，重整程序就终止

4 1503031

关于破产重整的申请与重整期间，下列哪一表述是正确的？

A．只有在破产清算申请受理后，债务人才能向法院提出重整申请

B．重整期间为法院裁定债务人重整之日起至重整计划执行完毕时

C．在重整期间，经债务人申请并经法院批准，债务人可在管理人监督下自行管理财产和营业事务

D．在重整期间，就债务人所承租的房屋，即使租期已届至，出租人也不得请求返还

【多选】

5 2302035

法院受理了天泰房地产公司的重整申请并指定管理人，管理人接管后，按期向法院提交了重整计划。对此，下列哪些说法是正确的？

A．可禁止天泰公司出资人向重整投资人以外的第三人转让股份

B．可将债权额 10 万元以下的小额债权人的清偿率设为 100%

C．可将出资人权益调节为 0

D．可规定有担保的债权在重整计划执行第二年方可行使

6 1303074

尚友有限公司因经营管理不善，决定依照《破产法》进行重整。关于重整计划草案，下列哪些选项是正确的？

A．在尚友公司自行管理财产与营业事务时，由其自行制作重整计划草案

B．债权人参加讨论重整计划草案的债权人会议时，应按法定的债权分类，分组对该草案进行表决

解析页码
121—123

C. 出席会议的同一表决组的债权人过半数同意重整计划草案，即为该组通过重整计划草案

D. 三分之二以上表决组通过重整计划草案，重整计划即为通过

【不定项】

7 2002081

豪气公司被法院受理重整并指定管理人。管理人引进了战略投资人嘉顺公司，重整计划包括：①持股 5% 以上的股东转让股权至嘉顺公司，确保最终嘉顺公司的持股比例达到 67%；②持股比例不足 5% 的股东，不需要转让股权，但需无条件支持该重整计划。李某持股 4.99%，对此重整计划草案的表决及通过，下列说法正确的是？

A. 为表决此重整计划而召开债权人会议应设置出资人组

B. 李某不参加此重整计划草案的表决

C. 此重整计划草案需持股 5% 以上的股东一致同意

D. 此重整计划草案需豪气公司股东会决议通过

（二）综合知识点

【单选】

8 2002062

2020 年 9 月甲公司被债权人申请破产，法院受理后，甲公司认为自己尚有一线生机，遂向法院申请重整，法院裁定重整。管理人向战略投资者乙公司筹措资金 1 亿元以继续经营。乙公司同意借款但要求甲公司用厂房提供抵押，但该厂房已经抵押给工商银行。管理人遂用甲公司对丙公司的应收账款的债权为乙公司办理了质押。如果甲公司重整失败，丁公司持生效判决向管理人申报债权。下列说法正确的是？

A. 乙公司的质押权失效

B. 乙公司的债权优先于甲公司的普通债权受偿

C. 乙公司的债权优先于工商银行的贷款受偿

D. 如果管理人确认丁公司的判决书是丁公司和甲公司恶意通过诉讼虚构债权债务的，可以不予确认

9 1203031

在某公司破产案件中，债权人会议经出席会议的有表决权的债权人过半数通过，并且其所代表的债权额占无财产担保债权总额的 60%，就若干事项形成决议。该决议所涉下列哪一事项不符合《破产法》的规定？

A. 选举 8 名债权人代表与 1 名职工代表组成债权人委员会

B. 通过债务人财产的管理方案

C. 申请法院更换管理人

D. 通过和解协议

【多选】

10 2302038

甲公司进入破产程序，大股东张某负有配合财产管理人交接公司账务的义务，但张某怠于履行，并称公司小股东周某（同时兼任公司经理）也懂，让管理人与周某交接。之后，张某前往隔壁省工作，久而未归，而财产管理人因资料不全，无法完成交接工作。对此，下列说法正确的是？

A. 法院可以拘留大股东张某

B. 法院可以限制大股东张某不得离开公司所在地

C. 法院可以让小股东周某和财产管理人交接

D. 法院应裁定终止清算程序

11 1802070

2017 年 3 月 2 日，甲有限公司因资不抵债进入破产重整程序。乙公司因向甲公司提供商品，对甲公司享有 100 万元到期债权，但乙公司因业务繁忙在债权申报期间并未申报债权。2018 年 1 月，甲公司重整计划执行完毕，全体普通债权人的清偿比例为 45%。下列说法正确的是？

A. 对乙公司的债权，甲公司无须承担偿还义务

B. 对乙公司的债权，参考甲公司重整方案，按同性质债权等比例清偿

C. 乙公司的债权由甲公司全额清偿

D. 针对乙公司的债权，重整方案对乙公司也具有法律效力

解析页码
124—125

12 1003079

关于破产清算、重整与和解的表述，下列哪些选项是正确的？

A. 债务人一旦被宣告破产，则不可能再进入重整或者和解程序

B. 破产案件受理后，只有债务人才能提出和解申请

C. 即使债务人未出现现实的资不抵债情形，也可申请重整程序

D. 重整是破产案件的必经程序

【不定项】

13 2002051

甲公司因经营不善，于2018年5月向法院申请了破产重整。法院受理后指定了管理人。建设银行向管理人申报了债权1000万元，该债权以公司房屋作为抵押。为重整事务顺利进行，管理人决定以债务人应收账款作为质押，向乙公司借款500万元，约定两年后偿还本息550万元。后重整失败，甲公司无力偿还乙公司债务，并于2020年12月被法院宣告破产。针对以上事实，下列说法正确的是？

A. 乙公司有权主张550万元的债权优先于普通债权人受偿

B. 乙公司有权主张550万元的债权优先于银行受偿

C. 乙公司有权主张500万元的债权优先于普通债权人受偿

D. 乙公司有权主张500万元的债权优先于银行受偿

参考答案

[1] D	[2] D	[3] D	[4] C	[5] BCD
[6] AB	[7] A	[8] B	[9] D	[10] AC
[11] BD	[12] ABC	[13] C		

票据法

第一章 票据法概述

一、历年真题及仿真题

（一）票据法概述

【单选】

1 1403032

依票据法原理，票据具有无因性、设权性、流通性、文义性、要式性等特征。关于票据特征的表述，下列哪一选项是错误的？

A. 没有票据，就没有票据权利

B. 任何类型的票据都必须能够进行转让

C. 票据的效力不受票据赖以发生的原因行为的影响

D. 票据行为的方式若存在瑕疵，不影响票据的效力

（二）综合知识点

【单选】

2 2202133

甲、乙公司之间存在货物买卖往来，甲公司委托其财务人员杨某给乙公司出具一张汇票，但杨某在汇票上只签署了自己的名字而未注明甲、乙公司之间的买卖合同关系。后乙公司将该汇票转让给丙公司，票据到期后，丙公司请求付款被拒。下列选项正确的是？

A. 丙公司可以向杨某行使追索权

B. 该汇票无法证明甲、乙公司之间的法律关系，因此该票据无效

C. 丙公司可以向杨某和甲公司追索

D. 财务人员杨某应承担赔偿责任

3 2002054

甲公司以吸收合并的方式收购了乙公司。合并完

解析页码 126—127

成后，发现甲公司持有原乙公司出具的由丙银行付款的汇票，但已过承兑期。经查，该汇票收款人为丁公司，而后由丁公司背书转让给甲公司，并一直由甲公司持有。对此，以下哪一说法是正确的?

A．甲公司可请求丙银行支付款项

B．丁公司应承担票据责任

C．因乙公司已经注销，该票据失效

D．因甲公司与乙公司合并，该票据失效

【多选】

4 1003076

2005 年 10 月 5 日，甲、乙签订房屋买卖合同，约定年底前办理房屋过户登记。乙签发一张面额 80 万元的转账支票给甲以支付房款。一星期后，甲提示银行付款。2006 年 1 月中旬，甲到银行要求支付支票金额，但此时甲尚未将房屋登记过户给乙。对此，下列哪些说法是正确的?

A．尽管甲尚未履行房屋过户登记义务，但银行无权拒绝支付票据金额

B．如甲向乙主张票据权利，因甲尚未办理房屋的过户登记，乙可拒付票据金额

C．如被银行拒付，甲可根据房屋买卖合同要求乙支付房款

D．如该支票遗失，甲即丧失票据权利

二、模拟训练

5 62106134

吕璐与王侯签订一份电脑买卖合同，为支付货款，吕璐向王侯出具了一张金额为 10 万元的汇票，委托甲银行付款。王侯的儿子伪造了其父的签章后将票据背书转让给江渝，并由田云承担保证责任。田云在汇票上记载“田云承担保证责任的条件是王侯赠其一块名表”。江渝为向吕璐偿还货款，遂将汇票背书转让给了吕璐。对此，下列哪些说法是错误的？（多选）

A．王侯需要承担票据责任

B．若王侯未将名表送给田云，则田云不承担保证责任

C．若甲银行承兑时在票据上记载“款到承兑生效”，则视为其拒绝承兑

D．若甲银行拒绝吕璐的付款请求，则吕璐可以向江渝行使追索权

参考答案

[1]D [2]A [3]A [4]ABC [5]ABD

第二章 票据权利

一、历年真题及仿真题

（一）票据的伪造与变造

【单选】

1 1303031

甲未经乙同意而以乙的名义签发一张商业汇票，汇票上记载的付款人为丙银行。丁取得该汇票后将其背书转让给戊。下列哪一说法是正确的?

A．乙可以无权代理为由拒绝承担该汇票上的责任

B．丙银行可以该汇票是无权代理为由而拒绝付款

C．丁对甲的无权代理行为不知情时，丁对戊不承担责任

D．甲未在该汇票上签章，故甲不承担责任

【多选】

2 1603074

甲公司为清偿对乙公司的欠款，开出一张收款人是乙公司财务部长李某的汇票。李某不慎将汇票丢失，王某拾得后在汇票上伪造了李某的签章，并将汇票背书转让给外地的丙公司，用来支付购买丙公司电缆的货款，王某收到电缆后转卖得款，之后不知所踪。关于本案，下列哪些说法是正确的?

A．甲公司应当承担票据责任

B．李某不承担票据责任

C．王某应当承担票据责任

D．丙公司应当享有票据权利

解析页码
128—129

3 1203074

甲公司签发一张汇票给乙，票面记载金额为10万元，乙取得汇票后背书转让给丙，丙取得该汇票后又背书转让给丁，但将汇票的记载金额由10万元变更为20万元。之后，丁又将汇票最终背书转让给戊。其中，乙的背书签章已不能辨别是在记载金额变更之前，还是在变更之后。下列哪些选项是正确的？

A．甲应对戊承担10万元的票据责任

B．乙应对戊承担20万元的票据责任

C．丙应对戊承担20万元的票据责任

D．丁应对戊承担10万元的票据责任

（二）票据权利

【单选】

4 2102089

甲公司向乙汽车公司采购10台车辆，为支付价款，甲公司将自己持有的汇票背书转让给了乙汽车公司。该汇票由丙公司开具，付款人为丁银行，且已得到丁银行的承兑。在票据到期之前，乙汽车公司因为资金紧张找丁银行申请票据贴现。丁银行发现丙公司的全部财产均已经被债权人保全，因此拒绝贴现。关于乙汽车公司的追索，下列哪一说法是正确的？

A．有权在票据到期前即向丙公司和甲公司追索

B．有权在票据到期前即向丁银行追索

C．有权在票据到期后向丁银行追索

D．有权在票据到期后向丙公司和甲公司追索

5 1103032

甲公司开具一张金额50万元的汇票，收款人为乙公司，付款人为丙银行。乙公司收到后将该汇票背书转让给丁公司。下列哪一说法是正确的？

A．乙公司将票据背书转让给丁公司后即退出票据关系

B．丁公司的票据债务人包括乙公司和丙银行，但不包括甲公司

C．乙公司背书转让时不得附加任何条件

D．如甲公司在出票时于汇票上记载有“不得转让”字样，则乙公司的背书转让行为依然有效，但持票人不得向甲行使追索权

【多选】

6 2302028

甲公司向乙公司开出一张100万元的汇票，于2021年12月31日到期。乙公司后因急用钱将票据转让给丙公司，丙公司为此付给乙公司85万元，后丙公司直接将票据交付给丁公司以支付货款。丁公司将自己记载为被背书人后，为支付所欠款项，又将票据背书转让予戊公司。在到期日，戊公司找银行承兑，银行发现甲公司的账户被冻结，遂拒绝承兑。2022年7月1日，戊公司向甲乙丙丁四公司主张追索权。对此，下列说法正确的是？

A．乙公司的转让行为无效

B．戊公司不享有票据权利

C．乙公司可以自己与丁公司之间并无真实交易关系而拒绝付款

D．戊公司不可追索丙公司

7 2302036

甲公司为乙公司开具汇票一张，由A公司付款。乙公司和丙公司均为张某控股的公司，张某从中运作，将该票据送给丙公司，并注明“委托代收款”。后丙公司又将票据背书给丁公司以偿还债务。现丁公司向A公司请求支付，但发现A公司已经破产。接下来哪些行为是正确的？

A．丁公司可以向甲公司请求支付

B．丁公司可以向A公司请求支付

C．丁公司可以向乙公司请求支付

D．丁公司可以向丙公司请求支付

二、模拟训练

8 62206179

吉祥公司获得金额为300万元的汇票一张，出票人为甲公司，付款人为如意公司。之后吉祥公司又把汇票转让给乙公司，乙公司又转赠给丙公司。丙公司发现票据有变造痕迹，金额从300万变为了200万。对此，下列表述正确的是？（单选）

A．票据均需背书转让

解析页码 129—131

B. 汇票到期日前，如意公司破产，丙公司恐汇票难以承兑欲直接追索，则应当按照甲公司、吉祥公司、乙公司的顺序行使追索权

C. 由于不清楚乙签章是在票据变造前还是变造后，则应当按照300万认定乙的付款责任

D. 即使乙公司交付的货物存在质量问题，当丙公司主张付款时，吉祥公司也不能以货物质量差为由拒绝付款

参考答案

[1]A　[2]ABD　[3]AC　[4]D　[5]C
[6]AD　[7]ABD　[8]C

第三章 票据抗辩与补救

一、历年真题及仿真题

（一）票据抗辩与补救

【单选】

1　1203032

关于票据丧失时的法律救济方式，下列哪一说法是错误的？

A. 通知票据付款人挂失止付

B. 申请法院公示催告

C. 向法院提起诉讼

D. 不经挂失止付不能申请公示催告或者提起诉讼

【多选】

2　1902057

甲公司给乙公司开了一张汇票，付款人为觉醒银行。乙公司向觉醒银行确认此票据有效，到期付款。乙公司随后将此票据背书转让给张某。张某遗失此汇票被刘某捡到，刘某仿造张某的签章，把汇票背书转让给丙公司履行其与丙公司的货款给付义务，丙公司按照约定向刘某交货，刘某收到货后将之转卖后携款潜逃。丙公司请求觉醒银行付款时，被告知经张某申请法院已经对此票据进行了除权判决。下列说法正确的是？

A. 觉醒银行不应对丙公司承担付款责任

B. 甲公司应对丙公司承担票据付款责任

C. 乙公司不应对丙公司承担票据付款责任

D. 刘某应对丙公司承担付款责任

3　1403075

甲向乙购买原材料，为支付货款，甲向乙出具金额为50万元的商业汇票一张，丙银行对该汇票进行了承兑。后乙不慎将该汇票丢失，被丁拾到。乙立即向付款人丙银行办理了挂失止付手续。下列哪些选项是正确的？

A. 乙因丢失票据而确定性地丧失了票据权利

B. 乙在遗失汇票后，可直接提起诉讼要求丙银行付款

C. 如果丙银行向丁支付了票据上的款项，则丙应向乙承担赔偿责任

D. 乙在通知挂失止付后十五日内，应向法院申请公示催告

4　1103074

潇湘公司为支付货款向楚天公司开具一张金额为20万元的银行承兑汇票，付款银行为甲银行。潇湘公司收到楚天公司货物后发现有质量问题，立即通知甲银行停止付款。另外，楚天公司尚欠甲银行贷款30万元未清偿。下列哪些说法是错误的？

A. 该汇票须经甲银行承兑后才发生付款效力

B. 根据票据的无因性原理，甲银行不得以楚天公司尚欠其贷款未还为由拒绝付款

C. 如甲银行在接到潇湘公司通知后仍向楚天公司付款，由此造成的损失甲银行应承担责任

D. 潇湘公司有权以货物质量瑕疵为由请求甲银行停止付款

（二）综合知识点

【单选】

5　1703032

亿凡公司与五悦公司签订了一份买卖合同，由亿凡公司向五悦公司供货；五悦公司经连续背书，

解析页码
131—132

交付给亿凡公司一张已由银行承兑的汇票。亿凡公司持该汇票请求银行付款时，得知该汇票已被五悦公司申请公示催告，但法院尚未作出除权判决。关于本案，下列哪一选项是正确的？

A．银行对该汇票不再承担付款责任

B．五悦公司因公示催告可行使票据权利

C．亿凡公司仍享有该汇票的票据权利

D．法院应作出判决宣告票据无效

二、模拟训练

6 41802068

甲公司购买乙公司洗衣机 20 台，于 2018 年 5 月 1 日向乙公司签发金额为 10 万元的支票一张。当该支票的持票人于 2018 年 5 月 20 日行使付款请求权时，下列哪些说法是正确的？（多选）

A．如该支票已背书转让给丙公司，丙公司恰好欠支票付款人某银行 10 万元到期贷款，则银行可以提出抗辩而拒绝付款

B．如该支票已背书转让给丙公司，则甲公司可以乙公司交付的洗衣机质量存在瑕疵为抗辩理由要求银行拒绝向丙公司付款

C．如果甲公司的银行存款只有 8 万元，银行可以拒绝付款

D．银行可以持票人超过提示付款期限为由拒绝付款

7 62206181

宝捷公司为支付其对彩亮公司的货款，开出一张面额为 300 万元的商业汇票，欣欣银行对该汇票进行了承兑。之后，彩亮公司的财务人员不慎将该汇票遗失，恰巧被张某捡到。对此，下列说法正确的是？（多选）

A．彩亮公司须先通知欣欣银行挂失止付，才能向法院申请公示催告

B．若彩亮公司向欣欣银行办理了挂失止付手续，欣欣银行仍然向张某支付的，应当向彩亮公司承担赔偿责任

C．彩亮公司遗失票据后，可直接提起诉讼要求欣欣银行付款

D．若彩亮公司请求欣欣银行付款遭拒，彩亮公司提起诉讼，可以宝捷公司、欣欣银行为被告

参考答案

[1]D [2]ACD [3]BC [4]BCD [5]C
[6]ACD [7]BCD

第四章 票据的类型

一、历年真题及仿真题

（一）本票和支票

【单选】

1 2102090

甲公司安排业务员张三向乙公司采购农用车，并由甲公司开具支票，支票中注明“见票一个月内支付”，但未填写金额和收款人，授权张三在支付农用车价款时具体填写。张三前往乙公司后，发现电动自行车品质更优。因此擅自主张购买电动自行车，并填写了金额和收款人后将支票交付给了乙公司。后甲公司拒绝接受电动自行车并主张解除买卖合同。据此，下列说法正确的是？

A．“见票一个月内支付”的记载无效

B．因未记载金额而支票无效

C．因未记载收款人而支票无效

D．因张三填写金额和收款人而支票无效

2 2002126

关于支票的表述，下列选项正确的是？

A．张三签发的现金支票只能用于支取现金

B．李四信用良好，可以签发空头支票

C．王五签发的支票上另行记载付款日期，该支票无效

D．赵六签发的支票未记载收款人名称的，该支票无效

【多选】

3 2102001

A 公司让其业务员张某购买农用车，并由 A 公司

解析页码
133—134

开具支票，支票未填写金额和收款人，但注明“用于张某购买农用车，一个月后付款”的字样。张某到乙公司采购时，发现电动车更有利润，遂填写支票购买电动车若干。对此，下列说法错误的是？

A. 支票因张某无权填写金额和收款人而无效

B. 支票因记载了“见票一个月后支付”而无效

C. 支票因没有记载具体金额而无效

D. 支票因没有记载收款人而无效

4 1703074

东霖公司向忠谙公司购买一个元器件，应付价款960元。东霖公司为付款开出一张支票，因金额较小，财务人员不小心将票据金额仅填写了数码的“¥960元”，没有记载票据金额的中文大写。忠谙公司业务员也没细看，拿到支票后就放入文件袋。关于该支票，下列哪些选项是正确的？

A. 该支票出票行为无效

B. 忠谙公司不享有票据权利

C. 东霖公司应承担票据责任

D. 该支票在使用前应补记票据金额的中文大写

5 1503074

关于支票的表述，下列哪些选项是正确的？

A. 现金支票在其正面注明后，可用于转账

B. 支票出票人所签发的支票金额不得超过其付款时在付款人处实有的存款金额

C. 支票上不得另行记载付款日期，否则该记载无效

D. 支票上未记载收款人名称的，该支票无效

（二）汇票

【单选】

6 1902029

万公司购买梓公司的一批钢材，签发一张承兑汇票给梓公司支付货款。梓公司将该汇票背书给仟公司，并由甲公司对该汇票债务承担保证责任，但没有约定担保金额和被保证人名称，仟公司又背书转让给宏公司。梓公司向万公司交付的钢材质量不达标，宏公司向付款银行提示承兑时被拒绝，以下哪一说法是正确的？

A. 宏公司应向仟公司请求给付票据款项

B. 因钢材质量不达标，万公司有权拒绝向宏公司承担付款责任

C. 因未约定被保证人名称，甲公司不承担保证责任

D. 如果梓公司向宏公司给付了票据款项，可向甲公司行使追索权

7 1802024

甲公司为支付向乙有限公司采购商品的款项，向乙开具一张金额为100万元的银行承兑汇票，并向丙银行办理了承兑。2018年6月乙又将该票据背书给丁公司，2018年7月丁公司办公楼失火，该张票据被烧毁灭失，仅剩其留档复印件。甲公司、乙公司均在该复印件上签章，以证明彼此间的交易情况。对此，下列说法正确的是？

A. 丙银行可以拒绝承担票据责任

B. 丁公司向丙银行出具票据复印件提示付款，丙银行应当无条件付款

C. 丁公司可凭票据复印件向乙公司主张票据权利

D. 丁公司可凭票据复印件向甲公司主张票据权利

8 1603032

甲公司为履行与乙公司的箱包买卖合同，签发一张以乙公司为收款人、某银行为付款人的汇票，银行也予以了承兑。后乙公司将该汇票背书赠与给丙。此时，甲公司发现乙公司的箱包为假冒伪劣产品。关于本案，下列哪一选项是正确的？

A. 该票据无效

B. 甲公司不能拒绝乙公司的票据权利请求

C. 丙应享有票据权利

D. 银行应承担票据责任

9 1503032

甲从乙处购置一批家具，给乙签发一张金额为40万元的汇票。乙将该汇票背书转让给丙。丙请丁在该汇票上为“保证”记载并签章，随后又将其背书转让给戊。戊请求银行承兑时，被银行拒绝。对此，下列哪一选项是正确的？

A. 丁可以采取附条件保证方式

B. 若丁在其保证中未记载保证日期，则以出票日

解析页码
135—137

期为保证日期

C. 戊只有在向丙行使追索权遭拒绝后，才能向丁请求付款

D. 在丁对戊付款后，丁只能向丙行使追索权

10 1003029

甲公司向乙公司签发了一张付款人为丙银行的承兑汇票。丁向乙公司出具了一份担保函，承诺甲公司不履行债务时其承担连带保证责任。乙公司持票向丙银行请求付款，银行以出票人甲公司严重丧失商业信誉为由拒绝付款。对此，下列哪一表述是正确的?

A. 乙公司只能要求丁承担保证责任

B. 丙银行拒绝付款不符法律规定

C. 乙公司应先向甲公司行使追索权，不能得到清偿时方能向丁追偿

D. 丁属于票据法律关系的非基本当事人

【多选】

11 2002072

甲公司给乙公司出票，银行已经承兑。乙公司到银行提示付款时，银行工作人员查询后发现甲公司余额不足，故口头告知拒付。这时乙公司的债权人丙公司致电乙公司要求还款。乙公司答复说用汇票支付，故将汇票从银行处要回并背书给丙公司。丙公司又提示银行付款，也被银行口头拒绝。下列选项正确的是?

A. 乙公司对丙公司的债务因交付票据而消灭

B. 银行口头拒付，仍应承担民事责任

C. 乙公司不得将此票据背书转让给丙公司

D. 甲公司应对丙公司承担票据责任

12 1303075

关于汇票的表述，下列哪些选项是正确的?

A. 汇票可以质押，当持票人将汇票交付给债权人时质押生效

B. 如汇票上记载的付款人在承兑之前即已破产，出票人仍须承担付款责任

C. 汇票的出票人既可以是银行、公司，也可以是自然人

D. 如汇票上未记载出票日期，该汇票无效

（三）综合知识点

【单选】

13 2202074

蒋一在一个展销会上遇见达隆公司的业务员蒋二。蒋二代表达隆公司向蒋一采购了一批货物，并以达隆公司名义开具支票，但未加盖达隆公司印章。后蒋一将支票背书转让给蒋三。对此，下列说法正确的是?

A. 因缺少公司签章，该支票无效

B. 蒋三经背书取得票据，是合法的票据持有人，享有票据权利

C. 蒋三有权向蒋一行使追索权

D. 因公司未签章，蒋三有权向蒋二主张追索权

14 2002063

诚建公司用一张银行承兑汇票来支付与刘某的合同款项，甲银行已经承兑。但票据上没有将刘某写为被背书人。刘某用此票据购买红酒，红酒公司担心拿不到钱，刘某就找了自己的好朋友张某作为此票据的保证人，但没写明被保证人，红酒公司在被背书人栏中填了自己的名字并盖章。红酒公司向甲银行提示付款时被拒绝。下列说法正确的是?

A. 刘某对红酒公司无任何法律责任

B. 红酒公司应先向诚建公司主张追索权

C. 虽没写明被保证人，张某仍需承担保证责任

D. 红酒公司可以向甲银行主张追索权

15 1802026

甲公司为支付货款向乙公司签发了一张金额为 80 万元的汇票。丙公司在汇票上作为保证人并签章。下列说法正确的是?

A. 甲公司未在汇票上记载被保证人的名称，则丙公司无需承担保证责任

B. 甲公司未在汇票上记载保证日期的，保证无效

C. 甲公司可以进行附条件保证

D. 丙公司与甲公司对持票人乙公司承担连带责任

【多选】

16 2202075

甲出票给乙，乙背书给丙，并记载：7 月 30 日前

解析页码
137—139

不得转让给他人。丙于7月15日将票据背书给丁。7月28日，丁为了偿还对红辣椒公司的债务直接将票据背书给红辣椒公司的财务负责人小辣椒。对此，下列说法正确的是？

A．因小辣椒是公司财务负责人，红辣椒公司享有票据权利

B．小辣椒是票据权利人，享有票据权利

C．因乙背书时附有条件，该票据无效

D．票据权利人不能向乙行使追索权

17 2002073

快活公司向醉仙公司签发汇票一张，银行承兑后，醉仙公司背书转让给天神公司，天神公司将其赠与给雷电公司，雷电公司在持有汇票期间丢失，被张某拾得。张某在背书栏伪造雷电公司签章，将自己记载为被背书人，并注明“委托收款”，在银行获得兑付后携款潜逃。下列哪些说法正确？

A．雷电公司无对价取得票据，无票据权利

B．银行因其错误付款，应承担赔偿责任

C．若雷电公司持票的时候被拒绝付款，则其可向快活公司、醉仙公司、天神公司行使票据追索权

D．张某的背书行为无效

【不定项】

18 2202127

甲向乙签发支票，但未写明支票金额，而是让收票人乙填写金额。后乙将该支票转让给丙，丙收到支票后便修改了支票金额。对此，下列选项正确的是？

A．经丙修改后，票据无效

B．乙的转让行为有效

C．若该支票另外记载付款日期，该支票仍然有效

D．乙填写金额的行为有效

二、模拟训练

19 62206185

甲向乙租赁一栋写字楼，给乙签发一张金额为50万元的汇票。乙将该汇票背书转让给丙。丙请丁为该汇票签章保证，又将汇票转让给茵茵。2021年9月6日，茵茵向付款人建峰银行提示承兑，建峰银行同意。对此，下列哪一选项是正确的？（单选）

A．若汇票上未写明被保证人是谁，则被保证人推定为建峰银行

B．保证不得附条件，否则保证无效

C．若被保证人为丙，则茵茵需先向丙行使追索权，在丙拒绝的情况下才能向丁请求付款

D．若被保证人为丙，丙是无民事行为能力人，则丁无需承担保证责任

20 62206186

张某在与李某交易的过程中获得李某出具的一张汇票，票面金额40万元，付款人为甲银行。张某向甲银行主张承兑，甲银行拒绝。之后，张某将票据转让给王某，王某向李某主张行使追索权，李某拒绝。对此，下列说法正确的是？（多选）

A．张某转让汇票的行为构成期后背书

B．张某的背书行为无效

C．王某只能向张某主张票据责任

D．王某可以以张某为被告提起诉讼

21 62206187

甲于2021年10月10日签发一张金额为100万元人民币的同城支票，付款人为建业银行。次日，甲将支票交给乙，用于支付购房款。之后，乙将支票背书转让给丙公司。2021年10月27日，丙公司请求建业银行付款时遭拒绝。下列说法正确的是？（多选）

A．若该支票上未记载乙为收款人，则票据无效

B．建业银行可以甲在银行的存款不足100万为由拒绝付款

C．丙公司需要按期提示付款，否则建业银行可以拒绝

D．支票应当见票即付，建业银行不得拒绝

参考答案

[1] A	[2] A	[3] ABCD	[4] CD	[5] BC
[6] D	[7] A	[8] D	[9] B	[10] B
[11] BC	[12] BCD	[13] A	[14] C	[15] D
[16] BD	[17] CD	[18] BCD	[19] A	[20] ABCD
[21] BC				

解析页码

139—141

证券法

一、历年真题及仿真题

（一）证券法概述

【单选】

1 1103033

股票和债券是我国《证券法》规定的主要证券类型。关于股票与债券的比较，下列哪一表述是正确的？

A．有限责任公司和股份有限公司都可以成为股票和债券的发行主体

B．股票和债券具有相同的风险性

C．债券的流通性强于股票的流通性

D．股票代表股权，债券代表债权

【多选】

2 1802119

根据《证券法》规定和证券法原理，下列哪些选项是正确的？

A．证券法上的证券均具有流通性

B．证券代表的权利可以是债权

C．所有证券投资均具有风险性

D．所有证券发行均应公开进行

（二）证券机构

【单选】

3 2102014

佳运公司是一家证券公司，A公司、B公司、张某三个股东分别持有佳运公司67%、30%、3%的股份。A公司向银行借款，欲让佳运公司为其借款提供担保。针对担保事宜，B公司表示赞同，张某提出反对意见。后B公司经与A公司串通，伪造张某签名，通过了为A公司担保的股东会决议。下列说法正确的是？

A．佳运公司可能被责令关闭

B．张某可能被警告

C．A公司可能被责令停业

D．B公司的分红权可能受限

4 1802117

关于证券交易所，下列哪一表述是正确的？

A．会员制证券交易所从事业务的盈余和积累的财产可按比例分配给会员

B．证券交易所总经理由理事会选举产生并报国务院证券监督管理机构批准

C．证券交易所制定和修改章程应报国务院证券监督管理机构备案

D．证券交易所不得允许非会员直接参与股票的集中交易

（三）证券发行

【单选】

5 2202132

甲证券公司与乙公司签订证券承销协议以包销的方式向不特定对象发行股票。双方约定：承销起始日期为2022年10月1日，甲证券公司可以为本公司预留所包销的证券。对此，下列选项正确的是？

A．甲、乙公司的约定有效

B．若为代销，在代销期限届满后，甲证券公司向投资者出售的股票数量未达到拟公开发行股票数量的80%，视为乙公司发行失败

C．包销期限届满后，甲证券公司应将股票发行情况报国务院证券监督管理机构备案

D．甲证券公司承销期限最晚不超过12月1日

6 1303032

根据我国《证券法》的相关规定，关于证券发行的表述，下列哪一选项是正确的？

A．所有证券必须公开发行，而不得采用非公开发行的方式

B．发行人可通过证券承销方式发行，也可由发行人直接向投资者发行

C．只有依法正式成立的股份公司才可发行股票

D．国有独资公司均可申请发行公司债券

7 1203034

为扩大生产规模，筹集公司发展所需资金，鄂神股份有限公司拟发行总值为1亿元的股票。下列

解析页码
141—143

哪一说法符合《证券法》的规定？
A. 根据需要可向特定对象公开发行股票
B. 董事会决定后即可径自发行
C. 可采取溢价发行方式
D. 不必将股票发行情况上报证券监管机构备案

（四）上市公司收购制度

【多选】

8 1703075

甲在证券市场上陆续买入力扬股份公司的股票，持股达6%时才公告，被证券监督管理机构以信息披露违法为由处罚。之后甲欲继续购入力扬公司股票，力扬公司的股东乙、丙反对，持股4%的股东丁同意。对此，下列哪些说法是正确的？
A. 甲的行为已违法，故无权再买入力扬公司股票
B. 乙可邀请其他公司对力扬公司展开要约收购
C. 丙可主张甲已违法，故应撤销其先前购买股票的行为
D. 丁可与甲签订股权转让协议，将自己所持全部股份卖给甲

9 1603075

吉达公司是一家上市公司，公告称其已获得某地块的国有土地使用权。嘉豪公司资本雄厚，看中了该地块的潜在市场价值，经过细致财务分析后，拟在证券市场上对吉达公司进行收购。下列哪些说法是正确的？
A. 若收购成功，吉达公司即丧失上市资格
B. 若收购失败，嘉豪公司仍有权继续购买吉达公司的股份
C. 嘉豪公司若采用要约收购则不得再与吉达公司的大股东协议购买其股份
D. 待嘉豪公司持有吉达公司已发行股份30%时，应向其全体股东发出不得变更的收购要约

【多选】

10 1802118

某上市公司董事章某，持有该公司6%的股份。章某将其持有的该公司股票在买入后的第5个月卖出，获利600万元。关于此收益，下列哪些选项是正确的？
A. 该收益应当全部归公司所有
B. 该收益应由公司董事会负责收回
C. 董事会不收回该收益的，股东有权要求董事会限期收回
D. 董事会未在规定期限内执行股东关于收回章某收益的要求的，股东有权代替董事会以公司名义直接向法院提起收回该收益的诉讼

（五）信息公开制度

【单选】

11 1503033

申和股份公司是一家上市公司，现该公司董事会秘书依法律规定，准备向证监会与证券交易所报送公司年度报告。关于年度报告所应记载的内容，下列哪一选项是错误的？
A. 公司财务会计报告和经营情况
B. 董事、监事、高级管理人员简介及其持股情况
C. 已发行股票情况，含持有股份最多的前二十名股东的名单和持股数额
D. 公司的实际控制人

12 1003030

某上市公司因披露虚假年度财务报告，导致投资者在证券交易中蒙受重大损失。关于对此承担民事赔偿责任的主体，下列哪一选项是错误的？
A. 该上市公司的监事
B. 该上市公司的实际控制人
C. 该上市公司财务报告的刊登媒体
D. 该上市公司的证券承销商

【多选】

13 2102021

某证券公司发行的债券上一年度的评级为AA，后因经营不善被降级为A。证券公司认为现在公布评级会对其业务产生影响，于是未公开。下列说法正确的是？
A. 证券公司应向证券交易场所提交临时报告
B. 如果负责人刘某指使证券公司不报告该信息的，可对刘某处以不超过200万元的罚款

解析页码
144—146

C．如果证券公司不披露信用评级发生变化的情况，可对证券公司处以500万元以下的罚款

D．证券公司应向国务院证券监督管理机构提交临时报告

（六）投资者保护

【多选】

14 2002053

张三系某客运公司退休售票员，此前并未购买过金融产品。2020年3月，张三自甲证券公司购买了原油期货产品。后因该产品亏损严重，张三遂要求甲证券公司赔偿自己的投资本金。甲证券公司表示拒绝，并出示了代理协议。在该协议中有张三亲自书写的“本人清楚并理解投资该产品存在亏损风险，所有风险由本人自愿承担。”张三则主张在自己购买产品时，甲证券公司的销售人员明确告知，该产品与银行储蓄一样，保本保息，该手书也是销售人员要求抄写的，且在抄写过程中销售人员并未向其进行解释。对此，以下哪些说法是正确的？

A．张三应当证明其并不知晓投资风险

B．证券公司应当证明张三知晓投资风险

C．证券公司应当证明充分了解张三有能力承担该产品风险

D．如张三请求投资者保护机构调解，证券公司必须接受

15 2002074

李奶奶等一众老年人，用自己的养老金投入到资本市场，在甲证券公司开了证券账户，未料想到股市有风险，李奶奶等人购买了一个高风险的产品，损失惨重。李奶奶认为甲公司存在误导、欺诈等情形跟甲公司发生争议，下列说法正确的是？

A．甲公司向李奶奶销售证券、提供服务时，应充分揭示投资风险，销售、提供与李奶奶的相关状况相匹配的证券、服务

B．李奶奶与甲公司的争议，李奶奶应承担举证责任证明甲公司存在误导、欺诈等情形

C．李奶奶与甲公司的争议，甲公司应当证明其行为不存在误导、欺诈等情形

D．李奶奶与甲公司的争议，如果李奶奶提出请投保机构调解，甲公司不得拒绝

（七）证券基金法律制度

【单选】

16 1703033

某基金管理公司在2003年曾公开发售一只名为“基金利达”的封闭式基金。该基金原定封闭期15年，现即将到期，拟转换为开放式基金继续运行。关于该基金的转换，下列哪一选项是正确的？

A．须经国务院证券监督管理机构核准

B．转换后该基金应保持一定比例的现金或政府债券

C．基金份额持有人大会就该转换事宜的决定应经有效表决权的1/2以上通过

D．转换后基金份额持有人有权查阅或复制该基金的相关会计账簿等财务资料

17 1603033

赢鑫投资公司业绩骄人，公司拟开展非公开募集基金业务，首期募集1000万元。李某等老客户知悉后纷纷表示支持，愿意将自己的资金继续交其运作。关于此事，下列哪一选项是正确的？

A．李某等合格投资者的人数可以超过200人

B．赢鑫公司可在全国性报纸上推介其业绩及拟募集的基金

C．赢鑫公司可用所募集的基金购买其他的基金份额

D．赢鑫公司就其非公开募集基金业务应向中国证监会备案

【多选】

18 1802120

关于证券投资基金运用基金财产进行投资的范围，下列哪些选项是正确的？

A．可以买卖该基金管理人发行的债券

B．可以买卖上市交易的股票、债券

C．不得从事承担无限责任的投资

D．不得用于承销证券

解析页码 146—148

19 1503075

张某手头有一笔闲钱欲炒股，因对炒股不熟便购买了某证券投资基金。关于张某作为基金份额持有人所享有的权利，下列哪些表述是正确的？

A．按份额享有基金财产收益

B．参与分配清算后的剩余基金财产

C．可赎回但不能转让所持有的基金份额

D．可通过基金份额持有人大会来更换基金管理人

20 1203073

华新基金管理公司是信泰证券投资基金（信泰基金）的基金管理人。华新公司的下列哪些行为是不符合法律规定的？

A．从事证券投资时，将信泰基金的财产独立于自己固有的财产

B．以信泰基金的财产为公司大股东鑫鑫公司提供担保

C．就其管理的信泰基金与其他基金的财产，规定不同的基金收益条款

D．向信泰基金份额持有人承诺年收益率不低于12%

（八）综合知识点

【单选】

21 2002064

航顺股份公司为上市公司，为解决A项目的资金缺口，航顺公司于2021年5月25日通过公开发行公司债券的方式，募集资金1亿元，聘嘉美公司为债券受托管理人。下列说法正确的是？

A．债券持有人会议不能决议解除对嘉美证券公司的聘请

B．若航顺公司到期不能兑付债券本息，则嘉美证券公司可接受部分债券持有人的委托，以自己的名义代表债券持有人起诉

C．若航顺公司改变所募集资金的用途，则嘉美证券公司有权以自己的名义代表债券持有人起诉

D．航顺公司可将所募集的资金，部分用于A项目带来的亏损

【多选】

22 1802068

甲公司持有乙股份公司（上市公司）6.4%股份，为乙公司第四大股东，2016年11月15日，甲公司减持套现2.9%乙公司股份，3个月后，乙公司股价上扬，甲公司又增持1.9%的乙公司股份，下列选项说法正确的是？

A．就增持事项，甲公司在3日内向证券监管机构和证券交易所作出书面报告，通知乙公司，并予公告

B．甲公司在增持后的3日内不得再行买卖乙公司的股票

C．就减持事项，甲公司在3日内向证券监管机构和证券交易所作出书面报告，通知乙公司，并予公告

D．就减持事项，乙公司应当立即向证券监管机构和证券交易所报送临时报告，并予公告

二、模拟训练

23 62006016

五湖证券公司接受客户王某的委托买卖股票，五湖证券公司下列哪一行为符合法律规定？（单选）

A．五湖证券公司就委托事宜达成口头协议

B．五湖证券公司在接受王某的委托后，根据委托协议向王某收取一定的费用

C．五湖证券公司不得为王某提供融资融券服务

D．五湖证券公司为王某证券买卖的损失赔偿作出承诺

24 62006156

青团股份有限公司为上市公司，因经营决策错误，2018年度以来处于持续亏损状态，但公司董事会与监事会均不召集年度股东会以作汇报。到2019年1月，青团公司实收股本3亿元人民币，未弥补亏损达1.4亿元人民币。兴茂证券公司是青团公司的承销证券公司。在发布中期报告时，青团公司与兴茂证券公司串通，隐瞒青团公司持续亏损的事实，致使众多投资人遭受损失。关于本案，下列选项错误的是？（不定项）

解析页码
148—150

A. 已经连续 180 日以上持有青团公司 10% 以上股份的股东方可自行召集和主持 2018 年度股东会

B. 兴茂证券公司与青团公司应对受损投资者承担连带赔偿责任

C. 青团公司应当在 2 个月内召开临时股东会

D. 为弥补亏损，青团公司可以和个人投资者达成融券协议，投资者赚取收益后向青团公司支付报酬

25 62106072

合盛股份公司（上市公司）为进一步拓展业务，拟发行证券，并与森利证券公司签订了代销协议。贵全公司持有合盛公司有表决权 10% 的股份，后市场势好，贵全公司拟增持合盛公司 5% 的股份。下列选项错误的是？（不定项）

A. 合盛公司可以平价发行、溢价发行、折价发行

B. 若合盛公司发行失败，合盛公司应按发行价并加算银行同期存款利息返还股票认购人

C. 贵全公司应在增持 3 日内向证券监管机构、证交所作出书面报告并公告

D. 若贵全公司持有合盛公司有表决权股份达 30% 后拟再收购，应就全部股份向所有股东发出收购要约

26 62006161

李某是“李宁”账户组的实际控制人。2013 年 8 月 19 日,“李宁”账户组持有“元气股份”7140200 股股份，占元气公司（已上市）已发行股份总数的 5.25%。2013 年 8 月 20 日至 2013 年 12 月 25 日，“李宁”账户组累计买入“元气股份”15012057 股，卖出 27183237 股，净卖出 12171180 股。关于本案，下列选项正确的是？（不定项）

A. 自 2013 年 8 月 19 日之日起的 3 个月内，李某应当向证监会、证券交易所作出书面报告

B. 2013 年 8 月 20 日至 2013 年 12 月 25 日,“李宁”账户组累计买入卖出“元气股份”的所获收益归元气公司所有

C. 若 2013 年 8 月 19 日后，“李宁”账户组又买入元气公司 5% 的股份，其应当向证监会、证券交易所作出书面报告，并予公告

D. 中国证监会应对李某于 2013 年 8 月 20 日至 2013 年 12 月 25 日期间买入卖出“元气股份”的行为给予处罚

参考答案

[1] D	[2] ABCD	[3] D	[4] D	[5] C
[6] D	[7] C	[8] BD	[9] BC	[10] ABC
[11] C	[12] C	[13] ABCD	[14] BCD	[15] ACD
[16] B	[17] C	[18] ABCD	[19] ABD	[20] BCD
[21] B	[22] ABD	[23] B	[24] AD	[25] AD
[26] BCD				

保险法

第一章 保险合同总论

一、历年真题及仿真题

（一）最大诚信原则

【多选】

1 1403076

关于投保人在订立保险合同时的告知义务，下列哪些表述是正确的？

A. 投保人的告知义务，限于保险人询问的范围和内容

B. 当事人对询问范围及内容有争议的，投保人负举证责任

C. 投保人未如实告知投保单询问表中概括性条款时，则保险人可以此为由解除合同

D. 在保险合同成立后，保险人获悉投保人未履行如实告知义务，但仍然收取保险费，则保险人不得解除合同

【单选】

2 1503034

甲以自己为被保险人向某保险公司投保健康险，

解析页码 151—152

指定其子乙为受益人，保险公司承保并出具保单。两个月后，甲突发心脏病死亡。保险公司经调查发现，甲两年前曾做过心脏搭桥手术，但在填写投保单以及回答保险公司相关询问时，甲均未如实告知。对此，下列哪一表述是正确的？

A. 因甲违反如实告知义务，故保险公司对甲可主张违约责任

B. 保险公司有权解除保险合同

C. 保险公司即使不解除保险合同，仍有权拒绝乙的保险金请求

D. 保险公司虽可不必支付保险金，但须退还保险费

【多选】

3 2002133

根据最高人民法院《关于适用 < 中华人民共和国保险法 > 若干问题的解释（四）》，下列说法正确的是？

A. 保险人已向投保人履行了《保险法》规定的提示和明确说明义务，保险标的受让人以保险标的转让后保险人未向其提示或者明确说明为由，主张免除保险人责任的条款不生效的，人民法院不予支持

B. 保险人已向投保人履行了《保险法》规定的提示和明确说明义务，保险标的受让人以保险标的转让后保险人未向其提示或者明确说明为由，主张免除保险人责任的条款不生效的，人民法院应予支持

C. 被保险人死亡，继承保险标的的当事人主张承继被保险人的权利和义务的，人民法院应予支持

D. 被保险人死亡，继承保险标的的当事人主张承继被保险人的权利和义务的，人民法院不予支持

（二）保险利益原则

【单选】

4 1003031

根据《保险法》规定，人身保险投保人对下列哪一类人员具有保险利益？

A. 与投保人关系密切的邻居

B. 与投保人已经离婚但仍一起生活的前妻

C. 与投保人有劳动关系的劳动者

D. 与投保人合伙经营的合伙人

（三）保险合同的订立

【单选】

5 1303034

甲公司将其财产向乙保险公司投保。因甲公司要向银行申请贷款，乙公司依甲公司指示将保险单直接交给银行。下列哪一表述是正确的？

A. 因保险单未送达甲公司，保险合同不成立

B. 如保险单与投保单内容不一致，则应以投保单为准

C. 乙公司同意承保时，保险合同成立

D. 如甲公司未缴纳保险费，则保险合同不成立

（四）保险合同的解除

【单选】

6 2302031

甲花 50 万买了辆高档摩托，并投保了同等金额的财产损失险。后甲对摩托车进行改装升级，花费 2 万元，改装后摩托速度比之前大大提升。改装之事，甲并未通知保险公司。某日，甲驾驶改装后的摩托在法定限速内行驶，因其他车辆酒驾发生车祸，导致摩托车全损。经交警认定属于其他车辆全责。对此，下列说法正确的是？

A. 保险公司不承担赔偿责任

B. 保险公司有权解除合同，但应当退还全部保费

C. 保险公司应当赔偿 50 万的损失

D. 保险公司应当赔偿 52 万的损失

7 2102022

陈某为妻子宋某（45 岁）购买了人身保险，儿子小陈是受益人。保险合同约定保费分 10 期缴纳。5 年后，因其公司效益下降，陈某没有多余的资金继续缴纳保费，于是向保险公司提出解除保险合同。下列说法正确的是？

A. 解除保险合同需经其妻子宋某同意

解析页码
152—154

B. 解除保险合同需经小陈同意
C. 解除保险合同后，陈某可领取现金价值
D. 解除保险合同后，宋某可领取现金价值

8 1902028

甲为自己投保一份以死亡为给付保险金的人身保险合同，在体检时发现自己患有不能承保的慢性疾病，保险公司业务员乙知情后仍然想办法为甲办理了该保险并收取了保费，受益人栏目中注明“法定”，未约定受益的顺序和份额。一年后，甲发病身亡，若甲只有妻子和儿子两个亲属，下列说法正确的是?

A. 受益人约定为“法定”，该受益人的指定无效
B. 保险赔偿金由甲的妻子和儿子平均分配
C. 甲未履行如实告知的义务，保险公司可以解除合同
D. 保险公司无需给付保险赔偿金

9 1802027

杨某为全家人投保了人身保险，同时也为全部家庭财产投保了财产险，在两份保险合同的存续期间，保险公司在下列哪项情况下不享有解除保险合同的权利?

A. 杨某全家的人身保险合同中都是约定采用分期交纳保险费的方式，但是杨某在支付首期保险费后已超过合同约定的期限 2 年半未缴纳第 2 期的保险费的
B. 杨某的房屋在保险合同成立后，由于周边环境的改变，出现危险程度显著增加的情形
C. 财产保险中保险事故发生后杨某不积极进行施救的
D. 人身保险中杨某为其母亲申报的年龄不真实，合同成立 3 个月后保险公司发现被保险人杨某的母亲的真实年龄不符合合同约定的年龄限制

【多选】

10 2202079

甲为自己的车投保了综合险，后甲将车借给了乙，乙将其用于网约车营运，甲对此知情。某天，乙开车时不慎掉入河中，花费修理费共计 5 万元。下列说法正确的是?

A. 保险公司可以拒绝赔偿
B. 保险公司有权解除合同
C. 自甲将车借给乙用于营运之日，该保险合同归于无效
D. 若解除该保险合同，保险公司应退回所有保费

11 1902058

老王给老婆投保了金额为 20 万的人身保险，受益人是 20 岁的儿子小王，保险期限五年。后来老王做生意需要钱，遂准备将此保险合同退保，老婆和儿子都不同意。下列说法正确的是?

A. 老王有权解除该保险合同
B. 老婆不同意退保，老王不能解除此保险合同
C. 儿子不同意退保，老王不能解除此保险合同
D. 如果老婆向老王支付了相当于保单现金价值的款项，并通知了保险公司，此合同不能解除

12 1802069

2016 年 3 月，张某向甲保险公司投保重大疾病险，但投保时隐瞒了其患有乙肝的事实。在保险合同订立前，甲保险公司曾要求张某到友爱医院体检，并提交体检报告。因友爱医院工作人员的失误，未能诊断出张某患有乙肝。2017 年 4 月，张某因乙肝住院治疗，花去医疗费等 6.3 万元。2017 年 9 月，甲保险公司得知张某隐瞒病情投保的事实。下列说法正确的是?

A. 若张某投保时，体检报告明确显示其患有乙肝，则甲保险公司不能拒赔
B. 甲保险公司发现隐瞒事实一个月后无权解除保险合同
C. 甲保险公司可以在不解除保险合同的情况下，拒绝赔付
D. 若甲保险公司解除保险合同，应当向张某退还保费

13 1103075

依据《保险法》规定，保险合同成立后，保险人原则上不得解除合同。下列哪些情形下保险人可以解除合同?

A. 人身保险中投保人在交纳首期保险费后未按期交纳后续保费

解析页码
154—156

B. 投保人虚报被保险人年龄，保险合同成立已1年6个月

C. 投保人在投保时故意未告知投保汽车曾遇严重交通事故致发动机受损的事实

D. 投保人未履行对保险标的安全维护之责任

14 1003077

2007年7月，陈某为其母投保人身保险时，为不超过保险公司规定的承保年龄，在申报被保险人年龄时故意少报了两岁。2009年9月保险公司发现了此情形。对此，下列哪些选项是正确的？

A. 保险公司有权解除保险合同，但需退还投保人已交的保险费

B. 保险公司无权解除保险合同

C. 如此时发生保险事故，保险公司不承担给付保险金的责任

D. 保险人有权要求投保人补交少交的保险费，但不能免除其保险责任

（五）综合知识点

【单选】

15 2202076

2020年1月，汪某陪丈夫刘某去体检，体检报告单上关于甲状腺的描述为“表面未见明显异常，边缘呈锯齿状，疑似有结节状，建议定期复诊。”2020年3月，汪某为刘某在某保险公司投保医疗健康险。在健康告知部分，询问表中写明“被保险人是否有息肉、肿瘤、结节等疾病？”，汪某填写了“否”。2021年，刘某患甲状腺癌，申请理赔。对此，下列说法正确的是？

A. 因为保险公司没有明确询问被保险人是否有甲状腺疾病，保险公司应承担保险责任

B. 保险公司有权以重大误解为由撤销合同

C. 汪某故意未如实告知有关情况，保险公司有权拒绝赔偿

D. 汪某因重大过失未如实告知，保险公司可以解除合同并退还保费

16 2002065

2018年2月，陈某60岁，为自己向甲、乙、丙三家保险公司投保重疾险，为了避免被强制体检，投保时，陈某谎称自己55岁。在向丙公司投保时，未将其已经向甲、乙两公司投保的情况告知丙公司。2021年4月，陈某罹患癌症，向三家保险公司理赔，下列说法正确的是？

A. 因为陈某隐瞒了年龄，三家保险公司有权解除保险合同，不予赔偿

B. 陈某对丙公司隐瞒了已经向甲、乙两家公司投保的事实，丙公司有权解除保险合同，不予赔偿

C. 三家保险公司应分别对陈某赔偿保险金

D. 三家保险公司应按比例对陈某赔偿保险金

17 2002127

姜某的私家车投保商业险，年保险费为3000元。姜某发现当网约车司机收入不错，便用手机软件接单载客，后辞职专门跑网约车。某晚，姜某载客途中与他人相撞，造成车损10万元。姜某向保险公司索赔，保险公司调查后拒赔。关于本案，下列选项正确的是？

A. 保险合同无效

B. 姜某有权主张约定的保险金

C. 保险公司不承担赔偿保险金的责任

D. 保险公司有权解除保险合同并不退还保险费

18 1703034

姜某的私家车投保商业车险，年保险费为3000元。姜某发现当网约车司机收入不错，便用手机软件接单载客，后辞职专门跑网约车。某晚，姜某载客途中与他人相撞，造成车损10万元。姜某向保险公司索赔，保险公司调查后拒赔。关于本案，下列哪一选项是正确的？

A. 保险合同无效

B. 姜某有权主张约定的保险金

C. 保险公司不承担赔偿保险金的责任

D. 保险公司有权解除保险合同并不退还保险费

19 1403034

甲公司代理人谢某代投保人何某签字，签订了保险合同，何某也依约交纳了保险费。在保险期间内发生保险事故，何某要求甲公司承担保险责任。下列哪一表述是正确的？

A. 谢某代签字，应由谢某承担保险责任

解析页码
157—159

B. 甲公司承保错误，无须承担保险责任

C. 何某已经交纳了保险费，应由甲公司承担保险责任

D. 何某默认谢某代签字有过错，应由何某和甲公司按过错比例承担责任

【多选】

20 2202077

投保人甲依保险公司指示去其指定的医院体检，体检报告显示疑似患有肺部结节（患有肺结节疾病的，保险公司不予承保），体检报告一式两份，保险公司和甲各一份。甲在保险公司的询问表中"是否患有肺结节"一栏上未打勾，保险公司未注意审查就同意承保并收取了保险费。填完保险单三天后，甲到医院复查才确诊是肺结节，但是甲未告知保险公司。几个月后，甲因此病去医院治疗。以下说法正确的是?

A. 肺结节是投保后才确诊，故保险公司应当赔偿

B. 甲去了指定的医院体检，故甲不用再履行如实告知义务

C. 保险公司收取了保险费，故不能解除合同

D. 保险公司已收到体检报告，故不得主张甲未履行如实告知义务

二、模拟训练

21 62006106

2017 年 2 月 9 日，张猛作为投保人为其父亲张国华在河南省的中国人寿保险分公司投保国寿意外伤害险，保险期间为一年。在该保险单上，保险公司在右下角以较小字体注明："若被保险人死于河南省外的，保险公司不承担保险责任。"2018 年 1 月 20 日，张国华在山东省泰安市车管村高架桥南边 20 米向西的一个小旅馆内意外死亡。下列选项错误的是?（多选）

A. 中国人寿保险分公司的免责条款不生效

B. 在订立保险合同时，投保人张猛并未签字，而是由人寿公司代理人李飞代为签字，但事后张猛对该行为进行了追认并缴纳了保险费，该保险有效

C. 投保单与保险单不一致时，一律以投保单为准

D. 张猛在订立保险合同时，带其父亲张国华在保险公司指定的定点医院进行体检，此后向保险公司主张免除其如实告知义务，应当予以支持

22 62006105

2018 年 9 月 15 日，孙芳华投保了泰康人寿保险公司推出的太平福禄康瑞 2018 终身重大疾病保险。2019 年 2 月 13 日，孙芳华因右肾占位、右肾母细胞瘤在哈尔滨市医院入院治疗，现已出院。经该院确诊孙芳华为右肾母细胞瘤疾病，属于太平福禄康瑞 2018 终身重大疾病保险赔保的范围。2019 年 4 月 8 日，孙芳华向保险公司提出理赔申请，保险公司于 2019 年 5 月 16 日向孙芳华发出《理赔结果通知书》，理赔结论为解除合同、拒绝理赔。下列说法正确的是?（多选）

A. 若经孙芳华本人同意，其邻居李飞为其订立该人身保险合同符合保险利益原则

B. 若孙芳华在订立保险合同时，隐瞒其苯丙酮尿症史，则违反了最大诚实信用原则

C. 若保险公司于孙芳华提出理赔之日知晓其隐瞒的苯丙酮尿症史，则泰康人寿保险股份有限公司湖北分公司有权于 2019 年 5 月 16 日行使解除权

D. 该保险合同为要式合同

23 61806116

有关保险人对保险合同免责条款的说明义务，下列说法正确的是?（多选）

A. 保险人对保险合同中有关免除保险人责任条款的概念、内容及其法律后果可以通过口头形式向投保人作出解释说明

B. 对于采用网络、电话等方式订立的保险合同，保险人可以通过网页、音频、视频等形式对免除保险人责任条款予以提示和明确说明

C. 保险人因投保人、被保险人违反法定或者约定义务，享有解除合同权利的条款，不属于免除保险人责任的条款

D. 保险人可以将法律、行政法规中的禁止性规定情形作为保险合同免责条款的免责事由，保险人对该条款作出提示后，即可对投保人和被保险人产生约束力

解析页码 159—160

24 61906065

按照保险利益原则，下列哪一投保行为是无效的？（单选）

A．甲经女友同意，为其购买一份人寿险

B．乙经妻子同意为他们的婚姻关系投保

C．丙为自己领养的四岁女儿购买人寿险

D．丁公司为其优秀员工购买人身保险

参考答案

[1] AD	[2] B	[3] AC	[4] C	[5] C
[6] A	[7] C	[8] B	[9] C	[10] AB
[11] AD	[12] AB	[13] BCD	[14] BD	[15] D
[16] C	[17] C	[18] C	[19] C	[20] AD
[21] CD	[22] AB	[23] ABD	[24] B	

第二章 人身保险合同

一、历年真题及仿真题

（一）受益人制度

【单选】

1 2302033

甲给妻子乙购买人身保险，约定若妻子60岁前死亡，保险公司需赔偿200万，受益人为妻子的母亲丙。2020年12月10日，丙不幸离世。2021年1月10日，甲乙的孩子丁出生。2021年3月10日，乙因车祸离世，当时只有40岁。三个月后，甲将受益人改成自己。对此，下列说法正确的是？

A．由丙的法定继承人领取保险金

B．由乙的法定继承人领取保险金

C．甲可以以自己为受益人主张赔偿金

D．丁是受益人

（二）保险合同的中止与复效

【单选】

2 2102005

甲乙系夫妻关系，甲为乙投保人寿险，保费分期缴纳且约定乙可于65岁时一次性领取30万元。甲缴纳首期保险费后，甲乙双方夫妻关系恶化，甲不愿继续支付保险费。2020年8月15日，约定的缴费期限届至。2020年9月1日，经保险公司催告，甲仍未缴纳后续保险费。2021年3月，乙不幸罹患肝癌，治疗花费60万元。甲遂向保险公司提出补缴保费，并由保险公司承担相应的保险责任。下列说法正确的是？

A．保险合同在2020年10月1日时就已中止

B．保险公司只需赔偿30万元

C．保险公司可以书面形式告知甲、乙保险合同解除的事宜

D．甲提起要求恢复保险合同效力的诉讼，能够得到法院支持

（三）死亡险

【单选】

3 1603034

杨某为其妻王某购买了某款人身保险，该保险除可获得分红外，还约定若王某意外死亡，则保险公司应当支付保险金20万元。关于该保险合同，下列哪一说法是正确的？

A．若合同成立2年后王某自杀，则保险公司不支付保险金

B．王某可让杨某代其在被保险人同意处签字

C．经王某口头同意，杨某即可将该保险单质押

D．若王某现为无民事行为能力人，则无需经其同意该保险合同即有效

【多选】

4 2002075

甲对妻子乙积怨已久，2018年7月为妻子乙投保了人身保险，保险合同约定：若乙意外身亡，保险公司赔付100万元，受益人是甲本人。2019年5月，甲未经乙同意，将受益人变更为甲母。2020年2月，甲在乙的水杯中下毒，乙被送医抢救捡回一命，后经常精神恍惚，某日在水边不慎落水身亡。下列说法正确的是？

A．甲母请求保险公司赔付，保险公司不得拒绝

解析页码
161—163

B．变更甲母为受益人应当征得乙同意

C．如果甲欲转让此保单，需要乙书面同意

D．订立此保险合同时，保险金额和受益人应当由乙同意

5 2002136

甲为其妻投保以死亡为给付条件的人身保险，受益人是甲。在保险责任期间，甲欲毒害妻子但妻子被救活，后甲妻因精神受到刺激，某日精神恍惚，不慎掉进河里溺水身亡。随后甲通知保险公司变更受益人为甲母。对此，下列表述错误的有？

A．甲变更甲母为受益人，保险人不可拒绝

B．甲订立该份保险合同的保险金额要经甲妻同意

C．甲是受益人

D．甲母是受益人

6 1703076

李某于 2000 年为自己投保，约定如其意外身故则由妻子王某获得保险金 20 万元，保险期间为 10 年。2009 年 9 月 1 日起李某下落不明，2014 年 4 月法院宣告李某死亡。王某起诉保险公司主张该保险金。关于本案，下列哪些选项是正确的？

A．保险合同应无效

B．王某有权主张保险金

C．李某死亡日期已超保险期间，故保险公司不承担保险责任

D．如李某确系 2009 年 9 月 1 日下落不明，则保险公司应承担保险责任

（四）人身保险合同责任

【单选】

7 1802025

甲为妻子乙投保了以乙死亡为给付保险金条件的人身保险，并指定其子小甲为受益人。甲投保时并未征得乙同意，但在后来保险公司回访时，乙称对于保险合同的内容已知情且对保险金额予以认可。2017 年甲与乙离婚，小甲由乙抚养。2017 年 12 月，在一次交通事故中，乙与小甲死亡，且不能确定死亡先后顺序。对此，下列说法正确的是？

A．保险合同有效，保险金归甲所有

B．保险合同有效，保险金归小甲的继承人

C．保险合同有效，保险金归乙的继承人

D．因投保时未征得乙同意，故该保险合同无效，保险公司无须赔偿

【多选】

8 1303076

甲公司交纳保险费为其员工张某投保人身保险，投保单由保险公司业务员代为填写和签字。保险期间内，张某找到租用甲公司槽罐车的李某催要租金。李某与张某发生争执，张某打碎车窗玻璃，并挡在槽罐车前。李某怒将张某撞死。关于保险受益人针对保险公司的索赔理由的表述，下列哪些选项是正确的？

A．投保单虽是保险公司业务员代为填写和签字，但甲公司交纳了保险费，因此保险合同成立

B．张某的行为不构成犯罪，保险公司不得以此为由主张免责

C．张某的行为属于合法的自助行为，保险公司应予理赔

D．张某的死亡与张某的行为并无直接因果关系，保险公司应予理赔

（五）综合知识点

【单选】

9 2202078

甲在工地承接工程，雇了自己表哥乙干活，随后为其投保了一份意外险，几个月后乙从工地离职，某天乙因交通事故死亡，乙的妻子向保险公司申请理赔。下列说法正确的是？

A．因甲是乙的表弟，对乙有保险利益

B．因乙已经离职，保险公司不应赔付

C．乙离职后，保险公司不可单方解除合同

D．甲可以指定自己为受益人

10 2202130

甲于 2021 年为自己投保了意外险，并约定妻子乙为受益人。2022 年 7 月，甲与乙外出喝酒，乙明

解析页码
163—165

知甲酒精过敏而未进行劝阻，甲晚上回到家后酒精过敏发作，乙未对其进行救助，后甲去世。下列选项正确的是？

A．因投保时间不满 2 年，保险公司不需要承担赔偿责任

B．保险公司应向乙赔付保险金

C．因受益人故意造成被保险人死亡结果，保险公司不需要承担赔偿责任

D．保险公司应向甲的继承人承担赔偿责任

11 1203033

甲向某保险公司投保人寿保险，指定其秘书乙为受益人。保险期间内，甲、乙因交通事故意外身亡，且不能确定死亡时间的先后。该起交通事故由事故责任人丙承担全部责任。现甲的继承人和乙的继承人均要求保险公司支付保险金。下列哪一选项是正确的？

A．保险金应全部交给甲的继承人

B．保险金应全部交给乙的继承人

C．保险金应由甲和乙的继承人平均分配

D．某保险公司承担保险责任后有权向丙追偿

【多选】

12 1003078

甲为其妻乙投保意外伤害保险，指定其子丙为受益人。对此，下列哪些选项是正确的？

A．甲指定受益人时须经乙同意

B．如因第三人导致乙死亡，保险公司承担保险金赔付责任后有权向该第三人代位求偿

C．如乙变更受益人无须甲同意

D．如丙先于乙死亡，则出现保险事故时保险金作为乙的遗产由甲继承

二、模拟训练

13 62006126

王某在外地出差时，向张某购买了一款保险产品，交代保险费用由王某家中妻子支付，后王某妻子支付了保险费用。合同约定，投保人为王某，其妻为被保险人，其子为受益人，投保的险种为意外伤害保险，保险期限为终生，交纳保险费的期限为 20 年，每年应交纳保险费 2000 元。王某出差回到北京后，张某将自己代为签字的保险合同及发票交给了王某。此后，王某每年正常交纳保险费，累计交费 12000 元。直到 2006 年，王某、张某关系恶化，王某遂以保险合同不是自己亲笔签字为由起诉保险公司，要求退还全部保险费。关于本案，下列选项正确的是？（不定项）

A．保险合同依法成立

B．王某指定其子为受益人时，须经其妻同意

C．王某的妻子变更受益人时，须经王某同意

D．如王某妻子因交通事故身亡，保险金应作为遗产由王某和王某之子共同继承

14 61906063

在一份死亡险中，甲为投保人，其父乙为被保险人，甲经乙同意指定其子丙为受益人，下列说法正确的是？（不定项）

A．如果甲故意造成乙死亡，保险人不承担给付保险金的责任

B．保险事故发生后，受益人可以将保险金索赔请求权转让

C．如果乙和丙一起在交通事故中死亡，且不能确定死亡先后顺序，推定丙先死，保险金给乙的继承人

D．如果乙被宣告死亡之日在保险责任期间之外，但有证据证明其下落不明之日在保险责任期间之内，则丙有权要求保险公司给付保险金

15 62006129

2018 年 5 月 7 日，李某所在单位在西成人保公司为其女儿李小某（7 岁）购买“学生、幼儿平安保险”一份（该保险附加意外伤害医疗保险，保险期间为 1 年），并按规定交纳了保险费。2019 年 1 月 7 日，李小某乘坐张某驾驶的摩托车在本市城区发生交通事故，受伤产生医疗费 1313.90 元。因李某另在泰华保险公司为女儿李小某购买人身保险，该保险亦附加意外伤害医疗保险。故事故发生后，李某到泰华保险公司要求理赔，该公司依保险合同赔付医疗保险金 1313.90 元。之后，李某持医疗费发票复印件等相关资料到西成人保公司处要求理赔，遭拒。关于本案，下列选项错误的

解析页码
165—167

是？（不定项）

A. 泰华保险公司赔付李小某后可依法向张某追偿

B. 西成人保公司可以泰华保险公司已经赔付为由，拒绝再次赔付

C. 若李某故意造成李小某伤残，西成人保公司可以拒绝赔付保险金，但应退还保险单的现金价值

D. 若泰华保险公司的保险合同载明年龄限制为6–12岁，李某投保时谎称女儿10岁，保险公司可解除合同

参考答案

[1] B	[2] A	[3] B	[4] BCD	[5] ACD
[6] BD	[7] C	[8] ABD	[9] C	[10] D
[11] A	[12] ACD	[13] AB	[14] ABCD	[15] ACD

第三章 财产保险合同

一、历年真题及仿真题

（一）保险标的的转让

【多选】

1 1902059

陈某在保险公司为自己的自卸车投保了商业险，并在投保单免责条款告知一栏处写明：投保人已知晓上述免责事项，并签名。后陈某将该车辆卖给黄某，但并未将免责险条款告知黄某，也未将保险合同送交给黄某。后该自卸车因未完全落下发生保险事故，保险公司认为存在免责事项主张不予赔付。下列说法正确的是？

A. 保险公司可根据该免责条款不予赔付

B. 黄某可主张该免责条款对自己无效

C. 陈某可主张该免责条款对自己无效

D. 陈某应将该免责条款告知黄某

（二）财产保险合同责任

【单选】

2 2002052

甲为其机动车投保了交强险和商业险。某日，甲20岁的儿子乙驾驶该车与骑电动车的丙相撞。事故发生后，乙即将丙送医，但丙经抢救无效死亡。丙的家属赶到医院后，乙因害怕躲进医院地下车库并电话联系了甲。甲到医院后，在交警的协调下，与丙的家属达成100万元的赔偿，但并未通知保险公司到场。甲赔偿丙的家属后，随即向保险公司申请了理赔。关于理赔事宜，以下哪一说法是正确的？

A. 乙属于肇事逃逸，保险公司有权拒绝赔偿

B. 乙并非保险投保人，保险公司有权拒绝赔偿

C. 保险公司可重新核对应赔偿的金额

D. 若保险公司以乙肇事逃逸拒绝赔偿，甲可以保险公司未提前告知进行抗辩

【多选】

3 2102006

某公司给其名下的汽车投保了交强险和第三者责任商业险，交由司机郑某驾驶。一日，郑某驾车撞上护栏，该交通事故导致郑某及其车上一名乘客受伤，交通事故责任判定郑某全责。车上乘客称由于车祸耽误了行程，导致其未能签成价值100万元的商业合同，现要求赔偿。下列说法正确的是？

A. 郑某受伤的费用由交强险赔偿

B. 乘客价值100万元的合同损失由第三者责任商业险赔偿

C. 乘客受伤的费用不能由第三者责任商业险赔偿

D. 护栏损坏的修理费用由交强险和第三者责任商业险一同赔偿

4 2102097

立达公司是一家网约车租赁公司，为其名下的车辆投保了机动车交通事故责任强制保险（以下简称交强险）和保额为200万元的机动车交通事故责任商业保险（以下简称商业险）。张三系立达公

解析页码
167—169

司雇佣的专职司机，某日驾驶公司车辆按照公司分配的订单载李四前往市郊工业园区，途经高速时发生交通事故，张三驾驶车辆撞坏高速公路护栏，张三李四受伤。交警出具的事故责任书认定于张三全责。经鉴定，损毁的高速公路护栏价值10万元。同时因交通事故，导致李四未能按期前往市郊工业园区与客户签约，损失合同金额100万元。据此，下列哪些说法是正确的?

A．司机张三的人身损害可由交强险赔付

B．李四的人身损害不可由交强险赔付

C．毁损的高速公路护栏可由交强险赔付

D．李四未能签约的损失可由商业险赔付

5 2002076

张某为自家的宝马汽车投保了第三者责任险，2021年4月，张某的儿子张小某与朋友聚会，散场后驾驶自家宝马汽车高速行驶在回家的路上，将一外卖小哥撞伤。张小某害怕不已，约张某在地下车库见面，将撞人的过程向老爸一一交代清楚。张某迅速出面找到被撞伤的外卖小哥，双方达成和解协议，约定赔偿金额15万元。之后张某向保险公司报损理赔，下列说法正确的是?

A．对外卖小哥造成损害的是张某的儿子，并非被保险人，保险公司不应该承担赔偿责任

B．对外卖小哥的赔偿责任确定后，保险公司可以直接向外卖小哥赔偿保险金

C．保险公司应按和解协议向外卖小哥赔偿保险金

D．保险公司对和解协议不认可的，有权对保险责任范围以及赔偿数额重新予以核定

6 1603076

甲公司投保了财产损失险的厂房被烧毁，甲公司伪造证明，夸大此次火灾的损失，向保险公司索赔100万元，保险公司为查清此事，花费5万元。关于保险公司的权责，下列哪些选项是正确的?

A．应当向甲公司给付约定的保险金

B．有权向甲公司主张5万元花费损失

C．有权拒绝向甲公司给付保险金

D．有权解除与甲公司的保险合同

（三）财产保险下的代位求偿权

【单选】

7 1902026

张三为中天公司调试某设备，双方约定，如果因张三的原因造成损失，张三只需要承担10%的赔偿责任。后来，中天公司为该设备投保损失险，未将与张三的约定告知保险公司，保险公司也未询问针对此设备有无免责约定，不久，张三在调试设备时因擅自修改设备参数，造成火灾，中天公司损失10万。下列说法正确的是?

A．保险公司向中天公司赔偿后，可向张三追偿一万

B．保险公司向中天公司赔偿后，可向张三追偿十万

C．保险公司主张代位求偿的管辖法院，依保险合同关系确定

D．如果保险公司已经向中天公司赔偿，可向其主张返还赔偿金

8 1103034

张三向保险公司投保了汽车损失险。某日，张三的汽车被李四撞坏，花去修理费5000元。张三向李四索赔，双方达成如下书面协议：张三免除李四修理费1000元，李四将为张三提供3次免费咨询服务，剩余的4000元由张三向保险公司索赔。后张三请求保险公司按保险合同支付保险金5000元。下列哪一说法是正确的?

A．保险公司应当按保险合同全额支付保险金5000元，且不得向李四求偿

B．保险公司仅应当承担4000元保险金的赔付责任，且有权向李四求偿

C．因张三免除了李四1000元的债务，保险公司不再承担保险金给付责任

D．保险公司应当全额支付5000元保险金，再向李四求偿

【多选】

9 2302037

甲将车借给乙使用，车辆已上车损险。双方特别

解析页码
169—171

约定：因乙刚拿驾照，技术不娴熟，故只能在城市道路上驾驶，不能上高速。但是，乙提车后直接开上高速，与丙相撞，造成车辆严重损失。经调查，丙系超速驾驶，认定全责，丙的车在戊保险公司上了保险。对此，下列说法正确的是?

A. 甲可以直接向戊保险公司主张代位求偿权

B. 丙应该向甲赔偿损失

C. 甲的保险公司赔偿后，可以向丙追偿

D. 因乙违反约定，丙可以此为由主张不承担责任

10 2002128

齐某给自己家的冰箱投了全额火灾险，某日邻居常某不慎将其冰箱焚毁，对于本案以下说法正确的是?

A. 齐某如果放弃对常某的赔偿请求，保险公司可以对齐某拒绝赔偿

B. 齐某如果向保险公司索赔后放弃对常某的赔偿请求，该弃权无效

C. 如果齐某投的是不足额保险，那么他向保险公司索赔后可以就未获得赔偿的部分向常某再索赔

D. 如果常某是齐某的家庭成员，则保险公司对齐某赔偿后不能对常某进行追偿

（四）特殊保险制度

【多选】

11 1203075

甲参加乙旅行社组织的沙漠一日游，乙旅行社为此向红星保险公司购买了旅行社责任保险。丙客运公司受乙旅行社之托，将甲运送至沙漠，丙公司为此向白云保险公司购买了承运人责任保险。丙公司在运送过程中发生交通事故，致甲死亡，丙公司负事故全责。甲的继承人为丁。在通常情形下，下列哪些表述是正确的?

A. 乙旅行社有权要求红星保险公司直接对丁支付保险金

B. 丙公司有权要求白云保险公司直接对丁支付保险金

C. 丁有权直接要求红星保险公司支付保险金

D. 丁有权直接要求白云保险公司支付保险金

（五）综合知识点

【单选】

12 2102016

甲运输公司购买了一辆汽车用于城际之间的客运服务，并为其购买了商业险和交强险，保险期间为2019年1月1日至2020年1月1日。6个月后，甲运输公司将汽车转卖给蔚蓝公司用于市区接送员工上下班。2019年8月1日，该车辆在行驶过程中与其他车辆发生擦碰，甲运输公司表示自己可以帮蔚蓝公司申请理赔。经查明，甲运输公司在转让车辆时，并未告知保险公司。下列说法正确的是?

A. 保险公司可以甲运输公司没有保险利益为由拒绝向甲运输公司赔偿损失

B. 因转让未经保险公司同意，保险公司可以因此解除保险合同

C. 蔚蓝公司可以用途变更为由要求降低保费

D. 由于汽车用途变更，保险公司可解除合同

13 2002066

2016年，顺安医院为本院的救护车购买第三者责任险，并赠送附加险“平安出行”，附加险对于救护车出现车祸事故的费用在第三者责任险之外可以理赔。2017年，张某驾驶救护车由于自己操作失误撞到护栏，导致车上病人李某骨折，花去医疗费3万元。2021年，医院的工作人员无意间发现了附加险保单，于是向保险公司提出理赔，下列选项正确的是?

A. 保险公司可以因已过理赔时效而拒赔

B. 保险公司可以因“平安出行”未缴纳费用为由而拒赔

C. 保险公司可以因李某的伤害是由张某故意造成为由而拒赔

D. 如保险公司进行理赔应以第三者责任险的主险进行理赔

【多选】

14 1503076

潘某请好友刘某观赏自己收藏的一件古玩，不料

解析页码 171—172

刘某一时大意致其落地摔毁。后得知，潘某已在甲保险公司就该古玩投保了不足额财产险。关于本案，下列哪些表述是正确的？

A. 潘某可请求甲公司赔偿全部损失

B. 若刘某已对潘某进行全部赔偿，则甲公司可拒绝向潘某支付保险赔偿金

C. 甲公司对潘某赔偿保险金后，在向刘某行使保险代位求偿权时，既可以自己的名义，也可以潘某的名义

D. 若甲公司支付的保险金不足以弥补潘某的全部损失，则就未取得赔偿的部分，潘某对刘某仍有赔偿请求权

15 1303054

甲为自己的车向乙公司投保第三者责任险，保险期间内甲车与丙车追尾，甲负全责。丙在事故后不断索赔未果，直至事故后第3年，甲同意赔款，甲友丁为此提供保证。再过1年，因甲、丁拒绝履行，丙要求乙公司承担保险责任。关于诉讼时效的抗辩，下列哪些表述是错误的？

A. 甲有权以侵权之债诉讼时效已过为由不向丙支付赔款

B. 丁有权以侵权之债诉讼时效已过为由不承担保证责任

C. 乙公司有权以侵权之债诉讼时效已过为由不承担保险责任

D. 乙公司有权以保险合同之债诉讼时效已过为由不承担保险责任

二、模拟训练

16 62106063

李某给自己的私家车投保了非运营性质的车辆损失险，保险期间内，杨某驾驶私家车因在某一十字路口闯红灯不慎撞到李某，造成李某的私家车及现场部分其他物品受损。后交警部门经认定杨某负本次交通事故的全部责任。下列说法正确的是？（单选）

A. 李某应当先向杨某索赔，杨某无力赔偿时才能向保险公司索赔

B. 若李某未告知保险公司其私家车挂靠在汽车租赁公司名下进行了汽车租赁服务，发生保险事故的保险公司不予赔偿

C. 若李某在保险事故发生后，保险公司未赔偿保险金前，放弃对杨某请求赔偿的，保险公司仍需要向李某赔付保险金

D. 若保险公司赔付李某损失后通知了杨某，即使杨某在接到通知后仍向李某赔付，保险公司也不得向杨某追偿

17 62206175

常新有一批货物需运送到F市，因货物贵重且路途较远，便在辉耀保险公司为该批货物投保了保险。在货物运输途中，常新与江夏签订了货物买卖合同，货物未至F市时发生事故导致毁损。下列说法正确的是？（不定项）

A. 常新转让此批货物后应及时通知辉耀保险公司

B. 若因江夏过失而未能及时通知辉耀保险公司，致使保险事故的原因和损失程度等难以确定，辉耀保险公司对无法确定的部分，不承担赔偿或给付保险金的责任

C. 若为第三人导致事故发生，江夏起诉辉耀保险公司，则保险公司不能以被保险人或者受益人未要求第三人承担责任为由抗辩，主张不承担保险责任

D. 若为第三人导致事故发生，江夏有权就其所受损失从第三人处取得赔偿后的不足部分提起诉讼，请求保险人赔偿

18 62006127

鸿兴公司将其所有需要在山东省境内销售的货品存放至宝南公司向白林公司租赁的仓库内，约定由宝南公司负责山东省境内的市场开拓、营销管理及监督，鸿兴公司就该仓库货品向太平洋保险公司投保财产综合险。后仓库发生火灾事故，造成损失20万元。消防部门认定：火灾事故是由仓库内电气线路及设施老旧而引起的。关于本案，下列选项错误的是？（不定项）

A. 太平洋保险公司在向鸿兴公司支付保险赔偿后，有权向白林公司行使代位求偿权

B. 若在订立保险合同时鸿兴公司知道仓库未办理消防验收手续，经询问而未如实告知的，太平

解析页码
172—174

洋保险公司有权解除保险合同

C. 鸿兴公司可以放弃对白林公司的赔偿请求权，并要求太平洋保险公司承担赔偿保险金的责任

D. 若鸿兴公司从保险公司得到的赔偿不足 20 万元，可要求宝南公司赔偿不足部分

参考答案

[1]AD	[2]C	[3]CD	[4]BC	[5]BD
[6]AB	[7]A	[8]B	[9]BC	[10]ABCD
[11]AB	[12]A	[13]A	[14]BD	[15]ABCD
[16]B	[17]CD	[18]CD		

信托法

一、历年真题及仿真题

（一）信托财产

【单选】

1 2202072

甲和乙信托公司签订信托合同，约定：甲将 300 万的资金委托给乙信托公司，购买“JX1 号”信托产品。JX1 号开售前，甲将 300 万资金存入乙公司信托资金专用账户（所有信托产品资金均存放于该账户），JX1 号开售后，乙信托公司仅将 200 万元存入该信托产品的托管账户。后来，信托产品进行清算。下列说法正确的是?

A. 甲可以主张 300 万元本金及信托收益

B. 甲可以主张 200 万元本金及对应的信托收益

C. 乙信托公司虽然仅将 200 万元存入信托托管账户，但甲仍有权主张 300 万元对应的信托收益

D. 甲有权要求返还 100 万元本金并赔偿预期收益

（二）信托变更与终止

【多选】

2 2302029

“海潮一号”系扬帆公司开发的信托产品，甲乙丙三公司进行了认购，投资项目包括地产、金融等多个项目。之后，扬帆公司破产。对于“海潮一号”及相关利益的分配，下列说法正确的是?

A. 甲乙丙有权向扬帆公司的管理人申报债权

B. 甲乙丙只能通过清算程序拿到钱

C. “海潮一号”可以继续按原业务进行

D. 甲乙丙可重新选任信托公司

（三）综合知识点

【不定项】

3 2202073

甲和乙信托公司签订了《单一事务管理类信托合同》，乙信托公司根据委托人甲的指令处分财产，但是信托合同中没有约定受托人的报酬。以下说法错误的是?

A. 由于合同没有约定报酬，故受托人无权向委托人请求信托报酬

B. 由于合同没有约定报酬，故该信托合同无效

C. 因信托公司是根据甲的指令处分财产，所以其并非受托人

D. 由于合同没有约定报酬，乙公司可将信托财产出借并将出借收益作为其报酬

二、模拟训练

4 62206006

蒋大将自己全部的财产委托给信托公司进行管理，并签订了信托合同。下列选项说法正确的是?（多选）

A. 自信托公司承诺信托时，信托成立

B. 若在设立信托以前，蒋大欠李四的 100 万债务已经到期，但经李四三催四请，蒋大均不予清偿，那么设立信托以后，李四有权撤销该信托

C. 蒋大不可以将信托公司作为信托合同受益人

D. 如果蒋大将其儿子蒋一和蒋二指定为受益人，且信托文件无特别规定，则当蒋一放弃受益权时，其受益权由蒋二享有

5 62206085

张三以其价值 100 万的房产设立信托，并指定其儿子张小三和女儿张小五为受益人。后张三因病去世，张小三与张小五因遗产分割问题产生巨大

解析页码 175—176

矛盾并大打出手，张小五不胜武力，被张小三殴打入院。关于本案，下列说法错误的是？（多选）

A. 张三已去世，信托需终止，信托财产作为其遗产由张小三和张小五继承

B. 若张三还在世，基于张小三的打人行为，张三可重新指定受益人

C. 若张三还在世，基于张小三的打人行为，张三可解除信托

D. 若张小五因治疗无效而死亡，张小三因故意伤害罪被判处十年有期徒刑，信托需要终止

6 62206007

2021年蒋四以自己的财产委托信托公司进行管理，签订了信托合同，受益人指定为其子蒋小五。关于其信托下列说法正确的是？（不定项）

A. 信托公司因管理信托财产支出了50万元的保管费，该费用可用信托财产清偿

B. 蒋四入伙的普通合伙企业无法清偿100万债务，债权人有权申请强制执行该信托财产予以清偿

C. 信托公司利用信托财产进行投资活动并获得收益80万，该收益可冲抵其之前为其他委托人投资失败亏损的50万

D. 若蒋小五不能清偿到期债务，可用其信托受益权清偿

参考答案

[1]A [2]CD [3]BCD [4]BD [5]ACD [6]AD

解析页码 177